本成果受到中国人民大学2021年度
“中央高校建设世界一流大学（学科）
和特色发展引导专项资金”支持

十八世纪的中国政治

郭成康 著

中国人民大学出版社
· 北京 ·

“清史研究丛书新编”说明

“清史研究丛书”原由戴逸先生发起主编，中国人民大学出版社出版发行。从 1988 年开始，该丛书曾推出《清前期天地会研究》《戊戌思潮纵横论》《四库全书纂修研究》《明清农村商品经济》《清代八卦教》《革新派巨人康有为》《晚清乡土意识》《清代族田与基层社会结构》《乾隆帝及其时代》《洪亮吉评传》《康雍乾三帝统治思想研究》《清代区域社会经济研究》《晚清讼狱制度的社会考察》等多部力作，在清史学界产生了重要影响。但由于种种原因，该丛书的出版一度中断。2010 年重启出版之举，推出《清朝的国家认同：“新清史”研究与争鸣》等富有影响力的著作。但是由于各种条件的变化，此次重启不久复告沉寂。现经中国人民大学清史研究所与中国人民大学出版社协商，决定恢复“清史研究丛书”这一出版品牌，并冠以“新编”之名。

清朝是中国传统王朝统治的最后一个阶段，在其统治的近三百年时间里，中国不仅经历了由强盛到衰弱的转折，也经历了社会性质从传统到近代的深刻变革，这就决定了这段不寻常的历史里蕴藏着极为丰富的内容，其同今天国人的社会生活的各个方面，也必然发生着多方面的密切关联。人们常说，“中国今日之疆域版图和新中国成立之初的人口基数即奠定于清朝，当代中国的政治、经济、文化、外交和民族问题，许多也都由清朝演化、延伸而来”，这的确是对清史研究之学术价值和现实意义的极好概括。我们推动这套丛书继续编辑出版的动力来源和宗旨也正在于此。

“清史研究丛书新编”是发表高水平清史论著和重要清史文献的专业学术平台。它强调学术的前沿性和国际性，提倡严谨、扎实的学风，崇尚史学的综合功夫，鼓励跨学科视野和方法创新。就研究内容而言，它则坚持清代前后期历史的一贯性和统一性，反对将其人为加以割裂的做法。

本丛书仍由中国人民大学清史研究所负责组稿和审稿。

中国人民大学清史研究所正式成立于1978年，其前身为1972年组建的清史研究小组。多年来，清史所的成员们在学术研究和教学方面均做出了积极努力，并得到国内外同行的支持、帮助和认可。2000年12月，中国人民大学清史研究所被教育部批准为人文社会科学百所重点研究基地之一。编辑和出版这套丛书，乃清史研究基地工作的有机组成部分。

我们期盼本丛书的出版能够继续得到广大清史学界同人的大力支持，也能够对推进清史研究有所贡献。

“清史研究丛书新编”编委会

2021年5月

再版前言

这本书初版刊行于二十年前，书名是《18 世纪的中国与世界：政治卷》（辽海出版社，1999），2001 年台湾昭明出版社以《十八世纪的中国政治》为名又出过一版，这次有幸由中国人民大学出版社再版，我想借此机会，谈谈这些年来对 18 世纪中国政治的再思考。

01

从康熙晚年，经雍正朝，直到乾隆去世，祖孙三代皇帝的统治跨越了整个 18 世纪。这 100 年间，中国古代政治体制经过持续变革的重构，以皇帝为核心的君主专制中央集权制渐臻完备，国家权力的集中、高效、强大，超越了以往历代王朝。

下面从三个维度来考察这一中国古代政治新局面的成因。

其一，舆论环境有利于强化皇权。

明初是中国君主专制政治体制变革的一大关键。明太祖朱元璋打出复古旗号，高标“事皆朝廷总之”，一举废弃通行千年的人主分寄大权于宰相的汉唐旧制。但经过有明二百余年的政治实践，皇帝独揽朝政不仅彻底落了空，还闹出了晚明天子怠政，阉宦窃权，阁臣狼狈，言路嚣张，朋党乱政，以至社稷倾覆的惨祸。明清之际，厌倦了政局混乱的国人望治心切，有识之士激切指斥“先朝君子”同同相扶，异异交击，有好恶而无是非，遂致事体蛊坏，国势凌夷，“害深河北之贼，罪浮东海之波!”包括汉族精英主流在内要求强化皇权的思潮兴起，而黄宗羲复宰相制的主张应者寥寥。清初统治者因利乘便，从 17 世纪中叶至 18 世纪初期，在沿袭包括内阁在内的明代官制的过程中，一方面，其高度警惕宰相制的复活，并以有别于明帝的躬理万机的勤政姿态，将用人行政大柄牢牢掌握在手中；另一方面，则悉心探索如何对掣皇权之肘的内阁及科道等前明官制加以全面改造。

其二，满洲崇尚集中、统一和“实行”文化传统的深刻影响。

满族与汉族是各有不同历史谱系、文化传统的民族，在康雍乾时代一百余年间，汉文化虽始终居于主体地位，但满文化却挟有政治威权发挥着主导作用，其政治体制变革始终坚持清帝所标榜“乾纲独断”的集中、统一取向，凡与此相悖而足以紊乱朝政者，诸如朋党、权臣以及言官干政之类，皆在挞伐扫荡之列。尤为值得关注的是，雍正对发祥时期满洲文化精华的提炼与运用，贯彻重构政治体制的始终。18 世纪初期，正当清朝统一中原后迈向国势全盛时代的新起点，雍正回顾历史，对满洲百年崛起的最大优势和根本经验做了精辟概括：“我朝龙兴，混一区宇，惟恃实行与武略耳。”在他看来，东北一隅的满洲之所以无敌于天下，靠的就是“实行”和“武略”两大法宝，而今人哲学范畴的方法论——“实行”，竟被置于“武略”之上，着实耐人寻味。“实”者，重在认知，崇实务实；“行”者，强调知易行难，行胜于言。雍正不取汉儒习用的“实事求是”，而别出心裁地选择“实行”一词，更可以看出他对“行”的格外看重。康雍乾三帝，堪称“实行”路线一脉相承的践行者，对于至关重大的政治体制改造与新创，其胸中绝对没有现成的蓝图，也不像汉族士大夫要遵循什么神圣古训、金科玉律，他们只确定了最终目标——被推崇为“治隆唐宋”的明太祖首倡的“事皆朝廷总之”，设定了校正前进方向的反面参照物——明祖子孙怠荒懒政及由制度性缺陷而酿成的朝政嚣杂纷乱，然后就一路“实行”起来，摸索前进了。从康熙不经意间创行密折，以周知天下隐情，到雍正时政务运行的主要载体奏事折子的普遍行用；从皇帝随手在奏折上亲书密批，到亲重大臣代书密谕，再到密发谕旨规范为威重天地的“廷寄”；从选调名为“内中堂”的阁臣到内廷当值承旨书谕，到雍正间西北两路用兵，办理机务的亲重大臣为天子所须臾不可离，国家新型军政中枢军机处遂浮出水面；从废止巡按御史，到台省合一，强化言路管控；从不立太子、皇帝晏驾前指定嗣君，到仿汉制立太子，行不通，废太子，再立再废，直到以“不可不立储，而尤不可显立储”的所谓秘密立储垂为定制——在漫长的政治体制变革路上，举凡国家权力机构、政治制度有所兴革，无不从实际需要出发率先实行起来，然后不断在实践中验证、反思、改进、完善，最终决定取舍的标准只看是否行之有效。就这样，持续百年，历尽坎坷，终于在改造传统宰相制和前明内阁制的基础上，创建出最便于人主乾纲独断的新型政治体制组织架构和运行机制。

其三，国内外形势日趋严峻的压力。

最早把遥远的欧洲国家视为中国最危险的潜在对手的是康熙，他君临天下 55 年时曾郑重告诫身边重臣："海外如西洋等国，千百年后，中国恐受其累。"西洋，清初以来一般指大西洋欧洲国家。这位极富政治阅历的老人正是基于其对西洋人侵略本性的认识和对国内政治形势的不安，才做出这一带有预言性质的警告的。乾隆在漫长的政治生涯中，全盘接受了其祖父对西洋人的疑惧和防范。18 世纪中叶，清廷镇压了一起未遂的反清阴谋，为首者马朝柱曾向其信徒宣称"西洋出有幼主，名朱洪锦，系明后裔……统兵三万七千"，乾隆得悉深为惊悚，为此持续多年穷追"西洋"之所在。而他在位时的厉行禁教，固然考虑到了西洋天主教"煽惑愚民"，有害于"世道人心"这一意识形态层面的问题，更重要的是着眼于政治，唯恐居心叵测的西洋人潜入内地，勾结奸民颠覆清廷统治。不能说他的政治判断没有现实的根据：一方面是来自欧洲列强越来越逼近国门的威胁；另一方面，在盛世繁花似锦的表象下，确实隐伏着难以化解的满汉民族矛盾和由于人口倍增、物价持续上涨、吏治腐败所引发的社会骚动。在 18 世纪快要落下帷幕之际，西洋最强大的国家英吉利首次遣使访华，其使臣马戛尔尼的傲慢倔强，英王礼物反映出来的科技水平、军事实力，给予乾隆强烈震撼。他一再密令军机大臣传谕沿海各督抚："英吉利在西洋诸国中较为强悍"，"该国夷人虽能谙悉海道，善于驾驭，然便于水而不便于陆，且海船在大洋亦不能进内洋也，果口岸防守严密，主客异势，亦断不能施其伎俩！"面对称霸海上的英国舰队，乾隆深知中国的制海权已沦于英人之手。在日益严峻的国内外形势压力下，缺乏自信的乾隆越来越趋向选择对外封闭、对内严控作为基本国策。

02

在上述主客观多重因素叠加作用的推动下，与皇权扩张到空前强大相同步，18世纪中叶清朝的国势达到了外域瞩目、乾隆皇帝自诩的“全盛”。这不尽是妄自尊大的浮夸，随同马戛尔尼使华、周历半个中国的斯当东称中国“国势的隆盛是超越千古的”，当代美国史学家魏斐德也赞誉当时清朝是“疆域辽阔、文化灿烂的强大帝国”，“无论国内还是国外，都再没有真正的对手能够向清朝的统治挑战”。

如果说在相权对皇权构成某种制衡的“圣君贤相”开明专制下，相继出现“文景之治”“贞观之治”“开元盛世”等治世合乎儒家政治理念、顺乎天下人心，而无须特别论证的话，那么，康雍乾三帝另辟蹊径，摆脱对皇权的种种羁绊和制约，在堪称极端君主专制体制下，竟也缔造出不逊于汉唐盛世的“康乾盛世”，那又该如何解释呢？

请看18世纪清朝政治体制组织架构的特征。

首先，保留满洲开国时期的议政王大臣会议制度，皇帝以新创的军机处为中枢，处理国家紧急、重大、机密的军政要务，辅之以固有的内阁处理日常的有例可循的庶政，在皇帝的控制、督责与协调下，军机处与内阁、六部分工明确，朝政最后由皇帝裁断。

其次，改造传统题本的僵化程式，创行奏折制度，皇帝及时掌握事关国家安危治乱的重要信息，信息的搜集、处理和反馈以及信息的全面性、真实性，都超过了以往任何朝代，夸张一点说，已呈现出某种近代性。加以驿站、军台、塘铺网络覆盖全国，驿传制度周备，政令传达迅速通畅，不存在君主鞭长莫及的死角。

再次，通过机密的廷寄谕旨，对各省督抚和边远地区将军等严加操控，朝廷之于地方，犹如身之使臂，臂之使指，运转自如，令行禁止。军队，无论是八旗，还是绿营，都绝对听命于皇帝。

最后，新创秘密立储制的审慎运作，既能防范传统皇位继承制度预立太子难免激化诸皇子之间，甚至太子与其父皇之间的矛盾，又可以不拘嫡长子的限制，在所有皇子中遴选最优秀的皇储，并通过长期培养、教育和暗中考察，由皇帝做出最终是否令其承继皇位的决定。清帝先天素质较高，且凛然恪守“勤政”家法，有助于实现乾纲独断。

康雍乾三帝在明洪武废相后，经过长期摸索和缜密思考，终于构建起以君主个人之力独揽朝政的国家中枢——军机处和内阁，加以廷寄、奏折及驿传联络朝廷与地方，18 世纪清朝政治体制组织架构的严整、协调、灵活、高效，较之汉唐盛世有过之而无不及。

政治体制架构的完备，只是超越前代、国势兴盛的组织前提，只有深入探讨其权力的运行机制，才能揭示出其内在奥秘。

权力运行机制集中体现在诸凡政务的处理，特别是军国大计的决策上。其整个过程的常规程序一般是须经皇帝谕示议题，廷臣或地方大吏等遵旨议覆，最后由皇帝钦断。皇帝也完全可以不循常规程序，不经众议而独断，即所谓“圣衷宸断”。

以关系东南沿海地区经济民生及国家金融的 18 世纪前期禁南洋贸易案为例，从严禁到弛禁、从封闭到开放，其间朝廷决策几经反复：康熙晚年事前既没有征询东南沿海督抚的意见，也未经交付大学士、九卿、科道合议，即仓促独断，颁布禁南洋贸易令；雍正中期，皇帝将福建总督高其倬《复开洋禁折》批交怡亲王允祥与大学士、九卿等共同会议，廷臣议覆请开南洋商贩，雍正允准实行；乾隆初年，署闽浙总督策楞密折奏请再禁南洋，皇帝批交“议政王大臣速议具奏”，随即又将闽籍御史李清芳反对全面禁南洋一折交“议政王大臣一并议奏”，议政王大臣以此案事关东南沿海各省，奏准交闽广江浙督抚妥议具奏，迨各该督抚陆续奏到，乾隆再交付议政王大臣等议奏，经裕亲王广禄等会议，奏请维持雍正既定方针，仍准南洋“照旧通商”，乾隆降旨准行，开放政策未发生逆转，自康熙晚年以来一波三折的禁南洋贸易案至此画上一个圆满的句号。

清帝常挂在嘴上的“乾纲独断”，既指朝政一般经过众议，最后由皇帝裁断的常规程序，也有如康熙的撤三藩、驱准安藏、禁南洋贸易和乾隆平准那样无须众议或摒弃众议的“圣衷宸断”。后者在康雍乾时代一百余年间并不经见，而前者则是通行的、连皇帝也不肯轻易违反的常规，这有现存清代军机处、宫中及内阁浩如烟海的档案为证。

中国 18 世纪通行的朝政议事和军国大计决策常规，与唐太宗凡事“皆委百司商量，宰相筹画，于事稳便，方可奏行”的主张与实践，在通过众议以力求规避国家政务失误与皇权高度集中相统一的实质上，并无区别，至于交由哪个国家机构、众议采取何种程序，也都没有严格的法律规范，而完全由皇帝作风、经验和某一时期的政治需要所决定。如果说二者有所不同的话，在形式上清代常规议事流程更灵活，更实用，更具有可操作性，更张弛有度、收放自如，因为它要应对比汉唐时代更大、更复杂的内外变局，倒不是因为康雍乾三帝比唐太宗更加高明。

总之，深入研究18世纪清朝政治体制内在的组织架构和运行机制，客观评价其最大限度发挥国家权力集中、治理高效的强大优势，对国家和民族做出的历史性积极贡献，就不难解释为什么在极端君主专制体制下出现了不逊于汉唐盛世的康乾盛世。

03

纵观18世纪极端专制体制，在皇帝比较开明的前提下，朝政议事和军国大计决策才往往失误较少，而问题在于，不受任何权力制约的皇帝很难始终如一地保持开明的为政作风，一旦转而好自专断，拒谏饰非，以至群臣缄口或阿谀顺旨，就可能因重大决策错误而埋下危及国家与民族前途命运的巨大隐患。

还是就18世纪中国开放还是封闭这件大事来检讨。

康熙五十六年（1717年）皇帝独断禁南洋贸易，绝非一时的孤立事件。身历康雍乾三朝，对其间政治气候冷暖有切身体会的方苞论及康熙晚年为政风格时曾说："时上临御天下已五十年，英明果断，自内阁九卿台谏，皆受成事，未敢特建一言。"京外熟谙东南环海形势与地方民情的闽籍广东副都统陈昂对禁南洋虽持异议却不敢直言，直到临死上遗疏谓其子曰："未有能悉此利害者，即知之又莫敢为民请命，我今疾作，终此而不言，则终莫上达矣。”廷臣“皆受成事，未敢特建一言”，地方大员“又莫敢为民请命”，人之将死才敢跟皇上讲真话，盖慑伏于康熙皇帝自恃的所谓“英明果断”，这就是当时极端专制黑暗面的生动写照。

雍正继位，一改其父晚年专制独断作风，亲笔朱谕向两广总督孔毓珣求教：“朕实不达海洋情形，所以总无主见”，并委托其“博访广询，谨慎斟酌其至当奏闻”。乾隆初政，如临如履，唯恐失误，一日之中朱笔细书，折成方寸，或咨询张廷玉、鄂尔泰，或咨询孙嘉淦、朱轼，“曰某人贤否，某事当否？日或十余次”。可见雍正，继之以乾隆，纠正康熙晚年独断禁南洋的失误，绝非一时孤立的事件，同样是皇权不受制衡的极端专制，可以因皇帝的开明而呈现政治和煦气象。

顺带说一下雍正晚年在决策军政大计前对众议的重视和自觉坚持。18世纪30年代，继续出兵准噶尔蒙古，抑或遣使议和，是关系重大的头等军务，雍正反复斟酌，自言“二者均难遽定”，故特召西北两路统兵将军来京与军机大臣等悉心计议，结果意见仍然分歧。雍正以兹事体大，“理应博采众议，详慎筹划”，遂命满汉文武大臣共同会议，“各陈己见，据实具奏”。此时距他执政最后一年以57岁辞世，大约一年光景。

与雍正有所不同，乾隆初政的开明逐渐向专断转化了。18世纪中叶限制西方国家来华贸易的广州单口通商的决策，就是在未经廷议，也没有很好协调广东与江浙等沿海省份利益关系的情况下，由皇帝采取非常规决策程序“圣衷宸断”的。至乾隆五十八年（1793年）英使马戛尔尼首次来华谈判中英贸易，其时中国还具有足以同这个西方最强大的国家相抗衡的实力，通过外交手段为中国争取到最大利益的主动权掌握在中国一方，但乾隆压根儿就不打算跟这帮不懂“礼仪”的野蛮人打交道，更谈不上考虑应采取何种策略以维护中国的核心利益。他在做出如此重大决策时不仅没有交大学士、九卿、科道及各省督抚议奏，也没有交军机大臣等统治集团最核心层会议，而是以天朝大皇帝“敕谕英王”的口吻将英方提出的要求——不合理的与合理的——一股脑儿地全部回绝，随即有礼貌地将英国使臣推出国门拉倒。对当时中国社会经济发展具有深远影响的中英贸易谈判，就这样以简单草率的方式关上了大门。如同康熙一样，乾隆这时也“临御天下已五十年”，他的“英明果断”的专制威权更远远超乎其祖父。乾隆五十五年（1790 年）内阁学士尹壮图在往返京师与云南原籍后向皇帝讲了点真话，奏称各督抚声名狼藉，吏治废弛，库帑亏空，“商民半皆蹙额兴叹”，乾隆大为光火，厉声呵斥其“将所奏直隶等省亏空者何处？商民兴叹究系何人？逐一指实覆奏!”吓得失魂落魄的尹壮图无法也不敢指实，乾隆仍令其随同钦差大臣前往直隶、山西、山东、江苏等省实地盘库，自然是钦差未到，各省早已挪掩完毕，尹壮图往返数千里，最后承认“各省库项丰盈，仓储充足，并无丝毫短缺；商贾士民，安居乐业，共享升平，实无地方官滋扰之事”。法司以尹壮图妄生异议论斩，乾隆虽饶他一命，但在处理这轰动一时、影响深远的大案中，皇帝钳制人口、愚弄天下的淫威，以及暮年君主恃气虚骄的心态已暴露无遗。乾隆晚年喜谀恶谏、喜柔恶刚、喜从恶违的由人性弱点决定的专制偏好，营造了朝野“出一言而盈廷称圣，发一令则四海讴歌”的政治迷信，反过来又助长了乾隆高己卑人、雄才易事的自我膨胀，他讥讽唐太宗的纳谏为沽名钓誉，把襄赞政务的大学士视为赘疣。在这样极端专制的政治环境中，出现对西方贸易决策的两次重大失误绝对不是偶然的；在这样极端专制的政治环境中，即使遵循常规议事程序，信息的全面性、真实性也要大打折扣，臣下信奉“万言万当，不如一默”，议政又怎么能充分深入？

18 世纪的中国，对皇权的制度性约束已荡然无存，政治开明与否，只能寄托在君王的道德自省，即孙嘉淦所期望的“皇上之圣心自懔之”。诚然，乾隆在相当长的时间里为了大清帝国的长治久安，也确实“常存不敢自是之心”，但不以人的意志为转移的专制体制内在的逻辑力量，最终还是把他推上极端专制的顶峰。

平心而论，即使在史家称颂“君明臣直”的贞观年间，在位不过 23 年的唐太宗也迈不过这道坎儿，未能永葆开明作风。贞观十七年（643 年），以面折廷争、犯颜苦谏而为帝所敬畏的魏徵病卒，皇上亲制碑文，命陪葬昭陵，可谓备极身后哀荣。然尸骨未寒，太宗就以魏徵“阿党”、沽名这样莫须有的罪名，扑毁所撰墓碑，一代谏臣瞬间从天上坠入地下。司马光以独到的史识、细腻的笔触描述了太宗“贞观之初恐人不谏，常导之使言，中间悦而从之”，到贞观中“虽勉从之，犹有难色”的演变心迹。其间太宗曾以“魏徵每廷辱我”，扬言早晚杀了这个“田舍翁”！可见他的“踣所撰碑”，乃对魏徵多年积怨的总爆发，也是封杀悠悠众口的示威。据《资治通鉴》记载，魏徵去世两年，太宗亲征高丽，无功而返，深悔之曰：“魏徵若在，不使我有是行也”，遂“复立所制碑”。这不过是司马光为唐太宗纳谏故事平添的一个光明尾巴，但他以史为镜警戒为帝为王者的良苦用心，揆诸古代政治史，即使在皇权受到某种制度性制衡的君相制时代，效果也实在有限。

总而言之，唐太宗没有解开古代政治这一死结，乾隆皇帝也没有解开这一死结。

郭成康

2019 年 11 月

目录

绪言

17 世纪中叶，明清鼎革，其时中国政治的走向存在着截然相反的两种可能性。

清顺治十年（1653 年）正月，年轻的顺治帝临幸内院，与大学士范文程、额色黑、宁完我、陈名夏等从容论议："自汉高以下，明代以前，何帝为优？"范文程等以为汉高、文帝、光武、唐太宗、宋太祖、明太祖，俱属贤君。顺治帝问："此数君者，又孰优？"陈名夏回答："唐太宗似过之。"顺治帝不以为然，他最推崇明太祖朱元璋，并发表了以下一段极富特色的评论："岂独唐太宗，朕以为历代贤君莫如洪武，何也？数君德政有善者，有未尽善者，至洪武所定条例章程，规画周详，朕所以谓历代之君不及洪武也。"①

事隔八年，即康熙元年（1662 年），思想家黄宗羲著《明夷待访录》，指名抨击明太祖："有明之无善治，自高皇帝罢丞相始也。"他认为，欲洗荡明季政治的污泥浊水，只有恢复唐宋丞相旧制②。不要以为这是书生议论，黄宗羲抱负甚高，自谓著《明夷待

① 《清世祖实录》卷七一。

② 黄宗羲：《明夷待访录・置相》，载《黄宗羲全集》第一册，第 8 页。

访录》，可比于箕子之向周武王论列人君治天下的“九畴”之纲，若遇明主用之，三代以下延绵不绝的“乱运”可望由此而终结①。

对明太祖及明初政治的褒贬竟如此大相径庭，似乎再明白不过地昭示，17 世纪中叶的中国政治正处于历史的十字路口：是沿着以明太祖废丞相为标志的强化皇权方向继续走下去，还是反洪武之道而行之，以丞相制对皇权加以某种补充、限制和制衡？

对于丞相职权最早、也是最经典的论述大概莫过于汉相陈平了。汉文帝问右丞相周勃：“天下一岁决狱几何？”“天下一岁钱谷出入几何？”周勃愧不能对，汗出沾背。文帝转问左丞相陈平，陈平回答，决狱责之廷尉，钱谷责之治粟内史。文帝不怿，问陈平：“苟各有主者，而君所主者何事也？”对曰：“主臣。陛下不知其驽下，使待罪宰相。宰相者，上佐天子理阴阳、顺四时，下育万物之宜，外镇抚四夷诸侯，内亲附百姓，使卿大夫各得任其职焉。”文帝乃称善②。丞相的权力来自皇帝，所以陈平自谓“待罪宰相”；但丞相不仅是统百官、总万事，掌握最高行政权力的天子辅臣，而且负有近乎玄妙的燮理阴阳重任。应劭是这样释“丞相”一词的：“丞者，承也；相者，助也。”③ 他从语义学上简

① 周武王访于箕子，箕子对以平治天下之九畴之纲，详见《书·周书·洪范》（《四书五经》上册，第 74-79 页）。黄宗羲著《明夷待访录》的深远用心，他在序语中做了如下的解释：“余常疑孟子一治一乱之言，何三代而下之有乱无治也？乃观胡翰所谓十二运者，起周敬王甲子以至于今，皆在一乱之运；向后二十年交入‘大壮’，始得一治，则三代之盛犹未绝望也。前年壬寅夏，条具为治大法，未卒数章，遇火而止。今年……冬十月，雨窗削笔，喟然而叹曰：昔王冕仿《周礼》，著书一卷，自谓‘吾未即死，持此以遇明主，伊、吕事业不难致也’，终不得少试以死。冕之书未得见，其可致治与否，固未可知；然乱运未终，亦何能为‘大壮’之交。吾虽老矣，如箕子之见访，或庶几焉；岂因‘夷之初旦，明而未融’，遂秘其言也！”（《黄宗羲全集》第一册，第 1 页）

② 《史记》卷五六《陈丞相世家》。

③ 《汉书》卷十九上《百官公卿表》。

洁而准确地阐明了君相的权力关系，可谓抓住了相权的真谛。秦汉以降以迄明初，一千五六百年间，丞相的名号虽屡有变化，历代相权的盈缩也不可一概而论，但司丞相之职者“佐天子，总百官，治万事”①，“佐天子，理万几”②，所谓“一人之下，万人之上”的特殊地位却没有发生根本变化；君臣上下也习惯于以阴阳不调责之宰相③，宰相因此而献身者亦偶见史书。

丞相制的政治生命力何在？首先，专制时代主宰国家和人民命运的皇帝不可能都是圣君。贾谊早就说过人主有“上主”、“中主”和“下主”之分，像尧舜那样的上主不必忧，而桀纣那样的下主，又不可胜忧，唯“可引而上，可引而下”的中主，“得善佐则存，不得善佐则亡”，才是最可忧虑的④。黄宗羲把个中道理讲得最深刻：“天子传子，宰相不传子。天子之子不皆贤，尚赖宰相传贤足相补救，则天子亦不失传贤之意。宰相既罢，天子之子一不贤，更无与为贤者矣，不亦并传子之意而失者乎？”⑤再者，像中国这样地广人众的大国，政务之繁剧，也不是天子个人所能独揽的。隋文帝“勤劳思政”，号“励精之主”，唐太宗则以为“此人性至察而心不明。夫心暗则照有不通，至察则多疑于物……每事皆自决断，虽则劳神苦形，未能尽合于理。朝臣既知

---

① 《新唐书》卷四六《百官志》。

② 《元史》卷八五《百官志》。

③ 汉宣帝时居相位的丙吉不问人死而问牛喘的故事为丞相掌管调和阴阳之事的著名事例：“（丙吉）又尝出逢清道群斗者，死伤横道，吉过之不问，掾史独怪之。吉前行，逢人逐牛，牛喘吐舌，吉止驻，使骑吏问逐牛行几里矣，掾史独谓丞相前后失问。或以讥吉，吉曰：‘民斗相杀伤，长安令京兆尹职所当禁，备逐捕，岁竟，丞相课其殿最，奏行赏罚而已。宰相不亲小事，非所当于道路问也。方春少阳，用事未可大热，恐牛近行，用暑故喘，此时气失节，恐有所伤害也。三公典调和阴阳，职所当忧，是以问之。’掾史乃服，以吉知大体。”（《汉书》卷七四《丙吉传》）。

④ 贾谊：《新书》卷五《连语》。

⑤ 《明夷待访录·置相》。

其意，亦不敢直言。宰相以下，惟即承顺而已。朕意则不然，以天下之广，四海之众，千端万绪，须合变通，皆委百司商量，宰相筹画，于事稳便，方可奏行。岂得以一日万几，独断一人之虑也。且日断十事，五条不中，中者信善，其如不中者何？以日继月，乃至累年，乖谬既多，不亡何待？”① 以唐太宗这样不世出的圣君尚且需要选任宰相筹画，更无论所谓的中主或不贤之君了。可见传子不传贤的专制君主政体，若能借助贤相辅佐，其痼弊至少可以得到某种程度的匡救。“天下治乱系于宰相”②，该具有何等沉重的历史分量啊！

但如“贞观之治”那样圣君贤相和谐融洽、宫府一体的治世竟如此罕见，则足以证明君权与相权在相互依赖的同时，又存在着难以避免的矛盾。从皇统延绵久远的长远利益考虑，明智的帝王深知必须得到贤相赞襄和启沃，平庸之主也不得不依赖丞相去主持运转整个官僚机器。问题在于，丞相百官之长的地位，往往养成专擅跋扈的权臣，其总理万事的职权又难免造就壅蔽人主的奸臣。出于对相权深切的疑虑，历代帝王无不处心积虑地探索着削弱和控制相权的方法，于是由独相制发展到多相制，由三省长官共掌相权发展到宰相不专任三省长官，所谓丞相者，或系尚书省，或系中书省，位号纷杂，更革不一，而总的趋势是皇权日益膨胀，相权日渐萎缩，诚如《历代职官表》作者纪昀所言：“中间虽偶袭相名，而要其实，亦只三省长官，迥非秦汉之丞相可比。”③

---

① 《贞观政要》卷一《政体第二》。

② 程颐在《论经筵第一札子》中说：“中常之君，无不骄肆；英明之主，自然满假。此自古同患，治乱所系也。故周公告成王，称前王之德，以寅畏祗惧为首。自古以来，未有不尊贤畏相而能成其圣者也。”（《二程集》第二册，第539页）。嗣后人们讲“天下治乱系于宰相”，皆云本自程颐。

③ 《历代职官表》卷二《内阁表·谨案》，载《文渊阁四库全书》，第601册。

而皇权与相权消长的规律则不外人主用亲幸内臣渐渐替代外朝宰相，迨至位望既隆，则又有后来居上者，盖“人主之狎近幸而憎尊望者之逼已也”①。经过千余年君权与相权的反复较量，相权无疑被大大地削弱了，不过专横奸险之臣借相位窃政蠹国的隐患并未能彻底根除。雄猜之主不能不重新审视丞相制的利弊得失，并尝试设计一种全新的君臣权力关系构架，一劳永逸地结束权相困扰的噩梦。

于是，有明洪武废相。

明官制初沿汉唐之旧而损益之，以中书省为政本之地，置左右丞相，俱为正一品，六部为中书省下属，其长官尚书，秩正三品，百司庶府奏事，听中书拟议而后上闻，章奏始达御前。这一套制度，太祖朱元璋早已不惬于心，他对元朝以“政专中书”而覆亡深怀儆惧②，对大臣专擅蒙蔽，更深恶痛绝，并坚定地认为：“上下相维，大小相制，防耳目之壅蔽，谨威福之下移，则无权臣之患。”③ 即使没有胡惟庸谋反案，太祖也要对传统政治体制做一次彻底的手术，只不过需要选择时机和事由罢了。

洪武十二年（1379 年）九月，占城国王进表及贡象、马，中书省未及时奏，内臣出外，见其使者以闻，太祖急召使者入见，叹曰：“壅蔽之害，乃至此哉！”④ 右丞相汪广洋遂先被赐死，洪武十三年（1380 年）初又以谋反罪诛左丞相胡惟庸，并就此

---

① 章炳麟：《检论》卷七《官统上》，载《章太炎全集》。

② 洪武十一年三月诏曰：“胡元之世，政专中书，凡事必先关报，然后奏闻。其君又多昏蔽，是致民情不通，寻至大乱，深可为戒！”（《明太祖实录》卷一一七）。

③ 《明太祖实录》卷一一〇。

④ 《明太祖实录》卷一二六。

谕文武百官曰："朕自临御以来，十有三年矣。中间图任大臣，期于辅弼，以臻至治。故立中书省以总天下之文治，都督府以统天下之兵政，御史台以振朝廷之纪纲。岂意奸臣，窃持国柄，枉法诬贤，操不轨之心，肆奸欺之蔽……赖神发其奸，皆就殄灭。朕欲革去中书省，升六部，仿古六卿之制，俾之各司所事，更置五军都督府，以分领军卫，如此则权不专于一司，事不留于壅蔽，卿等以为何如？"① 自始皇肇建，历代虽有更张，但大体循行一千五六百年的丞相制，欲一朝而废止，兹事体何等之大！太祖不能不向群臣略表征询之意，就其内心而言，似乎也不能说已有成竹在胸。

经过十余年的政治实践，首先升六部尚书秩为正二品，又陆续设立都察院、大理寺，并于洪武十五年（1382 年）置殿阁大学士，以备顾问，秩仅正五品，而通政司已先于废相建立矣。一种由天子总揽朝政、足以取代丞相制的政治体制，规模粗备，运转正常，太祖遂决心将其法制化，以垂久远。洪武二十八年（1395 年）六月，帝御奉天门，敕谕文武群臣："自古三公论道，六卿分职，自秦始置丞相，不旋踵而亡，汉、唐、宋因之，虽有贤相，然其间所用者，多有小人专权乱政。我朝罢相，设五府、六部、都察院、通政司、大理寺等衙门，分理天下庶务，彼此颉颃，不敢相压，事皆朝廷总之，所以稳当。以后嗣君并不许立丞相，臣下敢有奏请设立者，文武群臣即时劾奏，处以重刑。"② 随即颁发《皇明祖训》，载入上述敕谕，令子孙世世恪守。三年后太祖辞世，终有明一代，"丞相""宰相"之名不复见于官制。

---

① 《明太祖实录》卷一二九。

② 《明太祖实录》卷二三九。

洪武废相，堪称中国专制集权政治发展史上具有划时代意义的重大事件。秦汉以下的丞相制，君相之权限虽然没有如现代法律意义上的明确划分，但“故事”相沿，君相权力之行使，大体遵循如下原则：天子受命于天，是国家子民当然的最高主宰者，不仅决定大政方针，而且掌握任免丞相等文武百官、准驳一切政事的所谓用人行政大权；丞相虽受命于天子，但人主又不可处处干预、掣肘其统百官、总万事的权力，且天子有乱命，丞相敢不奉诏，旨若不合，亦可封还执奏。明祖罢相以前，君相若能大体不离上述原则，政治则比较开明，国运则比较兴旺；反之，皇帝侵夺相权或权相窃弄国柄，则往往导致政治混乱，国运衰落。明太祖借诛杀胡惟庸余威，打出复古的旗号，彻底废弃分寄大权于丞相的汉唐旧制，而代之以全新的君臣权力划分的准则：皇帝兼昔日君相二任于一身，独揽国家一切权力，亲理天下军政事务；大小臣工俯首听命，六部五府等“彼此颉颃，不敢相压”。为顺治帝激赏的“洪武所定条例章程”，即这一套“上下相维，大小相制”的君臣权力配置框架，其精髓一言以蔽之曰“事皆朝廷总之”，或曰“乾纲独揽”。

顺治帝高度评价洪武定制，如果仅是一个偶然的、孤立的事件，倒未必值得如此重视，因为他当时不过是个十几岁的青年，政治上远未成熟；真正需要高度关注的是，清初几代帝王对此竟持有完全一致的认识。

顺治之父——严格意义上清王朝的奠基人——清太宗皇太极曾晓谕群臣：“明初规模详备，数传而后，虽兵马屡挫，城池屡失，而国势屹然未倾。”[①] 其时尚处关外一隅、改国号为“大清”

① 《清太宗实录》卷三七。

不久，皇太极正苦苦地思索着如何将大清江山的基础构筑得坚实永固，他一再以筑室构屋为例告诫臣下："尝观前代励精图治、法制详明者，国祚必永；怠忽政事、废弛纪纲者，国势必危。盖治国之道如筑室然，基址坚固，庀材精良者，必不致速毁，世世子孙，可以久居。"① 事实上，皇太极也正是以洪武定制为蓝图为帝国大厦奠基的，依样葫芦建立的六部、都察院且不论，独出心裁而设的内三院——内国史院、内秘书院和内弘文院——的首长虽名为大学士，看似有意模仿明朝的内阁，其实，二者根本不可相提并论，只有甲喇章京、牛录章京世职②的希福、刚林、范文程、鲍承先权充大学士，不能不让人们回忆起洪武时代只备顾问、官不过五品的殿阁大学士。于此一端，亦足见皇太极非同一般的深谋远虑。17 世纪中叶中国政治的大致走向，从这里已经透露出一个重要的消息。

顺治元年（1644 年），清兵入关，定鼎燕京。两年后，翻译明《洪武宝训》书成，顺治帝以"《宝训》一书，彝宪格言，深裨治理"，亲制序文，载于编首，仍刊刻满汉文，颁行天下③。略谓明太祖起自布衣，备尝艰苦，其《宝训》详明切实，洞彻根本，宜垂为宪典。所谓前事不忘，后事之师。洪武开基定制，迄今未及三百年，事理相通，当为遵行④。清史先辈孟森称此举

① 《清太宗实录》卷三六，另见卷三七。

② 清入关前立军功者，宗室授予爵号，非宗室则授予世职。世职初为五等：总兵、副将、参将、游击、备御。天聪八年（1634 年）易世职名为满语，依次为昂邦章京、梅勒章京、甲喇章京、牛录章京和半个牛录章京。

③ 《清世祖实录》卷二五。

④ 满文《洪武宝训》（或译《洪武要训》），顺治三年（1646 年）内府精写本，现藏中国第一历史档案馆图书馆。满文御制序文的大意，承蒙中国第一历史档案馆满文部副主任吴元丰先生相告。

“直认继明统治，与天下共遵明之祖训。此古来易代时所未有”①。奉旨翻译明《洪武宝训》者，为亲耳聆听过皇太极开国立基宜仿明祖之训谕的大学士刚林等，而其时以“皇父摄政王”这一名义行使帝王之权的，则是皇太极之弟多尔衮。“御制序文”与其说出自未满十龄的少年天子福临之手，毋宁认为它反映了多尔衮的思想②。其时，摄政王多尔衮正站在明王朝大厦的废墟上，着手建立大清帝国的万年之基。

迨至清太宗皇太极之孙、清世祖顺治帝之子康熙帝即位，天下大定。历代君圣相贤的熙洽之治，固然令政治上日渐成熟的康熙帝无限神往，但他在骨子里却丝毫没有偏离其父祖既定的政治方向。在一道命访求明太祖后裔以奉春秋祭祀的上谕中，康熙帝说：“朕于宫中详览前史，每见开国之主，必英姿伟略，才识过人，始能创肇丕基，奄有天下……明太祖天授智勇，崛起布衣，纬武经文，统一方夏，规模制度，准今酌古，咸当周详，非独后代莫能越其范围，即汉、唐、宋诸君，诚有未及也。”又说：“缅维明太祖旷世英雄，超轶往昔，规模典章，我朝尚多征据，岂可以宗祀沦绝，承守无人？”③ 这道上谕书于康熙三十八年（1699年）帝第三次南巡途中④，不知出于何种考虑，当康熙帝在世时将其深藏宫中，秘而未宣，直到雍正帝御极、翻检皇考康熙帝遗

① 孟森：《明清史讲义》下册，第397页。

② 《多尔衮摄政日记》闰六月初七日记摄政王听政时对大学士说：“予近览《洪武宝训》，皆说军国大事，实有经济，足裨治理。”该书为原故宫博物院本，系清内阁大库旧物。

③ 萧奭：《永宪录》卷二下；中国第一历史档案馆编《雍正朝起居注册》第一册，第102-103页。

④ 康熙三十八年第三次南巡，驾至江宁，康熙帝不听大学士等谏阻，亲往孝陵祭奠，见陵寝颓毁，即“欲访察明代后裔，授以职衔，俾其世守祀事”，并于孝陵悬挂“治隆唐宋”匾额（《清圣祖实录》卷一九三）。该谕旨中亦有“朕三经南巡，皆诣太祖陵园，亲身奠酬”（《永宪录》卷二下）之句，可为内证。

匣时，才被发现，遂公之于世①。

从17世纪30年代直至这个世纪的最后一年，清朝祖孙三代帝王对明太祖及明初政治的评价，竟具有如此一致的连贯性，实在发人深思。通常所谓“清承明制”云云，严格地讲，乃是《皇明祖训》所体现的制度体系，就政治而言，则是太祖一手擘画的“事皆朝廷总之”的政制法度。

然而时隔二百余年，清初诸帝所承袭的明制躯壳，与明祖最初设计相较，已几乎面目全非了。其中问题最大、争议也最激烈的，恐怕莫过于似相而非相、非相而似相的内阁了。

明太祖仿宋制置殿阁大学士，官只五品，不过侍左右、备顾问而已。成祖登极，召翰林编修解缙等于东角门参预机务，以其地近内廷，时人谓之“内阁”，而其余翰林官仍值文渊阁。其时入内阁者，不置专官，不得专制各部院衙门，各部院衙门奏事亦不得相关白，然“内阁”之名起于成祖，且阁臣得以参决机务，是以论者谓“洪武之制，至永乐又一变”。迨洪熙、宣德间，诸大学士以太子经师恩，累加至三孤，位望益尊，而宣宗内柄无大小，悉下大学士等参可否，内阁权力日重。正统年间，始专命内阁条旨，自是纶言批答，裁决机宜，悉由票拟，故事权益重。至嘉靖、隆庆、万历时，内阁大学士朝位、班次俱列六部之上，且阁臣兼长部院，六部诸司靡不承奉风旨，奏事亦先向内阁关白。内阁首辅张璁、夏言、严嵩、徐阶、高拱、张居正俨然为真宰相，而内阁诰敕房、制敕房早已置中书舍人矣。故论者又谓“永

① 《雍正朝起居注册》第一册，第102-103页。

乐之制，至中叶以后又一变”。万历中期以迄明末，大学士惮于揽权，阁权又有所收缩。但就大势而论，地位日高、权势日重的内阁与洪武废相的精神背离得愈来愈远。

唯是大学士委寄虽隆，而终明之世，秩仍正五品，故其官仍以尚书为重，其署衔必曰“某部尚书兼某殿阁大学士”，且内阁无印信，其行文部院等衙门，则暂借翰林院银印。人们习称的“政本之地”内阁，在《大明会典》中竟附于“翰林院”条目之下①。盖内阁虽渐似古相，但有明一代君臣仍慑于高皇帝祖训，不敢放手恢复丞相制。

如此一来，内阁便成了地位不定、权限模糊、名实不副的国家中枢机构。而人们便由此对明代内阁是否相当于汉唐宰相起了争论，问题的严重性在于，就连内阁首揆们对此也有截然相反的两种意见。

一派主张，内阁虽无丞相之名，但有丞相之实。这类人大多欲有所作为，如嘉靖朝的张璁在《应制陈言疏》中说：“人君以论相为职，宰相以正君为功……我太祖高皇帝惩前代宰相专权，不复设立，而今之内阁，犹其职也。皇上责以调元赞化，可谓得任辅相之道矣。”② 高拱则直截了当地说，内阁辅臣“虽无宰相之名，有其实矣”③。隆庆六年（1572 年）正月，穆宗敕加高拱柱国晋中极殿大学士，高拱疏辞曰：“国朝设置阁臣，止备间代

---

① 参见《历代职官表》卷四《内阁下》，载《文渊阁四库全书》第 601 册；《明史》卷七二《职官一》，卷一〇九《宰辅年表一》；黄佐：《翰林记》，载《文渊阁四库全书》第 596 册；《廿二史札记校证》卷三三《明内阁首辅之权最重》；万历《大明会典》卷二二一《翰林院》；王其榘：《明代内阁制度史》；关文发、颜广文：《明代政治制度研究》；黄彰健：《明清史研究丛稿》。

② 《明经世文编》卷一七七《应制陈言疏》。

③ 《明经世文编》卷三〇二《论养相才》。

言而已。后乃隆以穹阶，委以平章重务，是辅弼之臣也。辅弼之臣，上佐万几，无专职，而其职无所不兼。必使阴阳调和，纪纲振饬，百官奉职，万姓乐生，礼教流行，风俗淳美，兵强财足，四夷咸宾，然后其职乃尽。尽其职，乃可言功。”① 这分明是继汉相陈平之后又一篇势逼人主的丞相宣言书。令人难以理解的是，作为太祖子孙的穆宗，竟然对此无动于衷！

另一派则以万历朝著名首辅叶向高为代表，认为“阁臣无相之实，而虚被相之名”②，“我朝阁臣，只备论思顾问之职，原非宰相”③。在叶向高看来，“今之阁臣，虚冒相名，自票拟而外毫无事权”④。如果说有相权的话，那只能是六部。他在给曾任首揆的申时行的信中说：“不肖无聊之中，每思高皇帝罢中书省，分置六部，是明以六部为相也……今惟遵高帝旧制，仍裁阁臣，而以天下事仍责之六部，彼六部操柄在手，事有分属，犹可支持，其与阁臣张空拳，从群责，而徒愤闷以死也，不大相绝哉？”⑤ 叶向高既有阁臣“委任权力与前代之宰相绝不相同”⑥ 的想法横亘于胸，因此他从不干预部务，与张璁、高拱、张居正等辈的行政风格迥然不同。

内阁职权已如此混沌不明，而更夹缠不清的是所谓“票拟”。票拟初名“条旨”，即代天子批答臣僚章奏。洪武时，批答与御前传旨为一事，永乐、洪熙朝批答皆出自御笔，至宣德间，“始

---

① 《明穆宗实录》卷六五。

② 《明经世文编》卷四六一《与申瑶老第二书》。

③ 《明神宗实录》卷五〇一。嘉靖年间，南京礼部尚书霍韬早就说过：“内阁之臣，止司票拟，而外人不知者，遂谓朝廷大政，举出其手。”（《明世宗实录》卷二〇四）。

④ 《明经世文编》卷四六二《条陈时务疏》。

⑤ 《明经世文编》卷四六一《与申瑶老第二书》。

⑥ 《明神宗实录》卷五一一。

令内阁杨士奇辈及尚书兼詹事蹇义、夏原吉于凡中外章奏，许用小票墨书，贴各疏面以进，谓之‘条旨’，中易红书批出，上或亲书或否”；“自正统后始专命内阁条旨”①。票拟之职权究竟有多大？攻权相者可以说：“夫中外之责孰大于票拟？有汉唐宰相之名，而更代天言；有国初顾问之荣，而兼隆位号，地亲势峻，言听志行，柄用专且重者，莫如今日”。而辩之者亦可以说：“昭代本无相名，吾侪止供票拟，上委之圣裁，下委之六部持片。”②即使平心静气地论议，双方见解也绝不相合。隆庆朝给事中骆问礼认为永乐时内阁仍不失太祖本意，日后尚书入阁不复出，“且有票本之权，其事不得不重”③。黄宗羲则说：“入阁办事者，职在批答，犹开府之书记也。其事既轻，而批答之意，又必自内授之而后拟之，可谓有其实乎？”④ 骆问礼认定永乐以后内阁渐有相权，是以论证票本权重；黄宗羲意在反驳“无宰相之名，有宰相之实”的说法，自然要贬抑票拟职权。

总而言之，凡看重内阁日渐形成的票拟等实际权力者，则不免认为“无相名而有相权”；而强调阁臣恪遵只备论思顾问之祖制、票本之权非太祖成祖之至意者，必然否认阁臣为丞相。要干一番大事业的内阁首揆，可以理直气壮地宣称无所不在的宰相权力；安分守己、备员内阁者，则往往“百凡皆奉圣断，分毫不取（按：“取”似为“敢”字之误）欺负，部务尽听主者，分毫不敢与闻”⑤。既有人视煌煌祖训若弁髦，索性把入阁者皆目之为宰

---

① 黄佐：《翰林记》卷二《传旨条旨》。参见廖道南：《殿阁词林记》卷九《拟旨》，载《文渊阁四库全书》第452册。

② 《明史》卷二五七《冯元飚传》。

③ 《明经世文编》卷四七〇《喉论》。

④ 《明夷待访录·置相》。

⑤ 《明神宗实录》卷五〇一。

相；也有人执祖训抨击一二权势稍重的阁臣上窃人主威灵，下侵六曹执掌。真可谓此亦一是非，彼亦一是非；你有你的行事标准，我有我的为臣准则——在内阁职权这样事关大局、不容半点含糊的问题上，竟如此混乱嚣杂。古代中国虽素有重人治而轻法制的传统，但像明代内阁那样，其职权弹性之大可以任人随意解释的，恐怕也不多见。以至于今天的研究者对明代大学士是否真称得上宰相，也就有了不小的分歧。

仅从这一点看，明太祖废相后奠定的那一套政治体制并非完美到无懈可击的地步。

内阁的缺陷说到底是皇帝想乾纲独揽，但事实上又必不能乾纲独揽。不能乾纲独揽，则丞相制难免借某种机缘而“复活”，而在内阁掩饰下的相权还没舒展开来，“坏祖宗成法”的大帽子便铺天盖地地压下来，俨然以丞相自居者“终以贾祸”①，继任之人更不敢措手了。明太祖只考虑丞相与人主矛盾的一面，一夜之间结束了通行一千五六百年的丞相制，然而，其对丞相与人主统一的一面，却没有予以足够的重视。

当太祖罢相之时，御史许士廉就委婉地提醒说：“但虑陛下日应万几，劳神太过。”② 所谓“日应万几”，太祖很快就领教了：洪武十七年（1384 年）“自九月十四日至二十一日，八日之间，内外诸司奏札凡一千六百六十，计三千三百九十一事”③，其他日常政务不算，每天光批阅奏札就超过二百件，处理政事四百余

① 《明神宗实录》卷五〇一。
② 《明太祖实录》卷一二九。
③ 《明太祖实录》卷一六五。

件。他先设四辅官，旋即废黜，随命翰林官平驳诸司章奏，“每断大事决大疑，臣下惟面奏取旨，有所可否，则命翰林儒臣折衷今古而后行之”①。用这样简练而有效的方法，居然实现了乾纲独揽。这不能不给清初诸帝留下深刻印象。但真正能达到如此境界又谈何容易？没有过人的精力，绝顶的记忆力，坚忍不拔的意志，基于丰富阅历而形成的对民之情伪的洞彻和对诸司庶务的练达，以及高度的政治责任感和对权力的热爱，根本无法做到。太祖子孙大概只有成祖差强人意，其他充其量不过贾谊所谓“中主”而已。诚如王夫之论及明初废相之非时所言：“今以天下之大，选贤简德之繁且久，不能得一二心膂之臣，任以论思，乃靳然果废其官。夫唯开业于风雨，英敏神灵者，括万几，统一心，无所凝滞。过此以往，奏报日冗，陈案日仍，晏安日藉，声色玩好、禽马柔曼、淫音幻技日进于深宫，外劳内蛊，其不折而入于中奄者，无几也。”②

明太祖既无法保证后世子孙都像他一样纬武经文，英敏神灵，括万机而统一心，又不能从往昔继嗣之主（太半）荒怠童昏的覆辙中吸取教训，未雨绸缪，设法补苴，而把全部希望寄托在一纸祖训上，最终演化成由似相而非相、非相而似相的内阁来填补国家权力中枢的真空，也就不难理解了。为人所诟病的权相、权阉、党争等等政治混乱现象，无不与此息息相关。天子幼冲或怠政偷安，则难免有严嵩之类的奸相和张居正之类的权相；首辅权盛、皇帝猜忌，恰为阉宦窃权提供了可乘之机；无论首揆擅权抑或畏葸，都往往招致不同派系言官的攻讦，于是政府与言路相水

① 《翰林记》卷二《传旨条旨》。

② 王夫之：《黄书·任官第五》，载《黄书 噩梦》。

火，进一步发展为官僚间党同伐异，相倾相轧，以致用人行政，颠倒混淆。迨至明季，政治的嚣杂纷乱，已到了无法收拾的地步。可以说，明太祖和他的子孙变革和调整传统政治的企图，以全面失败而告终。

对上述现象的存在，明清之际有见识者——不论是黄宗羲、王夫之等明之孤臣，还是以少数民族入主中原的清朝皇帝——的看法似无分歧；但如果深究之所以致此的原因，二者则又有全然不同的解释。后者认为归根结底在于人，而前者则断定一切问题的症结在于制度。

“有明之无善治，自高皇帝罢丞相始”——黄宗羲的这句名言可视为从制度角度检讨明朝政治失败的集中体现。

明代权阉祸国，为举世所共愤。黄宗羲认为，内阁事位既轻，大权又不能无所寄，“彼宫奴者，见宰相之政事坠地不收，从而设为科条，增其职掌，生杀予夺出自宰相者，次第而尽归焉……故使宫奴有宰相之实者，则罢丞相之过也”①。王夫之则说：“因权臣之蠹国而除宰相，弃尔辅矣。宰相废而分任六部……事权散乱，统之者唯秉笔内臣而已”②，故“胡惟庸、汪广洋之祸，消于纶扉，移于涓寺，而万安、焦芳、黄立极、丁绍轼之徒，承颏颐，奉密教于北门者，且波溃瓦散而不可救”，以致“元气痿，大务阁，民愁闾左，士叹十亩，粊空于野，金蚀于藏……可不痛与!”③ 在他们看来，政治不善的根源既在强化专制的罢相，而当时谁也不能提出新的君臣分权的原则，那就只有

---

① 《明夷待访录·置相》。

② 王夫之：《噩梦》。

③ 《黄书·任官第五》。

走历史的回头路——恢复丞相制。

黄宗羲的具体方案是："宰相一人，参知政事无常员。每日便殿议政，天子南面，宰相、六卿、谏官东西面以次坐。其执事皆用士人。凡章奏进呈，六科给事中主之，给事中以白宰相，宰相以白天子，同议可否。天子批红。天子不能尽，则宰相批之，下六部施行"，"宰相设政事堂，使新进士主之，或用待诏者。唐张说为相，列五房于政事堂之后：一曰吏房，二曰枢机房，三曰兵房，四曰户房，五曰刑礼房，分曹以主众务，此其例也"①。

当然，就黄宗羲内心而言，他追求的最高理想是干脆废除"名之为独夫"的专制君主和"为天下之大害"的君主专制制度，而回到"三代以上"天下为公、君臣平等的唐虞之世②；复秦汉以降的丞相制，实在是无可奈何的下策。似乎可以说，黄宗羲是在承认君主专制的前提下，企图用开明专制取代君主独裁。

黄宗羲、王夫之的想法固有激烈之处，但以相权制约皇权的政治思想，却深深地植根于中国古代文化传统，为广大士人所认同。

孔子早就说过："无为而治者，其舜也与。夫何为哉？恭己正南面而已矣"③，"舜有臣五人而天下治"④。所谓五人，指禹、稷、契、皋陶和伯益。在他的心目中，最理想的政治局面应当是：圣人以德化民，垂拱而治。而关键在于得贤臣分任众职，所

---

① 《明夷待访录·置相》。

② 参见《明夷待访录》之《原君》《原臣》《原法》诸篇。

③ 《论语·卫灵公》。

④ 《论语·泰伯》。

以他又说："昔尧舜听天下，务求贤以自辅。夫贤者，百福之宗也，神明之主也。"[①] 先秦最后一位大儒荀子不像孔子那样把理想政治寄托于三代以前，而直截了当地说"君者，论一相"，"彼持国者必不可以独也，然则强固荣辱在于取相矣"[②]，"相者，论列百官之长，要百事之听，以饰朝廷臣下百吏之分，度其功劳，论其庆赏，岁终，奉其成功，以效于君，当则可，不当则废"[③]。选好了相，就能达到"天子不视而见，不听而聪，不虑而知，不动而功，块然独坐，而天下从之如一体，如四肢之从心"如此出神入化的最高境界——"大形"[④]；否则，以一人之心力，"大有天下，小有一国，必自为之然后可，则劳苦耗悴莫甚焉"，非但人主不胜劳瘁，而且事情也办不好。是以荀子把他的政治思想凝练为"主好要则百事详，主好详则百事荒"[⑤] 这样的警句。诚然，孔、荀并未提出具有规范意义的丞相制，但作为一种儒家文化价值取向的标准，对后世中国政治体制的构建，则产生了极其深远的影响。

不无讽刺意味的是，秦始皇作为丞相制的奠立者，却开了独裁政治的先河。始皇之治，"丞相诸大臣皆受成事"，"事无大小皆决于上，上至以衡石量书，日夜有呈，不中呈，不得休息"[⑥]。不过，当时人们就对此窃窃私议，至秦暴亡，更成为尊三代而过秦者批评的口实，以致后世开明之主大抵引以为戒。迨至汉初，儒家思想因时乘势而起，陈平才据先儒精神对丞相的职权首次做

---

① 《孔子家语》卷三《辩政第一四》。

② 《荀子》卷七《王霸篇第一一》。

③ 同上。

④ 《荀子》卷八《君道篇第一二》。

⑤ 《荀子》卷七《王霸篇第一一》。

⑥ 《史记》卷六《秦始皇本纪》。

了规范性的阐述，而其思想脱胎于荀卿的轨迹，则历历可寻。至汉武帝独尊儒术，孔子之道遂成为正统。以后尽管君权日张，相权不断受到侵犯、践踏和宰割，“圣君贤相”的政治局面并不多见，但作为一种坚定的政治理念，一种判断政治优劣的价值标准，孔子等先秦儒家所确立的人君不能独治的原则代代相承而不可磨灭，则是不争的事实。

上面曾提及，隋文帝亲决细务，“每一坐朝，或至日昃，五品已上，引坐论事，宿卫之士，传飧而食”，已遭到唐初君臣的非议，而为唐太宗推崇的治道则是“广任贤良，高居深视”①。唐德宗曾亲择官吏来管理畿邑，宰相柳浑谏曰：“此特京兆尹职耳。陛下当择臣辈以辅圣德，臣当选京兆尹承大化，尹当求令长亲细事。代尹择令，非陛下所宜。”德宗然之②。隋唐以下，两宋天子猜忌大臣，故宰相不专任，并与枢密对掌大政③。司马光遂谏言：“臣闻皋陶赞于舜曰：‘元首明哉，股肱良哉，庶事康哉。’盖言人君明则百官得其人，百官得其人，则众事无不美也。又曰：‘元首丛脞哉，股肱惰哉，万事隳哉。’盖言人君细碎无大略，则群臣不尽力，群臣不尽力，则万事皆废坏也。此二者，治乱之至要也。荀子曰：明主好要，暗主好详。主好要则百事详，主好详则百事荒。故为人君者自有职事，固不当详察细务也。”他希望人君除量材授官、度功加赏和审罪行罚三者外，“其余皆不足言也”④。陆九渊亦有相同见解：“臣闻人主不亲细事……荀

① 《贞观政要》卷一《政体第二》。

② 《新唐书》卷一四二《柳浑传》。

③ 《宋史》卷一六一《职官一》。

④ 司马光：《传家集》卷二八《乞简省细务不必尽关圣览上殿札子》，载《文渊阁四库全书》第1094册。

卿子曰：‘主好要则百事详，主好详则百事荒。’臣观今日之事，有宜责之令者，令则曰‘我不得自行其事’，有宜责之守者，守亦曰‘我不得自行其事’。推而上之，莫不皆然，文移回复，互相牵制。其说曰‘所以防私’，而行私者方借是以藏奸伏慝，使人不可致诘。”① 人们普遍认为，圣天子只不过总其大端而已矣；像日后明太祖发明的“事皆朝廷总之”的提法，以及诸如“乾纲独揽”“乾纲独断”“躬理万机”之类清朝皇帝不离嘴边的所谓“家法”，如果当真出现于明清以前的庙堂之上，那应该也只是骇人听闻的奇谈怪论②。

可以说，君权每扩张一步，都必不可免地遭到一次持有儒家传统政治价值观的士大夫的有力反击。至明初废相，形势略变。明太祖论证丞相并非合乎古制时，针对道尧舜、法先王的儒家传统，同样打出了复古旗号，即所谓“自古三公论道，六卿分职”，试图用迂回的策略，避免与正统的儒家思想正面交锋；有宰相之实的张璁、高拱、张居正等阁臣以伊尹自任，理直气壮地张扬“人君以论相为职，宰相以正君为功”③ 的君相之道，而与高皇帝祖训也可以相安无事。这种现象看似难以理解，其实恰恰表明传统政治观念的坚韧不拔和深入人心。直到清初官修《明史》，馆臣借“赞曰”发表自己见解时，仍可以说“天下治乱系于宰辅”④，更足以证明，中国士人对丞相制所体现的开明专制寄托了多么深挚的系恋！

---

① 陆九渊：《陆九渊集》卷一八《删定官轮对札子》。

② 以上关于君相制的政治思想依据，多参考萨孟武《中国政治思想史》（台湾三民书局，1979 年，第三版）和萧公权《中国政治思想史》（台湾联经出版事业公司，1982 年版）两书的论述。

③ 《明经世文编》卷一七七《应制陈言》。

④ 《明史》卷二五三《王应熊传》等。

历史不能重演，历史也不宜假设；但如果允许有一次例外的话，那就请做这样大胆的设想：李自成的大顺王朝若能一传再传下去，黄宗羲悬拟的政治构想会不会实现呢？中国的政治史如果照肯定的答案延续下来，今天起码不难加以令人信服的圆满解说。

然而，代明而主宰华夏之邦的是崛起于关外的清朝。清朝皇帝对明季弊政的根源有自己独特的认识。

上面提及的那道迟发的康熙上谕在称誉明太祖制度周详的同时，不无惋惜地说："迨其嗣君习于宴安，堕坠先绪，或纵欲逞志，或委任非人，遂致纲纪废弛，倾厥宗祀，良可悼叹！"① 在《阅〈皇明祖训〉偶书》一文中，他又说："《皇明祖训》一书萃列后之谟，兼众智之美……迨其后世子孙渐至陵替者，岂其贻谋未臧欤，由不能善守故也。朕披览之际，心焉景慕，常以为鉴。"② 康熙帝之孙、18 世纪中国的统治者乾隆帝一再申说明代政治之失不在制度而在人的道理。乾隆四十五年（1780 年）九月，乾隆命编纂《历代职官制》时说："明洪武因胡维庸之故，改丞相为大学士。其实官名虽异，职守无殊，惟在人主太阿不移，简用得人，则虽名丞相，不过承命奉行，即改称大学士，而所任非人，窃弄威福，严嵩之流非仍名大学士者乎？盖有是君，方有是臣。"③ 翌年四月，针对尹嘉铨著书称大学士为"相国"，乾隆特降谕旨："宰相之名，自明洪武时已废而不设，其后置大

① 《永宪录》卷二下。
② 《圣祖仁皇帝御制文初集》卷二九《杂著》，载《文渊阁四库全书》第 1298 册。
③ 《清高宗实录》卷一一一五。

学士，我朝亦相沿不改，然其职仅票拟承旨，非如古所谓秉钧执政之宰相也……大学士之于宰相，虽殊其名而其职自在，如明季严嵩岂非大学士？而其时朝政不纲，窃弄威福，至今称为奸相。可见政柄之属与不属，不系乎宰相大学士之名，在为人君者之能理政与否耳。”[①] 清帝认定，再周备的制度，没有人主躬亲勤政也可能纪纲废弛，宗社倾覆。比起黄宗羲“有治法而后有治人”[②] 之论，清帝的思路似乎更符合“人存政举，人亡政废”“有治人无治法”“徒法不能以自行”等所概括的中国人治传统观念。

更具有说服力的是历史事实：明太祖子孙之懒于理政简直到了荒唐的地步。乾嘉间史学家赵翼做过大概的统计，结论是：“自成化至天启一百六十七年，其间延访大臣不过宏治（按：即弘治，为避乾隆御讳，故书宏治）之末数年，其余皆廉远堂高，君门万里，无怪乎上下否隔，朝政日非。”[③] 成化至天启凡八帝：宪宗、孝宗、武宗、世宗、穆宗、神宗、光宗和熹宗，在位最久的是神宗，万历四十年（1612 年），这位皇帝晏处深宫已二十几年，吏部尚书孙丕扬年八十有一，以不得行其志，挂冠而去，三月，南京河南等道御史等官疏称：“臣等历观祖宗朝二百余年，未有皇太子六七年不开讲，而满朝催请付之不理者；未有辅臣孑然孤立，匡勷无人，而久不枚卜者；未有两都六曹正亚卿缺乏至一二人者；未有台臣空匮，经年不补，至科场大典缺监临者；未有候命科道至三年外，犹然株守旅邸者；未有二十余年不接大臣一面，不议国家一言者”[④]。至万历四十三年（1615 年）梃击案

---

① 《清高宗实录》卷一一二九。

② 《明夷待访录·原法》。

③ 赵翼：《陔余丛考》卷一八《有明中叶天子不见群臣》。

④ 《明神宗实录》卷四九三。

起，始一见阁臣，此后终神宗世不复有召见臣工之事。太祖的不肖子孙已经把事情做绝了，以致赵翼感慨道："主德如此，何以尚能延此百六七十年之天下而不遽失，诚不可解也！"① 假若太祖子孙稍能勤政的话，或许明朝政治会另有一番气象吧？这一合乎情理的设问，极其有利于清帝的立论。

总而言之，高度评价明太祖和明初政治的清朝皇帝大致是从这样一种思路审视历史的：明太祖子孙没有锲而不舍、义无反顾地沿着祖训指明的强化皇权、躬理万机的方向走下去。照此逻辑推下去，只要人主乾纲独断、励精图治，不使大权旁落，刷新前朝弊政不过一转移间耳。

黄、王等思想家则认为，从诏罢中书丞相的那一天起，便铸成了无可挽回的历史大错；设使丞相不罢，必可免天崩地解、明社为屋的惨祸。

平心而论，黄宗羲等从制度着眼，合乎先儒古训，比较容易引起汉族士大夫的共鸣，而清帝强调人主的决定作用，虽与儒家政治理念相悖，但乘君权强化的历史大势也颇具所向披靡的威风。本绪言开头提到的大学士陈名夏景仰唐太宗，顺治帝则推尊明太祖，就提供了这方面的一个饶有趣味的例证。

如果再深问一句：复丞相制就能使政治清明，乾纲独揽则一定纪纲整肃吗？

丞相制作为中国古代君主专制下政本之所寄，存在着先天的、自身难以克服的弊端：君相权限缺乏现代法律意义上的明确界定，皇帝既可以随意侵犯相权，宰相也不时窃弄皇权，于是有种种不良政治。黄宗羲、王夫之说高皇帝废相，宫奴遂有

① 《陔余丛考》卷一八《有明中叶天子不见群臣》。

宰相之实，这话不错，但汉唐有宰相时何以也发生了不亚于明代的阉祸呢？说到底，丞相制的弊端是由君主专制的痼弊所决定的①。黄宗羲虽然对君主专制深恶痛绝，但又拿不出同时代如洛克“分权说”那样的政治方案，未能彻底解开君主专制制度的死结，那就只有走历史回头路之一途。缺乏政治新意也许是黄宗羲复相主张被冷落的一个原因吧。

乾纲独揽的思想，严格讲是从明太祖才开始有意识地付诸政治实践的，但真正能做到“事皆朝廷总之”的大概唯有太祖、成祖二人而已，对此明朝大臣官员没有持异议者，而且他们不约而同地对祖训加以肯定，并多以祖制规劝、吁请以至乞求太祖那些懒于理政的子孙大奋乾纲。弘治时，大学士刘健不满孝宗渐失初政时的励精之志，遂上疏谏称：“祖宗朝凡有咨访论议，或亲赐临幸，或召见便殿，或奉天门，或左顺门，屏开左右，造膝面谕，以为常制”，“乞照祖宗故事”而亲政②。他见孝宗或有“佛老鬼神之事”，又疏请“(皇上）奋行乾健，以万几为重务”③。隆庆末年，尚宝卿刘奋庸促请“精神志意渐不逮初”的穆宗“躬揽大权，凡庶府建白，阁臣拟旨，特留清览，时出独断，则臣下莫能测其机，而政柄不致旁落矣”④。他的条陈未必不是指向以古相自任的高拱，但连高拱也知道陈请新即位的神宗恢复“御门听政”等“祖宗旧规”，“以见政令出自主上，臣下不敢预也”⑤。

---

① 对宰相制度有深入研究的周道济早已指出：“我国宰相制度之缺陷，以及君主专制政体之缺陷，诚以君主既得专制，势必滥用其权力，致彻底的法治（rule of law）无从建立也。”(《中国宰相制度研究》，第16页)

② 《明经世文编》卷五二《论票拟疏》。

③ 《明经世文编》卷五二《论圣政疏》。

④ 《明史》卷二一五《刘奋庸传》。

⑤ 《明经世文编》卷三〇一《特陈紧切事宜以仰裨新政疏》。

神宗初政尚可人意，但很快即静摄深宫，阁臣“一事之请，难于拔山，一疏之行，旷然经岁”①，年迈告病，则“视去国如登山，盼谕旨如望岁”②。阁臣在一开始还满怀希望地恳请神宗振作起来，“独操纲纪，执两端而用之”③，最后竟至哀求皇上可怜阁臣“艰难穷困，日甚一日”的窘境，赶快出来与他们面商“军国大计，用舍大事”④。其时阁臣狼狈，朋党嚣张，阉宦窃权，政治混乱无序已发展到了顶点，不独国计民生，而且官僚阶层，无不深受其害。物极必反，能够扭转乾坤者，非居九五之尊的皇帝莫属。申时行在回复叶向高的信中说，阁臣尽管有种种难处，“然其要，则在主上一有转移，便能改观易听矣”⑤。给事中汪若霖极言朋党乱政、大臣专权之流祸，遂大声疾呼实行“天子一人至尊无对，其下三公、九卿、百执事以相参”的“先王之制”⑥。这一席话与太祖高皇帝当年摆出的废相理由何其相似乃尔！

由此看来，明太祖提出的“事皆朝廷总之”的最高目标，经过有明二百余年的政治实践，最后彻底落空了。盖太祖子孙多不独揽朝纲，且自己不揽也不允许阁臣来揽。叶向高私下抱怨万历帝“深恶臣下之操权”，“圣明深居日久，更防太阿旁落”⑦，汪若霖犯颜极谏曰“皇上每行一事，或虞臣下攘其功，固有以不必行为利者；皇上每用一人，或虞臣下受其德，固有以不必用为快

① 《明神宗实录》卷四五八。
② 《明神宗实录》卷四九二。
③ 《明神宗实录》卷四四〇。
④ 《明神宗实录》卷五二三。
⑤ 《明经世文编》卷三八〇《答叶台山相公》。
⑥ 《明经世文编》卷四六九《洞察天人之故以儆有位疏》。
⑦ 《明经世文编》卷四六一《答刘云峤》。

者”[1]，表明臣下早已摸透了人主阴暗乖谬的心理。在这样一种反常的状况下，连昔日由丞相所维系的统治阶级意志的集中和统一亦不可得，最后只能以国破家亡、生灵涂炭而了局。明清之际，厌倦了政治混乱的人们望治心切，很少有人能像黄宗羲那样，冷静而理智地对君主专制制度进行深刻的解剖；舆论的主要倾向是期望皇帝必须有而且必须实施足够的权威，凡与此相悖而足以造成无政府状态者，诸如朋党、权臣、宦寺之类，皆在挞伐之列。万历年间已有人指出，“争门户，角意气，使国家不得议论之利而反蒙其害，此其为祸甚于干戈盗贼，识者无不忧之”[2]，至明朝覆亡，有识之士痛定思痛，更激切地指陈先朝君子同同相扶，异异交击，有好恶而无是非，急友朋而忘君父，事多矫激，人用偏私，由研求道术而流于意气，由意气相激而流于情面，由情面瞻徇而流于货赂，狐城鼠社，蔓引茹连，遂致事体蛊坏，国势陵夷，局改时移，垣垒石破，害深河北之贼，罪浮东海之波![3]

17世纪中叶以后，中国政治演进的方向固然取决于意欲仿效明祖刷新政治的清朝皇帝，但汉族精英阶层中要求强化皇权思潮的兴起，无疑为清初诸帝提供了实现乾纲独断政治目标的有利的舆论环境。至于乾纲独断一旦真的实行起来，会不会使纲纪整肃，当时思想界的主流似乎无暇也无意给予足够的关注。黄宗羲以丞相制制衡皇权的政治方案应者寥寥[4]，实在是情势使然，他

---

① 《明经世文编》卷四六九《汪给谏文集》卷一。

② 《明经世文编》卷四六二《纶扉奏稿》，卷二《条陈要务疏》。

③ 朱一是：《为可堂集·谢友人招入社书》，转引自谢国桢：《明清之际党社运动考》，第204页。

④ 在这寥寥的应者中，特别要提出的是著名思想家顾炎武，他极为推崇《明夷待访录》，他在给黄宗羲的信中说：“大著《待访录》读之再三，于是知天下之未尝无人，百王之敝可以复起，而三代之盛可以徐还也。”（《南雷文定》第三集《附录》）

的具有前瞻性的政治思想在两个世纪以后终于引起了积极的反响，那已是资产阶级民主革命开始兴起的19世纪末了①。

尽管如此，清初诸帝欲按自己的意愿推进乾纲独断的实现，也并非轻而易举的一件事。须知强化皇权的舆论主流是在明中叶以后的特殊政治形势下看涨的，由人主怠荒所导致的极端无政府状态只能暂时掩盖君主极权的隐患。一旦汉族士大夫，包括汉化较深的满族上层人物，感觉到事态的演化已偏离了圣君贤相的传统政治理想轨道，开始向君主独裁倾斜的时候，融于周身血脉中的儒家政治文化因子又会使他们昂奋起来，为维护神圣的道统，也为了维护臣节的尊严，转而向他们曾经热望加强的皇权展开不屈不挠的殊死抗争。清朝皇帝如果以完成明太祖未竟之业为己任的话，那他们就无论如何也不能回避这场思想文化战线上的“遭遇战”。这将是一场旷日持久的残酷搏斗，从17世纪中叶至整个18世纪，从摄政王多尔衮到乾隆皇帝，历百数十年之久，挟暴力镇压之势，“或三岁而戮之，十年而戮之，百年而戮之”②，一直到臣工全都俯首帖耳，庙堂永绝逆耳之音，方始罢手。

明太祖或许疏忽了整肃传统政治思想和士人根深蒂固的价值观念的严重性，而把卫护新的政治结构的全部希望寄托在一纸《皇明祖训》之上。清朝皇帝毕竟比明太祖高明，他们借大辟朋党而振刷士风，所以批判的气势如高屋建瓴，锐不可当；他们时时不忘高扬乾纲独断的“家法”，因此批判宋儒“天下之治乱系宰相”之说显得理直气壮，义正词严。清朝统治者没有重蹈明朝

---

① 梁启超的《清代学术概论》提及：“梁启超、谭嗣同辈倡民权共和之说，则将某书（按：指《明夷待访录》）节钞，印数万本，秘密散布，于晚清思想之骤变，极有力焉。”（该书第14页。）

② 龚自珍：《乙丙之际箸议第九》，载《龚自珍全集》第1辑，第6页。

政治的覆辙，在 18 世纪初期终于成功地将一整套适应君主独裁的政治制度体系建立起来，与此关系匪浅。

清朝皇帝推行极权政治所面临的又一难题在于，他们不得不暂时承袭下来的前朝旧制已将《皇明祖训》的深意丧失殆尽，特别是作为政本之地的内阁，往往容易使丞相制“借尸还魂”。顺治十七年（1660 年）夏旱，顺治帝降旨切责部院及科道，独未及阁臣。阴阳不调，古称宰相之责，大学士觉罗巴哈那、刘正宗、李霨等遂“以天旱具疏引罪”①，随即御史季振宜复疏言：“《书》云：‘元首明哉，股肱良哉’，又云：‘天工人其代之’，是三公得人则逸，不得其人则劳，且古有不问伤人而问牛喘者，明阴阳之不调，宰相责也，至于因水旱而策免、有不待策免而自引退者，往往见之史册矣。”② 请顺治帝追究大学士的失职。康熙十八年（1679 年）京师大震，裂地成渠，白昼晦暝，左都御史魏象枢以变出异常，密请重处大学士索额图，即“可以弭此灾”③。可见顺治以至康熙年间，不唯大学士以宰相自任，群臣亦以宰相视之大学士。皇帝稍不留心，仍然难免明朝故事重演。

宰相作为国家政事中枢机构，是与汉唐以来的君相制相配套的。明太祖废除丞相制，并对政治体制做了相应的调整，但他没有圆满完成沟通上下的关键一环——中枢机构的构建；也可以说，明太祖仅仅提出了强化皇权、君主独裁的目标，而未能真正找到实现这一目标的具体途径。从 17 世纪中叶以后至 18 世纪初的六七十年之间，摄政王多尔衮和顺、康二帝，在承袭、利用包

---

① 《清世祖实录》卷一三五。

② 《清世祖实录》卷一三六。

③ 中国第一历史档案馆整理《康熙起居注》第三册，第 1951 页。

括内阁在内的明代官制的过程中，一方面高度警惕丞相制的复活，并以有别于明帝的躬理万机的勤政姿态，将用人行政大柄牢牢地抓在手里；另一方面，则悉心探索着如何对掣皇权之肘的内阁及六科等原明官制加以彻底改造。18 世纪二三十年代，当康熙帝创行的奏折制将军机处托上政治舞台、军机处取代内阁成为国家大政之所出的新的军政中枢时，才最终完成与君主独裁相配套的政治体制的艰难探索。这个探索过程如果从明太祖确立“事皆朝廷总之”的政治目标算起的话，竟长达四百余年之久！中国的政治也只有到了 18 世纪，才由康熙、雍正、乾隆祖孙三代“圣圣相承”，实现了近百年的君主独裁。

如果把极端专制体制的强化和完备视为 18 世纪中国政治的主要特征的话，那么，这一百年国际政治的主要特征则是中国与欧洲强国间的力量对比正处于即将发生根本改变前夕的战略均势。

严格地讲，在资本主义生产方式产生以前，尽管世界各国间早已有过政治、经济、文化以及宗教等方面的来往，但现代意义上的世界政治体系尚未出现。从 15 世纪末开始，随着大规模航海时代的到来，古老的中国感受到西方越来越强烈的威胁。16 世纪中叶，葡萄牙人从海上侵占了中国的澳门；17 世纪初叶，荷兰人侵占了中国的台湾。继西方探险家和海盗商人之后，抱着拯救异教徒灵魂真诚愿望的西洋传教士也不远万里来到了明朝统治下的中国，并以迂回的方式向朝廷上层进行了成功的渗透。俄国则经陆路从北方向中国进行包抄和蚕食。进入 18 世纪，特别是 18 世纪中叶以后，英国取代了西班牙、葡萄牙、荷兰、法国等早期西方殖民强国，并挟着贸易自由和主权国家平等的近代国际政治经济规则对清朝统治下中国的主权开始进行试探性的冲击。昔日中国的以华夷观念为核心的世界秩序——“天朝体制”——面临空前严峻的挑战，中国与西方资本主义强国间的对抗已显现出尚不十分明朗的最初轮廓。

中国文明在世界曾长期保持领先地位，作为亚洲东方最先进、最强大的国家，中国自然处于东亚各国众星捧月的中心位置，这无疑助长了中国以天朝上国自居的偏见。而支持这种对国际秩序狭隘看法的则是源远流长的华夷观。华夷观至少可以追溯到两千多年以前的春秋时代，当时中原地区的国家对自己的文明有高度的自我优越感，因此将周边地区居住的未接受“周礼”的蛮、夷、戎、狄看成近于禽兽的野蛮人。孔子主张王道，反对霸道，但对赞襄齐桓公完成霸业的管仲却另眼看待。他向弟子说：“管仲相桓公，霸诸侯，一匡天下，民至于今受其赐，微管仲，吾其披发左衽矣！”[①] 可见，孔子把管仲保卫中原文化不受周围不文明族群侵袭列为评价其是非功过的首要标准。尽管孔子从未讲过什么“华夷之辨”，但他的思想对后人有极大影响。孔子以后人们逐渐形成了“严华夷之防”的思想体系，以为中国四周的“夷狄”不仅不文明，而且和禽兽没有两样。华夷之间的根本区别在于“礼仪”，野蛮的夷狄慕华向化，接受中国的礼仪、制度、风俗，就不能以夷狄视之；反之，即使是华夏人种，如果蔑弃礼仪，便也不再是人类。不难看出，华夷之别从根本上讲在于文化而不在于种族。这种华夷之辨的思想逐渐又演变成统治阶级的世界观，中国皇帝无不以天朝大皇帝自居，确认中国是天下的中心，在中华文化圈内的国家不过是主权有限的藩篱属国，并以此为据建立

① 《论语·宪问》。

起一整套实质是处理国家与国家之间关系的朝贡制度。朝贡制度对向化来朝国家的贡期、贡道、贡品，及勘合的核准，特别是觐见大皇帝的礼仪，都有严格的规定。与朝贡相联系的朝贡贸易，包括进贡和回赐，也包括随贡船而来的番货贸易。本着“薄来而厚往”的原则，大皇帝并未将经济方面的利益得失放在心上，而仅仅把它当作一种“制夷”手段。外夷恭顺，则予以优厚的回赐；反之，则以停其朝贡作为惩罚。以“夷狄”入主中原的清朝皇帝对内虽坚决地摒弃了歧视边疆少数民族的华夷之辨的陈腐观念，但到处理国际关系时，则又全盘继承了传统的儒家华夷观。对于远道涉洋而来的陌生的西方殖民国家，也莫不以“夷狄”视之。凭借相对于当时俄国、英国等世界大国来说毫不逊色的强大国力，清朝康雍乾三帝居然遏制住了欧洲大国强权政治对中国咄咄逼人的攻势，维护了国家的主权和领土完整，维持了国内的和平局面，并将东亚一隅天朝体制下的国际秩序维持到18世纪的终结。

处于欧洲东西两翼的俄、英两国，由于特殊的地缘政治关系和无法放弃的经济利益，在18世纪中国与世界政治中占有十分突出的地位。

17世纪30年代，向东方迅速扩张的俄国已逼近中国东北边境。俄国初始并非没有使中国臣服的狂妄野心[①]。自17世纪中叶俄使巴伊科夫首次访华以后，就通常以“举世公认和通行的惯例”[②]（实际是欧洲的主权国家对等原则），处理两国交往中

---

① 康熙九年（1670年）出使中国的米洛万诺夫使团奉俄政府训令，应向博格德汗（中国皇帝）陈明：“望彼博格德汗本人臣服于我大君主沙皇陛下，永世不渝，并向我大君主陛下进贡。”（尼古拉·班特什-卡缅斯基：《俄中两国外交文献汇编：1619—1792年》，第33页）。

② 约·弗·巴德利：《俄国·蒙古·中国》下卷第2册，第1479页。另参见该书第1470、1471、1495页等处的记载。

出现的种种纠纷，其结果势必与清朝的天朝体制下的国际秩序发生一系列摩擦和冲突。这些摩擦和冲突主要表现在君主的称号、国书递接方式、礼品还是贡品、接受回赐礼品的方式，特别是觐见清帝的礼仪，即是否行三跪九叩礼等极为敏感的问题上①，结局则多是俄国使臣或商业代表被迫就范。研究中国与欧洲关系史的学者普里查德指出："从1656至1806年间，曾有十三名俄国使节前去谒见或要求谒见皇帝，其中因拒绝叩头而未被接见的有两人，未叩头而接见的有一人，叩头的有六人，据推测是叩了头的有四人。"② 在与俄国使臣在外交上折冲樽俎的同时，中国为了维护自己的领土主权，被迫同口口声声欲与中国"和睦相处""建立牢固友谊"③ 的俄国在黑龙江中上游展开了激战，这就是著名的雅克萨之战，其结果是中国在与欧洲的首场战争中赢得了胜利。

与俄国形成鲜明对照的是，处于欧洲大陆西北英伦三岛的英国竟迟于俄国几乎一个半世纪才向中国派出了第一个访华使团，当英使马戛尔尼携带英王国书踏上中国土地的时候，18世纪已接近尾声了。这一百多年，欧洲的政治格局大体上可以说处于强国之间的均势中，军事力量和外交影响比较均等地分配于法国、西班牙、俄国、瑞典、英国、哈布斯堡帝国等欧洲主要国家之间。海峡对岸的英国是势力均衡格局的主要受益者，它把自己的地位主要建立在海上霸权和广泛的海外贸易与殖民主义冒险

---

① 上述摩擦和冲突可参见《俄中两国外交文献汇编：1619—1792年》，第23、25、47-49、51-52、66-67、91-92、106-107、138、263-264、277、428-435页等处；《俄国·蒙古·中国》下卷第2册《斯帕法里出使中国（续）》。

② 转引自信夫清三郎：《日本政治史》第1卷，第89页。

③ 《俄中两国外交文献汇编：1619—1792年》，第22页。

活动上①。由英国东印度公司垄断的对华贸易从18世纪之初即集中在广州进行，尽管英国长期以来并未被列入朝贡国行列，但英国的对华贸易事实上也像葡萄牙、荷兰那样处于清廷朝贡贸易体制的严格管制下，因而必不可免地受到种种合法或不合法的苛刻限制。这种限制在18世纪中叶产业革命在英国开始以后，已成为英国政府处心积虑必欲加以破除的障碍。值得注意的是，马戛尔尼的使华不仅带来了英国新兴工业资产阶级开拓中国市场的一系列要求，而且也带来了足以与天朝体制相抗衡的欧洲近代国家对国际关系的全新观念——“西欧国家秩序”。

提出“西欧国家秩序”概念的日本史学家信夫清三郎将“尊崇国家主权观念、国际法原理和势力均衡政策”概括为这一近代欧洲资产阶级国家的国际秩序观念的三大要素②，他还将西欧的国家秩序与中国以华夷观为核心的天朝体制下的国际秩序进行了十分深刻而精彩的比较：第一，近代的国际关系乃各自拥有主权，在形式上平等的国家所建立的关系；而华夷秩序则是建立在本质上不平等的上下级关系之上的。第二，近代的国际关系在形式上是平等的，但实质上则是一种弱肉强食的不平等关系，强国以各种方式控制弱国，干涉其内政；处于华夷秩序下的作为宗主国的中国与作为藩属国的关系虽是统治与被统治的不平等关系，但宗主国原则上并不干涉藩属国的内政。第三，西欧国家秩序一方面隐藏着它把自己扩大为“世界国家秩序”的冲动，另一方面则不断地向西欧以外和基督教以外的世界扩张；中国天朝体制下的国

① 参见郝思悌：《国际政治分析架构》，第78-81页，《18世纪欧洲的国际政治》；巴巴拉·杰拉维奇：《俄国外交政策的一世纪：1814—1914》，第一章“十八世纪的背景”，第1-23页。

② 信夫清三郎：《日本政治史》第1卷，第16页。

际秩序则奉行“王者不治夷狄，来者不拒，去者不追”（东汉何休语）的所谓“不治主义”，从而表现出一种内向的自我封闭的孤独倾向①。

18 世纪西欧国际秩序向东方的蔓延、侵蚀、膨胀和扩张已指向亚洲最后一个独立大国——中国，清朝皇帝也开始感受到了空前严重的国家与民族的生存危机。

最早把遥远的欧洲国家视为中国最危险的潜在对手的是康熙皇帝。这位极富政治阅历的老人在君临天下 55 年时（1711 年）曾郑重告诫身边重臣说：“海外如西洋等国，千百年后，中国恐受其累。”② 尽管康熙的警告带有预言性质，但正是基于其对西方殖民强国的深刻认识和对国内政治形势的不安，他才得出上述判断的。雍正帝厉行禁教，他坦率地向巴多明、白晋、戴进贤等供奉内廷的西洋传教士解释说：你们要让所有的中国人都皈依基督教，这是你们教会要求的，朕对此深为了解。但这将使我们的前途如何呢？真的如此，朕等将为你们国王的臣民。作为基督教徒，你们只会承认你们自己。当成千上万只洋船纷至沓来，就可能出乱子③。在这次不寻常的谈话中，雍正帝袒露了内心的隐忧：“中国北面与俄罗斯为邻，不可小看俄罗斯人。它南面又有欧洲人的王国，他们更值得重视。”④ 乾隆帝的西洋观自然可以追溯到儒家有关“华夷之辨”的经典论述，然而从本质上讲，仍

---

① 《日本政治史》第 1 卷，第 7-8、16 页。

② 《清圣祖实录》卷二七〇。

③ 参见朱静编译《洋教士看中国朝廷》，第 106 页，《耶稣会传教士冯秉正神父给耶稣会某神父的信（1724 年 10 月 16 日于北京）》；《启示和奇妙信札》第三卷，第 364 页，1788 年巴黎法文版（转引自《简明清史》第二册，第 134 页）。

④ 《洋教士看中国朝廷》，第 106 页，《耶稣会传教士冯秉正神父给耶稣会某神父的信（1724 年 10 月 16 日于北京）》。

不过是康熙、雍正西洋观的继承和发展。在漫长的政治生涯中，他全盘接受了其父祖对西洋人侵犯中国主权的疑惧和防范。乾隆十七年（1752年）清廷镇压了一起未遂的反清阴谋，为首者马朝柱曾向其信徒宣称："西洋出有幼主，名朱洪锦，系明后裔……统兵三万七千。"① 乾隆帝深为震惊，为此穷追"西洋"之所在，在此后对马朝柱持续多年的搜捕中，一切西洋人"都被看成了这个叛逆的同伙"，而遭到逮捕和迫害②。乾隆帝的厉行禁教，固然考虑到了天主教"煽惑愚民"，有害于"世道人心"这一意识形态方面的问题，但更重要的则是着眼于政治，唯恐居心叵测的西洋人潜入内地，勾结奸民颠覆清廷统治。对于中国与欧洲各国主要是英国的贸易，乾隆帝在决策时同样从清朝政治稳定的大局考虑。从广州一口通商，到对来华夷商施以种种严苛限制，无不寓有政治上防微杜渐的深意。不能说乾隆的政治判断没有现实的根据：一方面是来自欧洲大国越来越逼近的威胁；另一方面，在盛世繁荣的表象下，确实隐伏着难以化解的满汉民族矛盾和由于人口剧增、通货膨胀、政治腐败所引起的社会骚动。特别是18世纪后期，局势越来越动荡。在这样的背景下，乾隆帝对来自西洋的威胁难免有些敏感，从大清帝国长治久安的高度出发，乾隆帝把构筑一道坚实而绵密的藩篱，将最危险的西洋人隔绝于国门之外，视为一项基本国策。

为了应付日益迫近的西欧国际秩序的威胁，清朝皇帝的表现并不十分高明，有些在今天看来也可能是荒唐可笑的。当翻开叙

① 中国人民大学清史研究所、中国人民大学档案系中国政治制度史教研室合编：《康雍乾时期城乡人民反抗斗争资料》下册，第657页。

② 铃木中正：《乾隆十七年马朝柱的反清运动》，载《明清史国际学术讨论会论文集》。

述从17世纪中叶到整个18世纪中国与西方最初接触的这一段历史时，清朝康雍乾三帝就经常被描绘为倨傲、蛮横、僵化、保守、昧于时势、目光短浅的可憎角色，特别是在某些包括俄国在内的西方人的作品中更为刺目。当然，清朝皇帝形象的这一黑暗面是无须加以辩护的。但有多少人义正词严地揭露过在诸如“主权国家地位平等”“贸易自由”这些漂亮词句掩盖下的西方大国霸权主义的实质呢？又有多少人在指责清朝皇帝做出似乎不通达时变的反应时，高度评价他们所表现出来的对抗西方弱肉强食的强权政治的果断和维护中国国家主权的强烈意识和正义立场呢？

从康熙帝为维护国家领土主权而决策对俄用兵于黑龙江，到乾隆帝为索回叛乱首领阿睦尔撒纳而不惜与俄罗斯兵戎相见；从康熙帝为对抗罗马教廷干涉中国内政、禁止中国入教者祭孔祀祖而开始禁教，到雍正帝向内廷西洋传教士宣告“我们圣人们留下的规矩是丝毫不能更改的”①，而断然将各省传教士强制迁往澳门；从康熙帝拒绝俄国在内地各省设立商业机构，到乾隆帝敕谕英王“天朝尺土俱归版籍，疆址森然，即岛屿沙洲亦必划界分疆，各有专属”②，从而坚决地拒绝了英国对舟山的领土要求……这一切都贯穿着清朝皇帝对保卫中国国家主权的高度的政治责任感。以这样坚定的立场来回敬欧洲资本主义大国貌似公允的强权政治，正是在国际政治中坚持了真正的平等原则。如果清朝皇帝事事依从了西方大国的意愿，那么，也许用不到下个世纪的鸦片战争，中国就会步南洋群岛诸国和印度之后尘，成为欧洲大国强食

① 《洋教士看中国朝廷》，第106页。

② 《清高宗实录》卷一四三五。

的弱肉了。

诚然，谁也无意赞颂清朝皇帝在与西方打交道所表现出来的盲目虚骄和顽固不化；谁也不打算回到闭关和禁海的自我孤立状态；谁也不想重温早已被历史摒弃的以中国为中心的天朝体制国际秩序的旧梦。但 18 世纪中国帝王的失误，主要不在于抵制西方强国时拘泥于三跪九叩之类礼仪末节；他们的不可饶恕的历史性的失误在于：未能从国内外正在发生剧变的大势出发而奋起对已经千疮百孔，而且严重障碍生产力发展的政治、经济、社会体制做出根本性改革，反而幻想以不变应万变，永远维持天朝体制，以致中国在综合国力方面从 18 世纪末叶开始与欧洲拉开了越来越大的差距。

18 世纪以来，中国与欧洲大国间战略均势的形成到最终被打破，归根结底取决于二者综合国力的转化。

《大国的兴衰》的作者保罗·肯尼迪引用了贝罗克以下两个统计表格以说明 18 世纪中叶以后 150 年间世界主要国家工业化水平的消长①：

表 0-1　1750—1900 年世界制造业产量的相对份额　　单位：%

	1750 年	1800 年	1830 年	1900 年
整个欧洲	23.2	28.1	34.2	62.0
英国	1.9	4.3	9.5	18.5
俄国	5.0	5.6	5.6	8.8
日本	3.8	3.5	2.6	2.4
中国	32.8	33.3	29.8	6.2

① 保罗·肯尼迪：《大国的兴衰——1500—2000 年的经济变迁与军事冲突》，第 181-182 页。本书在引用贝罗克的两个表格时省略了其中若干内容。

表 0-2 1750—1900 年按人口计算的工业化水平（以 1900 年英国为 100）

	1750 年	1800 年	1830 年	1900 年
整个欧洲	8	8	11	35
英国	10	16	25	100
俄国	6	6	7	15
日本	7	7	7	12
中国	8	6	6	3

不难看出，由于中国人口与整个欧洲大致相等，在蒸汽机和动力织机改变世界均势之前，中国在世界制造业的产量中的份额甚至不在整个欧洲以下。中国与欧洲大国之间在 18 世纪能维持战略均势的原因从这里似乎也能找到部分答案。如果从按人口计算的工业化水平来看，1750 年中英两国相差并不太远，与整个欧洲比较则处于相等水平，而比同时期的俄国与日本则略胜一筹。到 18 世纪结束时，中英之间的差距开始拉开，鸦片战争前十年，两国之间的差距已扩大至 6∶25，到了 1900 年竟达到了 3∶100。与此同时，中国与俄国、日本也拉开了不小的距离。

保罗·肯尼迪指出，这些变化的根本原因在于，产业革命迸发出来的生产力是惊人的。1750—1800 年英国纺织业的机械化，使生产力提高了 300～400 倍，成为世界第一工业强国。正是先进的蒸汽机技术和机械工具，使欧洲拥有了决定性的经济和军事优势。从瓦斯科·达·伽马时代起尚不明显的西方对全球的统治，这时几乎没有止境了①。

18 世纪末，单就中国自身而言，也许国力与 50 年前相比并未见削弱，但大国之间经济与军事无声的竞争，已将中国置于不

① 保罗·肯尼迪：《大国的兴衰——1500—2000 年的经济变迁与军事冲突》，第 179-184 页。

利的被动地位。乾隆皇帝似乎已经意识到了形势的严峻。乾隆五十八年（1793年）八月二十六日乾隆帝从避暑山庄返回京城，立即前往圆明园参观英国马戛尔尼使团的“贡品”。据使节团副使乔治·斯当东记载，乾隆帝对装有110门大炮的“皇家”号军舰模型①颇感兴趣，“他详细问到当时在场帮助安装的使节团人员关于军舰上许多零件的问题，以及有关英国造船事业的一般问题”②。隔一日，乾隆帝即密令军机大臣传谕两广总督长麟等：“暎咭唎在西洋诸国中较为强悍，且闻其向在海洋有劫掠西洋各国商船之事，是以附近西洋一带夷人畏其恣横。”③ 九月一日再次密令军机大臣传谕沿海各督抚等：“该国夷人虽能谙悉海道，善于驾驶，然便于水而不便于陆，且海船在大洋亦不能进内洋也，果口岸防守严密，主客异势，亦断不能施其伎俩！”④ 面对称霸海上的英国海军，乾隆帝深知中国的制海权已沦于英人之手。不幸的是，这位中国年迈的主宰者并不想奋发图强、改弦更张，而是采取龟缩政策，幻想据守内陆以求苟安。他无论如何也想不到，风动力帆船“皇家”号炮舰即将被新一代蒸汽推动的装甲舰取代，不仅中国的“内洋”，而且内陆的长江也将成为它们恣意横行的战场！

阅历丰富、目光锐利的马戛尔尼则通过访华窥破了貌似强大的清帝国的虚弱本质，他用以下一段话概括了此次东来的印象：“清帝国好比是一艘破烂不堪的头等战舰，它之所以在过去一百

---

① 此军舰模型系英王赠送乾隆帝的礼品之一，据斯当东介绍，“礼品中加配一付全套装备的英国最大的军舰模型。有一百零十门重炮装备的巨大军舰上的各个微细部分俱在模型上表现无遗”（《英使谒见乾隆纪实》，第250页）。

② 乔治·斯当东：《英使谒见乾隆纪实》，第406页。

③ 《清高宗实录》卷一四三五。

④ 《清高宗实录》卷一四三六。

五十年中没有沉没，仅仅是由于一般幸运的、能干而警觉的军官们的支撑，而它胜过邻船的地方，只在它的体积和外表。但是一旦一个没有才干的人在甲板上指挥，那就不会有纪律和安全了”①。他甚至狂妄地宣称：“只要我们派两三艘小军舰，不消两个月功夫，就可以把中国沿海的海军全部摧毁。”②

近代以来，大国的竞争是残酷无情的，大国间经济与军事实力对比的转化也是迅疾的。

18 世纪末，中国与西方实力对比的战略均势开始发生根本性改变。

19 世纪，古老中国和中华民族将被西方列强推入空前的屈辱和灾难之中。

---

① 克拉默·拉宾：《出使中国：据马戛尔尼勋爵谒见乾隆纪实》，伦敦 1962 年版，第 212 页（转引自《简明清史》第二册，第 533 页）。

② 马戛尔尼：《英使谒见乾隆记实》，第 262-263 页。

第一章

18 世纪君主专制政体的强化和完备

第一节　顺康时期乾纲独断政治目标的初步实现

明崇祯十七年（清顺治元年，1644 年）三月，李自成大顺军破京师，明朝覆亡。五月，摄政王多尔衮率清军入城，定鼎燕京。十月，顺治帝在京举行定鼎登基大典，清朝在全国的统治开始确立。其时皇宫一片废墟，明政府官员树倒猢狲散，前朝国家机器已被彻底摧毁，摆在摄政王多尔衮面前的一项紧迫任务是重建适应全国统治的新的政治机构。

清入关前已按照“参汉酌金”“渐就中国之制”[①] 的方针，

① 这一方针是文馆汉儒臣宁完我在天聪七年（1633 年）提出的，略谓：我国六部之名，原是照蛮子家（指明朝）立的，其部中当举事宜，金官原来不知，汉官承政当照《会典》（指《大明会典》）上事体，某一宗我国行得，某一宗我国且行不得，某一宗可增，某一宗可减，参汉酌金，去因循之习，渐就中国之制（《天聪朝臣工奏议》卷中）。金国汗皇太极采纳了他的建议，并从金国的国情民俗出发，借鉴明朝政权体制与典章制度，进行了卓有成效的政治改革。

建立起包括议政王大臣会议、内三院、八衙门（六部、都察院和理藩院）以及八旗制度等一整套适应关外一隅、满汉融合的军政机构和制度。这些机构和制度随着八旗兵进入燕京，暂时填补了由于明清鼎革造成的政治真空，但对于统治全国，特别是统治广大中原地区的汉族人民，它们显然难以胜任。以关外旧制为基础，利用前明官制的现成形式和有益经验，从强化皇权的政治需要出发，对其加以必要的改造，一直是摄政王多尔衮、顺治帝和康熙帝严重关切的政治问题。作为从关外时期开始的“参汉酌金”政治改革的继续和深化，这一政治体制重组、整合、更新的过程起伏跌宕，错综复杂，始终贯穿着皇权与坚持儒家政治理念的汉族文官以及维护满洲部落传统的八旗军事贵族两条战线上的斗争。到 18 世纪之初，在皇帝的全面控制下，参预机务、票拟谕旨主之内阁，其军事及国家重大机密事务交议政处议奏，间有特颁诏旨，则由南书房视草①。清朝帝王效法明太祖实现乾纲独断的政治目标初步实现。

一　顺治年间的内三院与内阁

作为内阁前身的内三院，建立于改元崇德、建国号“大清”的前夕。当时投降金国的汉官跃跃欲试，热切期望皇太极仿照中国传统官制对金国政体做一番彻底的改造。天聪九年（1635 年）二月，许世昌奏陈：“一代之兴，必有一代之臣，相与赞襄开导，

---

① 乾嘉间史家赵翼说：“国初承前明旧制，机务出纳悉关内阁，其军事付议政王大臣议奏。康熙中，谕旨或有令南书房翰林撰拟，是时南书房最为亲切地。”（《簷曝杂记》卷一《军机处》）乾隆后期熟稔政情的管世铭也说过：“国家初制，章疏票拟主之内阁，军国机要主之议政处，其特颁诏旨，由南书房、翰林院视草。”（《枢垣记略》卷二二《管世铭文二首·鹤半巢诗集序》）

共造封疆，所谓辅弼重臣，上应天心者也。而我朝枚卜之举实有未行，不过曰‘书房’，岂堂堂立国之体哉？臣愚以为宜建中书府，设中书平章、左右丞、参知政事等官，以备顾问参赞，凡军国大事悉咨询商酌而后实行。”[1] 张存仁随即又建言：“改文馆为内阁中书科，以彰官制，其笔帖式亦应加中书科名色，分大小副参游守，为阁老、翰林等官。”[2] 可见他们心目中的政治蓝图是文臣掌中枢机务的唐宋元明诸朝宰辅制，在当时这无异于痴人说梦，但他们的议论无疑加速了内三院的诞生。

内三院建立后，虽设大学士一职，颇有仿明内阁意味，但二者相比，实若霄壤。大学士品级卑微，且不兼部院实职，虽以博洽经史、文体典确见长，与六部大臣及开疆拓土的武将却不可比肩而论。国家重大机密事务由皇太极主持的议政诸王贝勒大臣会议决定，皇太极通过定期听政，亲自处理八旗、六部二院事务，内三院作为皇帝秘书班子，职在处理有关文字方面的工作，并不能干预六部二院公务，同明朝各部题奏、内阁票拟之制不可相提并论[3]。这种状况固然与满洲统治集团鉴于明朝内阁严重弊端而有意抑压内三院有关，但归根结底，是由满族社会、经济、政治诸关系及其历史文化传统所决定的。

清定鼎燕京之初，只能暂时沿用关外旧制，而徐图有所改革。顺治元年（1644年）五月，摄政王多尔衮以书征故明大学士冯铨，冯铨闻命即至，受命以大学士原衔入内院佐理机务[4]；

---

① 《天聪朝臣工奏议》卷下。

② 《清太宗实录》卷二六。

③ 《清入关前国家法律制度史》第2章“中央官制”。

④ 参见《清世祖实录》卷五；《清史列传》卷七九《冯铨传》。

六月，多尔衮复命先已降清之洪承畴“同内院官佐理机务”①。冯铨、洪承畴随即献策摄政王全盘照搬明朝内阁旧制：

> 国家要务，莫大于用人行政。臣等备员内院，凡事皆当与闻。今各部题奏俱未悉知，所票拟者，不过官民奏闻之事而已。夫内院不得与闻，况六科乎？倘有乖误，臣等凭何指陈，六科凭何摘参？按明时旧例，凡内外文武官民条奏，并各部院覆奏本章，皆下内阁票拟，已经批红者，仍由内阁分下六科，抄发各部院。所以防微杜渐，意至深远。以后用人行政要务，乞发内院拟票，奏请裁定。②

明制：题奏本章，六部、督抚等，公事用题本，钤官印；官民条陈政事及有其他私事，俱用奏本，不钤官印③。冯铨、洪承畴二人所谓“官民奏闻之事”，盖指“奏本”，此类本章在关外时期即由文馆、内三院处理④；内院不得与闻部院事务，亦为关外旧制。冯铨、洪承畴所力争者，不仅仅是通过票拟部院覆奏本章而参预国家用人行政要务，使内三院升格为国家中枢机构，而且还包括明内阁、六科对天子谕旨“封驳执奏”的习惯权力⑤。满洲

---

① 《清世祖实录》卷五。

② 同上。

③ 申时行等主持重修的万历《大明会典》载：“臣民具疏上于朝廷者，为奏本”，“军民人等陈情、建言、申诉等事，具有奏本”（该书卷七六、卷二一二）。

④ 《清人关前国家法律制度史》，第73页。

⑤ 明故事，旨由天子径下，政事不由内阁，阁臣可封还执奏。这类事例史不绝书：弘治年间首辅徐溥曾谏孝宗曰：“即位以来，未尝有内降，幸门一开，末流安底，臣等不敢奉诏”，又曰：“数月以来，奉中旨处分未当者，封还执奏至再至三，愿陛下曲赐听从。”（《明史》卷一八一《徐溥传》）大学士刘健正色敢言，谏武宗曰：“昨司礼监递出户部、兵部、吏部、都察院各一本，传示圣意，令臣等拟断。臣等据理论事，皆不可行，逐一从公拟票上请，又蒙发下，不从所议。臣等情意迫切，谨昧死为陛下陈之……近者，或旨从中出，略不与闻，或有所议拟，竟从改易，似此之类，不能悉举。而事穷势极，责亦难辞。若顾恤身家，共为阿顺，则欺君误国之罪，无所逃于天地之间矣。所有前项

统治集团对此做何反应呢？《清实录》的记载不过曰“摄政和硕睿亲王是其言”[①]，而翌年三月即有旨令率由旧章，理由是“凡陈奏本章照故明例，殊觉迟误”。同时命今后部院一切疏章，可即速奏，候旨遵行。至于各衙门应属某部者，奏事即呈该部转奏；直省抚、按、总兵等官凡有章奏，与某部相涉者，必具文该部，部臣请旨定夺[②]。所谓“速奏”云云，即部院奏章等不必先经内院票签，而直送宫门或听政时面奏[③]。冯铨、洪承畴照“明时旧例”改造内三院的建议，试行不到一年便夭折了。与天聪年间许世昌、张存仁的尝试受到冷落一样，盖因八旗军事贵族势不容满汉儒臣组成的内院介入国家最高决策，主政的摄政王多尔衮亦对全面恢复明内阁制深怀儆惧。

四本，不敢别议，谨将原票封进。”（《明经世文编》卷五三《三事疏》）嘉靖初，大礼议起，阁臣执奏忤旨，首辅毛纪复执如初，帝谕责毛纪要结朋奸，背君报私。毛纪乃上言曰：“迩者大礼之议，平台召对，司礼传谕，不知其几，似乎商榷矣，而皆断自圣心，不蒙允纳，何可否之有？至于笞罚廷臣，动至数百，乃祖宗来所未有者，亦皆出自中旨，臣等不得与闻”，遂乞骸骨以归。（参见《明史》卷一九〇《毛纪传》；《明经世文编》卷一二九《乞休疏》）。万历中，国本未定，廷臣争十余年未决，二十九年帝下诏册立皇太子，既而复悔，令内阁改诏，阁臣沈一贯“封还诏书，言万死不敢奉诏”（《明史》卷二一八《沈一贯传》）。崇祯初政，汲汲求治，严于综核，给事中张国维质语直陈曰：“祖宗朝阁臣有封还诏旨者，有疏揭屡上而争一事者。今一奉诘责，则俯首不遑；一承改拟，则顺旨恐后；倘处置失宜，亦必不敢执奏。此将顺宜戒也。”（《明史》卷二七六《张国维传》）

① 《清世祖实录》卷五。

② 《清世祖实录》卷一五。

③ 《多尔衮摄政日记》记有顺治二年五月二十九日至七月初九日摄政王处置政事实状，如“大学士等入见，户部官启事毕，王上曰……”（五月二十九日）、“大学士等入，王顾赐坐，各部官以次入启事，王顾问……”（六月初三日）各条，可证实部院面奏请旨。也有大学士读本的情况，如“大学士等入启事，王上赐坐，叩头谢，大学士读章奏，各随事处分”（六月初四日）、“大学士等入，叩头，赐坐，大学士刚宣读都察院本，王曰……”（六月二十九日）。《多尔衮摄政日记》原北平故宫博物院文献馆本，为清内阁大库旧物，原书不纪年，据《多尔衮摄政日记》内证考得系记顺治二年事（该书《叙》）。

其时六部、理藩院、都察院沿关外旧制，止设满洲承政①，“六部事俱议政王口定”②，各部院奏事，摄政王多尔衮当面裁决。顺治帝亲政之初，仍沿袭这种题奏谕旨运行程序：各部院奏事经皇帝面谕者，“部臣识其所谕，回署录之票签，送内院照票批红发科”③。据此可知，票拟职权实由六部主之，内院大学士不过照票批红而已。当时的情况很可能是部臣面奏及摄政王、顺治帝面谕俱用满语，所以往往“满官先得旨施行，迨汉官奉旨，则事且早定矣”④。举凡国家重大机密事务，“经诸王大臣处分既定，下内院或更译汉书，以示诸臣”⑤。显而易见，政治如此运作，内三院地位的卑下自不必论，就连皇帝的口谕能否准确地实施也很难保证，所以很快便由年轻的顺治帝着手改变政治运行现状。

顺治十年（1653 年）正月，皇帝至内院，向诸臣询问道：“明时票本之制如何？”诸臣回奏：“明时京官奏疏，恭进会极门，中官转送御览毕，下内阁票拟，复呈御览，合则照拟，批红发出，否则御笔改正发出。”顺治帝随即向近侍之臣诉说：“今各部奏疏，但面承朕谕，回署录出，方送内院，其中或有差讹，殊属未便。顷者，都察院纠参吏部侍郎孙承泽、通政使司右参议董复，原令交吏部议覆，乃误传革职。朕日理万几，恐更有似此舛错者，若人命最重，倘轻重颠倒，致刑辟失宜，亦未可知。”内院诸臣深知兹事体大，故回奏道：“诚如上谕。此非臣等所敢议也。”⑥ 其实顺治帝此时已有照“明时票本之制”的改革腹案，

---

① 顺治五年（1648 年）七月始设六部汉尚书（《清世祖实录》卷三九）。

② 谈迁：《北游录·纪闻下》。

③ 《清世祖实录》卷七一。

④ 《北游录·纪闻下》。

⑤ 同上。

⑥ 《清世祖实录》卷七一。

内院诸臣自然心领神会。翌日，顺治帝即召集议政王大臣、内三院、满汉九卿会议，经顺治帝批准的会议决定至关重要："今后各部院奏事，各臣照常面奏，候上览毕，退，上批满汉字旨，发内院，转发该科。其满洲事件，只有满字无汉字者，亦只批满字，发内院，转发该衙门。"① 此举对强化皇权、提高内三院地位以及抑压八旗军事贵族权力意义重大②。

但实行不到一年，顺治帝又以"章奏繁多，若竟送内院，又恐易滋弊窦"③，命郑亲王同诸大臣更议，遂议定："于太和门内择一便室，令大学士、学士等官分班入直，本章或上亲批，或于上前面批，若有应更改之事，即面奏更改，庶几无弊"④。这一定制，日后虽小有修改⑤，但部院面奏，本章先经御览批旨，再下内院（内阁）票拟发科的程序，至少坚持到顺治末未变。其间，原由通政司先转呈内阁译进的各省督抚大吏本章，亦改为该衙门自行封进，经皇帝览过再发译⑥。

随着皇权的逐步强化，内三院的地位也有所提高。顺治十五年（1658年）七月，改内三院为内阁，大学士改加殿阁大学士，仍为正五品，其余学士亦正五品⑦。由于其时大学士巴哈纳、金之俊、额色黑、成克巩、蒋赫德、刘正宗、洪承畴、傅以渐、胡

---

① 《清世祖实录》卷七一。

② 据当时在京的谈迁所记："癸巳（即顺治十年）冬，命国史、弘文、秘书三院学士各一人内直。先是，大学士分入大内票拟，赐内膳，满人疑权重，故分之。学士预阅章奏呈旨，仍下内院，书红学士代。"（《北游录·纪闻下》）

③ 《清世祖实录》卷七八。

④ 同上。

⑤ 顺治十七年五月谕吏部："部院等衙门所奏本章，若即日发下拟旨，本章繁多，关系重大，恐一时难以致详，今后各衙门及科道各官本章，俱着于每日午时进奏，候朕披览，次日发下拟旨，以便详阅批发。"（《清世祖实录》卷一三五）

⑥ 参见《清世祖实录》卷一〇二，卷一三五。

⑦ 《清世祖实录》卷一一九。

世安、卫周祚和李霨分别兼六部尚书，而六部尚书为正二品，因此多数大学士以兼衔故，俱为正二品。

从形式上看，顺治季年的内阁似乎与明代中期内阁的职权不相上下，而实际上并不尽然。顺治十七年（1660年）帝以天旱特谕省愆，御史季振宜随露章参劾“食有一品二品之俸”的内阁诸臣遇事“畏首畏尾，不痛不痒”，“徒拟票四五字，以了宰相事业”①。看来，季振宜是以“宰相”责之内阁诸臣的，而顺治帝却大不以为然，他针锋相对地指出：此奏“内阁臣不能进言，朕原未令其遇事陈奏，非伊等之罪”，又说“部覆章奏，奉旨依议者，恐一有更张，反致生事，是以照拟批发，皆系朕亲裁，亦非阁臣之咎”②。看来，有点近乎迂阔的季振宜还没有参透新朝政治体制的奥妙，顺治帝则借此机会明白无误地宣示，阁臣不仅不是什么宰相，而且连前朝内阁参预机务、封驳执奏之类的职责也从未被赋予。遇事“畏首畏尾”“徒拟票四五字”，并非阁臣情愿如此，恰恰是皇帝有意使然。明万历后期内阁首辅叶向高鉴于阁权模糊不明，特疏请照祖宗本意明确内阁职掌，他说：“我朝革中书省，散其权于六部，阁臣供票拟之役耳……臣等拟旨，故事：不过曰某部知道，其急者则曰该部看了来说，又最急者则曰该部上紧覆行。”③ 叶向高所谓“阁臣供票拟之役耳”，和他本人信守的“不与闻六部事”的原则，似乎同顺治季年的阁臣更相仿佛。

总之，顺治末内阁地位的提高，是相对入关前以及摄政王时代的内三院而言的，与明隆庆、嘉靖及万历初年内阁的实际权

---

① 《清世祖实录》卷一三六。

② 同上。

③ 《明经世文编》卷四六二《纶扉奏稿》，卷二《条陈要务疏》。

力，显然又不可相提并论。准确地讲，此时内阁的地位与明太祖、成祖的创制本意最为吻合。

二　康熙帝御门听政

顺治年间政治权力配置调整的结局，使议政诸王贝勒所代表的八旗军事贵族逐渐远离国家最高权力的核心，其传统权益受到损害。因此，顺治帝刚一去世，尸骨未寒，政治便骤起反复。为使政治反动合法化，诸王贝勒联合康熙帝祖母孝庄太皇太后，采取了以奉行大行皇帝《遗诏》的方式，来否定顺治年间的政治变革。

在顺治十八年（1661年）正月颁示天下的《遗诏》中，有顺治帝引为己罪者共十四款之多，而赫然列于诸罪之首的，就是变更祖制、渐染汉俗："自亲政以来，纪纲法度，用人行政，不能仰法太祖、太宗谟烈，因循悠忽，苟且目前，且渐习汉俗，于淳朴旧制，日有更张，以致国治未臻，民生未遂，是朕之罪一也。"接下去又有以下的反省："宗室诸王贝勒等，皆系太祖、太宗子孙，为国藩翰，理宜优遇，以示展亲，朕于诸王贝勒等，晋接既疏，恩惠复鲜，以致情谊睽隔，友爱之道未周，是朕之罪一也"，"满洲诸臣，或历世竭忠，或累年效力，宜加倚托，尽厥猷为，朕不能信任，有才莫展，且明季失国，多由偏用文臣，朕不以为戒，而委任汉官，即部院印信，间亦令汉官掌管，以致满臣无心任事，精力懈弛，是朕之罪一也"①。此《遗诏》乃经太后及诸王等斟酌改定，未必尽出顺治帝之本意②，盖满洲诸王大臣等

① 《清世祖实录》卷一四四。

② 孟森《世祖出家事考实》对此考证甚详，略谓遗诏为学士王熙于顺治帝临终前承旨撰拟，及帝崩，先奏知皇太后，而后宣示诸王大臣等，"其间必有太后及诸王大臣等斟酌改定之情事。就遗诏全文观之，未必世祖能彻底悔悟至此"。孟森进一步申论："（遗

欲以《遗诏》为翻案张本。

当年六月，即以尚在幼冲的康熙帝为名，命恢复内三院旧制，谕旨先引《遗诏》，谓“纪纲法度，用人行政，不能仰法太祖、太宗”云云，然后道出：“朕兹于一切政务，思欲率循祖制，咸复旧章，以副先帝遗命。内三院衙门自太宗皇帝时设立，今应仍复旧制，设内秘书院、内国史院、内弘文院。其内阁、翰林院名色俱停罢”①。旋又命内三院大学士照六部尚书品级，定为正二品②。分明是抑压内阁权力，却又提高大学士品级，该当如何解释呢？明大学士秩五品，顺治十五年（1658年）改内三院为内阁，大学士仍为五品，至是改内阁为内三院，则升大学士为正二品，雍正八年（1730年）军机处业已取代内阁为大政所出之地，再升大学士为正一品。清大学士实权远在明代以下，早已成为定论，而其品级却由正五品升至极品；顺、康、雍时期，内阁地位历经两次贬抑，而大学士品级反而两次骤升。个中奥妙，很耐人寻味。其实不过所谓“隆其官实夺其权”的权术而已。

四辅政大臣时期，特别是鳌拜结党专权的几年间，一反顺治年间大学士俱内值太和门，诸司章奏即日票拟，皇帝面赐裁决的旧制。“惟辅政大臣内直，大学士等在外，疏奏俱至次日看详，及进呈候旨，止有学士而大学士不预。”③康熙六年（1667年）班布尔善任大学士，谄附鳌拜，一切政事更先于私家议定，且将部

诏）排斥汉人，至以汉官偶掌部院印信，亦为罪己之一端，可知意出于诸辅臣”，“中间以太后为枢纽，而四辅臣之将顺宗亲，敷衍满族，与宗亲、满族之自争利益，皆在此遗诏中决之。故知王熙之撰诏，大半为太后、辅臣之指”（《世祖出家事考实》，载《明清史论著集刊续编》）。

① 《清圣祖实录》卷三。

② 同上。

③ 《清史列传》卷六《李之芳传》。

院衙门各官，于启奏后带往私门商酌。班布尔善遇事专主，票拟任意。鳌拜竟欺负幼主，在御前呵斥部院大臣，拦截章奏①。鳌拜、班布尔善的私邸，俨然成了国家政本之地。

但复内三院旧制与其他种种政治倒行逆施，只能是历史进程中的短暂回旋。康熙帝行亲政礼两年后，即康熙八年（1669年），诏逮辅臣鳌拜，四辅臣时代宣告结束，其时康熙帝年仅16岁。御史李之芳以班布尔善任意票拟已置大法，请仍复顺治旧制，由大学士“内直看详，即日票拟，公同候旨，永杜任意更改之弊”，奉旨允准②。内三院随即恢复了国家政事中枢的地位。越明年，即命改内三院为内阁，大学士仍照顺治十五年例，兼六部尚书③。如果说，从入关到顺康之际，内阁的地位和职能尚处于不断变动之中的话，那么，以康熙九年（1670年）内阁复设为标志，则确立了在皇帝直接控制下内阁作为国家政事中枢的政治体制，而政治运作的具体方式，即为“御门听政”。

凡御门听政，设御榻于乾清门正中，章奏案于御榻之前，部院大小官员先赴午门齐集，辰刻入大内，候传进奏。康熙帝御门升座后，侍卫从丹墀下石栏旁东西排列，起居注官则在帘下侍立。各部院进奏次序为：吏户礼兵工五部、理藩院、都察院、通政司、大理寺各衙门为第一班；内阁、翰林院、詹事府，奏事在各衙门之后，九卿有会奏公本，科道有条奏事宜，亦在各衙门后；刑部奏事则在第三班。各衙门堂官进奏时，先捧举奏章跪置于章奏案上，然后转至东阶，西向跪奏。各衙门奏事毕，依次鱼

① 《清圣祖实录》卷二九。
② 《清史列传》卷六《李之芳传》。
③ 《清圣祖实录》卷三三，卷三四。

贯退出。大学士、学士仍留下，就有关“折本”事宜面奏请旨。事毕，康熙帝还宫，御门听政至此结束①。所谓“御门”，并非专指临御大内乾清门，西苑瀛台勤政殿亦经常作为听各部院面奏政事之所。康熙帝晚年喜欢驻跸京城西北畅春园，听理政务则常在畅春园正殿澹宁居。至于巡幸在外，定例部院衙门本章“俱三日递到一次”②，与大学士、学士处理折本事宜只好权在行宫进行。从广义上讲，这都可以称为“御门听政”。

御门听政这一常朝制度始于明代。万历初内阁首辅高拱陈奏政事时曾说：“祖宗旧规，御门听政，凡各衙门奏事，俱是玉音亲答，以见政令出自主上，臣下不敢预也。”③ 隆庆以后，御门听政之制开始废弛④。清初摄政王多尔衮未采纳冯铨等本章先经内阁票拟的建议，命部院一切疏章，可即速奏，及顺治帝亲政照“明时票本之制”，先览京官奏章，再下内院票拟，虽未能恢复前朝御门听政制度，但都深得明太祖直接处理国家庶务之精神。至康熙帝则不但完整地重建起明御门听政的“祖宗旧制”，部院等各衙门奏事“俱是玉音亲答”，而且使这一常朝制度更完善、更规范了。这主要表现在康熙帝与大学士等面商折本。

清初仍明旧制，地方督抚等本章由通政司送内院（内阁），称“通本”；部院等衙门本章统为“部本”⑤。通本经有关部院遵旨议覆即为部本，故通本和部本并无绝对界限。御门听政时部院

① 《永宪录》卷二上。

② 《康熙起居注》第二册，第1240页。

③ 《明经世文编》卷三〇一《特陈紧切事宜以仰裨新政疏》。

④ 参见高拱《特陈紧切事宜以仰裨新政疏》及隆庆年间给事中魏时亮《题为恳乞申敕部臣查覆祖宗临御便殿事宜疏》（《明经世文编》卷三七〇）。

⑤ 光绪《大清会典》卷二。

各衙门跪奏的，就是所谓部本，部本经面奏，俱送内阁拟票[①]。《康熙起居注》对上述御门听政的第一阶段多记为“早，上御乾清门，听部院各衙门官员面奏政事”，“早，上御乾清门，听部院各衙门官员面奏政事毕，部院官员出”之类例行记载，如有九卿等会奏公本、科道条奏事宜或刑部本章，则《起居注》一般有较详细的记载[②]。第一阶段的听政完毕，九卿等官员退出后，立即开始第二阶段，也是更重要、更具有机密性的阶段——皇帝与阁臣商酌处理折本。

皇帝阅本时，一般同意票拟的处置意见，若票拟两签、三签，或四签，则认可确定其中一种处置意见，随后交内阁学士批红，即为具有法律效力的“红本”，经科抄交部执行[③]；如果认

---

① 部本是先送内阁拆阅票旨，再进呈御览，还是先于御门听政时面奏，然后再交内阁拟票？明制本章运转程序，当时即有不同的说法。顺治初，冯铨、洪承畴曾对多尔衮说过：“按明时旧例，凡内外文武官民条奏，并各部院覆奏本章，皆下内阁票拟，已经批红者，仍由内阁分下六科，抄发各部院。”是为主前者之说法。明隆万之际高拱曾说：“祖宗旧规，视朝回宫之后，即奏事一次，内侍官先设御案……待御览毕，发内阁拟票，此其常也。”（《明经世文编》卷三〇一《特陈紧切事宜以仰裨新政疏》）清初黄宗羲论证复丞相制时也提及明朝“（章奏）呈之御前，转发阁中票拟，阁中又缴之御前，而后下该衙门，如故事往返”（《明夷待访录·置相》）。顺治十年（1653年），内院诸臣回答顺治帝“明时票本之制如何？”询问时回奏：“明时京官奏疏，恭进会极门，中官转送御览毕，下内阁票拟，复呈御览，合则照拟，批红发出，否则御笔改正发出。”同为明故臣，但关于章奏运行程序内院诸臣的说法却与冯铨等迥然不同。清代部院覆奏本章如何运转？《（光绪）大清会典》卷二《内阁》中仅笼统言之曰：“凡本，有通本，有部本，先期以达于阁……票拟则缮签，有两拟者，缮双签，若三签、若四签，皆备拟，以候钦定。”据此则部本先经内阁票拟然后送呈皇帝钦定，似与冯铨、洪承畴所言相符。今人朱金甫据《康熙起居注》指出：“传统的说法认为部院本章是先送内阁拆阅，票拟后再呈进皇帝，这是不正确的。事实上，只有在皇帝有病或出巡等不能御门的特殊情况下，才令臣工将本章径送内阁转进。”（《清康熙时期中央决策制度研究》，《历史档案》1987年第1期）朱金甫的说法是符合康熙朝实际的。

② 参见《康熙起居注》康熙十八年十月十二日癸丑、十三日甲戌等条（该书第一册，第443、444页）。

③ 参见席鳌：《内阁志》，载《丛书集成初编》第887册；叶凤毛：《内阁小志》，载《丛书集成初编》第885册。

为大学士所拟旨意尚需斟酌改签，即随手将票签[①]折角，随同原本章发回内阁。此本章即为“折本”[②]。康熙帝非常重视折本，他明确说过：“一切折出票签应加酌定者，皆国家切要政务，得失所系。”[③] 康熙初御门听政处理折本事宜时，不令起居注官侍班。康熙十八年（1679 年）九月二十二日奉旨“今后有折出票签酌定时，仍令记注官侍班”[④]。当年岁末，记注官总结皇帝一年重要言行时，特留下这样一笔：“往岁阁臣商榷机务，臣等例不记注。自颁特旨，令侍左右，于凡禁密森严之地，所谓弘谟远画，朝令夕行者，咸得备书简册，垂宪于万世焉。”[⑤] 与御门听政第一阶段听理庶务的区别在于，第二阶段是由皇帝与阁臣在“禁密森严”的情况下，商榷国家重要机密事务。它体现了内阁“参预机务”的职能，更集中体现了康熙帝总揽万机的地位。

御门听政时处理折本的典仪，据当时人叶凤毛所记：“皇上御门日……俟各部院进本讫，侍读学士捧本上阶讫，于是大学士率学士上阶，东面列跪，读本之学士捧折本置御前炕桌上，北面跪，举起一本，清语背诵，候上降旨（原注：中堂默识），复举一本，如前，毕，退。侍读学十升阶捧本，亦退，大学士等俱退。驾还宫。大学士将所记旨，命中书舍人缮呈，报可，乃缮入

---

① 清制：“票签以奏本纸为之，其式纵可七寸许，横视其字多寡，满汉文具一幅，上满文左行，汉文右行，中填日月，某部某督抚某事，纸背列舍人书签者姓名。”（席鏊：《内阁志》）

② 光绪《大清会典》卷二《内阁》释折本曰：“折本。部本进呈后，有未奉谕旨折本发下者，按日收储，积至十件或十一二件，得旨御门听政。”雍乾之际，叶凤毛著《内阁小志》亦云：“上阅本有欲改签者，则折一角发出，积十数件降旨御门。”（《内阁小志》）

③ 《康熙起居注》第一册，第 435 页。

④ 同上。

⑤ 同上书，第 478 页。

票签，更进。”在这一记述末尾，叶凤毛特加注云：“此典礼如是。其实改签降旨无事于此，特假以见群臣也。”① 这“特假以见群臣也”七个字，真可谓一针见血！御门听政之所以搞得如此肃穆隆重，借明代首辅高拱一句话就是——“以见政令出自主上，臣下不敢预也！”

当然，比形式更重要的还是内容。折本所涉及的“国家切要政务”，不外用人与行政两大端。

上自补授大学士、九卿，督抚藩臬地方大吏，下至部院司官，以及考选科道、行取知县，乃至八旗驻防将军、都统副都统等，凡九卿会推、吏兵二部等开列请旨，康熙帝多折票签以与大学士斟酌亲定②。康熙二十一年（1682 年）十月十六日御门听政，听部院各衙门官员面奏政事完毕后，大学士、学士随捧折本请旨，内容是“吏部为大学士图海员缺请旨开列事”。图海所遗系满缺，康熙帝对吏部开列人选皆不惬于心，遂谕曰：“大学士职掌最为紧要，必得重厚公平之人方能胜任。朕于诸臣内尚未思得称此任者，且着候旨行。”随后是为大学士冯溥员缺请旨开列事，康熙帝谕曰：“汉尚书内黄机、吴正治持重老成，人品甚佳，为大臣者，必以少交游不生事者为善。梁清标、魏象枢、徐元文其人俱有才，不能如黄机等之浑厚。黄机年高，稍觉衰弱，今且用之，如其力不能胜，再予告可也。黄机、吴正治着补大学士。”接下来是题补兵部尚书事，康熙帝以商酌口吻问大学士曰：“杭

① 《内阁小志》。

② 这类事例在《康熙起居注》中比比皆是，可参见该书第一册，第 489－490、691、697、699、713、719、729、785 等页；第二册，第 911、991、1082－1083、1184－1185、1503、1566、1596、1597、1643 等页；第三册，第 2138、2172、2183、2218、2230、2231、2245、2452、2493 等页所载各事例。

爱历任年久，为人亦优，以之补授何如?”大学士勒德洪、明珠奏曰:“杭爱历年甚久，人才果优，补授此缺最为允当。”遂命杭爱补兵部尚书[①]。每当补授大员而又无十分把握时，康熙帝便会十分审慎。康熙二十五年（1686 年）十二月初五日御门时，大学士等以补广西巡抚员缺折本请旨，对九卿会推拟正的副都御史赵之鼎，康熙帝以其“系一庸劣之人”，不予考虑，于是回头问大学士明珠等：拟陪的福建布政使张汧若何？王熙等回奏：“张汧为人尚优，行事亦谨慎。”康熙帝又回过头问学士李光地曰：“其人若何?”李光地奏曰：“居官在地方安静。”最后决定由张汧升补湖广总督[②]。碰到与大学士也难以决断的情况，康熙帝则往往命询问九卿的意见。康熙五十四年（1715 年）十二月初六日，大学士松柱以覆请补授江宁巡抚一疏折本请旨，康熙帝谕曰：“现任巡抚内，朕再三思维，并不得其人……朕记吴存礼向为知州、道员时，声名甚好。为巡抚后声名如何，朕不知之。尔等今即问九卿具奏。”经询问九卿，九卿俱称吴存礼居官好，遂命吴存礼补江宁巡抚[③]。

在折本所涉及的国家庶政中，如何判断疑狱占有相当部分。康熙十九年（1680 年）五月朱慈灿假称崇祯太子一案，三法司议朱慈灿应凌迟处死，留住僧人步云应处斩，阁臣票拟依议。康熙帝折其票签，于御门时问道：“朱慈灿散伪扎在逆贼（按：指吴三桂）未败之前，抑在既败之后?”大学士明珠的回奏模棱两可：“想在未败之前。”康熙帝以“人命关系重大”，命查明具奏。

① 《康熙起居注》第二册，第 911 页。
② 同上书，第 1566-1567 页。
③ 《康熙起居注》第三册，第 2231 页。

翌日御门听政，明珠奏称，“朱慈灿假称太子，散给伪扎，起自康熙十二年”，康熙帝遂命将朱慈灿改为立斩，僧人步云免死，发给新满洲为奴①。是年，以尚之信谋反属实，议政王大臣、九卿等会议当依谋反律，同谋 117 人俱立行正法，据康熙帝晚年回忆，“尚之信，朕先尚有宽免之意，杜立德奏云：皇上有应宽伊之处，请下旨与臣，臣自有回奏处。如此质对，朕卒照伊所议”。康熙帝很欣赏杜立德，说“汉大学士中，杜立德为人英杰。伊有所见，朕亦不让”②。而据《起居注》记载，当时与大学士商酌如何处置尚之信时，康熙帝念尚之信曾封亲王，欲“姑从宽免，令其自尽”，并询问大学士等之意。杜立德奏曰：“尚之信等驻扎地方二十余年，自变乱以来，小民困苦，死者不啻数万人，即行正法，死有余辜。臣等之意，必不可免。”大学士明珠、李霨，学士徐元文、李天馥等所奏与杜立德略同。待大学士退出，康熙帝又召学士叶方蔼至御榻前，问当如何处分尚之信③。尚之信最后仍从宽赐死，并未立行正法④。关于尚之信的最后处置，可能康熙帝日后记忆有误，也可能《起居注》未记康熙帝开始尚有宽免尚之信之意，经杜立德等力争，才决定将其赐死。但不管怎样，总可概见康熙帝与阁臣折中断狱之一斑，类似事例在《起居注》占有相当篇幅。康熙帝与阁臣商榷其他重要政务的折本事宜也随处可见，不胜枚举。如康熙二十三年（1684 年）正月在与阁臣商议台湾收复后的弃取时，康熙帝问汉大学士曰：“尔等之意若何？”李霨等认为“守之便”，康熙

---

① 《康熙起居注》第一册，第 537-538 页。
② 《康熙起居注》第三册，第 2340 页。
③ 《康熙起居注》第一册，第 592-593 页。
④ 《清圣祖实录》卷九一。

帝以“台湾弃取所关甚大”，命大学士会同议政王大臣等再行确议具奏①。如康熙十九年（1680年）八月在与阁臣商议解除海禁时，康熙帝最初的意见是，可行不可行，或不在船之大小，似宜用小船沿岸行走。大学士明珠说，福建尚有犁罾船，虽不甚大，亦可行海。于是康熙帝转而问：“汉大学士云何？”李霨说，船若太小，难以出海。冯溥说，出海贸易，大有裨于民生。最后康熙帝降旨：“船只出海，有裨民生，不必行地方官查覆，着即定议具奏。”十天后御门时，又与大学士等议船只出海事，康熙帝谕曰：“开海禁之意，原为穷民易于资生。若必大船方令入海，恐小民力薄，不能营造大船，则于利济贫民之意不合。船只式样不必定限，应各听其便。着依议行。”② 康熙帝御极以来，数十年如一日坚持御门听政③，他诚恳地向臣下表示：“朕御极以来，孜孜图治，罔有暇逸，惟求裨益国家，乂安兆庶……始终不欲一念倦怠，晏安自便也”④，这种乾行不息、勤政不止的精神，这

---

① 《康熙起居注》第二册，第1127页。

② 《康熙起居注》第一册，第588、592页。其他如康熙十八年（1679年）十一月陕西山东请开捐纳事例事、康熙十九年（1680年）四月赈济直隶饥民事、康熙二十年（1681年）六月营弁煎盐照旧额输课事（《康熙起居注》第一册，第707页）、康熙二十二年（1683年）闰六月将军蔡毓荣题参总督董卫国事（《康熙起居注》第二册，第1021－1022页）、康熙五十三年（1714年）四月香山副将移驻前山寨事（《康熙起居注》第三册，第2084页）等等。

③ 记载御门听政的《康熙起居注》始于康熙十年九月，前此起居注馆业已建立[光绪《大清会典事例》卷一〇五五记“（康熙）九年始置起居注馆于太和门西廊”，而王士祯《池北偶谈》则记为：“康熙十年（1671年）三月，礼科给事中吴国龙疏请复设起居注，得旨报可”，见该书第一册《谈故一》]，至康熙五十七年（1718年）三月奉旨裁撤起居注馆止，《起居注》的记载可以证实康熙帝晚年所言“朕御极以来每日听理从不羁留一事”（《康熙起居注》第三册，第2317页）不为虚夸。其间，自亲政至康熙二十四年（1685年），即使大朝，亦未中止御门。自康熙二十四年以后，凡大朝之期停御门，如遇大雨大雪，临时请旨，或大寒大暑之时，各部院又无应奏之事，则酌情暂停启奏（《康熙起居注》第二册，第1328页）。至康熙五十五年（1716年）十月，始改为或二日或三日启奏一次（《康熙起居注》第三册，第2317页）。

④ 《康熙起居注》第二册，第1328页。

种以国家子民为重的政治责任感，在很大程度上来自对历史经验的总结。他最重明史，自言“《明实录》曾阅数过”①，对“明朝末世，君臣隔越，以致四方疾苦、生民利弊无由上闻”②，最终导致国破家亡的教训深怀儆惧。康熙三十六年（1697年）八月，康熙帝特谕示监修明史大学士：“当洪、永开国之际，创业垂统，纲举目张，立政建言，法良意美……统论一代规模，汉迄唐宋皆不及也。惟是晚近诸君，生于深宫之中，长于妇寺之手，不能接对群臣，巡省风俗，以致民隐壅于上闻，军务日益弛废。迨末季朋党滋繁，一时大小臣工，悉固私交而行欺罔，遂使国是淆乱，盗贼恣猖，役重赋繁，边腹交困，而明祚驯至衰危矣。”③ 可见，在康熙帝心目中，前朝覆亡的种种教训归根到底就在于晚明诸君懒于理政；欲使国家长治久安，除人主勤政外，别无他途。

三　内阁和议政王大臣会议

御门听政制度确立的同时，内阁“票拟章疏”“参预机务”的职掌也日益规范化了。

票拟章疏，源于明制，如驾驭得宜，未尝不是协助人主听理万机的行之有效的形式；但明中期以后君臣否隔，掌握票拟大权的阁臣难免擅政之嫌，而司礼监代行批红，则又使内阁沦为权阉的附庸。康熙帝并没有因噎废食，不用阁臣票旨，而是将票拟章疏置于直接控制之下，使之成为人主独揽万机的得力工具。御门

---

① 《圣祖仁皇帝御制文集·二集》卷一一《敕谕》，三十一年正月二十九日《谕修明史诸臣》。

② 《康熙起居注》第一册，第366页。

③ 《圣祖仁皇帝御制文集·二集》卷一六《敕谕》，三十六年八月十四日《谕明史馆监修大学士》。

听政处理折本时康熙帝从不放过阁臣拟票之误，如“这本止票知道了，似觉太轻”；“昨已有谕旨云，朕不去，尔等又何为票拟准往字样……另票进呈”；“此事部议准行，殊属不合，尔等即照部议票拟，亦误矣，本发还，着再议具奏”；“尔等所拟票签，将朕昨日谕旨遗漏矣”；“朕昨在西厂曾下谕旨，今看此本，所议不同，若将此本批着依议，俾遵何旨?”① 至于未折票签之本，康熙帝亦谨慎通览，甚至连本中错字也不放过。他曾对阁臣说：“顷因刑部汇题内，有一字错误，朕以朱笔改正发出，各部院本章朕皆一一全览，外人谓朕未必通览，每多疏忽，故朕于一应本章，见有错字，必行改正，翻译不堪者，亦改削之。当用兵时，一日三四百本章，朕悉亲览无遗，今一日中仅四五十本而已，览之何难?”② 康熙帝继顺治帝之后，终使“阁臣供票拟之役”，成为内阁规范化的职守。

与顺治帝有意不令大学士“遇事陈奏”不同，康熙帝特重阁臣参预机务。参预机务，肇自明永乐年间，以“内阁密勿之地，寄以机务”，故阁臣必曰“参预机务”，明人黄佐认为：“百余年来政治之枢要，实在于此。”③ 但阁臣如何参预机务，当时并无定制，或皇帝遇有机务须计议者则命阁臣条对密封呈上④，或召阁臣以诸司章奏面加裁决，都不过偶一为之⑤。康熙帝则通过御门听政处理折本事宜，将阁臣参预机务制度化，特别是在经历三

---

① 《康熙起居注》第一册，第 511 页；第三册，第 2060、2212、2217、2230 页。

② 《圣祖仁皇帝御制文集·三集》卷一三《敕谕》，四十六年十二月二十日《谕内阁》。

③ 《翰林记》卷二《参预机务》。

④ 同上。

⑤ 弘治年间孝宗召阁臣议政文华殿一事最为后人称道，明人陈洪谟记云：“丁巳三月，宣内阁臣徐溥、刘健、李东阳、谢迁至文华殿。上曰：‘近前’。于是直叩御榻，司礼监诸太监环跪于案侧。上曰：‘看文书’。诸太监取本付溥等，又分置朱砚笔，授片纸数幅。上曰：‘与先生辈计较。’溥等看毕，相与议定批辞，以次陈奏，得允，乃录于纸上

藩之乱的严峻考验后，康熙帝更重视与阁臣一起斟酌机务，他说："朕前者凡事易视，自逆贼变乱后，觉事多难处，每事必精察详审，如遇事之大者，即折票签，与内阁大臣商议而后定。"① 与阁臣议政时，康熙帝虚怀若谷，平等待人，不以自己阅世已深而自必，也不凭恃帝王之尊而盛气凌人，正如他晚年时的自述："凡事只有一理，不可执拗。今朕听政五十余年，何者不曾经历？即小事，必向大学士、学士、九卿问之。大臣执拗，犹之可也；若为君者行执拗，则如之何？"② 难能可贵的是，康熙帝听得进阁臣的逆耳之言，康熙五十四年（1715年）十二月御门时，他满怀深情地回忆说："朕前欲宥尚之信，杜立德进前奏称，皇上不杀此叛人，仍留之，欲令其复叛乎？廷诤之状，即如与朕抗衡一般。朕因此言，将尚之信正法。李霨、卫周祚若有所言，亦不让地步。张玉书、熊赐履凡有上谕，一字未妥，必行改正，不肯草草放过。"③

当然，阁臣在参预机务时比较充分地发表议论，与康熙帝独揽万机并不矛盾。康熙帝允许甚至鼓励阁臣讲话，正是为了最大限度地避免独断的失误。他在听取阁臣意见时，丝毫也没有忘记总揽大纲，无论大事小事最终都要由自己决断，并一再向臣下宣称："权在人主，八旗、十五省凡事俱俟人主裁夺"；"朕岂肯以大权授人乎？"④ "天下大小事务皆朕一人亲理，无可旁贷，若将

以进。上览毕，亲批本……又一本，健奏曰：'此本事多，臣等将下，细看拟奏。'上曰：'文书尚多，都要一看，下去也是闲，就此商量岂不好？'皆应曰：'诺。'上指余本，谓左右曰：'此皆常行事，不过该衙门知道耳。'乃皆叩头退。"李东阳对此次召见议事感触良深，他说："自天顺至今四十年，先帝及今上之初，间尝召内阁，不过一二语。是日经筵罢，有此召，因得以窥天资之明睿，庙算之周详，圣心之仁厚，有不可测量者如此。"（《治世余闻》上篇卷二）

① 《康熙起居注》第三册，第1772页。

② 同上书，第2210页。

③ 同上书，第2235页。

④ 同上书，第2115、2370页。

要务分任于人，则断断不可!”[1] “权亦只一人主之，安可旁落?”[2] 对于诸如凡事付托宰相、人主不过总其大纲之类的传统政治价值观，康熙帝统统加以鄙薄而弃绝之。康熙十八年（1679年）地震，左都御史魏象枢密请重谴大学士索额图以弭此灾，康熙帝断然拒绝，理由是：“汉朝灾异见，即诛一宰相，此甚谬矣!夫宰相者，佐君理事之人，倘有失误，君臣共之，可竟诿之宰相乎？或有为君者，凡事俱付托宰相，此乃其君之过，不得独咎宰相也。”[3] 在这一点上，康熙帝与其父顺治帝的心是相通的，他们都不把大学士视同古之宰相，而不过将其置于“佐君理事”的恰当地位。康熙帝事“无问巨细”，“必躬自裁断”[4]，所以他绝不能赞同君主无为而治的先儒古训，在这个问题上，一向平和的康熙帝，批判的词锋异常尖锐：“天下至大，一念不谨，即贻四海之忧；一日不谨，即贻数千百年之患……古人虽云无为而治，人主不过总其大纲，然一日二日万几，岂皆大纲乎？书中之言，多不可凭。二十一史朕皆曾披阅，悉属笔底描摹，无足征信。所以读书行事，截然两样。”[5] 总之，康熙帝以高度的政治责任感亲政勤政，从而与晏处深宫、懒于理政的晚明帝王形成强烈对照；他又不同于古代独裁之君主，尽管他不能认同传统政治观念下形成的宰相制，但仍表现出极为可贵的开明作风。从明朝承袭下来

① 《圣祖仁皇帝御制文集·四集》卷一三《敕谕》，五十八年四月初九日《谕大学士九卿詹事科道》。

② 《康熙起居注》第三册，第 2093 页。

③ 同上书，第 1951 页。

④ 《圣祖仁皇帝御制文集·四集》卷一三《敕谕》，五十八年四月初九日《谕大学士九卿詹事科道》。

⑤ 《康熙起居注》第三册，第 2453 页。对康熙帝这一大胆的见解，起居注官所做的评价是：“一哉王心，此则发先儒之所未发，而益非三代以下帝王所及见也。”（该书第 2478 页）

的地位不定、职掌不明的内阁，经过康熙帝精心调理，终于成为以票拟章疏、参预机务为职责的国家政事中枢，这绝不是偶然的。

康熙朝的内阁只能称之为国家政事中枢，它的职责在于协助皇帝处理中央各部院和地方各省政务，而军务及事关国家战略安全、满洲贵族根本利益的重大机密事务，康熙帝则交付议政王大臣会议，令其提出可供选择的意见。对此康熙帝曾明确谕示："凡令议政王贝勒大臣会议之事，俱系国家重大机密事务"①，"议政所关，殊为机密重要"②，"京师议政事务甚属紧要"③。举凡撤三藩及平三藩兵力调度与部署④、收复台湾及台湾的弃取⑤、抵御沙俄侵略的雅克萨之役兵力调动部署⑥、征准噶尔蒙古噶尔丹⑦、进兵安藏⑧、拿问辅政大臣鳌拜及其党羽⑨、平三藩后逆案的审理和军功的议叙⑩、停止圈地⑪、开放洋禁⑫等国家重大机密事务俱交议政王大臣会议。其他如会推各地驻防将军等八旗大臣，也是议政王大臣会议例行内容⑬。议政王大臣会议，就其咨询性质而言，与九卿会议或扩大范围的大学士、九卿、科道会议，

① 《清圣祖实录》卷三一。
② 《清圣祖实录》卷一二〇。
③ 《康熙起居注》第三册，第2496-2497页。
④ 参见《康熙起居注》第一册，第787页；《清圣祖实录》卷四四，卷九九。
⑤ 《康熙起居注》第二册，第904、1127页。
⑥ 《清圣祖实录》卷一一九，卷一二〇，卷一一二。
⑦ 《康熙起居注》第三册，第2305页。
⑧ 《清圣祖实录》卷二八七。
⑨ 《清圣祖实录》卷二九。
⑩ 《康熙起居注》第一册，第790-791、718、593等页；第二册，第913、992页。
⑪ 《清圣祖实录》卷三〇。
⑫ 《清圣祖实录》卷一二〇。
⑬ 《康熙起居注》第二册，第920、967页；第三册，第2188、2326-2327页。

九卿、科道会议最为相近。何时会议，会议内容，是议政王大臣单独会议，还是会同大学士九卿等会议，俱为奉旨而行。如原由吏、户、兵、刑四部会议私采人参条例，康熙帝在御门时，以所议定例太严，命“议政王贝勒大臣、九卿、詹事、科道会同再加详议”①。又如西藏拉藏汗题请将打箭炉地方“发还伊等”，题本已交部，御门时大学士松柱奏称：“此系大事，请交议政大臣议之。”康熙帝谕示：“何必交议政大臣？着下部议，且此事部议甚易。”②

无“议政”之衔的内阁大学士，例不参与议政王大臣会议，但康熙帝考虑到“军机紧急，关系重大，若照寻常票拟，必致稽误”，故令阁臣“同预会议，及时启奏，以便速行”，启奏时“俱用白本”，“不拟票签”③。此类军机，概属绝密事件，故不交内阁发抄，径由兵部驰递军前统兵将领④。而所谓议政处“寻常票拟”事件，则与各部院奉旨议奏、内阁票拟运行程序并无不同。皇帝若无异议，即命批红发科执行；否则即折票签，待御门时与阁臣面商⑤。如所议之事与各部相涉，则由该部复行奏闻，这一点康熙帝说得很清楚：“前此议政处所议之事，部院俱复行奏闻。今议政处所议奏诸事，着部院仍照前例，具印本奏闻。”⑥ 由此可见，议政王大臣会议与九卿会议虽同为皇帝咨询机构，但就军

---

① 《康熙起居注》第一册，第 444 页。

② 《康熙起居注》第三册，第 2106 页。

③ 朱金甫已指出：“无议政之衔的官员，即使是内阁大学士，也不得参与”，“只有议政王大臣会议的紧急军情本章及重大叛逆本章例外，内阁不予票拟，而是白本进呈，由皇帝亲自处理。”（《清康熙时期中央决策制度研究》，《历史档案》1987 年第 1 期）参见《康熙起居注》第一册，第 460、461、467 页；《池北偶谈》卷二《谈故二·会议》。

④ 平定三藩之乱中，颁发谕旨往往泄露，是以康熙帝命“密旨”径直交部（《康熙起居注》第一册，645 页）。

⑤ 参见《康熙起居注》第一册，第 632 页；第二册，第 913 页；第三册，第 2188、2305、2327 等页所记各事。

⑥ 《康熙起居注》第三册，第 2179–2180 页。

机而言，它的枢要地位则又与九卿会议不可相提并论，也是内阁所不能取代的。正是基于“机务”与“军机”存在严格区别，所以只能说内阁是国家政事中枢。

由于历史的原因，议政王等的地位极其尊贵，康熙中叶以前，内阁大学士与诸王会议时必须“跪语”，而康熙帝召大臣议事，如跪久尚赐垫坐语[①]。但总的来说，康熙朝议政王大臣会议的地位，已迥非关外及顺治初可比。议政王大臣会议的组成，历来充分照顾到八旗军事贵族的权益，除诸王贝勒外，八旗都统（固山额真）从清太宗天聪年间起即参与会议[②]。康熙二十四年（1685年）三月康熙帝即以八旗满洲、蒙古都统“于部院事务毫无所知者颇多”，命“嗣后于都统内有通晓部院事务者，酌量采选，令与会议，余皆应免。如有军机，乃其专职，仍令预议”[③]。顺治年间，皇帝对议政处定议之事也难免受其约束，时人谈迁有如下记述：“清朝大事，诸王大臣佥议既定，虽至尊，无如之何。上尝谕内院曰：卿辈善为之，是非易明，若其有失，朕虽曲宥，不能也。”[④] 而康熙朝议政王大臣会议的意见仅供皇上决策参考而已。议撤三藩时，“交与议政王等会议，云不可撤者甚多”，康熙帝力排众议，“决意撤回”[⑤]；议驱准安藏，“满汉大臣咸谓不必进兵”，康熙帝以“此时不进兵安藏，贼寇无所忌惮，或煽惑沿边诸番部，将作何处置”，即令大兵进藏[⑥]。康熙晚年与臣下议及亲征朔漠的往事时说：“朕用计将噶尔旦诱来剿灭之后，马

---

① 《康熙起居注》第三册，第1731页。

② 《清入关前国家法律制度史》，第37页。

③ 《康熙起居注》第二册，第1298页。

④ 《北游录·纪闻下·国议》。

⑤ 《康熙起居注》第一册，第787页。

⑥ 《清圣祖实录》卷二八七。

齐在于会议处云，我等但遵依皇上指示而行，岂得妄议军机之事?”马齐接着说：“诚有是言。”① 这段君臣对话，绘声绘影地再现了当年议政处议政的情状。遇到议政王大臣议政错谬，康熙帝绝不宽假。康熙十九年（1680 年）议政王、贝勒、大臣等会议顺承郡王勒尔锦等失机重罪偏于宽纵，康熙帝降旨切责曰：“王与贝勒系朕至亲，朕意本欲宽释，但贻误国家大事，其罪断难宽贷！在其余尚可从宽，王、贝勒决不容姑宥!”②

四　17—18 世纪之交极端专制倾向的加强

顺康两朝，经过摄政王多尔衮、顺治帝和康熙帝长期探索和实践，一个融合了满汉政治文化的新型政治体制在 17—18 世纪之交业已粗具规模，清初帝王衷心向往的、由明太祖首倡的“事皆朝廷总之”的目标初步实现。但这绝不意味着从关外已开其端绪、复经摄政王多尔衮及顺治帝相继实施的政治改革进程的终结。深层次的问题不断出现，并严峻地摆在了年事已高的康熙帝面前，这些问题概括起来大概有以下两个方面：其一，国家中枢军政分离，尚不完备；其二，科道掣肘皇权，干扰政治。

议政王、贝勒、大臣对皇权的威胁和牵制已一去不复返了，他们对国家与皇朝的忠诚是毫无疑义的，可惜的是，这些同姓贵族与异姓贵族的政治素质太差。康熙帝对他们最不满意的是泄露机密，往往“会议之事尚未具题，在外之人即得闻知”③，“所议

① 《康熙起居注》第三册，第 2305-2306 页。
② 《康熙起居注》第一册，第 632 页。
③ 《清圣祖实录》卷三一。

机务，动辄漏泄”[①]。此外，“凡议政诸事并不留心，俱草率议奏”，且经屡屡降旨切责亦不知省改[②]。再有，未经开国年代战火考验的第二代甚至第三代的年轻贵族不仅不懂部院及各省事务，而且连军事这一看家本领也生疏了，康熙十九年（1680年）十月，议政王大臣为议罪错误辩解，康熙帝训斥道：“王、贝勒等辄云从前未经战阵，皆与众商榷而行。自此以后，岂遂无用兵之事？若皆以未经领军为言，则谁当领军者？”[③] 显然，把包括军机在内的国家重大机密事务交给这群贵胄子弟，必然要冒极大风险。

内阁同样不能保密。红本交科发抄，随即见于邸报，天下皆知。所以阁臣办理者虽号称“机务”，但由于“机事必颁发而后由部行文，则已传播人口，且驿递迟缓，探事者可雇捷足先驿递而到”[④]，其实并无机密可言。内阁另一无药可医的顽症是因循迟延，效率低下。顺治年间，魏象枢就一针见血地说过：“或一事而奉旨下部，经年累月而不复；或一事而行察在外，经年累月而不报”[⑤]，康熙朝侍郎孙光祀更痛切地指出：“朝廷之事，误于偏私，而尤误于推诿；兴革之道，惧其轻率，而亦惧其因循。”[⑥] 如果说泄密推诿尚属技术上的缺陷，那么，由于历史的原因，阁臣仍然对皇权隐然构成威胁，则绝对不可掉以轻心。明朝大学士被视为宰相，这不难理解，入清以后，宰相权轻已是不争的事实，而人们犹以宰相目之。

① 《康熙起居注》第二册，第1298页。
② 《清圣祖实录》卷二八六。
③ 《康熙起居注》第一册，第632页。
④ 《簷曝杂记》卷一《廷寄》。
⑤ 《清经世文编》卷一四《请禁咨议停阁疏》。
⑥ 《清经世文编》卷一四《责成部议疏》。

乾隆年间程晋芳说过："我朝定鼎，取监夏殷，票拟虽由政府，天子综核庶务，一一览披，毋或敢以意进退高下其间，盖宰相之权轻矣。"① 像程晋芳这样对章奏运行了如指掌，且明明白白指出"政府"已今非昔比的人，仍认定大学士为宰相，可见传统观念之牢不可破！事实上，顺康年间也确曾出现过近似权相的大学士。宁完我参劾大学士陈名夏票拟上下其手，特别举出他竟敢抹去申饬言官结党谕旨原稿中"挤异排孤"四字，又将"明季埋没局中，因而受祸，今方驰观域外，岂容成奸"一段窜改，以致旁观的成克巩叹惜道："好条画龙，被人剜去眼睛矣！"② 康熙时索额图、明珠以勋旧国戚主持政府，权势更炙手可热。御史郭琇在参明珠时列为罪款之首的就是："凡阁中票拟，俱由明珠指麾，轻重任意，余国柱承其风旨，即有舛错，同官莫敢驳正"，接下来的罪款则是任意增添所奉谕旨，市恩立威，以致"每日启奏毕，出中左门，满汉部院诸臣及其腹心，拱立以待，皆密语移时，上意无不宣露，部院衙门稍有关系之事，必请命而行"③。

内阁照例不得参预军事及国家核心机密，且有擅权之嫌等弊病；议政王大臣会议又不能承当国家军政中枢之职任——建立一个保密高效、人主驾驭自如的军国中枢机构在 17 世纪和 18 世纪之交成必然之势。

另一个长期困扰清初帝王的问题是，如何摆脱科道势力对皇权的牵制和对国家核心机密的监察。从某种意义上讲，这也许是清初帝王在集权过程中遇到的更深层次的难题。

---

① 《清经世文编》卷一四《章奏批答举要序》。

② 《清世祖实录》卷八二。

③ 参见蒋良骐：《东华录》卷一四；《清史列传》卷八《明珠传》。

科道，亦称台谏，即六科给事中和十三道监察御史。给事中，明初所设，《大明会典》谓其“职专主封驳纠劾等事”①，《明史·职官志》对此有详明的阐释：“六科，掌侍从规谏，补阙拾遗，稽察六部百司之事。凡制敕宣行，大事覆奏，小事署而颁之；有失，封还执奏。凡内外所上章疏下，分类抄出，参署付部，驳正其违误。”② 可见，上自匡正君德，下至稽查六部百司，皆在其职掌范围之内，而其地位尤重者，则在封驳大权。封驳，就谕旨而言，非经科臣审核副署，不能发部执行，谕旨如有失误，科臣可封还执奏；就六部百司而言，得旨准行的内外奏章，科臣分类抄出付部时，则略用申饬或驳正的参语，复录入疏，又称“抄参”③ 或“科参”，顾炎武说：“六部之官，无敢抗科参而自行者。”④ 封驳之制，唐门下省掌之，作为门下省的属员给事中有驳正诏敕违失之责，明太祖朱元璋罢相而独存六科给事中，恰恰出于对独揽万机难免失误的忧虑，他诚恳地嘱托给事中等：“朕代天理物，日总万几，安敢惮劳？但朕一人处此多务，岂能一一周遍？苟致事有失宜，岂惟一民之害，将为天下之害；岂惟一人之忧，将为四海之忧。卿等能各勤厥职，则庶事未有不理。”⑤ 给事中秩仅七品而权特重，明太祖立制之深意，不唯欲以“新进有锐气之士大夫”监督政府⑥，其慎重皇权的使用亦

① 《明会典》卷二一三《六科》。

② 《明史》卷七四。

③ 王夫之谓“六科之职，有封驳，有抄参”（《噩梦》），显然他把抄参从封驳中划分了出来。

④ 《清经世文编》卷九《封驳》。

⑤ 《明太祖实录》卷一六五。参见孙承泽：《春明梦余录》卷二五《六科》。

⑥ 孟森《崇祯存实疏钞跋》有云：“明祖寄政务于老成，分为六部，以杜中书专断之弊，然责之以事务，使无失坠应行节目而已。匡过弼违之任则在新进有锐气之士大夫，设六科给事中，专掌封驳。”（《明清史论著集刊》上册，第135页）

显而易见。

清入关之初，仍明旧制，“凡部院督抚本章已经奉旨，如确有未便施行之处，许该科封还执奏，如内阁票签批本错误，及部院督抚本内事理未协，并听驳正”①。但实际上这并未能真正得到贯彻，至少在顺治十年（1653 年）以前，经御批的清字本奏章直发该部②，科臣连看也看不见，谈何发抄，更谈何封驳！到顺治末学士折库讷陈请宜行“封驳之典”，讲得更清楚：“言官亦大率陈不急之务，从未见有驳正者。”③ 经折库讷吁请，顺治帝总算同意“嗣后纶音法令，万一有未确之处，听内阁及谏垣各官封驳”④。不过，此时距顺康之际政治反复只有半年光景，“封驳”云云，在四辅政大臣治下，绝难施行⑤。政治相当开明的康熙帝，骨子里对封驳也极为反感，康熙十八年（1679 年）八月他训斥科道言官：“今每见直言谠论者不过几人，徇私好名者不可胜数。即如科道条陈一事，部议妥确奉行，又有科道官言其不可者。今日之所谓是，明日又转而为非，朝更夕改。部院至于督抚有司，不知今日之事，或行二三日而即更，或行数月而即更，茫无成宪，难取信于天下，岂治道至理哉?”⑥ 康熙帝在这里虽说是泛论政令不宜“朝更夕改”，但已很难掩饰对科道指手画脚、多嘴多舌的厌薄。翌年，给事中姚缔虞条奏称：“向来上谕皆先下部，部中已行后方到科，所以科臣有不知者”，并自以为“大

---

① 光绪《大清会典事例》卷一〇一四《都察院・六科・封驳》。

② 《清世祖实录》卷七二，顺治十年二月癸丑：“先是，议政王九卿会议奏定：各部本章御批发出，满汉字兼书者发科，止书满字者，不发科，直发该部……”

③ 《清世祖实录》卷一三六。

④ 《清圣祖实录》卷一三七。

⑤ 《清圣祖实录》卷一四。

⑥ 《康熙起居注》第一册，第 427 页。

负职掌”。显然，姚缔虞在用说诮话的方式发牢骚，这可惹恼了康熙帝，他忿激地说：“自比年用兵以来，凡颁发谕旨，虽极其严密，往往泄露，以致贼境皆得闻知，贼中屡有密奏报部，辄云汉官中以消息传语奸细通贼……此等大事，姚缔虞皆未察参，不以为有负职任，乃以一二到部密旨，未曾闻知，以为有负职掌，何也？应令明白回奏！”① 指示军机的密旨，不经科抄径直交部，本属正常程序，而姚缔虞说的是“向来上谕皆先下部”，康熙帝回避要害，差一点把姚缔虞也打成了通贼的奸细，实在有欠光明磊落。在包括康熙帝在内的清初帝王看来，科臣与御史没什么两样，他们的本职不过是发奸擿伏，以为朝廷的耳目；六科封驳，纯属多此一举②。

诚然，这里不无清初帝王对明末言路与政府相水火加速覆亡教训的深刻反省，所以他们对言官的厌恶尚可理解。但问题绝不仅止于此，顺康两朝六七十年间，清帝与言官屡屡发生激烈冲突，有着满汉不同个性的政治文化间彼此排斥、互相撞击的深刻背景。台谏的设计，原其本意，分明在于对国家政治，包括人主德行实施监督。尽管历史上成功的范例并不多见，但至少表明这是士大夫和广大士人所执着追求的理想政治机制；一二英主亦能从统治阶级长远利益着想，自觉受其约束。而科道稽察的真谛，则在于“天下事当于天下共之，非人主可得而私也”③。王夫之说得好：“题奏得旨，科抄下部，即发邸报，使中外咸知，此固

---

① 《康熙起居注》第一册，第645页。

② 顺治帝曾谕科道：“朕惟言官耳目之司，每期直言无讳，欲闻天下之邪正贪廉、大利大害。”（《清世祖实录》卷八一）康熙帝也多次讲过：“自古设立科道，原系朝廷耳目之官”（《康熙起居注》第一册，第427页），“近日科道官专以虚声肆其恐吓，并未有真能参大奸大贪者”（《康熙起居注》第一册，第486页）。

③ 《宋史》卷四〇五《刘黻传》。

以公是非得失于天下”[①]；魏象枢不满有一二口奏之旨未经发抄，遂向顺治帝进言曰：“纶言至重，恐有万一之误，以后悉当具本请旨，与天下共见之”[②]，讲的也是这个大道理。满洲以文明晚进的少数民族，沙场百战，最终马上得天下，自然崇尚集中、简捷、务实、高效，习惯于用主奴之间的绝对服从来处理君臣政治关系，让他们理解诸如“人主之所患，莫大乎唯言而莫予违”[③]，“以万乘之尊，下畏御史，可以为帝王师矣”[④]，“谏官，国之威神也”[⑤] 之类凝结着百代兴衰的历史经验，浸透着儒家政治理念的深奥道理，实在难乎其难。顺治年间，“满人见台省建白，云：彼小吏所言事，便欲我辈奉行乎？每事尝相左”[⑥]，活画出满洲权贵容不得科道说三道四的情态。康熙帝允许阁臣参预机务，并特准起居注官侍班以记录与大学士面商折本事宜，足见其非凡的英明；但他总是嫌科道碍手碍脚，并且对晚明言官介入党争、假公济私、妄议国事、挟制阁部督抚种种弊端耿耿于怀，是以终其一生，不仅未能深入汉族传统政治文化堂奥，而且表现出越来越明显的专制倾向。

康熙帝晚年，方苞供奉南书房，曾目睹李光地微词谏主的一幕：康熙帝召编修沈宗敬作大小楷，不由得回忆起自己书法启蒙时的往事，便对李光地说，“朕初学书，宗敬之父沈荃实教之，每下笔，即指其病，兼析所由，至今每作书，未尝不思荃之勤

---

① 《噩梦》。

② 《清经世文编》卷一四《请禁咨议停阁疏》。

③ 《清经世文编》卷九《封驳》。

④ 《清经世文编》卷九《抑尊》。

⑤ 《清经世文编》卷九《纳谏》。

⑥ 《北游录·纪闻下·恩诏》。

也。”李光地借机说道：“此即成汤改过不吝之心也，苟自是而恶直言，则无由自镜矣。”日后方苞写《安溪李相国逸事》一文，特记此事并有如下议论：“时上临御天下已五十年，英明果断，自内阁、九卿、台谏皆受成事，未敢特建一言，惟公能因事设辞，以移上意。”① 李光地少长于康熙帝，其一生仕途几乎与漫长的康熙朝相始终。康熙帝说过，对李光地“知之最真无有如朕者”，又说“知朕亦无有过于李光地者”②，李光地以书法设辞希图君心憬悟，不能不说他对极权之势深怀忧虑。

康熙五十五年（1716 年）十月，清廷决定禁止中国商船前往南洋贸易，这样一桩关乎东南沿海各省商民生计，在一定程度上也反映出中国对外关系发展动向的大事，康熙帝没有按常规的议事程序，先交议政王大臣、大学士、九卿、科道会议，分析利弊得失，提出可供选择的方案，而是在御畅春园澹宁居听政时召大学士、九卿、科道近前一言而决：“朕意内地商船，东洋行走犹可，南洋不许行走，即在海坛、南嶴地方，可以截住。”在此之前，康熙帝已令闽浙总督、广东提督来京面授机宜，畅春园听政时又谕示大学士九卿等，广东巡抚员缺，汉人不可，应用满洲③。清帝自诩的乾纲独断，并不绝对排斥臣工赞襄献议，而只是突出和强调最后决定权只能握在皇帝一人手里。禁止南洋贸易从酝酿到实施则自始至终皆由圣衷默运，臣工“皆受成事，未敢特建一言”，绝不能说是正常的。大约与此同时，康熙帝对由他建立起来的起居注官侍班记载阁臣参预机务的制度也越来越不满

① 《方望溪（苞）先生全集·集外文》卷六。

② 《清史列传》卷一〇《李光地传》。

③ 《康熙起居注》第三册，第 2325 页。

了。康熙五十六年（1717 年）三月，记注官陈璋查阅《起居注》档案，将康熙帝就蠲免江南钱粮一事前后所降谕旨互相矛盾之处抄出交给侍读赵熊诏，陈璋、赵熊诏被革职，交刑部治罪，康熙帝遂以起居注官所记谕旨“难于凭信”为由，很快将起居注衙门裁撤①。作为“录纪人君言行动止之事”② 的《起居注》，历代相沿，具有警戒人主慎重言动的作用。自康熙十年（1671 年）复起居注馆，中经康熙十八年（1679 年）命记注官记录与阁臣面商折本，至康熙五十七年（1718 年）裁撤起居注衙门，也可以从一个侧面看到康熙帝从开明走向专断的轨迹。

论及康熙帝晚年的独裁倾向，人们可以说，这是在位年久且功业彪炳的帝王通常会出现的问题。诚然如此，康熙帝并非完全凭恃九五之尊而使臣民敬畏，在很大程度上，是他在国家和民族经历生死考验时表现出的沉稳冷静、英明果断，使大小臣工由衷地折服。可以说，康熙帝晚年的绝对权威不是刻意树立起来的，而是自然形成的。然而，康熙帝的渐趋专断，绝不是简单地用积威约之势使然所能解释的。从表面看，似乎康熙晚年的政治体制并未发生根本性的重大变化，其实，针对国家中枢机构及言路暴露出来的弊病，康熙帝早已默默地、耐心地探索着相应的对策。他尝试由南书房的翰林们承写密谕，以绕开六科的审核与稽查；他可能在不经意间创行折子奏事，而终于欣喜地发现：“在今日开言路之法，莫善于此!”③ 不过，终康熙之世，清初帝王所面

---

① 参见《康熙起居注》第三册，第 2370-2371、2372、2498 页；《清圣祖实录》卷二七八。

② 《隋书》卷三三《经籍志二》。

③ 《圣祖仁皇帝御制文集·四集》卷九《敕谕》，五十五年十月初八日《谕大学士马齐等》。

临的严峻问题并没有找到有效的解决方案，但康熙帝的探索无疑为他的后继者对中国传统政治体制更深刻的改造指示了方向和路径。

中国古代政治史将从 18 世纪翻开新的一页。

第二节　奏折的创行和推广

从题奏本章奉旨施行的运行程序，可以考见国家中枢机构之所在。就此而言，奏折制度的创行和推广，堪称研究 17 世纪晚期至 18 世纪清朝君臣权力分配关系演变的关键。为清帝所独创，且几乎与有清一代相始终的奏折制度，不仅标志着中国古代官文书制度的重大变革，而且与清代专制政治的极端化息息相关。可以说，清初以来皇帝与内阁、部院与督抚权力分配的矛盾斗争最终孕育出了奏折制度；而折奏方式的广泛使用和规范化，又势必将皇权高度强化的象征——军机处推上历史舞台。

一　顺治年间官私文献提及的“奏折”

奏折起源于何时？历来论者说法不一。《清世祖实录》顺治十三年（1656 年）六月甲申条记载：“谕吏部：向来科道及在京满汉各官奏折，俱先送内院，今后悉照部例，径诣宫门陈奏。其外省所送通政使司题本及在京各官本章，仍照旧送通政使司转送内院。”① 这是“奏折”一词首次在官书上出现。有的专家认为，

---

① 《清世祖实录》卷一〇二。

此处所谓“奏折”，“实系明代以来所用奏本，而非后日通行的奏折”，并进而推测《清世祖实录》中这一处“奏折”字样似出自雍乾时史馆儒臣之手，“清代‘奏折’字样的正式出现，应该是康熙初叶的事情”①。另一种观点也认为上述有关“奏折”最早的一条官方记载“未必可靠”，此外还提出“世上至今尚未发现有顺治朝的奏折实物”，主张奏折的出现乃康熙年间的事②。但也有专家认为“顺治时已有‘密封奏折’之名”，根据是官方文献之外，《王文靖集》所载王熙自撰年谱中顺治十八年（1661年）正月初三日记“奉谕询问、密封奏折，俱不敢载”③。看来，进一步探索《清世祖实录》等文献所载“奏折”一词的含义，与搞清奏折制度的起源、澄清论者分歧意见可能不无关系。

上述顺治十三年（1656年）六月的谕旨首先指出“奏折”的主体是“科道及在京满汉各官”，并进一步明确说可以照“部例”“径诣宫门陈奏”。这里的“部例”究竟何指?

现在一般都认为清初承袭明代题奏本章制度，官员公事用题本，钤官印，私事用奏本，不钤官印，内外衙门题奏本章皆须经内阁票签后上呈御览。实际上，如前所述，部院需要速奏的本章从清初开始，除顺治元年至二年（1644—1645年）不到一年的时间之外，并没有按明朝旧制先送内院（内阁）票拟，而是直达御前，由皇帝直接处理。内院（内阁）大学士、学士只不过在听政时到太和门值班，承旨书谕而已。由此可见，当时所谓“部例”云云，即本章径呈御前。

---

① 庄吉发：《清代奏折制度》，第26页。

② 中国第一历史档案馆编《康熙朝汉文朱批奏折汇编》第一册，“编辑说明”，第2-3页。

③ 转引自杨启樵：《雍正帝及其密折制度研究》，第157页。

清初最高统治者在从内院（内阁）分割出票拟部院题本权力的同时，又一步步将“科道及在京满汉各官”带有机密性的奏章的直接处置权力也揽到自己手中。按明制：“臣民具疏上于朝廷者为奏本”①，“军民人等陈情、建言、申诉等事，具用奏本”②。清初承明制，内外各衙门“一切奏本，不分公私，均赴司投进，违者参驳”③，即奏本必须先投递通政使司，再转呈内院票拟。但很快于顺治二年三月即将“与各部无涉，或条陈政事，或外国机密，或奇特谋略，此等本章，俱赴内院转奏”④。绕过收发本章的通政使司，盖为保密起见。不过，先送内院拆阅票签，仍有泄密之虞。因而才有上述顺治十三年（1656年）六月“向来科道及在京满汉各官奏折，俱先送内院，今后悉照部例，径诣宫门陈奏”的谕旨。这里使用“奏折”字样，很可能是为了使“条陈政事，或外国机密，或奇特谋略”这一类奏本，与无须保密的如奏贺、乞恩、谢恩、认罪等类奏本区别开来。杨启樵举出顺治末王熙自述的“密封奏折”，即可视为京官用奏折“条陈政事，或外国机密，或奇特谋略”的有力佐证。它出现在官书之外的私人文集之中，也可证明世祖实录出现的“奏折”字样未必系日后史官的杜撰。今天诚然未发现顺治朝奏折实物，但不宜由此而断定顺治朝没有奏折这种上行官文书形式。

总之，顺治十七年（1660年）是明代题奏本章制度向清代奏折制度演变的重要开端，科道及京官“奏折”的机密性及“径诣宫门陈奏”的运行方式，已具备了日后通行的奏折的实质性内

① 《大明会典》卷七六。
② 《大明会典》卷二一二。
③ 光绪《大清会典事例》卷一〇四二。
④ 《清世祖实录》卷一五。

容；在京部院本章尽管尚无“奏折”之名目，但其内涵也与日后非机密性奏折无实质性差异。皇帝对部院本章收受和批答程序的显著变化，尤当引人注目。是不是可以说，大学士等入值太和门承旨书谕已经揭开了清代政治体制深刻变革的序幕呢？

二 康熙朝的密折和非机密性奏折

康熙中期前后，某些满洲督抚以及具有特殊身份的人物，最先被授以用密折上奏内外情报的特权，标志着处于酝酿状态中的奏折制度有了重大突破。今天人们论述康熙朝奏折时，大多即指此类密折。

康熙二十八年（1689年）十二月，新任山东巡抚佛伦具折请安，并报山东大雪。康熙帝在折尾朱批：“着此等请安事宜，不必时常具奏，若是关系地方，理应密议具奏之大事，则奏来罢。”① 翌年三月初四日，康熙帝又在佛伦的请安折上批谕：“前任巡抚品行何如？再，董诺、郭琇等土豪，比孙光祀、任克溥如何？布政使卫既齐声名，如所闻欤？”佛伦奉朱批谕旨后，即密奏前任山东巡抚钱珏品行、布政使卫既齐声名及“董诺、郭琇之暴”②。康熙三十年（1691年）九月，康熙帝又在佛伦的《进白鹰折》上朱批：“近来在省内议论京城事乎？凡有议论之事，闻之则顺便奏闻。”佛伦奉密旨后即逐项具折汇奏③。康熙三十三年（1694年），康熙帝在佛伦（已升任川陕总督）六月二十九日的请安折上朱批：“据闻总督傅拉塔既逝，江南通省顿觉如丧父

① 中国第一历史档案馆编《康熙朝满文朱批奏折全译》，第11页。
② 同上书，第12、13页。
③ 同上书，第22、23页。

母，而徐乾学连饮三日以庆贺。等语。尔在山东时，郭琇不知何说?”[1] 是年八月二十七日佛伦具折密奏：“郭琇等小人，岂敢议论国家政务。此等之言，未曾闻之。但闻怨徐乾学等曰：我自知县内升不久，竟不知彼等善恶，令我参劾彼等后，尔得尚书。等因。怂恿参劾，遂如此矣。等语。再闻以钱粮故，派郭琇赴江南受审时，与徐乾学一同议论曰：佛伦甫到任，居官虽清廉，然此满洲不出一年，必行贪婪。等情。徐乾学又称：劝尔毋忧，我来时留言京师诸友害此人。郭琇又说：伊虽参我，但我亲友等仍在，若为彼等拿住，岂肯轻饶他。等情。彼此切齿相谈。今奉旨垂问，奴才将所闻谨闻。”在另一密折中，佛伦又穷形尽相地陈奏了徐乾学等人“奸佞不轨”之情，因此二折极其机密且敏感，故都被“留中”了[2]。佛伦，满洲正白旗人，“自幼在宫内听差”[3]，康熙二十七年（1688 年）御史郭琇疏参大学士明珠、余国柱结党营私，背公纳贿，兼及时任户部尚书的佛伦，佛伦被革职，旋授内务府总管，未久，山东巡抚缺出，康熙帝以“山东绅衿最称桀骜，且好结朋党，宜简用风力之人为巡抚”，遂以佛伦补授[4]。佛伦在密折中自述：“臣本卑贱，蒙皇上养育，格外垂举，位列首辅大臣。讵料，既为人私参，皇上不忍治罪，予以宽恕，授为内务府总管。正欲供役于御前，昼夜效劳之际，又授为巡抚。我兄弟父子受皇恩至厚且深，虽粉身碎骨，亦难相报。”[5]

---

① 《康熙朝满文朱批奏折全译》，第 62 页。

② 同上书，第 63—64 页。

③ 同上书，第 23 页。

④ 参见《清史列传》卷八《明珠传》《佛伦传》，卷一〇《郭琇传》；《康熙朝满文朱批奏折全译》，第 16 页。

⑤ 《康熙朝满文朱批奏折全译》，第 16 页。

于此可见佛伦与康熙帝关系之亲密。从现存档案来看，作为封疆大吏，佛伦第一个被康熙帝授以搜集机密情事并随时奏闻的特殊使命，绝不是偶然的。

较之佛伦奉旨密奏稍后，某些具有特殊身份的人也开始被康熙帝委以密报之任。所谓某些具有特殊身份的人是指苏州织造李煦、江宁织造曹寅和尚书王鸿绪等。李煦籍隶正白旗包衣佐领，康熙三十一年（1692 年）由畅春园总管改任苏州织造[①]。现存李煦第一折系康熙三十二年（1693 年）六月请安折，七月第二折“奏报苏州得雨，并报粮价折”中称：“臣无地方之责，不应渎陈，仰见皇上爱民如子，视民如伤之至意，敢就所知，谨奏以闻。”康熙帝在折尾朱批：“朕已大安，五月间闻得淮徐以南时旸舛候，夏泽愆期，民心慌慌，两浙尤甚，朕夙夜焦思，寝食不安，但有南来者必问详细。闻尔所奏，少解宵旰之劳，秋收之后，还写奏帖奏来。凡有奏帖，万不可与人知道。”[②] 曹寅亦为正白旗包衣下人，与李煦于同一年出任江宁织造[③]。他被授予密奏地方情事比李煦晚得多。康熙四十七年（1708 年）三月初一日，曹寅的《奏报自兖至宁一路闻见事宜折》奉朱批：“已后有闻地方细小之事，必具密折来奏。”[④] 王鸿绪，江苏华亭人，他在康熙四十四年（1705 年）被授命密奏朝中阴私情事。这一年任工部尚书的王鸿绪先有两折密陈宝泉局炉头借帑情弊及会审札萨叩阍案等事，奉朱批：“京中有可闻之事，卿密书奏折与请安封内奏闻，不可令人知道，倘有泻漏，甚有关系。小心！小心！”

---

① 王利器：《李士桢李煦父子年谱》，第 242、261 页。

② 《康熙朝汉文朱批奏折汇编》第一册，第 6 页。

③ 《李士桢李煦父子年谱》，第 242、261 页。

④ 《康熙朝汉文朱批奏折汇编》第一册，第 845 页。

王鸿绪受宠若惊，奏称："仰荷天恩，破格密加委任，惟有竭尽犬马，力矢忠诚，以仰报圣恩于万一。"① 从现存康熙朝汉文奏折来看，受命刺探内外情报者，除地方大吏之外，亦只有李煦、曹寅（及其子曹頫）和王鸿绪数人而已。

这种奏折的突出特点是绝对机密。李煦、曹寅和王鸿绪与一般有守土之责的地方官不同，他们是作为皇上绝对可以依赖的包衣家奴或亲信耳目密送情报的，因此，他们受命密奏的范围，包括京中及江浙等对国家、社会安定来说最为紧要地区的绝密大事，诸如皇位继承、官场黑幕、反清动乱等等。这些负有特殊使命的人物，深知自己处境的危险，所以奏事时也异乎寻常的诡秘。康熙四十六年（1707年）三月，康熙帝密谕王鸿绪密奏御前人等骗买苏州女子事："前岁南巡有许多不肖之人骗苏州女子，朕到家里方知。今年又恐有如此行者，尔细细打听，凡有这等事，亲手蜜蜜写来奏闻，此事再不可令人知道，有人知道，尔即不便矣。"② 王鸿绪诚惶诚恐，在尔后所上密折中祈请"即赐御批密发，并望特谕总管面交臣手"，为不暴露自己，又将"折子封套之外用纸加封，止写'南书房谨封'字样"③。康熙四十八年（1709年）皇太子胤礽废而复立，康熙帝密谕李煦："近日闻得南方有许多闲言，无中作有，议论大小事。朕无可以托人打听，尔等受恩深重，但有所闻，可以亲手书折奏闻才好。此话断不可叫人知道，若有人知，尔即招祸矣。"④ 李煦立即亲书密折具奏："臣闻原任户部尚书王鸿绪今岁解职回家之后，每月必差

① 《康熙朝汉文朱批奏折汇编》第一册，第277页。
② 同上书，第613页。
③ 同上书，第665页。
④ 《康熙朝汉文朱批奏折汇编》第二册，第659-660页。

家人进京至伊兄都察院王九龄处探听宫禁之事，无中作有，摇惑人心。”此折留中，亦无朱批，但康熙帝在李煦同日所上晴雨折子上批谕：“知道了。尔亲手写的折子打发回去恐途路中有所失落不便，所以不存了。尔还打听是什么话，再写来。密之！密之！”① 李煦随即于康熙四十九年（1710 年）初密奏：“臣打听得王鸿绪每云我京中时常有密信来，东宫目下虽然复位，圣心犹在未定……而王鸿绪门生故旧，处处有人，即今江苏新抚臣张伯行亦鸿绪门生，且四布有人，又善于探听，伏乞万岁将臣此折与前次臣煦亲手所书折子，同毁不存，以免祸患，则身家保全皆出我万岁之恩赐也”。此折亦留中，且未加朱批，为安抚李煦，康熙帝在李煦同日所上粮价折上朱批：“知道了。密折伏于丙丁了。”②“丙丁”，于五行中属火。但不知康熙帝出于什么考虑，并未将李煦这两件密折付之一炬。李煦奏折现存 400 余件，是康熙朝折奏最多的一位③。曹寅现存奏折亦在百件以上，而康熙帝在公开场合仅提到过一次“曹寅、李煦有密折启奏”④。王鸿绪从康熙四十四年至六十年（1705—1721 年）断断续续有密奏折子，康熙帝对此守口如瓶，即便王鸿绪与江南三织造情报系统暗中斗法，他也未向奴才李煦暴露王鸿绪的特殊身份。

迨至康熙朝后期，亦即中国历史跨进 18 世纪以后，密折奏事方式逐渐向满汉地方大吏、京中大臣、科道言官推广。

康熙四十八年（1709 年）在浙抚黄秉中的请安折上，康熙帝做了如下朱批：“凡督抚许上折子，原为蜜知地方情形，四季

---

① 《康熙朝汉文朱批奏折汇编》第二册，第 703、704 页。

② 同上书，第 736-737 页。

③ 《李煦奏折》，“前言”，第 3 页。

④ 《康熙起居注》第三册，第 2365 页。

民生，雨旸如何，米价贵贱，盗案多少等事。尔并不奏这等关系民生的事，请安何用？甚属不合！"① 雨雪粮价，似乎无密可言，但这些事关乎一方安定，故尔要用折密奏。不过，除上述常规性的密奏外，还间或有令他特别信赖的督抚密奏邻省情事，康熙四十四年（1705年）五月，康熙帝曾密谕河南巡抚赵弘燮"将直隶、山东、陕西、湖广交界地方今年二麦收成分数，秋禾发生如何，有无蝗蝻生发，旱与不旱，几时得雨，访查明白密奏"②。此外，康熙帝还命大吏密奏封疆以外情报，康熙帝曾直言不讳地说："若浙江巡抚奏秋成八分，其福建从浙江过者询之，或云十分，或云六七分，一有参差，便可知其虚实矣。"③ 他又举实例说明："前者四川之民，流往贵州地方者甚多。贵州巡抚密奏，可知四川巡抚能泰之无能。"④ 在督抚提镇密折中，令刺探隐秘的密旨也日渐增多。继山东巡抚、川陕总督佛伦之后，两江总督傅拉塔也奉旨用密折奏闻地方情事，康熙三十一年（1692年）十二月，康熙帝在傅拉塔奏事折上朱批："江南官员内居官好者谁也？巡抚宋荦何如？姓徐、姓王者现在如何了？"⑤ 翌年正月，傅拉塔遵旨密奏江南地方官操守及徐（乾学）、王（鸿绪）二氏族"凶暴之举有所收敛"，"原监察御史徐树谷仍行胡言乱语"，此折亦留中不发⑥。他如康熙四十九年（1710年）十二月在福建将军祖良璧谢恩折上朱批："总督居官如何？"祖良璧遵旨密奏，

① 《康熙朝汉文朱批奏折汇编》第二册，第724页。

② 《康熙朝汉文朱批奏折汇编》第一册，第181-182页。

③ 《清圣祖御制文·四集》卷九。

④ 《康熙起居注》第三册，第2364-2365页。

⑤ 《康熙朝满文朱批奏折全译》，第35页。

⑥ 同上书，第37-38页。

康熙帝在折尾批谕："凡有奏折当甚密才好，不可令人写。"① 康熙五十二年（1713 年）七月，康熙帝密谕贵州巡抚刘荫枢："前任提督作官为人何如？贵州通省总兵何如？写密折奏闻，已后凡奏折须尔亲手写来。"② 康熙五十三年（1714 年）七月，康熙帝密谕漕运总督郎廷极："迩来闻苏州巡抚怕人害他，以致满城人心风鹤，又听无赖小徒作言生事，有冒缨之不足道者，至各省捕捉，京中以为笑谈。果如此否，尔打听实事，密折奏闻。"③ 康熙六十一年（1722 年）正月，川陕总督年羹尧折中叙及，前此陛见时皇上曾命"密访署云贵总督臣张文焕居官贤否"，并奏称"自回川之日即遣妥确亲信之人赴滇密访"④。督抚提镇的这类密折实际上与李煦、曹寅、王鸿绪的密折相去无几了。康熙五十五年（1716 年）发生孟光祖借诚亲王胤祉之名巡视五省诈骗大案，只有直隶巡抚赵弘燮密折奏报"有三千岁游行五省"之事⑤。康熙帝大为警觉，多次申饬有关督抚，并特别指出："若非赵弘燮具奏，朕犹不得知之矣。"⑥ 总的来看，在康熙帝督责下，发端于佛伦、李煦，以刺探情报为目的的密奏形式，在康熙晚期有向满汉地方大吏普遍渗透扩张之势。

在地方大吏密折奏事渐次推广和深化的同时，负有卫戍京师，警跸大内、御园之重任的"提督九门步军巡捕三营统领"（简称"步军统领"或"九门提督"）也频繁以密折具奏的形式为

---

① 《康熙朝汉文朱批奏折汇编》第三册，第 231 页。
② 《康熙朝汉文朱批奏折汇编》第五册，第 67 页。
③ 同上书，第 701 页。
④ 《康熙朝汉文朱批奏折汇编》第八册，第 872 页。
⑤ 《康熙朝汉文朱批奏折汇编》第七册，第 559-561 页。
⑥ 《康熙起居注》第三册，第 2385 页。

康熙帝提供重要的绝密情报。自康熙四十一年（1702年）任步军统领的托合齐曾密奏“国人议论朝臣情形”，康熙帝在此折折尾朱批：“比皆琐事，知道了。今之要事，在正黄旗欲为索额图报仇者，大有其人。尔为管带步军之人，伊等肮脏之辈，于朕之此世，欲何为耶？唯议论、投书、编造异词散布之外，彼等亦无计可施。其中为首而行者，系原任乌拉将军佟保、革职治罪之将军萨布素、索额图之子珠显、阿尔吉善，伊等势不罢休。将此，尔应留心勉力之。再者，朕将旦夕出巡，投书之人必乘昏黑投于前，尔派贤员好人，务擒一二，朕才宽慰。勤之！密之！”[①] 这件朱批奏折不具写于哪一年，但从其内容可推断应在剪除索额图势力的康熙四十二、四十三年（1703—1704年）间，亦即托合齐刚接任步军统领的时候。另一件谕托合齐的满文谕旨亦未注明年月，但从内容来看，当在第一次废黜皇太子胤礽，圈禁大阿哥、直郡王胤禔的康熙四十七年（1708年）年底。该密谕全文是：“谕步军统领托合齐。诸凡大事虽已皆定，然大阿哥所为，甚是厉害。其党徒尚在疑惧，想必铤而走险，朕内心疑虑难止。此肮脏之辈有何能力，复有人被牵连，以致治以死罪。顷闻闲言，大阿哥所属棍徒扬言，若我阿哥以二寸纸写文给托合齐，伊岂敢夜不开门？等语。大阿哥向来厌尔，欲必杀尔，朕亦稔知。欲杀尔者，亦大有其人。将此，谅尔亦约略知之。今马齐父子、朕之包衣牛录、浑托豁下佛保等人，伊等皆系已与皇太子反目之人，奢望转向大阿哥者多。此等之人，着尔留心，不时甚密打听报来。此等事宜，尔勿轻视，关系尔全家之身命。虽尔妻子，亦不可使

---

① 《康熙朝满文朱批奏折全译》，第1643页。

闻。为此，甚密手谕。”① 托合齐奉密旨后，立即向康熙帝具密折表示忠心，并揭露张明德欲行刺皇太子的内幕②。隆科多于康熙五十年（1711年）接替托合齐接任步军统领后，宫廷内外大小事件更靡不密奏。而康熙帝对其之忠诚谨密则时时叮嘱。如隆科多奏报“大阿哥心有怨言”，奉朱批：“甚密之。”③ 再如遵旨打听景禧公掩埋法书事一折，奉朱批：“凡事岂可隐瞒朕，朕心中有数，着再打听。此文原尔亲书乎？”④ 再如奏谢朱批教诲折，奉朱批：“尔之此文何人所写。朕又有一甚密之事，尔再来报时，于薄纸上写后钤火印，贴于尔文书之背面发去。写此谕尔先知之。”⑤

托合齐、隆科多与上述王鸿绪同被授命刺探隐秘，但二者性质还有区别：前者负责京师和宫苑安全，随时向皇帝密报治安状况，乃是其职司之所在，而后者刺探和搜集情报与其公开身份并不相符，其扮演的角色不过是皇帝的私人侦探。不过，无论如何，至少到17世纪末，京中大臣向康熙帝密奏情报者毕竟屈指可数。京中大臣被普遍授权用折密奏，则始于康熙五十年（1711年），促使康熙帝做出此项决策的契机是这一年十月揭露的皇太子党中坚人物、步军统领托合齐结党会饮大案。康熙于五十一年（1712年）正月召谕领侍卫内大臣、大学士、都统、尚书、副都统、侍郎、学士、副都御史等曰：“朕今春秋已高，听政年久，众亦谓朕事事经历，无不周知。但不闻不见之事甚多，虽有言官，类多瞻顾缄默，是以托合齐等辈小人，常昂然张胆，构集党

① 《康熙朝满文朱批奏折全译》，第1643页。

② 同上书，第1653页。

③ 同上书，第1609—1610页。

④ 同上书，第1611页。

⑤ 同上书，第1615页。

羽，今已显露。乱臣贼子，历代有之，但为君者，见于几先，则不露声色，自然灭除，若渐使滋蔓，其弊不可胜言矣！朕为国为民，宵旰勤劳，亦属分内常事，此外所不得闻者，常令各该将军、总督、巡抚、提督、总兵官因请安折内附陈密奏，故各省之事不能欺隐，此于国计民生大有裨益也。尔等皆朕所信任位至大臣，当与诸省将军督抚提镇一体于请安折内将应奏之事，各罄所见，开列陈奏。”在训谕结束时，康熙帝明言令京中大臣密折奏闻的用意，就在于使“大贪大奸之辈，不知谁人所奏，自知畏惧，或有宵小诳主，窃卖恩威者，亦自此顾忌收敛”①。

继三品以上大臣被授予密奏之责后，康熙五十五年（1716年）又明谕科道“参劾，亦可缮折具奏”②。科道本系朝廷耳目，或露章题达，或密本纠弹，本应成为天子最主要的情报来源，上文已经提及，顺治十三年（1656年）已有明旨命科道具“奏折”条陈政事或机密隐情，康熙年间仍沿袭下来。康熙三十六年（1697年）初，康熙帝第三次亲征准噶尔蒙古噶尔丹，闰三月二十四日留守京师代行朝政的皇太子胤礽奏报日食分数等情一折提及：“监察御史宁尔江条陈四事内有密奏二事、参劾大臣一事，故臣未交内阁翻译，加封与另一谢恩事一并赍奏。”③不过，康熙帝对言官之怀挟私心，草率塞责，不能及时提供准确情报的成见由来已久，经过数十年的不断探索，他最后认定“在今日开言路之法”，莫善于密折奏事④。因此，现存康熙朝满汉文朱批奏折中言官独少。

---

① 《清圣祖实录》卷二四九。
② 《康熙起居注》第三册，第2313页。
③ 《康熙朝满文朱批奏折全译》，第178页。
④ 《清圣祖御制文·四集》卷九。

对于自己独出心裁而创行的密折，康熙帝曾自负地说："密奏亦非易事，稍有忽略，即为所欺。朕听政有年，稍有暧昧之处皆洞悉之，断不能欺朕。奏请之人，亦不敢欺朕。密奏之事，惟朕能行之，他人则不能矣。"① 康熙帝未曾料到，他所独创的密折在其子雍正帝手里竟达到了出神入化的完美境界。

除后世瞩目的密折之外，康熙朝还有非机密性的奏折，其对政治的深刻影响当不在密折之下。

《康熙朝汉文朱批奏折汇编》的编辑者已经指出："从康熙起居注的记载来看，奏折使用之初，并不是一种机密文书。在康熙二十年代，它似乎是大学士及部院大臣等向皇帝奏报特定的交办事项的专用文书。"② 他们引证的《康熙起居注》二十年十月初二日条如下："上御乾清门，听部院各衙门官员面奏政事。大学士、学士等会同户部并仓场，为漕运冻阻具折请旨。上顾阁臣曰：漕粮当照限运解，该督抚等不行速运，但求宽限……户部亦不详为筹画于事有益与否，惟草率照督、抚所请，准其宽限。今船只迟误，以致冻阻。此折着户部领去，具本来奏，尔等将此情节票出。着严行议奏。"③ 这类事例在《康熙起居注》中不绝于书。显然，在御门听政时君臣公开商酌的户部折子之类与康熙帝界定的密折之含义——"所谓密奏，惟所奏之人与朕知之，方可谓之密奏"④ ——是不可相提并论的。

不过，仅仅指出这一点似乎还不够。这类非机密性的官文书

① 《康熙起居注》第三册，第 2464 页。

② 《康熙朝汉文朱批奏折汇编》第一册，"编辑说明"，第 3 页。

③ 《康熙起居注》第一册，第 758 页。

④ 《康熙起居注》第三册，第 2464 页。

是不是“在康熙二十年代左右”才出现的呢[1]？下面先来考察上引《康熙起居注》所载漕运冻阻事件的题奏、批答程序：先是该督抚具题请求宽限，经面奏下内阁票拟、康熙帝允准，交大学士会同户部具奏，户部主稿“具折”，于听政时会同大学士等面奏，准该督抚所请，康熙帝谕饬户部折奏非是，令“具本”，即用题本再奏，并命侍值大学士等将此旨意票签来看。不难看出，这种题奏、批答方式早在顺治年间业已实施了（见本节第一部分），只不过当时“径诣宫门陈奏”的部院奏本尚无“奏折”或“折子”之称而已。据《康熙起居注》，此类部院上行官文书至迟在康熙二十年（1681年）已被冠以“折”的名目，部院以“具折请旨”方式奏请皇上裁夺。

这类在康熙年间已被通称为“奏折”的官文书，在《康熙朝满文朱批奏折全译》和《康熙朝汉文朱批奏折汇编》中所在多有。康熙三十五年（1696年），康熙帝亲征噶尔丹，镇守京师的皇太子胤礽将各部院奏折及时汇送康熙帝御批，如十一月二十一日为各部所奏折提及：“再，吏部五事、户部一事、兵部四事……理藩院译折三件、奏折一件。”[2] 下面，再举康熙四十一年（1702年）十一月兵部汉文奏折为例：“兵部谨奏：为奏闻事。康熙肆拾伍年拾壹月初柒日头等侍卫五十，奏事傻子、来保转传上谕：嗣后自京城往各省人员所用车马数目、前去缘由，并勘合火牌内填注需用钱粮之处，开明折子，十日一次启奏。再，由各省来京人员所用之处，亦照此例缮写折子启奏（以下为兵部十日一次汇奏的内容，从略）。”此折满汉文并行，兵部堂官署

① 《康熙朝汉文朱批奏折汇编》第一册，“编辑说明”，第2-3页。

② 《康熙朝满文朱批奏折全译》，第121页，另参见第122、125、128等页。

名，不钤兵部印信[1]。《康熙朝汉文朱批奏折汇编》所辑部院奏折书写格式多同此例，折尾一般有满文朱批，间或亦有墨笔传旨者。值得注意的还有，谕旨可由御前侍卫、奏事官员直接传达于该部院，该部院奏折或面奏，或交奏事官员转奏[2]。

部院奏折“径诣宫门陈奏”，由皇帝拆阅、批旨，只可视为康熙帝对顺治朝既定方式的承袭；下面着重论述的督抚提镇及将军等部分奏折也逐渐使用“奏事请旨”的形式，则是康熙帝于密折奏事之外另一影响深远的创制。

现存地方大吏第一件“奏事请旨折”系山东巡抚佛伦于康熙二十九年（1690 年）十月初二日奏请停止总督、巡抚巡查的满文折，该折结尾是：“谨将缘由奏陈于皇上，俟命下之日，奴才另行具题。为此谨奏，请旨。”[3] 另康熙三十一年（1692 年）七月初四日，佛伦另一《劝民丰年捐粮以备凶年》的满文折结尾称：“此皆众民情愿限额均捐者，且民人又请一次完纳，相应恭候皇上降旨训示，而后奴才具题此事。有此谨奏，请训旨。”奉朱批：“此事甚善，应即具题。”[4] 第一件汉文奏事请旨折系康熙三十六年（1697 年）九月二十六日四川提督岳升龙的《奏为筹画所属营伍请旨遵行事折》，内称：“蒙简命寄任封疆，凡有地方事宜，未敢擅专题报，自当尽心筹画，请旨遵行……冒昧奏请，倘邀俞允，容臣会商督抚两臣详晰具疏，听候敕部议覆施行，为

---

① 《康熙朝汉文朱批奏折汇编》第一册，第 486－545 页。

② 康熙五十五年（1716 年）二月初八日，“礼部以御史董之燧所参同考官储在文等之处，请将刘谦、蒋恭棐等提至京城质审，以折子交奏事双全等转奏”（《康熙起居注》第三册，第 2248 页）。

③ 《康熙朝满文朱批奏折全译》，第 18 页。

④ 同上书，第 29 页。

此具折恭奏请旨。”① 上述佛伦、岳升龙奏事请旨折具有两个共同特点：其一，某些拿不准的地方事务先请训旨；其二，奉旨允准后，仍恪遵具题之例施行。此后，地方大吏凡属此类奏事请旨折皆不外上述两层意思。如康熙四十四年（1705年）九月云南巡抚佟毓秀“跪折为恭请圣训事”：“滇南乃苗夷边境，一切事宜必得圣明指示，方有裨益，倘有紧要情事可否容奴才密折先奏，恭请圣训，然后具题，庶边疆得受皇上洪福，而奴才亦得少免陨越。”② 在地方大吏的本意来讲，用折先行仰承训旨，是为了有所遵循，得以少免陨越；同时他们也从不忘声明只有折奏奉旨俞允方正式动本具题。就康熙帝的初衷而言，允许督抚提镇等先行用折请旨，不过为及时了解地方重大情事，对督抚等不便率尔具题者予以训示，因此，对此类奏事请旨折的朱批多为“具题”、“该具题”、“着速具题”、“不宜上闻”或“与总督密议”之类例行谕示。如果切实遵循这样的君臣默契，也许不会打破督抚与部院、皇帝与阁部以及地方大吏上司和下属之间按故有本章制度维系的权力平衡，但恰恰在康熙帝最初设计的这种外吏奏事请旨折子之时，便已埋下了最终深刻改变君臣之间、中央与地方之间权力配置架构的根苗。

康熙四十五年（1706年）五月初五日，直隶巡抚赵弘燮在《奏为请准将旧欠钱粮分三年带征折》中称“臣在东拜曾经面奏，如地方有疑难重大事情，先具折奏请圣裁”，以下便以河间府属

---

① 《康熙朝汉文朱批奏折汇编》第一册，第25-26页。

② 同上书，第237页。其他事例见《康熙朝汉文朱批奏折汇编》第一册，第477-483页（《贵州巡抚陈诜折》）；第一册，第688-689页（《湖广提督俞益谟折》）；第一册，第994-1000页（《肃州总兵刘汉业折》）；第六册，第223-227页（《云南巡抚甘国璧折》）；第七册，第136-137页（《护理贵州巡抚白潢折》）。

庆、广、临三县“钱粮新旧并征，民力维艰，奏请分年带征”，奉朱批：“具题”[①]。但赵弘燮题本尚未缮就，就接到了部咨传达的将旧欠钱粮尽行蠲免的上谕。看来，康熙帝已不想等赵弘燮题本辗转上达，而直接谕部施行了。不久，赵弘燮等六月初九日又有一件更为紧迫的《奏报永定河堤口漫决现正修筑折》，康熙帝在赵弘燮另一折上批谕：“又奏报事一折，当有速议处，故不发回。”[②] 这次更明确地说明赵报事一折“有速议处”，当即以此折交与大学士及各该部紧急商议应付之计。由此可见，即使直隶近在咫尺，如河决之类的重大紧急事件也容不得具折奏闻—发还朱批奏折—督抚等遵旨具题—经过通政司呈递，由内阁票拟恭呈御览如此迂缓繁复、稽迟时日的公文旅行故套。康熙帝一反本章运行常规立即将折子交议，完全可以视为顺乎情理的权宜之计。此中委曲，康熙帝在批谕四川松潘总兵路振扬请安折（无年月）上说得十分明白：“朕安。仰请圣裁一折奏得是，若批具题，恐日迟远，故敕部即议。”[③] 随着时间的推移，将督抚等奏事请旨折直接交阁部议奏亦自然而然地成为一种通例，如“事关民生，尔折批示后交部”，“折子交了内阁了”，“朕同内阁大臣议了，都说此折奏的是，依尔所奏”，“此折论船极当，朕欲交部，其中有不便句，尔再具题”，“凡密折皆已批回，关于军务者，令议政看，可议者有部文”，“奏折甚是明白，议政处都看过了”，“九卿大臣都看过了”之类的朱批[④]屡屡见诸地方大吏的奏折。甚至贵州巡

① 《康熙朝汉文朱批奏折汇编》第一册，第351-355页。

② 同上书，第374、373页。

③ 《康熙朝汉文朱批奏折汇编》第八册，第1115页。

④ 参见《康熙朝满文朱批奏折全译》，第1078页；《康熙朝汉文朱批奏折汇编》第七册，第364-365页，第八册，第347页，第四册，第626页，第八册，第202、426、739-740页。

抚刘荫枢于康熙五十四年（1715年）十月初七日奏请《今年暂停征讨泽旺阿喇蒲坦》折已有“皇上俯察，可否密而勿发”的乞请①，但康熙帝还是将它发交汉九卿、詹事、科道议奏了②。

有了奏折直接敕部即议的通例，督抚等外吏便掌握了与部院相颉颃的特权。康熙三十三年（1694年），范承勋以汉军旗人出任两江总督重任，随即奉旨：“命将地方事务，先请敕谕而后遵行。”③ 翌年，范承勋于陛见时奏请免征江西漕粮运费，奉旨俞允，但“缮折奏请，由部仍议不准行”。范承勋为此再次具折，重申免征民人漕运费的理由，康熙帝在他的折尾朱批：“因尔面奏事多，此事朕忘了，故照部议行，理应复奏。”④ 原来，康熙帝一时疏忽，将原已口头允准的事忘记了，所以照准部驳，才闹出这一段曲折。不过，毕竟范承勋坚执不放，结局必然是范承勋再奏而不管部议如何而照准。这种事例还可以举出一些，如贵州巡抚刘荫枢请多拨20万两银到黔的两件题本“皆格于部议”后，即通过折奏寻求皇帝支持，敕部多拨⑤；直隶巡抚赵弘燮也可以折奏请求“以能员钦授通永道员”⑥。督抚先以奏折保举属员授以原归部铨选的重要官缺者日益普遍，以至康熙在三十三年批谕两江总督傅拉塔奏荐按察使、道员等员缺一折时已指出：“近来外臣保举下属起升者甚多。”⑦

“内外相维相制”，“督抚不可侵部院之权，部院亦不宜刻求

① 《康熙朝汉文朱批奏折汇编》第六册，第544-547页。
② 《康熙起居注》第三册，第2258、2260页。
③ 《康熙朝满文朱批奏折全译》，第66页。
④ 同上书，第67页。
⑤ 《康熙朝汉文朱批奏折汇编》第三册，第267-268页。
⑥ 《康熙朝汉文朱批奏折汇编》第一册，第433-434页。
⑦ 《康熙朝满文朱批奏折全译》，第57页。

督抚之非”①，是清代皇帝处理督抚与部院关系的指导思想和基本原则，康熙帝在赋予地方大吏等以奏折请旨的权力时，虽然考虑到了必须维护内外制衡的格局，但政治运行的实践证明，随着折奏请旨的日渐普遍，不可避免地会出现督抚等侵夺部院之权的倾向，这在康熙朝虽不严重，但到了雍正朝便已成为天子必须认真对待的问题了。由于有了奏折直接敕部的通例，督抚遇到疑难、紧急、重要事件便可以绕过通政司、内阁，具折直达御前，某些奏事请旨折康熙帝直接交发阁部议奏，这是继中央部院奏折“径诣宫门陈奏”之后，皇帝分割内阁之权的又一影响重大而深远的政治举措。

督抚等奏事请旨折子是否都不属于密折的范畴呢？看来不可一概而论。似乎可以这样划分：凡未下阁部议奏的奏事请旨折皆可视为密折，而已敕发部议者，则非密折。康熙五十九年（1720年）正月，川陕总督年羹尧密奏都统法蜡行事，朱批云：“事关密折，所以未发议政。”② 在年羹尧折另一朱批又云：“凡密折皆已批回，关于军务者令议政看，可议者有部文，无庸议者都在兵部收着，故未批回。”③ 发阁部的奏折已不是“惟所奏之人与朕知之”的密折，康熙帝理所当然地把这类折子排除在密折之外。据此，康熙朝非机密奏折除部院奏事请旨折外，还应包括外省大吏等奏事请旨敕部即议的奏折。

总而言之，密折与外省大吏敕部即议这类非机密奏折在康熙二三十年代，即 17 世纪与 18 世纪之交同时出现，它标志着折奏

---

① 《清圣祖实录》卷二五六。
② 《康熙朝汉文朱批奏折汇编》第八册，第 648 页。
③ 同上书，第 202 页。

方式已发生了实质性的变化。奏折的渊源虽可以上溯到满族社会内务府、八旗中早已习用的折子①，但作为一种政治工具用以强化皇权则无疑为康熙帝首创。由于奏折的创行和渐次推广，政治透明度不断下降，神秘性则进一步加强；皇帝对臣工乃至全社会的控制既广且深，科道、内阁的权力则更形弱化。在这一演变过程中，封疆大吏的推动力不可忽视。奏折对于这些远离皇帝、镇抚一方的大臣有种种好处：通过奏折献媚固宠，对同官及下属炫耀与皇上的特殊亲密关系；正式动本具题前，可通过奏折探询旨意，以免“陨越”；与部院科道或同僚因公因私发生争执时，可以向皇上剖明原委、澄清事实，以争取理解和支持。对于督抚等趋附皇权的意向，康熙帝体察甚悉，并能因利乘便，逐渐扩大折奏人的范围，借朱批谕旨训诲笼络大小奴仆向其效忠。17世纪与18世纪之交，地方实权人物督抚大吏的政治动向，更进一步证明了奏折制度的创行和推广对强化皇权的重大作用。

三 康熙朝奏折制度渐具雏形

有清一代独具特色的奏折制度萌生于顺治朝，康熙中期以后，它很快步入了充满活力并渐趋定型的成长时期。

粗略地看，近万件康熙朝朱批奏折很像是一堆杂乱无章的官私文书的汇辑。以奏折的称谓而论，就有“奏折”“折子”“密奏折子”“密折”“奏帖”“密缮小折”“谢恩折”“请安折”“晴雨折

① 据《康熙朝满文朱批奏折全译》，现存最早的一件奏折是康熙十二年（1673年）十一月二十九日《内库郎中尚吉图等奏报太监等指称上谕领取物品折》（该书第3页）。该书编译者判断“奏折文书产生的时间早于康熙十二年”（“译编说明”第6页）。他们的看法无疑是正确的。

子”“粮价折子”“蝗蝻折子”等名目，甚至对于水师千总郭王森的《条陈海防十事折本》，兵部亦称之为“奏折”①；同一类奏折的称谓也往往因人因时而异，密折可称“奏帖”，也可称“密缮小折”，晴雨折子可称“雨泽折子”“晴雨录”，也可称“晴雨册”。奏折尺幅大小不一，“其中长十三公分左右、宽七公分左右的小折数量甚多”②。奏折书写的格式也极不规范，开首有写“奏折”的，有写“折奏”的，有写“奏”的，有写“密折”的，亦有未加注明者；折子每面多少行、每行多少字、字体大小、笔画粗细，均由折奏人自定；折尾一般书写具奏人官职、姓名，但也有于姓名之上加盖私印甚至别章的③。所有这一切都表明，奏折在康熙朝还处于初行阶段，康熙帝所关注的是内容，而非形式；是政治实效，而非表面文章。尽管如此，奏折既然不同于传统本章，在它逐渐发展的数十年间，也自然形成了某些新的通行规范。

第一，折奏人资格。

康熙初期，并不存在督抚提镇准奏折子的明确旨谕。第一个用折奏事的是山东巡抚佛伦，康熙二十九年（1690 年）十月十八日，他在奏请赴京觐见皇上的满文折中说：“凡事依皇上指示而行，奴才不可同他人不请旨即行具奏。”④ 由此可以推知，佛

① 《康熙朝汉文朱批奏折汇编》第三册，第 316 页。

② 《康熙朝汉文朱批奏折汇编》第一册，“编辑说明”，第 5 页。另据《康熙朝满文朱批奏折全译》，满文奏折有大、中、小之分，“地方及在外有具折权的一般朝廷命官，在京各部院大臣等皆用大折子奏事”，“中折为内外负有特殊使命的少数亲信满族官所专用”；“自皇子以下亲王之嫡子以上及朝廷中地位特殊的极少数官员专用小折子报事，内容与皇帝的朱批都非常机密，不可披露”（见该书“译编说明”，第 3 页）。

③ 《康熙朝汉文朱批奏折汇编》第一册，“编辑说明”。

④ 《康熙朝满文朱批奏折全译》，第 19 页。

伦以外吏而折奏是沿袭在京城任户部尚书、内务府总管时的习惯方式，有事随时具折奏闻，故此佛伦说“奴才不可同他人”。与佛伦相类的如傅拉塔等旗员督抚提镇之取得折奏资格，似乎也未经过明确谕示，而是将大内、宫中的习惯推及于外省。而有些汉人督抚等获得折奏权则系奉特旨，有时需经乞请、奉旨俞允才能折奏。如康熙四十二年（1703 年）康熙帝以江宁巡抚宋荦“南巡二次谨慎小心”，命苏州织造李煦传旨：“以后有奏之事，密折交与尔（李煦）奏。”① 康熙四十五年（1706 年）贵州巡抚陈诜则以“臣闻巡抚诸臣有许进折子之例”，奏请用“密折陈奏”，奉谕旨始进折子的②。直到康熙五十四年（1715 年）以后，巡抚甘国璧、李发甲、张圣佐等还伏乞“赏用奏折”，以致康熙帝不耐烦地逐个批谕：“巡抚该奏折的，不用请旨”“巡抚职任该奏折”“巡抚该奏折子”③。再举总兵为例，现存第一件总兵折子是康熙四十七年（1708 年）甘肃总兵刘汉业的《奏报得病原委及筹边要务折》，此折开头便称：“题补边方武职，事隶督提，原无总兵具折启奏之例”，以下笔锋一转：“然事有权宜，情有缓急，如奴才受命出京之日，跪请圣训时曾启奏如地方有紧要事宜，许奴才密折启奏，当蒙主子圣谕，如有紧要大事可以具折启奏”④，就这样刘汉业便开了总兵具折的先例。到康熙五十六年（1717 年）督抚提镇大多约定俗成地得到了折奏权，康熙帝才明谕：“督抚提镇皆许密奏。”京中三品以上大臣及科道许用密折奏事分别在康熙五十一年（1712 年）和康熙五十五年（1716 年），已如上

---

① 《康熙朝汉文朱批奏折汇编》第一册，第 83 页。

② 同上书，第 407-409、477 页。

③ 《康熙朝汉文朱批奏折汇编》第六册，第 223-227 页；第七册，第 186、783 页。

④ 《康熙朝汉文朱批奏折汇编》第一册，第 994-1000 页。

述。此外，李煦、曹寅及王鸿绪用密奏折子，可视为特例。某些致仕在籍大臣可以具折请安、奏事，似乎是在任时折奏权的延续。

至于具有折奏资格的人员是用清折，抑或汉折，似无明确要求。江南三织造都有密奏的特殊使命，但苏州织造李煦、江宁织造曹寅用汉折，杭州织造孙文成则用清折，盖习惯使然，康熙帝对他们并未有过什么特殊指示。旗员督抚如佛伦、傅拉塔、郭世隆、满丕、范承勋、阿山、噶礼、博霁、邵穆布、鄂海、噶什图、徐元梦、额伦特、赫寿、绰奇、法海、苏克济、满保等及诸皇子皆用清折，而年羹尧独用汉折，康熙帝亦未加责备，可见以何种文字写折在当时乃听其自然。不过，满人用清折，汉人用汉折，则是通例[①]。

第二，写折和递折。

奏折一般需要具折人亲自缮写封寄，这是由奏折的机密性所决定的。康熙三十一年（1692 年）正月初四，两江总督傅拉塔同日上两折：一为奏陈杌遭江苏巡抚郑端诬陷，一为奏报麦收可望并官民感戴蠲免钱粮，前折无朱批，而后一折奉朱批："此等密本，文虽不好，勿令他人写。此事应慎之。"[②] 这里所谓"密本"，实指傅拉塔第一折。此外，康熙帝一再叮嘱甘肃巡抚乐拜："着缮折来奏，勿得计较字之好劣，尔必亲手写来"，"以后奏折你亲手写来，字差何妨"[③]；对精通满文的浙江巡抚徐元梦更要

① 《康熙朝满文朱批奏折全译》，第 1165 页，广东巡抚法海折奏："奴才法海既系满洲巡抚，故尽力以满文缮折具奏。"

② 同上书，第 24-25 页。

③ 同上书，第 715、793 页。

求“奏折尔亲自写来”[①]。至康熙五十五年(1716年)则以上谕的形式对此做了明确的规定:“嗣后满汉文武大臣请安折子俱着亲自缮写封奏,若自己总不能写者,令各人子弟缮写,其令子弟之所写者,将伊弟某人、伊子某人名字注写。若有启奏事件,即于请安折子内具奏。”[②] 但除非绝密奏折,康熙帝一般并不苛求,而折奏人也往往遇绝密时才不令人捉刀,如赵弘燮折称:“此案系奉特旨,所具密折,亲笔跪书,不敢假手于人。”[③] 年羹尧折称:“缘系密奏折子,臣自缮写,不敢使一人得知。”[④] 王鸿绪密缮小折皆为绝密情报,因此全部由个人包办。徐元梦则自称:“一时之密折、要折,由奴才亲自书写。”[⑤]

督抚等地方大吏的奏折原系主子与奴才之间私人联系的工具,因此递折一般不得擅动驿马,例以家人雇骡赍递。康熙四十八年(1709年)两广总督赵弘灿为恭进西洋药“格而墨斯”,破例由驿递邮传,且“冒昧填用火牌,飞驰恭进”,奉朱批:“已后有此等事,照此折好。”[⑥] 佛伦升任川陕总督时,在折奏时也提及:“奴才前曾奏明,若有地方紧急要务,需请训旨者,则乘驿遣派。”[⑦] 上举二事,都属特殊情形。至康熙五十五年(1716年)十二月,康熙帝始明谕:“各省督抚提镇等,凡请安奏折俱差伊等家人雇骡捧赍前来,屡致迟滞,若有紧急之事,必致迟误。嗣后伊等标下或千把总微员或亲信好兵派出一人,兼伊等家人一

① 《康熙朝满文朱批奏折全译》,第1078页。
② 《康熙朝汉文朱批奏折汇编》第七册,第620—621页。
③ 《康熙朝汉文朱批奏折汇编》第一册,第421—422页。
④ 《康熙朝汉文朱批奏折汇编》第二册,第774页。
⑤ 《康熙朝满文朱批奏折全译》,第1078页。
⑥ 《康熙朝汉文朱批奏折汇编》第二册,第302页。
⑦ 《康熙朝满文朱批奏折全译》,第33页。

名，令其驰驿前来，一次只骑马二匹，驿递不致苦累，事务亦不致迟误，其官兵贤否，借此朕亦可得验看。”① 奏折还可由他人代递，如宋荦、张伯行的折子由李煦代递，派出江南平粜官员奏折由曹寅代递，护军统领温普的折子由年羹尧代递，等等，这不过是特例。

外省奏折到京，或京官奏折，例诣“宫门”呈递以径达御前②。这是指皇帝在大内而言，若驻畅春园则赴畅春园上折③，若秋狝木兰，则“口外进折”或“热河行在进折”④。“宫门”，似指景运门，据雍正元年（1723 年）正月初二日署直隶巡抚赵之垣等“奏谢恩赐先帝遗物折”：“臣于（康熙六十一年）拾贰月贰拾贰日差臣家人季从英赍折赴京奏事，于贰拾伍日在景运门上折，有奏事大人传旨……”⑤ 景运门即日后外奏事处所在地⑥。“奏事大人”在现有康熙朝汉文朱批奏折中记有苏傻子（即“傻子”）、汪双全（即“双全”）⑦，官员外郎，他们可能是内务府的官员；另有御前噶喇昂邦吴达禅、二等侍卫喇西⑧以及头等侍卫五十等，他们是御前大臣和侍卫。看来，康熙年间在“宫门”有御前侍

---

① 《康熙朝汉文朱批奏折汇编》第七册，第 1028 页。

② 张廷玉《澄怀园主人自订年谱》卷一中载：“（四十一年）赍先公奏折诣宫门谢恩。”另据康熙四十五年（1706 年）十一月十九日巡抚陈诜折：“谨遣臣男翰林院编修臣世倌诣宫门代臣叩谢”（《康熙朝汉文朱批奏折汇编》第一册，482 页）。

③ 《康熙朝汉文朱批奏折汇编》第一册，第 333 页。

④ 《康熙朝汉文朱批奏折汇编》第一册，第 232 页；第四册，第 466 页。

⑤ 《康熙朝汉文朱批奏折汇编》第一册，第 1 页。

⑥ 震钧《天咫偶闻》卷一第 3 页记：“内廷奏事之制。每日子正，部院各以笔帖式赍折至东华门外，少俟，门启，随奏事官入，到景运门内九卿房，以折匣及本衙门印片一纸同交奏事官，奏事官登之于簿。少顷，乾清门启，奉之以入，至内奏事处，交奏事太监以达御览，时不过丑正也。”按：此条史料单士魁先生在《清代奏事处考略》一文中率先引证。

⑦ 《康熙朝汉文朱批奏折汇编》第一册，第 828 页。

⑧ 同上书，第 59-66 页。

卫与内务府司员组成的在外奏事班子接折，此即日后外奏事处的前身。在奏折中还有“梁总管传宣圣旨”“养心殿赵昌、王道化传旨”[①] 等记录，此类人当为太监。另外，王鸿绪曾将密折“交与李玉转达睿览”[②]，这李玉据张廷玉《澄怀园主人自订年谱》，系康熙“内侍”[③]。日后的内奏事处恐怕可以从这里找到渊源。

第三，批发奏折。

皇帝将奏折启封阅览、亲笔朱批后发还折奏人是通例。康熙五十四年（1715 年），康熙帝说：“朕于各处奏折内，朱笔谕旨皆出朕一手，并无代书之人。此番出巡，朕以右手病，不能写字，用左手执笔批旨”，翌年又说：“可发出者朕即发出，不可发出者留中。”他还说过：“凡所批谕旨，朕处并无底稿”[④]。这些话有存世的数千件汉文朱批奏折为证，无庸多言。因为是君臣皆知的通例，所以偶尔上奏折子未蒙批发，折奏人往往特加声明，如康熙五十三年（1714 年）四月十一日，赵弘燮上折五件，但批回四本，为此特具折奏明“一本未蒙批发”[⑤]。康熙五十七年（1718年）五月初一日，年羹尧差家人赍递奏折一封内二件，仅一件有着落，另一件“原折未蒙批回”，故专折声明“未审此折曾否御览”[⑥]。

内外臣工的批谕，除通常的朱笔谕旨外，间或有墨笔传旨，如康熙四十九年（1710 年）闰七月十四日两广总督赵弘灿等

① 《康熙朝汉文朱批奏折汇编》第四册，第 433 页；第三册，第 466 页。
② 《康熙朝汉文朱批奏折汇编》第一册，第 663-665 页。
③ 《澄怀园主人自订年谱》卷一。
④ 《康熙朝起居注》第三册，第 2203、2313 页。
⑤ 《康熙朝汉文朱批奏折汇编》第五册，第 501-502 页。
⑥ 《康熙朝汉文朱批奏折汇编》第八册，第 202 页。

《奏报查问西洋人哆啰并进画像等情形折》即提及："伍月贰拾伍日臣等家人薛廷士、焦德赍回折子，奉赵昌、王道化、张常住、李国屏传圣旨……"为保证传旨的准确性，还附有"墨笔传旨一件"，因文繁从略[①]。

康熙朝形成的折奏及批答的某些规范，对日后奏折制度的完备化有着深刻影响，但它的诸多不成熟处尚待其后继者加以完善。不管怎样，在顺康两朝 80 年间，奏折作为政治生活中的崭新事物，从它问世的那一刻起，便显示出强大的政治生命力。对前明本章制度早已不惬于怀的清朝皇帝把它视为强化皇权的利器，内外臣工则出于不同的目的也急切地想取得以奏折"通天"的特权。奏折就是在君臣上下的共同推动下，奋力地尝试打破昔日题奏本章的一统天下。机密而便捷的奏折替代或部分替代非壅即泄的题本和奏本只是时间问题了。这一时期臣工折奏和皇帝批答奏折固然存在着诸多不完善之处，但正如以研究政治组织和政治行为"定律"著称的英国政治学家和历史学家帕金森所言："在兴奋的发现与进展期间，是没有时间设计完善无缺的总部。当所有重要工作完成后，才有时间从事这种工作。我们晓得完善就是结局，结局就是死亡。"[②]

四　雍正朝奏折的推广

17 世纪和 18 世纪之交，即康熙中后期，外省督抚提镇和京中三品以上大臣及科道言官都陆续被明确授予以奏折密奏的资格。雍正帝即位后，又将折奏官员的范围扩大到了布政使和按察使，一些道府、副将微员也被特许密折奏事。同时，督抚以折奏

---

① 《康熙朝汉文朱批奏折汇编》第三册，第 7-12 页。

② 帕金森：《帕金森定律——组织病态之研究》，第 42 页。

的方式奏闻请旨以及时处置地方行政事务的情况更加普遍，科道言官条陈政事一度也非常活跃。这一切，对强化顺、康年间以来皇权不断提高的趋势无疑起了重要作用，但由此而暴露出的中央部院与地方督抚、地方上司与下属之间的矛盾也令雍正帝十分警觉，为防微杜渐，他及时采取了一些有力措施，以防范奏折推广带来的弊端。下面，先看奏折的推广。

第一，藩臬两司被授予奏事之责。

明制，中央对地方的控制、监督，初始时是设监司、设督抚[①]，迨及督抚权势日重，又设巡按御史以杀其势。清初，鉴于明末巡按掣督抚之肘，地方事权不专一的教训，渐次改变由中央派遣巡按、巡方的思路，与此相应，督抚权力蒸蒸日上。雍正初翰林院编修李兰奏称："近来督抚提镇其权亦太盛矣，挟赫赫炎炎之势，令人敢怒而不敢言，即有过举，谁为参究？"他建议恢复"可以自简从事之按臣"[②]。稍后，都察院左都御史江球也奏请"复巡方之例"以察吏而安民[③]。内阁学士查嗣庭与李兰、江球不同，他不赞成"复巡方"之类走回头路的办法，而主张因时制宜，以督抚之下位尊权重的藩司发挥制约作用。雍正元年（1723 年）十月，查嗣庭密奏："臣于本年正月间跪聆上谕，谓欲每省设一御史使与督抚彼此相制，后其事竟不果行。盖皇上深悉从前巡按每与督抚争权，反滋地方烦扰故也。臣以为欲令督抚少知顾忌，莫若令各省藩司亦得用密折启奏。夫今之藩司即古之方伯，职在承宣，其任最重，凡民生利弊、属员贤否以及地方公事，本不宜

---

① 顾炎武：《顾亭林诗文集》卷一《郡县论一》。

② 《雍正朝汉文朱批奏折汇编》第一册，第 38 页。

③ 《雍正朝汉文朱批奏折汇编》第二册，第 136 页。

袖手旁观。今既得便宜上闻，与督抚虽无相制之形，实有相制之势，官既不烦添设，权亦不患独操矣。”① 查嗣庭把雍正帝的心思揣摩得很透，他献密计以藩司制约督抚的心机也极深，这自然给雍正帝留下了深刻印象。不过，雍正帝准藩司用折子实早于查嗣庭的提议，在此之前，他已授意某些亲信布政使用折密奏。

雍正元年六月，广西布政使刘廷琛折奏提及：“奴才跪请圣训时，天语谆谆，破格赏赐奴才素珠、砚石，并吩咐奴才用折子，闻命之下，感甚，惧甚。”他在折尾还表示：“嗣后如遇有紧要事件，自当据实折奏；若琐屑小事，不敢屡渎天听。”② 同年八月，福建布政使黄叔琬在奏折中也提到“蒙恩许奏事”，而雍正帝在其折尾幅朱批：“若督抚有不合处，只可密密奏闻”，“尔可凡事与督抚开诚，就尔所见呈知上司，若有徇私不法之举，有实凭据之处，方是尔当奏之时。”③ 由此可见，在查嗣庭献策之前，雍正帝已有意识地令个别出任藩司的亲信使用密折，以加强对督抚的监督控制。此后，以藩司密奏其上司“官箴”“操守”乃成为雍正帝惯用的手段。雍正元年（1723 年）十月，康熙帝在江苏布政使鄂尔泰折上批谕：“何天培（按：何系江苏巡抚。）何如？舆论不一，尔可据实奏来。”④ 同年十二月，福建藩司黄叔琬折奏督抚二臣以俸工赔补因公挪用亏缺银 10 万余两，雍正帝命其“察其原案详悉，具情再奏”，黄叔琬遂将密访实情具折奏闻⑤。翌年正月，康熙帝批谕浙江布政使王朝恩折，命其将浙

① 《雍正朝汉文朱批奏折汇编》第二册，第 109-110 页。
② 《雍正朝汉文朱批奏折汇编》第一册，第 594-595 页。
③ 同上书，第 766 页。
④ 《雍正朝汉文朱批奏折汇编》第二册，第 306 页。
⑤ 同上书，第 458 页。

江巡抚黄叔琳“徇私朋比处”，“当再密奏闻”[①]。雍正五年（1727年）年中，雍正帝据贵州粮驿道李日更密奏该省巡抚何世璂行事琐碎，市恩沽誉[②]，十月遂密谕贵州布政使祖秉圭：“有人奏何世基去岁讳灾不报，沽名钓誉，身为巡抚，日与诸生课论而行教官之事……果如是否？可据实奏闻一些，不可代为隐饰，亦不可将无为有，冤抑人。”[③] 这种方式行之既久，有些布政使也自动密报上司不公不法之处，如雍正七年（1729 年）十一月广东巡抚王士俊具折密奏：“广东督臣郝玉麟语言便捷，人似精明，到任后未能深悉土俗民情，惟将按察使臣楼俨起出私藏军器、积恶窝盗之黄元捷提至肇庆竟行保释……黄元捷系窝盗巨凶，安可置之不问？况以新任总督而惩处地方土棍何须招告？广州民皆健讼，禁之尚不能禁，自奉招告之明示，凡有欲翻旧案者无不捏词赴诉，未免顿长刁风。”[④]

当然，雍正帝在令布按两司密报上司的同时，也时时命督抚查察其下属。浙江布政使佟吉图为人强干，雍正帝很不放心，遂面谕新任浙江巡抚李卫曰：“有人说他操守平常，近日不甚惬意实心办事，你到任看他如何行动，据实奏来。”李卫到任后经过一段“验试”即覆奏：“臣抵任以来，看其光景，比待旧任抚臣大有不同。从前受其侮慢者不一而足，惟不敢藐视署抚臣傅敏，然而书生气度、古道襟怀，亦未免有被诱堕术之处，其余李馥、黄叔琳凡事皆仰体佟吉图而行，至法海则两不见面，背后彼此各对属员骂不绝口。”在言其跋扈之状后，李卫又说：“臣初以为其

① 《雍正朝汉文朱批奏折汇编》第二册，第 539 页。
② 《雍正朝汉文朱批奏折汇编》第九册，第 848-849 页。
③ 《雍正朝汉文朱批奏折汇编》第一〇册，第 845 页。
④ 《雍正朝汉文朱批奏折汇编》第一七册，第 195 页。

人必有操守才干，故尔骄人，乃察其实皆假手吏役，不但不惬意办事，而吏治皆在浮面处掩饰，实未练达，案件错误者甚多，其操守竟亦平常。”① 布政使佟吉图被李卫在背后说得一无是处，但他毫无知觉，在随后所上密折中先说“前抚臣法海操守好，但在浙未久，性情急躁多疑，凡在属员多不能堪耳”，再顺从皇上意旨恭维李卫：“办事敏练，非臣所及，自至浙中与臣原无不相得之处。”②

督抚藩臬之间以密折互相纠察，人人难免孤立自危之感，这恰恰是雍正帝如此设计的本心，这种有利于强化皇权的权宜之计因而很快走向制度化了。

雍正初政，特准某些藩臬具密折奏事，属于变例，而藩臬不进折则是通例，所以雍正四年（1726 年）十一月湖北布政使王克庄奏折中称“藩臬向无进折之例”③，至雍正六年（1728 年）秋间即谕令布按二司有奏事之责。该年十月，江西按察使胡瀛奏称：“雍正六年九月初一日接奉和硕怡亲王、大学士张廷玉等寄信，雍正六年八月初三日奉上谕：各省藩臬有准其具折奏事者，亦有本人未曾奏请具折朕遂未曾降旨者。今思藩臬乃地方大员，应准其各就所闻所见，具折陈奏，即此可以观其人之居心办事。尔等可寄信与江西按察使胡瀛，伊若有陈奏事件，初次具折差人交门上奏事人转奏，嗣后从何处转奏，再降谕旨可也。”④

第二，部分道员、知府及武弁副将等也蒙特旨得到折奏权。

---

① 《雍正朝汉文朱批奏折汇编》第七册，第 240—241 页。

② 同上书，第 545 页。

③ 《雍正朝汉文朱批奏折汇编》第八册，第 530 页。

④ 《雍正朝汉文朱批奏折汇编》第一三册，第 586 页。另参见同书第 579 页所载广西布政使张之怀奏折。

“道员例不上折”①，少数道员得以折奏系奉特旨恩准。雍正元年（1723年）六月，云南驿盐道李卫折奏：“臣跪聆圣训之日，奉有俞旨，文武官员贤否着臣留心，如有害地方即为密奏。臣一芥微末，自揣非分，敢不时加兢惕，谨密凛遵。”② 就现存的汉文朱批奏折而言，李卫似为第一个被授予折奏资格的道员。其他如广西右江道乔于瀛折称“臣蒙我皇上隆恩，特赐具折”(雍正三年五月)③；浙江杭嘉湖道徐鼎折称“前蒙赐臣折奏”④；陕西凉庄道殷邦翰折称“雍正七年六月初三日甘肃巡抚臣许容传奴才到署，转传奏折内奴才殷邦翰名字上奉朱批：实心任事之员也，将朕谕令伊知之：着他奏折来”⑤；陕西宁夏道鄂昌折称“雍正七年六月初十日接得甘肃抚臣许容传帖云：奉旨许臣奏折”⑥。以上事例情况虽不尽相同，但俱为特旨恩准折奏。也有的道员系以御史外放，甚至外放后仍带御史衔，这类人折奏似为原有资格的延续，如湖北开归道陈时夏⑦、陕西粮盐道许容⑧。

知府、同知等微员间或也有具折奏事者，如扬州知府陈弘谋具折“敬陈管见”，折中并未提及他曾奉有旨意，但陈弘谋系奉特旨简授扬州知府，且仍带御史衔，故雍正帝除将《敬陈管见折》留中外，还在陈弘谋请安折上朱批：“朕安。密奏二事，嘉是览焉。”⑨ 再如襄阳府同知廖坤密奏江南有人煽惑人心及赴浙

① 《雍正朝汉文朱批奏折汇编》第五册，第729页。
② 《雍正朝汉文朱批奏折汇编》第一册，第533页。
③ 《雍正朝汉文朱批奏折汇编》第五册，第11页。
④ 《雍正朝汉文朱批奏折汇编》第一〇册，第247页。
⑤ 《雍正朝汉文朱批奏折汇编》第一五册，第550页。
⑥ 同上书，第582页。
⑦ 《雍正朝汉文朱批奏折汇编》第二册，第252页。
⑧ 《雍正朝汉文朱批奏折汇编》第六册，第224页。
⑨ 《雍正朝汉文朱批奏折汇编》第一七册，第804页。

沿路见闻一折，提及其祖廖有功“殉难”因而“迭沐高厚隆恩，亘古未有”，并称“本年九月二十八日恭请圣训，伏被温纶垂诲，准臣折奏，着臣在外省的事密具奏，差亲信家人赍折交与张廷玉转奏，有好人或好官即行保奏，倘有贪官不法之人亦即具奏，总要实在的确，倘是风闻，折子上写明，务要谨密，就是你奏的有错处，朕也不怪你”①。上述两例说明，个别知府、同知可以进折，或由于皇上特旨允准，或由于具有特殊身份，也可能二者兼而有之。

武弁中副将以下能折奏者，也多奉有特旨。雍正七年（1729年）九月被擢升副将的刘大勋折奏称奉旨：“着伊差家人具折回奏。”② 雍正帝即位后，命十四贝子允禵在遵化守陵，并安插三屯营副将李如柏在汤泉监视其行止举动，李如柏于雍正元年（1723年）五月的密折中称：“臣奉皇上面谕：朕命十四贝子在汤泉住，尔察其动静，具折子来奏。”雍正帝在他的折子上朱批：“贝子向来行事皆如鬼如蜮的惯了，你只可冷冷的傍作无心而观之，若认真作个稽察之景，莫想得一句话听。”③

将奏折推广到藩臬以至道府、副将等微员的用心，雍正帝并不讳言。雍正七年六月，雍正帝在宁夏道鄂昌折上有如下明白的朱批：“汝等微员亦令奏折之意，不过广朕耳目。汝责任中事情之外，或地方上情形、吏治之勤堕、上司之公私、属员之优劣、营伍之不整饬、雨阳之时若、百姓之生计，不但本省，便邻省、远省，若有骇人听闻者，得知皆得以风闻入告，不可必待深知灼

① 《雍正朝汉文朱批奏折汇编》第一七册，第592-593页。
② 《雍正朝汉文朱批奏折汇编》第一六册，第614-615页。
③ 《雍正朝汉文朱批奏折汇编》第一册，第465页。

见而方折奏也。”① 第二年七月，则公开宣谕：“虞书曰，明四目达四聪。先儒注曰，广四方之视听，以决天下之壅蔽也。盖天下之患，莫大于耳目锢蔽，民情物理不能上闻，则虽有励精图治之心，而措置未必合宜，究难成一道同风之盛，是以各省督抚大臣于本章之外，有具折之例，又以督抚一人之耳目有限，各省之事，岂无督抚所不及知，或督抚所不肯言者，于是又有准提镇藩臬具折奏事之旨，即道员、武弁等亦间有之。此无非公听并观，欲周知外间之情形耳。”②

康熙帝总结历史经验，说“自古以来，无不以蒙蔽偾事者”。并举出实例：“即如明时，凡事隐匿，不以上闻，直至流贼至昌平城内，尚尔不知。隋炀帝时，处处起兵，尚未之知”③，并出于这样的认识而创行密折奏事。雍正帝所谓“天下之患，莫大于耳目锢蔽”，并将折奏人的范围进一步推广，对其父开创的奏折制度做了重大发展。不过，这里有必要说明一点，雍正帝对康熙帝十分重要的情报来源——江南三织造之类内府出差官员，则取抑制，至少是不予鼓励的态度。雍正元年（1723年）二月，苏州织造胡凤翚密奏总督查弼纳、巡抚李成龙操守，雍正帝在朱批中告诫他说：“朕今擢用你光景，况又系府下旧人，体面地步自然为众之敬畏，督抚地方府道等形势必加优待，汝可竭力自持，安分知足，倘少坏朕声名，妄于地方吏治之事，一点忍耐不住，朕之耳目，汝所深知，负朕此大恩岂轻轻处分之事也，勉之，慎之！你若有办不来差使，不妨奏明，朕命人帮你，不可私作一

① 《雍正朝汉文朱批奏折汇编》第一五册，第582-583页。

② 《清世宗实录》卷九六。

③ 《康熙起居注》第三册，第2447页。

事、私求一利。一切食用节俭为要，向日织造等非分之享受，今日之现报，岂不见乎？前事之戒，业当自警，况尔之利害又胜前人之数倍。祸福之关系，不可少忽。特谕!"① 胡凤翚及新任织造等除奏报雨雪粮价外，一般地方事务俱不敢说三道四，多嘴多舌，比曹寅、孙文成自不如，与李煦相较更不可同日而语了。其他出任盐政、税关监督的内府包衣官员，雍正帝同样不让他们借密奏招摇吓诈。管理淮安关务年希尧密奏苏抚张坦麟宴请缙绅，雍正帝冷冷地批谕："未必有此事。"② 两淮盐运使高淳密奏扬州知府杨继春贪鄙不法，奉朱批："有旨密谕抚臣察参矣。凡如此等之奏，少不慎密，非汝之福也，当极力慎之。汝少年人，只恐你此一层看不透，则可惜。嘉勉之。"③ 总之，雍正帝鉴于其父用李煦等三织造以至王鸿绪当密探专事刺探阴私的流弊，有意识地采取了收缩的对策。如与放开藩臬道府等折奏结合起来看的话，似乎雍正帝不赞成用非常规的手段搜集政情动态，他更倾向于用本有察吏之责的藩臬道府广泛地密报地方政情。

第三，一度放手让言官用奏折条陈政事。

雍正帝即位，以求言为急，一反康熙帝对言官不信任的成见，于雍正元年（1723 年）二月特谕科道："尔等科道诸臣，原为朝廷耳目之官……今着各科道每日一人上一密折，轮流具奏。一折只言一事，无论大小时务，皆许据实敷陈，即或无事可言，折内亦必声明无可言之故。"④ 于此可见，科道的进折乃是其职责所系，这与"实有可奏之事，便一月两三次奏闻何妨？如无可

① 《雍正朝汉文朱批奏折汇编》第一册，第 121-122 页。

② 《雍正朝汉文朱批奏折汇编》第一〇册，第 792 页。

③ 《雍正朝汉文朱批奏折汇编》第一六册，第 12 页。

④ 《清世宗实录》卷四。

奏处，便数年不奏亦不罪汝也”[①]，显然是有区别的。在此后一二年间，科道条陈政事的奏折激增，雍正帝对其中可采行的建议也通过有关衙门予以施行，而介于疑似之间者，则发交有关督抚议覆。

雍正元年（1723年）三月，御史年熙奏请“削除山陕乐籍”，奉朱批：“此奏甚善，该部议奏。”[②] 四月即“除山西、陕西教坊乐籍，改业为良民”[③]。随后御史噶尔泰奏请除绍兴“堕民丐籍”，奉朱批：“该部议奏”[④]，寻“除浙江绍兴府惰民丐籍”[⑤]。另翰林编修杨绍曾以籍隶南楚折奏“湖广乡试贡院在武昌”于湖南士子不便，雍正帝将其条陈“宜分科场以便楚士也”上加朱圈[⑥]，故此折虽无“该部议奏”之类的批谕，但经数月酝酿，即正式谕令礼部行文湖南巡抚从雍正二年（1724年）起“即分湖北、湖南两闱考试”[⑦]。有时御史条奏之事即行以谕旨颁行。元年七月十五日，御史蔡仕舢折奏请禁革钦差陋规，奉朱批：“此奏甚是。该部可依此奏速速班行直省等督抚，令晓谕各府州县。”[⑧] 当日《起居注册》即记载：“是日，内阁奉上谕：钦差出京，沿途地方官向有馈送，督抚派于州县，州县派于里民，朕深知此弊，于散赈、催漕、阅河各钦差大臣、官员出京时皆谆谆告诫，毋令骚扰地方官民，但恐阳奉阴违……着各督抚于钦差经过

① 《雍正朝汉文朱批奏折汇编》第一五册，第582-583页。
② 《雍正朝汉文朱批奏折汇编》第一册，第172页。
③ 《清世宗实录》卷六。
④ 《雍正朝汉文朱批奏折汇编》第一册，第652-653页。
⑤ 《清世宗实录》卷一一。
⑥ 《雍正朝汉文朱批奏折汇编》第一册，第126-127页。
⑦ 《清世宗实录》卷九。
⑧ 《雍正朝汉文朱批奏折汇编》第一册，第658-659页。

之地，即将所发上谕，张示通衢，嗣后钦差务期恪遵训谕，严束人役，毋得骚扰地方。”[①] 有的条奏索性稍事改动，即作为正式谕旨，如给事中刘祖任奏请复坛庙旧制一折，奉朱批：“将此拟作上谕，择取其要者，辞简而意备为妙。”[②] 还有这种情况，科道等所上条陈涉及重要事务，雍正帝则批九卿等议奏。雍正元年（1723 年）七月，御史汪继燝折奏“请定胥役之限以杜弊端”，奉朱批：“此奏甚是。九卿、詹事、科道详议，严定成例具奏。汪继燝亦入议。”并在汪折上端朱批：“但理问、库官、掌案、长接等，倘生端作弊又甚于缺主处——议此事诸臣不可不留心。”[③]

当科道言官条陈政事的奏折关系地方事务时，多批发各该督抚议奏。雍正元年（1723 年）六月二十日，御史觉罗莫礼博进“请严私税之禁”及“另拣才守兼优人员补放知州”二折[④]，因事涉直隶，故第二天就加封递到直隶巡抚李维钧处，封皮上朱批：“此二折着交与巡抚李维钧察议具奏。”[⑤] 发下的条陈折子，有具科道名字者，也有裁下名字者。雍正元年九月十六日，雍正帝在御史许容关于河南境内黄河河工的折子上朱批云：“有许容密奏此一事，尔可会知嵇曾筠、齐苏勒密议折奏，应行者行，不应行者奏闻。”[⑥]（按：齐苏勒、嵇曾筠时为总河、副总河，朱批中“尔”当为河南巡抚石文焯。）御史何世璂七月十八日关于江西万载县盗案兼及闽广寄籍之民如何安置一折，雍正帝在折子上幅批谕：“有一人条奏此折，尔可与裴徫度商酌，与地方有益处，

① 《雍正朝起居注册》第一册，第 61-62 页。
② 《雍正朝汉文朱批奏折汇编》第一册，第 618 页。
③ 同上书，第 658-659 页。
④ 同上书，第 539-540 页。
⑤ 同上书，第 562-563 页。
⑥ 同上书，第 956-957 页。

尔等酌量行，若有迂阔行不通处，则不必。”[1]（按：裴徕度时任江西巡抚，朱批中“尔”似为两江总督查弼纳。）这件条奏折子只要裁去官衔、姓名部分，即可连同朱批一同寄给地方督抚了。何以条奏多隐去姓名？雍正帝日后解释道：“因念诸臣之欲进言者，或多所顾忌，或恐招怨尤，或有牵制之情，或有不便显言之处，故令各人密封进呈。其中言有可采而易于招怨者，朕将折内职名裁去发出，或令诸臣会议，或即见诸施行，而外间不知何人所奏。其所以如此者，无非欲人人尽其所言，无所瞻顾回避，而朕得收听言之实效，于治理大有裨益也。”[2]

大约在雍正元年、二年（1723—1724 年），科道翰詹以密折条陈政事，表现出前所未有的参政热情；雍正帝也利用此种批发阁部或督抚议奏的办法，积极地、高效率地推行他刷新政治的方针。但到了雍正三年（1725 年）即有意收敛，是年六月上谕内阁曰：“夫条奏者，原欲上以匡君，下以泽民，非为臣子沽名之具也……乃有诈伪之人，因所奏既行而夸耀于人者，亦有因裁去衔名，无可稽考，竟将他人陈奏之事据为己有者，亦有谓出之自朕，托言诸臣而实非诸臣之条奏者，种种浮言，深可痛恨！……更有以特恩施行之事而冒为已功者，如蠲免苏松浮粮一事，系户部所奏，恩自朕出，并无一人条陈，近闻有人自称为彼之密奏者。人而无耻，至于此极！”[3] 雍正帝所指斥的攘人之名以为己有、贪天之功以为己力的种种欺世盗名的卑劣行径恐怕都有确据，但本为强化皇权而推行的科道轮班上折言事竟然走到了削弱皇权、扰乱

---

① 《雍正朝汉文朱批奏折汇编》第一册，第 679－681 页。

② 《清世宗实录》卷三三。

③ 《清世宗实录》卷三三。参见《雍正朝起居注册》第一册，第 505－506 页。

政治的消极方面，这才是令雍正帝不能容忍之要害。至雍正四年（1726年）九月，雍正帝干脆明谕将“轮班条奏着暂行停止”①，此后言官条奏虽未绝迹，但基本上恢复到康熙晚期的状况。

以上从藩臬、道府及科道言官三方面着重阐述了雍正年间奏折制度推广的大致状况，由此不难看出，奏折到了雍正帝的手里，运用得更加娴熟、更加得心应手了，与康熙帝相比，也可谓青出于蓝而胜于蓝了。雍正帝对奏折的发展，除上述显著之处外，还不应忽视以下两点：其一，督抚提镇的奏折较康熙时更为普遍；其二，查赈、巡漕、巡盐、巡察、学政以至观风整俗使之类钦差大臣、官员的奏折也有所增多。这可以视为奏折在另一种含义上的推广。为说明问题，特列下表说明各类大臣、官员进折（以汉文朱批奏折为限）情况：

表1-1 雍正元年和七年各类大臣、官员进折一览表

时间 / 具折人身份	雍正元年（1723年）		雍正七年（1729年）	
	具折数目（件）	占当年全部奏折数（1 187件）的比例	具折数目（件）	占当年全部奏折数（2 451件）的比例
督抚提镇	661	55.7%	1 725	70.4%
藩臬	10	0.8%	211	8.6%
道府、副将	20	1.7%	41	1.7%
翰詹科道	171	14.4%	12	0.5%
廷臣	253	21.3%	34	1.4%
织造、盐政、监督	9	0.8%	60	2.4%
钦差	33	2.8%	183	7.4%
八旗	24	2.0%	49	2.0%
宁远大将军岳钟琪			120	4.9%
其他（太医院院使、知县、拔贡生、郎中、海澄公、西洋人等）	6	0.5%	16	0.7%

① 《雍正朝起居注册》第一册，第778页。

表 1-1 是据中国第一档案馆所编《雍正朝汉文朱批奏折汇编》制成的。据该书的“编辑说明”：“雍正朝的奏折原件，现分存于我馆和台湾地区台北故宫博物院两处。这次将我馆所藏及台北故宫博物院此前影印出版的《宫中档雍正朝奏折》中之汉文奏折汇集在一起，约计三万五千余件”①，可知现存雍正朝汉文朱批奏折 35 000 余件已全部囊括其中，尽管还有相当数量的满文朱批奏折，以及一些散佚的朱批奏折，但这 35 000 余件汉文朱批奏折似已能反映雍正朝奏折的基本面貌。之所以抽取雍正元年(1723 年)、七年（1729 年）两年奏折进行统计，是因为雍正元年可以反映雍正初政奏折制度的继承和演变，而雍正七年政局已基本稳定，也是为世人瞩目的军机处渐具规模的重要时期。概括起来，表 1-1 可以说明以下几个问题：

（1）藩臬奏折数元年占当年奏折总数的 0.8%，雍正七年增至 8.6%，可以印证准令藩臬密折奏事是雍正年间推广奏折的重要举措这一结论②。

（2）道府及副将等微员的奏折数，雍正元年和雍正七年均占当年奏折总数的 1.7%，也可以证实特旨准许个别道府及武弁副将折奏是雍正年间推广奏折的一个方面，但对其政治上的意义估计不宜过高。

（3）科道言官等元年奏折数占当年奏折总数的 14.4%，雍正七年降至 0.5%，可以印证雍正对言官条陈政事前后态度的变化。

---

① 《雍正朝汉文朱批奏折汇编》第一册，“编辑说明”，第 2 页。

② 顺便说一下，庄吉发在提及台湾地区所藏雍正朝汉文朱批奏折时曾言：“就具奏人官职而言，是以藩臬两司的折件居多数，督抚将军提镇次之”（《故宫档案述要》，第 25 页）；其在《清代奏折制度》中也说：“雍正朝则以藩臬两司的折件最多，督抚居次，提镇又次之。”笔者不知他是如何得出这一结论的。录此备考。

谕令科道用密折轮班条奏固然可以作为雍正即位后推广奏折的根据之一，但同时应说明这不过是短短一二年间的一种特殊政治现象。

(4) 内府包衣出任的织造、盐政及税关监督等奏折数的绝对数量较之康熙年间已大幅度下降，像苏州织造李煦那样奏折总数达 400 余件、居所有具折人之冠的人物已不复可见。由此可以印证雍正帝对三织造等秘密情报系统的重视和依赖大为减弱这一结论。

(5) 廷臣的奏折数在当年奏折总数的比例在雍正七年（1729 年）较之雍正元年（1723 年）大为降低，也是一个值得关注的现象。揆其原因，似为阁部等非机密性奏折在日间御门听政时已多有谕旨，其受重视的程度相应有所下降。雍正帝在鄂尔泰一件奏折的夹批中自述："朕立志以勤先天下，白日在宫中批谕奏折，外人亦不信，况面奏折奏者亦烦，心绪亦不静，不如灯下甚如意，大概外来奏折晚批者十居八九。"[①] 所谓"面奏折奏者"主要即指廷臣于御门听政时的折奏事件，这些奏折数量只会越来越多，不过由于其机密性不比密折，故而当时有渐不归入《宫中档》的趋势。

(6) 督抚提镇，主要是督抚的奏折数占当年全部奏折总数的比例，由雍正元年的 55.7%增至雍正七年的 70.4%，这实在是一个应该引起研究者关注的重要现象。[按：雍正七年任总督者 20 人[②]，其中直隶总督杨鲲、唐执玉，江南总督范时绎，川陕总

---

① 台北故宫博物院藏《宫中档奏折——雍正朝》，档案号：402009269，《鄂尔泰谢恩折》。

② 钱实甫编《清代职官年表》第二册，第 1393 页。

督岳钟琪、查郎阿，福建总督高其倬、史贻直，浙江总督李卫（兼管巡抚）、性桂，湖广总督迈柱，广东总督孔毓珣、郝玉麟，云南总督鄂尔泰，河东总督田文镜（兼豫抚），漕运总督张大有，南河总督齐苏勒，东河总督嵇曾筠都有汉文折收录；巡抚25人[①]，其中苏州巡抚尹继善、王玑、彭维新，安徽巡抚魏廷珍，山东巡抚岳濬、费金吾，山西巡抚石麟，西安巡抚武格，兰州巡抚许容、张廷栋，福建巡抚刘世明，浙江巡抚蔡仕舢，江西巡抚张坦麟、谢旻，湖北巡抚马会伯、徐鼎、赵弘恩，湖南巡抚赵弘恩，四川巡抚宪德，广东巡抚傅泰，广西巡抚金铁，云南巡抚沈廷正，贵州巡抚张广泗也皆有汉文折收录。］从《雍正朝汉文朱批奏折汇编》所载雍正七年（1729年）督抚奏折来看，至少可以肯定，该年督抚奏折绝大部分都完整地保存在其中，可能还有满文折，但数量似有限。与康熙年间相比，督抚用汉文折奏报、奏陈、奏议、覆奏、奏谢事件已成为通例。如果以雍正七年为准，那么，以督抚为主的督抚提镇的奏折竟占到当年全部奏折总数的七成以上，加上藩臬的奏折，则将近八成。这就是说，雍正朝朱批奏折，绝大部分为反映地方事务的“外来奏折”。这其中蕴涵的全部政治内容，它对清代政治体制深刻而巨大的影响，将在以下章节依次加以说明。

五　由奏折推广而引发的矛盾及对策

奏折的创行，就康熙帝初衷而言，并不想打破皇帝与阁部、部院与督抚以及地方大吏上司与下属之间按故有本章制度所维系的权力平衡，对此，前面已有论及。但是，奏折一旦行用，自有

---

① 《清代职官年表》第二册，第1584页。

其自身逻辑发展的规律。如果说康熙时由于督抚等奏事请旨的事件日渐增多，已然出现了督抚侵夺部院之权的某种苗头的话，那么，到了雍正年间，则已成了必须加以认真对待的现实问题了；如果说康熙时尚无下属借奏折挟制上司的现象，那么，由于雍正帝将折奏资格扩大到了藩臬以及道府等，则难免出现下克上的弊病；如果说奏折能够大体停留在康熙帝作为君臣间私人通信联系方式的状态，朱批交办的事务数量有限，也许皇帝靠个人的勤政精神尚能应付，也无须建立起一套档案制度，那么，到了雍正年间，由于具有折奏权的官员范围扩大，以及奏折数量激增，建立起完备的档案制度，并遴选亲信重臣协助处理密旨交下的军机和其他重大机密事务，就显得越来越紧迫起来。不过，奏折作为极富政治活力的新生事物，没有什么人可以预见它的发展前景，对于所有新的矛盾，只能就事论事，随时补苴和调整。

第一，督抚不得侵六部之权，藩臬不得掣督抚之肘。

雍正帝恪遵康熙帝旧制，凡督抚奏事请旨，其事属确然可行者俱批谕："是，动本奏""是，具题来""此事当具本奏""应具题者具题，不可因折奏而不题本也"等等①。对督抚等所奏紧急事件，雍正帝亦循其父旧例，径敕部议行。雍正朝汉文朱批奏折中"该部议奏""总理事务王大臣同该部速议具奏""甚是，已谕部矣""截漕一事已发部议""依所请，该部知道""尔所奏清字折料理兵马事款要当之极，皆依你之奏，发部知矣"之类朱批比比皆是，举不胜举。与康熙帝比较，雍正帝似乎有意引导督抚大吏折奏请旨随即敕部议行，表现出更主动、更积极的精神。雍正

① 《雍正朝汉文朱批奏折汇编》第一册，第46-47、447-448、845页；第二一册，第631页。

元年（1723年）三月，湖广总督杨宗仁奏缴圣祖朱批谕旨折，奉朱批："如有为有守者，不妨越格提擢数员，则民心悦而官吏知所向往从好矣，府州县因才器用，更调烦任，乃是好政。如此等尔只管放胆密折奏来，朕批部准行"[①]。对于直隶巡抚李维钧的《奏保举徐琳补授保定知府折》，雍正帝批谕："依请。吏部知道。"[②] 有时，雍正帝会径直在大吏保举属员折上朱批："照依所请补用，督粮道佟世禄革退，原缺将余甸调补，余甸缺徐湛恩补授。"[③] 为刷新地方吏治，雍正帝鼓励大吏"不必牵引成例"。雍正元年（1723年）五月，雍正帝批谕提督岳钟琪："进贤退不肖乃尔封疆大臣之专责，不必拘于成例，只以得人为务，本上仍依旧规就是了。"[④] 同年四月，两广总督杨琳等奏陈割盗犯懒筋折，奉朱批："览尔等奏，朕深嘉之。果与民生有益、因地制宜之举，不必攀条引例，只管请旨料理。"[⑤] 正是由于这个缘故，地方大吏奏事折由皇上敕部议行已视为通行的惯例，雍正元年八月十一日至八月二十日10天之间，督抚及廷臣条陈奏折计有10件批发部议[⑥]。总之，在分割内阁权力方面，由康熙帝开其端，至雍正帝则大大前进了一步。

不容忽视的是，阁部之权被逐步削弱的同时，各省督抚挟制部臣的弊端亦有所滋长。盖各省督抚等既然事先通过奏闻请旨已摸准了皇上的意向，自然可以或折或本"放胆"奏来，如果不够审慎，无意中露出早已得到钦准的迹象，甚至有意把朱批密谕叙

---

① 《雍正朝汉文朱批奏折汇编》第一册，第152-153页。
② 同上书，第177页。
③ 同上书，第172页。
④ 同上书，第337页。
⑤ 同上书，第210页。
⑥ 同上书，第818、819、820、825、831、836、837、838、841、858页。

入本章，部臣岂敢不照依所请？对此，雍正帝早有训诫，“凡折中批谕之处不准引入本章，以开挟制部臣之渐”①，而一旦抓住违旨事例，即行加以严饬。

对于藩臬道府而言，准其折奏则极易产生藩臬等掣督抚之肘，以致督抚事权不得专一的流弊。对此，雍正帝亦早有防范。在福建布政使黄叔琬元年八月初五日奏谢许用奏折一折中朱批：“虽许汝奏折，不可因此挟制上司，无体使不得。若督抚有不合义处，只可密密奏闻，向一人声张亦使不得。一省没有两个巡抚之理。权不画一，下重上轻，非善政也。尔可凡事与督抚开诚，就尔所知呈知上司，若有徇私不法之举，有实凭据之处，方是尔当奏之时。至于寻常地方事宜，与督抚共见同行之事，非尔奏之任也。”② 此属于温谕训诲，而对于某些微露揽权苗头者，则词气要严厉得多。同年八月，署山东布政使须洲具折恳请：“容臣具折条陈”，奉朱批：“一省不便两个巡抚，不可越分，可与巡抚黄炳一体同心方可。与地方有益当奏者，有何可不告巡抚者？如见得远必可行而巡抚不依行处，或者间而一二密奏以出不得已之举还可。无益、越分、频奏、相争、夺权，使不得！”③ 雍正十年（1732 年）初，广东按察使黄文炜奏谢恩命具折奏事，在他的折子上雍正帝批谕：“着汝等奏折，原欲广朕耳目，于公事有益之举，非为加恩荣与尔等之意。少不密，少不公，或借此妄作威福，或胁制上司，或恐赫属员，则非汝之福也。”④ 一旦发现藩臬越权奏事，雍正帝则即行制止。雍

① 《清世宗实录》卷九六。

② 《雍正朝汉文朱批奏折汇编》第一册，第 766 页。

③ 同上书，第 775 页。

④ 《雍正朝汉文朱批奏折汇编》第二一册，第 673 页。

正八年（1730 年）十月，甘肃布政使诺穆图奏请将张掖地方添设新县并在固原州属下马关添驻州判，奉朱批："此应与督抚言之者，何得越奏？"①

对于道府折奏，雍正帝亦频频叮嘱"不可越分"②。雍正七年（1729 年）六月，雍正帝在宁夏道鄂昌折上告诫道："若借此以为作威福、挟上司、凌人舞弊，少存一点私意，不但非善事而乃取祸之道也。着实遵训谕，慎为之！"③ 湖北粮储道郭维新起程之前请训旨时，奉旨允准"如有裨益地方百姓之事，着令密奏"。及郭维新履任，即奏请仿照江浙漕船式样另造漕船，不等降旨，又奏称"遵旨将船攒造完工"。雍正帝大起反感，特谕湖广总督杨宗仁："国家设立官员，分别等次，俱有定分，不得僭越"，"改造漕船，亦属大事。郭维新理应报明该督抚，如果有益，题明改造。今并未报明上司，即行任意改造"，命湖广总督杨宗仁等查报④。

到雍正八年（1730 年）七月，雍正帝认为有必要就奏折推广过程中出现的种种问题做一全面、郑重的训诫，遂谕内阁："（令督抚、藩臬、道府等奏折）无非公听并观，欲周知外间之情形耳，并非以奏折代本章。凡折中所奏之事，即属可行之事也，是以奏折进呈时，朕见其确然可行者，即批发该部施行，若介在疑似之间，则交与廷臣查议，亦有督抚所奏而批令具本者，亦有藩臬等所奏而批令转详督抚者，亦有听其言虽是而不能必其奉行之无弊，则批令实心勉励、还朕一'是'字者。凡为督抚者，奉

① 《雍正朝汉文朱批奏折汇编》第一九册，第 330 页。

② 《雍正朝汉文朱批奏折汇编》第五册，第 12 页，广西右江道乔于瀛折朱批。

③ 《雍正朝汉文朱批奏折汇编》第一五册，第 582－583 页。

④ 《清世宗实录》卷一九。

到朱批之后，欲见诸施行，自应另行具本，或咨部定夺；为藩臬者，则应详明督抚，俟督抚具题，或咨部之后，而后见诸施行。若但以曾经折奏，遂借口已经得旨而毅然行之，则凡钱粮之开销、官员之举劾，以及苗疆之军务、地方之工程，诸如此类，督抚皆得侵六部之权，藩臬皆得掣督抚之肘矣。行之日久，滋弊必多，为害甚巨，不可不防其渐也”，并命将此谕旨“晓谕各省奏折诸臣知之，若督抚提镇等以此愚弄属员，擅作威福，准属员据实揭报，或该部或都察院即行奏闻；若属员等以此挟制上司，肆志妄行，着该督抚提镇等即据实参奏”①。

第二，强化保密措施。

雍正元年（1723 年）二月，雍正帝命科道言官“每日一人上一密折，轮流具奏”时即诫谕：“折内之言，不许与人参酌，如有漏泄，或同僚知而言之，则同僚即可据以密闻。”② 雍正七年（1729 年）闰七月，雍正帝发觉科道邱尚志、李元直有泄露密折或察访他人密奏之事，遂严厉宣谕：“嗣后傥有密奏之事，朕未将本人姓名发出而本人自行露泄，或私自存稿者，一经发觉，朕必严行究讯，重治其罪！”③

严格保密措施主要是针对地方大吏等的密折及折上的朱批谕旨及随折的朱笔上谕。为此，雍正帝于即位之初即将内府所制皮匣、锁钥发于外省奏折之臣。雍正二年（1724 年）十一月，雍正帝对此举做出如下解释：“凡督抚大吏任封疆之寄，其所陈奏之事，皆有关于国计民生，故于本章之外，准用奏

① 《清世宗实录》卷九六。
② 《清世宗实录》卷四。
③ 《清世宗实录》卷八四。

折，以本章所不能尽者，则奏折可详陈，而朕谕旨所不能尽者，亦皆于奏折中详悉批示，以定行止。此皆国家机密紧要之事，关系甚重，不得预先轻泄于人。是以朕将内制皮匣发于诸臣，令其封锁奏达，盖取坚固慎密，他人不敢私开也。”① 用折匣代此前的夹板包封，且钥匙只为皇帝与折奏人所有，自然要慎密得远。督抚等一般被赐以折匣一分，钥匙一二把②，若因路远事频，亦可奏请添发③。折匣只发给督抚等封疆大吏，离任时，督抚将折匣、钥匙留交署任者或护任者。临时钦差大臣，则仍用夹板包封，如有特殊需要，方奏请“恩赐折匣，以期慎重”④。

折匣、锁钥的设计，虽堪称保密的绝好措施，但初行时部分督抚大吏并未郑重视之。雍正二年（1724年）十一月，雍正即针对闽浙总督满保、山西巡抚诺岷、云南巡抚杨名时、江南布政使鄂尔泰等子弟亲戚“在京私启密封”，“私看奏折及朕所批密旨”，特谕外省大吏：“凡有折奏，据理敷陈，俟朕裁夺，何必委托其子弟亲戚在京探听消息、料理事件，以致泄露密折，借生种种弊端，负朕推诚待下之意，此皆由诸臣不能自信又不能信朕，其存心如此，则密奏又何益乎?”为此，雍正帝将满保、诺岷、杨名时、鄂尔泰停其折奏，并严格规定：“其余督抚大吏所奏折子，若有子弟亲朋在京私开者，一经发觉，朕必将私开之人正法，督抚等照溺职例革职。”⑤ 翌年二月，雍

① 《雍正朝起居注册》第一册，第359页。

② 《雍正朝汉文朱批奏折汇编》第三册，第557页；第一三册，第496页；第二〇册，第187页。

③ 《雍正朝汉文朱批奏折汇编》第一〇册，第750页。

④ 《雍正朝汉文朱批奏折汇编》第二一册，第904页。

⑤ 《雍正朝起居注册》第一册，第359-360页。

正帝又针对各省督抚等将朱批密谕“有同在一省而彼此互相传看者，有隔越邻省而彼此互相通知者，亦有经过其地而私相探问者”等种种不慎密、不严肃的行为，从严规定，嗣后凡有此类情形，“概照泄漏军机律治罪”①。

机密性，堪称奏折的首要特征：奏折能否正常发挥君王所预期的政治作用，“密”之一字，最是关键。同时，奏折的机密性也关乎折奏臣工的生死祸福，是以雍正帝说：“臣不密则失身，君不密则失臣。”② 正是基于这样的认识，雍正帝继其父之后，不断强化朱批奏折的保密措施，终于形成了为折奏臣工凛然遵行的一整套保密制度。

第三，建立宫中档案管理制度。

奏折初行，主要是欲达到广天子耳目、以周知天下情弊的目的，所以康熙帝自述：“凡所批谕旨，朕处并无底稿。”③ 其时虽有将折奏事件交部议行之事，但既经阁部，便有了档案记录。因此，康熙帝凭着他绝顶的记忆力，似乎觉得没有必要为朱批奏折搞一套宫中的档案管理制度。

雍正帝即位后，最先碰到的问题是各部院的折奏事件日渐增多而如何稽查。雍正元年（1723 年）九月，兵部尚书卢询折奏：“各衙门折奏事件，有蒙朱批者，有奏事官转传谕旨者，此皆关系政事，该衙门奉行似亦应照正本具题事件六科月终汇题之例，定限稽查。臣请以今为始，各衙门折奏奉旨事件，应令该衙门一月一次将事件挨次开列，于事件下备细注明缘由，恭呈御览。”④

---

① 《清世宗实录》卷二九。

② 《雍正朝汉文朱批奏折汇编》第一三册，第 168 页。

③ 《康熙起居注》第三册，第 2203 页。

④ 《雍正朝汉文朱批奏折汇编》第一册，第 21 页。

尔后，随着科道言官轮班奏事，条陈折子纷纷上呈，矛盾更加突出。雍正元年十二月雍正帝即谕内阁："每日条奏甚多，朕览迄，或交王大臣等议奏，或交九卿，或交该管处议奏，至于日久，朕安能一一记忆？"为解决这个问题，他指示内阁："凡朕交议事件内，与前奏有重复者，即行奏闻，若事虽相似，而所陈有更详悉者，仍行定议具奏。"① 不过条陈折子毕竟是少数，且雍正二年（1724年）后很快便骤然减少，真正令雍正帝感到有必要建立宫中存档制度的是日益增多的地方大吏的折子。雍正八年（1730年）七月初七日，雍正帝在上谕中公开抱怨："各省文武官员之奏折，一日之间尝至二三十件，或多至五六十件，皆朕亲自览阅批发，从无留滞，无一人赞襄于左右，不但宫中无档案可查，亦并无专司其事之人，如部中之有司员、笔帖式、书吏多人，掌管册籍，翻阅规条，稽查原委也。"② 这一番话，容有某些夸大失实之处，但大体可以反映雍正帝此时正在探索建立宫中档案制度的迫切心情。

上述谕旨宣布的第二天，即雍正八年（1730年）七月初八日，雍正帝即命内阁通行晓谕，规定呈缴朱批、查办事件奏折的要求。此谕对了解宫中机密档案建立前后的状况颇有启发性，是以全录如下：

> 各省文武诸臣奏折经朕朱笔批示者，俱令呈缴，以备稽查，但向来未定呈缴之期，以致各员迟早不一，有二三月后乘便恭缴者，有于年底汇齐呈缴者。夫既奉朱批查办此事，下次查办具奏之时即应将朱批原折呈缴，以备朕之检阅。若

---

① 《清世宗实录》卷一四。

② 《清世宗实录》卷九六。

> 具奏此事而仍留朱批原折于外，则朕处无档案可稽。且朕日理万几，于各案之原委岂能一一详记？不见原批之折，未免难于办理。诸臣中如嵇曾筠、石云倬等数人往往如此。着通行晓谕，凡接到朱批者仍照旧乘便恭缴，不必专遣人来，若具奏此事，应将原批一并呈进，勿待数月之后，如所批查办之事尚未就绪，准将朱批存留，俟办理具奏之时一同呈缴。特谕。①

呈缴朱批奏折的制度始于雍正即位之初，近来有人提出，“早在康熙朝前期就有回缴朱批奏折的规定”，但“执行的回缴规定不甚严格”，并举康熙二十九年（1690 年）两件满文折子为证②。应该说，这是特例。通例是所批奏折俱发回折奏本人，这有康熙帝晚年说的话“一概奏折，不迟时刻，皆不留稿，朕亲自手批发还，凡奏事者皆有朕手书证据，在彼处不在朕所”，及“凡所批谕旨，朕处并无底稿，证据俱有奏事之人”③ 为证；也可举康熙六十一年（1722 年）十一月二十七日雍正帝命收缴“皇父亲手一应朱批谕旨”的严谕④为证。就在严令呈缴康熙朱批奏折的同时，雍正帝也定下了回缴朱批奏折的制度：“嗣后朕亲手所批密旨，下次奏事务必送进，亦不可抄写存留”⑤。促使

---

① 《雍正朝汉文朱批奏折汇编》第二〇册，第 36 页。参见《清世宗实录》卷九六。

② 《康熙朝满文朱批奏折全译》，“译编说明”，第 2 页。按该书译编者所举满文朱批奏折系康熙二十八年十二月初九日和二十九年五月十七日山东巡抚佛伦两折，佛伦在随后上奏的折子中提及“恭缴皇上亲笔谕旨”“恭缴上谕”（该书第 11-16 页）。

③ 参见《清圣祖实录》卷二四九；《康熙起居注》第三册，第 2203 页。

④ 《雍正朝汉文朱批奏折汇编》记载上谕内容是：“在外出兵将军、省分总督、巡抚、将军、提督、总兵官各处所有朕皇父朱批谕旨，俱着敬谨收集呈朕，如抄写、存留、隐匿、烧毁、遗失，后日发觉，断然不宥，必从重治罪；除京内阿哥等、舅舅隆科多、大学士马齐等外，满汉大臣官员一应事件奉有皇父亲手一应朱批谕旨，亦俱着敬谨收集呈朕。”（该书第一册，第 33 页）

⑤ 《雍正朝汉文朱批奏折汇编》第一册，第 33 页。

雍正帝做出此举的原因之一是，若非如此，“后日不肖之徒云有皇父谕旨，妄行指称生事，并无证据，大大有关于朕皇父之圣治”①；原因之二恐怕是，为了方便稽查臣工的折奏事件。这个道理很简单，只要经朱批的奏事折最后收回掌握在雍正帝手里，便不难随时了解、督促和检查实施的状况。缴回的朱批奏折或按具奏人分类，或按年月分类，就成为十分便于检索的宫中机密档案了。可以说，缴回朱批奏折制度的确立，在相当长的一段时间里弥补了没有正式存档制度的缺陷。

除了命缴回朱批奏折外，雍正帝又令内外衙门实行年终汇奏制度。雍正元年（1723年）十一月谕：“通行六部、九卿、八旗、各省督抚提镇，凡从前所下谕旨及条奏议行事件，皆令其于来年十二月各条各款，其实在如何施行，及行之如何，已有成效，条分缕晰，明白奏闻。至有密奏密下谕旨者，仍行密行详悉奏闻。”② 细审此谕，雍正帝实际上把奉过朱批的折奏事件分为两类，一是经阁部议奏的事件，一是“密奏密下谕旨”事件。对于前者，在此后实施中一般采取“具疏汇题”，后者则以原折俱经恭缴，而汇总加以密奏。下面看浙江总督李卫于雍正七年（1729年）年底奏覆上一年奉到密谕各项事宜施行情形一折的说明：“雍正六年接准部文钦奉上谕及条奏议行事件，现在另为具疏汇题外，所有密旨奉发上谕条奏，当经议覆回奏，皆有原折恭缴在案，不敢再行重复冗叙，合将事件缘由，具折登明汇奏。”③ 显然，经阁部议覆的折奏事件既有阁部折档、督抚等年终“具疏汇

① 《雍正朝汉文朱批奏折汇编》第一册，第33页。

② 《雍正朝汉文朱批奏折汇编》第一七册，第500—501页。参见《清世宗实录》卷一三。

③ 《雍正朝汉文朱批奏折汇编》第一七册，第501页。

题”，未经阁部的“密奏密下谕旨”事件，又有督抚“原折恭缴在案”、年终“密行详悉奏闻”。这一套行之有效的制度，使精细过人且以勤政为天下先的雍正，还是可以勉力应付奏折日至数十件而宫中却没有严密健全的档案制度的局面。

然而，有些地方大吏折奏事件不是一二年即可办竣覆奏的，这类经年不结之案似乎难以用上述方式稽查。例如，雍正六年(1728年)三月，广东碣石总兵苏明良条奏驻防未协营制二条，奉朱笔批谕：“此奏甚属是当，但朕未亲历地方，不敢便令更改，可与督抚详细斟酌，若应行，会题具奏。”苏明良即遵旨抄录折奏事宜，咨呈督臣孔毓珣，经面加详议，派员确勘，遂缮疏会题，蒙部议覆准，转行到广东施行，直到雍正八年（1730年）十二月衙署、营房俱已竣工，雍正九年（1731年）二月方移营完毕。从苏明良动议至最后实施完结，历时三年之久[①]，正是为了便于稽查此类折奏事件，才有前述雍正八年七月初八日规定呈缴朱批奏折期限的重要谕旨，强调“既奉朱批查办此事，下次查办具奏之时即应将朱批原折呈缴，以备朕之检阅”。

可以这样认为，从雍正元年（1723年）以迄八年七月，雍正帝一直试图通过及时缴回朱批奏折，并辅以年终汇奏的方式全盘掌握、稽查折奏事件的运行情况。但此种思路的最大弊病在于主动权不操之皇帝，而操之折奏臣工。何时缴回、是否缴回，雍正帝日理万机，且每日所批奏折多至五六十件，自然难以做到无一失误。雍正九年（1731年）春间，大学士张廷玉遵旨传谕广东布政使王士俊：“上年春间王士俊请将梧州改隶广东之奏折未曾缴进，可查来。”王士俊随覆奏“臣实未有存署，不敢欺罔，

① 《雍正朝汉文朱批奏折汇编》第二〇册，第37页。

理合一并据实奏闻”[①]。这件奏折究竟是王士俊未缴进，抑或呈缴后丢失了，现在已无从判断了。不过，此前发生的类似的情况肯定会促使雍正帝以及协助他管理缴回朱批奏折的张廷玉思考，如何进一步建立一套严密的、万无一失的档案管理制度。看来一劳永逸的解决方式只有彻底改变思路，从谕旨及朱批奏折发下之时，即在宫中建立起记档制度。

根据对现存的军机处最早一批档案的研究和考证，专家们指出，作为军机处的主要档案——《录副奏折》、《月折档》、《上谕档》和《议覆档》——都是从雍正八年（1730年）十二月开始保存的[②]。《上谕档》系军机处所奉谕旨的编年体簿册；《议覆档》为记载军机处遵旨议奏事宜的编年体簿册；《录副奏折》是军机处录存的朱批奏折的副本；《录副奏折》按奉旨时间抄录成册即为《月折档》[③]。据此可以判定，经过长时间的探索，一种与奏折制度相适应的严密周备的宫中档案制度在雍正八年下半年业已基本成形。它的最大特点在于，所奉谕旨及发还奏折俱及时登录在案。随着《上谕档》录副制度的出现，《月折档》《随手登记档》等一系列文书管理体系遂逐渐确立起来，稽查折奏事件及有关谕旨，无须借助臣下呈缴朱批奏折，皇帝不过指示军机司员照档稽查而已。

雍正八年十二月以前，朱批奏折亦间有谕令“抄录存案”的

---

① 《雍正朝汉文朱批奏折汇编》第二〇册，第329－330页。

② 吕钊于1963年所著文《清代军机处的设立及其性质——兼与钱实甫同志商榷》指出：“据现遗存的军机处档案，有《汉军机处档案总册》一本，其首册记曰：‘雍正年间自八年始设军机处，所以各种折、档，俱自八年始存。’”（《历史教学》1963年第3期）赵志强写于1990年的《军机处成立时间考订》一文，则经过精心考证，指出满文上谕档始于雍正八年（1730年）十二月，《议复档》始于八年十二月，满文《月折档》（按：军机处将录副奏折按奉旨时间抄录成册，称《月折档》）亦始于八年十二月（《历史档案》1990年第4期）。

③ 赵志强：《军机处成立时间考订》。

记载[①]，但准确地说，这是指“交部抄录存案”[②]。至雍正八年十二月以后，朱批奏折发回折奏人之前宫中需“录副”则成通例，偶有特殊事件，司事者未知是否照录，则要“恭请训示”。雍正九年（1731年）六月十九日，浙江总督李卫奏陈赵璟罪不当抄家一折，折尾朱批“览”字后，又有墨书恭楷：“此系李卫覆奏密谕之折，奉旨不录”[③]；同年七月二十七日，李卫奏覆遵旨进京与闻西北军机要务一折亦有“此系李卫密奏军务之折，应否入录，恭请训示。奉旨不录”[④]。李卫之折“奉旨不录”者，还可以举出《奏覆访察江南提督王绍绪劣迹折》《奏覆漕臣性桂办理截漕事宜颠倒折》《奏覆查访天台山张紫阳真人及葛仙翁道场仙迹折》等[⑤]。这一类“奉旨不录”的朱批奏折具有共同特点，即全属非日后需要查办的折奏事件。估计当“录副”初行时，还没有何者不录的明确谕示，大约到了雍正十二年（1734年）九月，才有了相应的规定[⑥]。

关于宫中档案制度的确立，有必要说明的还有，雍正八年（1730年）冬《录副奏折》的出现并不是突然的。前述雍正九年（1731年）春间大学士张廷玉奉旨查问广东布政使王士俊未曾缴进“上年春间”一件奏折这件事，可以证明当雍正八年春、即录

① 《雍正朝汉文朱批奏折汇编》第一七册，第212、455页。

② 同上书，第454页。

③ 《雍正朝汉文朱批奏折汇编》第二〇册，第759页。

④ 同上书，第964页，另参见第976页。

⑤ 《雍正朝汉文朱批奏折汇编》第二一册，第127、132、372页。

⑥ 鞠德源最先指出：“奏折录存副本的制度是从雍正朝开始的。但是，属于特殊机密之件，则不许入录”，并举例：雍正十二年（1734年）九月初一日直隶总督李卫奏折内夹条批写：“此系李卫密奏哈元生之折，应否入录，恭请训示。雍正十二年九月二十一日御书房首领郑爱贵转奏，钦奉谕旨，无庸入录，以后凡类此者，俱不用录。钦此。”（《清代题奏文书制度》，载《清史论丛》第3辑）

副制度尚未建立时，宫中已对发交折奏人的朱批奏折做了简要的登记；这件事也可以证明，事实也不完全如雍正在八年七月谕旨中所说的那样："不但宫中无档案可查，亦并无专司其事之人。"看来，至少在雍正八年春，已有人（尽管可能不是"专司其事"的人）对发回的、尚需查办的朱批奏折进行登记了，这种做法与录存朱批奏折副本——录副奏折——相差不过一步之遥。因此，以建立《录副奏折》和《上谕档》为主要标志的宫中档案制度的确立，有一个从雍正初命缴回朱批奏折以备稽查，到发回朱批奏折进行简要登记，最后到朱批奏折录存副本的长时间酝酿发展过程。忽视呈缴朱批奏折与宫中档案制度确立之间的联系，把雍正八年十二月《录副奏折》《上谕档》的出现看作前无渊源的创制，显然不符合历史实际。

18 世纪二三十年代，经过雍正帝苦心经营，进一步扩大了有折奏资格大臣官员的范围，逐步完善了保密措施，并建立了宫中档案制度，从而使康熙帝创行的奏折制度逐渐达到了完备的程度。尤为重要的是，奏折的功能已不局限为周知天下情弊。通过奏折监控天下臣工，特别是权力日张的督抚，已成为雍正帝惯用的手段。对督抚大吏等的奏事请旨折，较之康熙时雍正帝更多地采取敕部议奏的简捷方式，不仅内阁无从置喙，六部亦往往被动地承受皇帝与督抚先已暗中商定的事实。特别是在用人方面，雍正帝有意鼓励督抚绕过部选程序擢用亲信之人。总之，在雍正帝治下的十三年间，由于奏折制度的迅速发展，固有本章制度所维系的皇帝与阁部、督抚与部院之间的权力配置体系已从根本上被动摇了。尽管雍正帝也采取了某些相应的对策，但他的目的并不在于恢复以往的政治运行程序，而是为纠正奏折制度推广中出现的偏差，使君臣之间的权力配置建立在新的更稳定的基础之上。

由皇帝与督抚共同推进的奏折制度对昔日政治格局的改造，绝不仅限于以上所述种种方面。与密折几乎同时问世的朱批谕旨，在18世纪二三十年代正悄悄地、一步步地嬗变为廷寄谕旨，而廷寄谕旨的出现，则最终将清初以来的君主专制集权的进程推向空前的高峰。

第三节　密谕的嬗变与军机处的肇建

一　密谕溯源

清承明制而略加损益，“内阁为机务要地，掌宣纶綍，赞理庶政”①，为国家中枢机构。凡内外本章，经面奏皇帝转发内阁，阁臣票旨进呈御览，经裁定批红，令六科抄发；皇帝阅本有欲改签者，则折一角，积十数件，降旨御门，大学士面奉谕旨，乃缮入票签更进。谕旨、本章按如此程序运作，国家政治实无秘密可言。

然而，奏折一旦出现，既有臣工密奏，则难免有不便交阁部发抄的密谕。

康熙十八年（1679年）十月二十二日，盛京将军安珠瑚密奏开采金银铜矿一事，清字折，无朱批，同年十一月初十日康熙帝另颁墨书清字上谕一道：“谕盛京将军安珠瑚：尔所奏情由，

① 康熙《大清会典》卷二。

朕已尽悉。至盛京等地诸矿，除另有旨外，吉林宁古塔将军，朕将特颁另旨。着尔亦将尔奏览原委，书写明白，连同开采金、银、铜、铅人情形，酌情密咨吉林将军。特谕。”① 有时奏折既蒙朱批，又另颁谕旨，如安珠瑚遵旨覆奏安置新满洲一折，朱批曰：“颁给奉天将军安珠瑚谕旨一道，顺便交付包衣牛录章京观保之子塔布库带去。着将军亲手拆看。”② 康熙帝之有密谕，始见于此。至汉文密谕则以密令王鸿绪刺探内外隐情最为典型。康熙四十四年（1705年），帝于南巡途中密谕入值南书房之工部尚书王鸿绪：“京中有可闻之事，卿密书奏折与请安封内奏闻，不可令人知道，倘有泻漏，甚有关系。小心！小心！”③ 该密谕为康熙帝亲笔，另纸朱书，王鸿绪于接到发还朱批奏折及封内朱谕覆奏时，将“御批”与“封内密谕”分别叙述④。与随折批谕的朱批谕旨不同，朱谕是皇帝就某一紧要机密事件密发臣下的特旨，但就亲书密谕初始形式而言，实与朱批并无绝对的界限，易言之，亲书密谕不过是由朱批衍化而来者。

由皇帝亲书密谕衍变而来的廷臣代书密谕，其政治上的意蕴则尤引人瞩目。康熙四十七年（1708年）三月初四日，闽浙总督梁鼐密奏台湾镇总兵王元激起民变一折，无朱批，另有恭楷代书朱谕一道：“王元即黄元，先任沙虎口副将，朕向所深知，为人胆量虽好，做官平常，所以不得官兵之心，原不欲用，因他海贼出身，惯晓海外情形，故亦勉强用去，近日果有此事，尔等再

① 《康熙朝满文朱批奏折全译》，第5-6页。

② 同上。

③ 《康熙朝汉文朱批奏折汇编》第一册，第277页。

④ 同上。

细察访奏闻。”[1] 此密谕恭楷朱书，每行 17 字。康熙四十八年（1709 年）十一月十一日，驻藏办事之侍郎赫寿密奏藏内与准噶尔彼此往来一折，亦以朱谕代朱批，该谕旨恭楷朱书，12 行，每行 18 字[2]，与雍正年间代书朱谕格式相同。这两道密谕非康熙帝手书，且其词气亦经文饰，已无康熙帝口语化朱谕风格。此类密谕究系何人为康熙帝代书？乾隆末期，管世铭《鹤半巢诗集序》言及设军机处前，“特颁诏旨，由南书房、翰林院视草”[3]，赵翼亦说：“康熙中，谕旨或有令南书房翰林撰拟”[4]，赵翼特别指出南书房拟旨的高士奇：“高江村士奇，康熙中直南书房，最蒙圣祖知眷。时尚未有军机处，凡撰述谕旨，多属南书房诸臣”[5]。不过，以上所谓“视草”“撰述谕旨”云云，只能认为是宽泛意义上的“谕旨”，而不能说南书房翰林代康熙帝撰拟密旨。朱金甫的《论康熙时期的南书房》一文则援引《南书房记注》披露康熙给南书房翰林高士奇一道手敕云：“尔在内办事有年，凡密谕及朕所览讲章、诗文等件，纂辑书写甚多，实为可嘉。特赐表里十匹、银百两以旌尔之勤劳。特谕。”[6] 据此可证确有代书“密谕”的南书房翰林。高士奇卒于康熙四十三年（1704 年），上述四十七、四十八年两道密谕固非高士奇所书，但康熙帝令南书房翰林撰拟密谕由来已久，则是毫无疑义的。

康熙时的密谕除上述朱批、朱谕之外，还有通过寄信传达的

---

① 《康熙朝汉文朱批奏折汇编》第一册，第 850 页。

② 《康熙朝汉文朱批奏折汇编》第二册，第 694 页。

③ 《枢垣记略》卷二二《诗文三》。

④ 《簷曝杂记》卷一《军机处》。

⑤ 《簷曝杂记》卷二《高士奇》。

⑥ 朱金甫：《论康熙时期的南书房》，《故宫博物院院刊》1990 年第 2 期。

密谕。康熙五十五年（1716 年）十月初三日，新任山东巡抚李树德折奏有下述一段话：

> 奴才叨荷主子破格隆恩，简授山东巡抚，于十月初二日到省，蒙升任抚臣蒋陈锡亲捧密旨一道至奴才署中，奴才恭设香案跪展捧阅，内开九月十三日蒋廷锡奉上谕：俞文言这人断不可放，尔密密写字与尔兄，将朕此旨告诉巡抚李树德，教他留心。钦此。①

蒋廷锡，江苏常熟人，“初由举人供奉内廷”，雍正帝曾称其“在内廷侍从二十余年，恪慎勤劳”②，如果从雍正讲这番话的雍正四年（1726 年）倒推，蒋廷锡供奉内廷至少从康熙四十年（1701 年）即开始了。康熙五十五年（1716 年）之际，蒋廷锡任少詹事，康熙帝密谕新任山东巡抚李树德之旨不便交阁部明发，而卸任巡抚恰为蒋廷锡之兄蒋陈锡，故令蒋廷锡寄信传旨。这种以家信传谕的方式对日后廷寄不能说毫无影响，特别是蒋廷锡乃日后最早承旨寄谕大臣之一，但康熙帝当时之有此举，无疑带有很大的随意性。

伴随着奏折出现的诸种形式的密谕，包括朱批、朱谕，特别是朱谕中代书谕旨及以寄信方式下达的谕旨，尽管乃康熙帝不经意为之，但实已孕育了新的国家权力中枢的最早胚胎。不过，康熙时奏折制度还处于草创阶段，康熙帝密谕臣工不过偶一为之，特别是他不允许地方大吏借折奏而绕过阁部径行其请，因此，奏折的创行及与此相应的密谕的出现，并不会打破皇帝与阁部、部

① 《康熙朝汉文朱批奏折汇编》第七册，第 467–468 页。

② 《清史列传》卷一一《蒋廷锡传》。

院与督抚按固有本章制度所维系的权力平衡，国家大政总的来说还是公之于天下的。

二　雍正密谕之一：朱批

如果说康熙帝对秘密政治的认识还处于探索之中的朦胧状态，那么，雍正帝则明确认定国家政治自应有秘密的一面。雍正四年（1726年）十一月，雍正帝以云南巡抚杨名时一再将密折密批载入题本，特宣谕："国家庶务殷繁，亦有不便宣露于众者，亦有本章谕旨所不能尽者，亦有一时不能即定者，故于密折内往来斟酌。"① 他有意识地将一应军政事务分为不过"明路"的"密奏密谕"与要过"明路"的本章明谕。雍正元年（1723年）四月，四川提督岳钟琪以"钦奉密旨"，所有料理兵马起程日期及支用钱粮数目"俱不敢缮疏题报"为由，特具密折奏闻。雍正帝不以为然，在岳折上批谕："此事原你在京时密行的事，总未经部，又未动本，如今出二千兵，用钱粮，钱粮还可，出兵之事，不是暗事，尔可着量借何辞、指何名，或折或本来奏，发于或议政或该部，过一过明路方好。"② 可见，过"明路"即经由具本题奏—内阁票拟，或具折奏闻—敕交部议（包括交议政处）的运行程序，宣示于众；而不过"明路"的"暗事"，即所谓"法不传六耳"的"密折密批"的绝密事件。在雍正帝心目中，二者是判然分明的。下面先看最常见的密谕——朱批谕旨。

雍正帝即位以来，密奏密谕事件较之康熙年间急剧增加。现收录于《雍正朝汉文朱批奏折汇编》的朱折约35 000件，加上未

① 《雍正朝汉文朱批奏折汇编》第八册，第944页。

② 《雍正朝汉文朱批奏折汇编》第一册，第290—291页。

公布的满文朱批奏折约 6 000 件①，雍正帝自言“各省文武官员之奏折，一日之间，尝至二三十件，或多至五六十件”②，确是实情。特别是督抚藩臬道府及提镇副将的奏折逐年增多，雍正元年此类地方文武官员奏折近 700 件，占当年全部奏折 1 200 件上下的近六成（58%），雍正七年（1729 年）增至近 2 000 件，占当年全部奏折近 2 500 件的约 80%，加上抚远大将军岳钟琪奏折 120 余件，如许之多的奏折在在需要雍正帝批谕。而雍正帝朱批动辄百数十言、数百言，至有上千言者，训谕反复婉转，细密周详，与康熙帝朱批言简意赅的风格实不可同日而语。

值得注意的是，在内容上，雍正帝承袭其父而开以数百字朱批指授方略之先例。雍正元年（1723 年）夏，青海蒙古亲王罗卜藏丹津有异动，雍正帝在川陕总督年羹尧五月十一日奏陈“西海情形”折上批谕：“全是。好。”以下用近 400 字朱批反复告谕年羹尧“插汉丹尽不动则已，若动，西海连结必有之事，千万不可轻举。你一人干系实如泰山之重，轻视自己，即轻视朕一样，冲冒之说，万万使不得！”朱批以“特谕”二字作结③。随后，雍正帝又在年羹尧五月十四日奏陈“西海布置情形”折上朱批：“二十一日晚此奏折到来，朕自己的主意，立刻批于你前字去的。二十二日同怡亲王、隆科多、拉什又议之，他们之意，有事不如无事，但丹仲与插汉丹尽原是亲弟兄，其弟绝后，部落属他有分，以此恳求，虽少挟求，亦可以将就顺其请而缓其事；如果有露逆端，不妨再明正其罪，如今虽师出有名，未免因要人而

① 此数字承蒙中国第一历史档案馆满文部主任屈六生惠告。

② 《清世宗实录》卷九六。

③ 《雍正朝汉文朱批奏折汇编》第一册，第 372 页。

起。朕看他们议论也是……总在你定大主意，朕恐有动作处，怕你掣肘难行，已通行各处提镇、将军、巡抚，一切事任你调遣，已发部文矣。但不可高兴贪功，着实慎重，若有不得已，你量得透，当行再行，万万不可轻举。特谕！”① 以上两道朱批谕旨，可视为廷寄上谕通行之前，雍正帝以朱批指示军机的典型。

军事之外，对于重大机密事务，雍正帝亦习惯在臣工奏折上批示机宜。雍正七年（1729 年）十二月初二日，浙江总督李卫密奏破获张云如、甘凤池等谋为不轨并请钦派大臣来南审结一折，雍正帝在折中夹行朱批至 16 处之多，折尾朱批竟达六七百字②。李卫长于治盗，凡属此类事关国家安全的紧要事务，雍正帝多以朱批谕旨指示处置方法。

雍正五、六年（1727、1728 年）间，雍正对云南巡抚朱纲说：“内外群臣奏折皆随阅随批，若遇军机要务，皆一一与廷臣商酌，详细批明，尚多于折内旁注者，从前缴回折子尔看堆积甚多，莫不朱批满纸，可见初政较今更繁。”③ 按之现存汉文朱批奏折，可知雍正帝所言并无夸张。

雍正帝踵行其父草创的奏折制度，朱批谕旨无论数量抑或质量皆有可观的发展，但他仍恪守康熙帝创行奏折之初衷，“并非以奏折代本章”。可以说，仅止于朱批，还不可能动摇固有的权力配置格局；在探索秘密政治之路上，雍正帝之所以获得成功并非借助朱批，而是康熙时已开其端绪的亲笔朱谕和代

---

① 《雍正朝汉文朱批奏折汇编》第一册，第 389-390 页。
② 《雍正朝汉文朱批奏折汇编》第一七册，第 379-385 页。
③ 《雍正朝汉文朱批奏折汇编》第一一册，第 386 页。

书朱谕。

三 雍正密谕之二：亲笔朱谕与代书朱谕

雍正帝朱批间或以“特谕”作结，实与朱谕难以区别，然另纸亲书朱谕乃为常见形式。雍正元年（1723年）三月二十五日，广东巡抚年希尧奏谢其妹年氏晋贵妃，奉朱批：“知道了。一切总仗不得，大丈夫汉自己挣出来的方是真体面。勉之!”[①] 随朱批奏折封寄的还有“上谕年希尧”约300字朱谕一道，命年希尧据实密奏布政使王朝恩、按察使朱绛，以及“绍兴蛮子、书吏出身、大有歪才”的沈澄[②]。雍正八年（1730年）夏，“圣躬违和”，雍正帝特亲书朱谕分别寄发山西巡抚石麟、浙江总督李卫、河东总督田文镜、云南总督鄂尔泰、福建巡抚赵国麟、署陕西巡抚查郎阿等，命“留心访有内外科好医生与深达修养性命之人，或道士，或讲道之儒士俗家”，全文约160字，以“慎密为之”结尾[③]。现存雍正帝汉文亲书朱谕甚夥，仅《雍正朝汉文朱批奏折汇编》三十三册即辑有密谕年羹尧近20件[④]。

雍正帝亲书朱谕一般随发还朱批奏折令赍折武弁家人带回，但亦有由兵部封发“马上飞递”者。雍正四年（1726年）四月，杭州将军鄂弥达、浙江巡抚李卫《奏遵旨差员搜检查嗣庭家藏字迹书本折》开始即说：“雍正四年四月十三日臣李卫准到兵部火票内开：内庭发浙江巡抚、杭州将军同开看黄纺丝包匣一个，事

---

① 《雍正朝汉文朱批奏折汇编》第一册，第193页。
② 同上。
③ 《雍正朝汉文朱批奏折汇编》第一八册，第682、716、748、769页；第十九册，第131、339页。
④ 《雍正朝汉文朱批奏折汇编》第三三册，第1116-1139页。

关紧要，相应马上飞递该衙门交投等因”，李卫等奉到的“皇上密旨字谕”全文是：

> 字谕将军鄂弥达、巡抚李卫：谕到即差副都统傅森，李卫差信得及属员一人，立刻速至查嗣廷家将一应字迹、抄录、书本尽行搜出，封固送部。可在其家中或墙壁、地窖中有藏匿者，亦皆留心详细搜检，不得泄露，令作走漏，尔等领罪不起。特谕。速行！①

这件朱谕属特急特密重大事件，故由内廷封发，交兵部填写火票，驰驿飞递。这一传送密谕的方式，与日后由内廷发出，交兵部加封，发驿驰递的廷寄谕旨毫无二致。

值得注意的是，雍正初年与皇帝亲笔朱谕并行的还有恭楷朱书密谕。雍正元年（1723 年）秋冬之际有交发各督抚朱书密谕一道：“密谕督抚：社仓一事，甚属美政，但可行之于私，不可行之于公，可起之于丰年，不可作于歉岁。此非上谕之事，亦不宜报部举行，即尔督抚亦不便勒令属员奉行，只可暗暗劝谕好府州县徐徐行之。若能行通，妙不可言，大有益于民生之事，亦不必造册，亦不必限额，量州县人数之多寡，积年做去，出旧入新，以随民便。倘不肖州县借此扰民生事，胥役强勒等情，必须严加处分。要你们督抚司道着实费番心、出些力，实心任事，方能行通……特谕！”② 此条上谕恭楷朱书，22 行，每行 18 字，词气虽酷似雍正朱批，但已着润饰痕迹，显然有承旨书谕者。这道关于社仓的谕旨，本可以由户部咨行各督抚而不用密谕，但雍正

① 《雍正朝汉文朱批奏折汇编》第八册，第 317 页。

② 《雍正朝汉文朱批奏折汇编》第二册，第 82 页。

考虑到“此非上谕之事，亦不宜报部举行”，故用“密谕密奏”，不过“明路”。唯其并非紧急机密事件，且同一内容的密谕要誊写多份，所以令他人恭楷代书谕旨。与此相类还有严禁各省州县滥行供应钦差人员的密谕①。此类密谕亦常附有雍正帝亲笔批谕，如“上谕总督杨宗仁”“此密谕尔等者，不可具本”②。

既有他人承旨书谕，则呈览代书谕旨时难免与旨意不尽吻合，因此偶见雍正帝加以订正之处。雍正三年（1725 年）正月十二日，云贵总督高其倬收到“兵部咨发到密交”“谕旨一匣、安南国王敕旨一道又内阁密封公文一角”，其中“皇上密谕一道”原件曰：

> 密谕云贵总督高其倬，安南立界一事，朕前已批示矣，今该王亦行陈奏，尔当细心斟酌，毋乖朕怀远之心，毋长伊逞恃之渐，用恩必使其知感，出言必使其服神，斯为最要。冯允中汉仗好，但不解事，既有此不慕之景，与边境无益，朕已易南天祥矣。尔当语南天祥，俾知朕意。开化文员须解事而安静者，或不称此任者，尔酌量调移奏来，但此事即当展界，亦须向彼国讲明奏闻，得旨后奉行方是。而冯允中即便立碑定界，占寨毁舍（按：此处雍正帝加“造营房”三字），甚属孟浪，即前谕（按：此处雍正帝加一“尔”字）准四十里之界，尔亦当相机料理，不可生事。再此事前后所以然之故，尔悉一一明白密奏朕知。特谕。③

此密谕朱书恭楷，每行亦 18 字，全用文言，无一丝雍正朱批的

---

① 《雍正朝汉文朱批奏折汇编》第二册，第 86、272、284 页。

② 《雍正朝汉文朱批奏折汇编》第三三册，第 1038 页。

③ 《雍正朝汉文朱批奏折汇编》第五册，第 155 页。

口语气息。最值得重视的是，有两处雍正帝亲笔朱改，经改订的朱谕不再另纸誊录，即带朱笔更改封发。高其倬奏陈遵旨密奏与安南边界案情节一折复述以上密旨时，径直将朱笔添改的“造营房”“尔”四字顺入句中，写为“……占寨毁舍，造营房，甚属孟浪，即前谕尔准四十里之界……”①。军机处术语有所谓“述旨”，其实，亲信廷臣代书密谕时述旨已然存在。至于为雍正帝密谕代书者，则可确指有张廷玉无疑。张廷玉，安徽桐城人，康熙三十九年（1700 年）进士，改庶吉士，康熙四十二年（1703 年）授检讨，翌年命入值南书房。其父大学士张英，康熙十六年（1677 年）以翰林院侍讲学士入值南书房，张英乃与高士奇一道为最早侍从南书房者②。康熙六十一年（1722 年）十一月，帝崩逝，据张廷玉自述：“是时，梓宫在乾清宫，上以东厢为苫次，席地而坐，晨夕涕泣，群臣入奏事则忍泪裁断。凡有诏旨，则命廷玉入内，口授大意，或于御前伏地以书，或隔帘授几，稿就即呈御览，每日不下十数次，皆称旨。”③ 其时张廷玉官礼部侍郎，雍正帝特旨命兼学士衔，“办理翰林院文章之事”④。雍正三年（1725 年）七月，张廷玉以户部尚书署大学士事，内阁面奉谕旨始倚重张廷玉书写，雍正帝日后论及记载谕旨之慎重时说：“朕嗣统以来，元年、二年内阁面奉之旨书写时，动辄讹舛，自张廷玉为大学士，听朕谕旨，悉能记忆，缮录呈览，与朕言相符，盖记载一事，良非易事，毫厘千里之差，不可不慎。”⑤ 至雍正八

① 《雍正朝汉文朱批奏折汇编》第五册，第 149 页。

② 参见《清史列传》卷一四《张廷玉传》；卷九《张英传》。

③ 《澄怀园主人自订年谱》卷一。

④ 同上。

⑤ 《世宗宪皇帝御制文集》卷三《论科甲出身官员》。

年（1730年），帝病剧，张廷玉与大学士马尔赛、蒋廷锡“赞襄机务”，“有密旨则命廷玉独留”[1]。雍正十一年（1733年），雍正帝闲论旧事曰：“大学士张廷玉侍朕左右，敬慎小心，十一年如一日……前岁朕躬违和，凡有密旨悉以谕之，彼时在朝臣工中只此一人”[2]。当然，自雍正帝即位始，张廷玉所书之旨中，密旨不过间或有之，即代书密谕者，亦未必仅张廷玉一人而已。但是，以内阁大学士的身份承旨拟写密谕，其政治上所蕴涵的意义与康熙时密旨令南书房翰林“视草”显然不能相提并论。本属于内阁职掌的参与机务、撰拟诏旨的权力已在君臣不经意之间，将其“机务”悄悄地剥离出来，置于皇帝的直接控制之下。

四　雍正密谕之三：廷寄

如果说雍正初由大学士代书密谕的出现已标志着国家权力中枢转移过程的开始，那么，廷寄谕旨的出现，则不仅加速，而且最终完成了这一进程。

其实，廷寄谕旨与大学士代书的密谕相去不过咫尺之间。廷寄谕旨，即廷寄，亦称寄信、密寄。廷寄与内阁明发上谕相比，具有下述特征：其一，内容系虑漏泄的“机事”，故不交部议（包括议政处），不发抄，不通过部咨行文督抚外吏；其二，亲重大臣面承谕旨，撰拟进呈；其三，交兵部加封，发驿驰递[3]。雍正代书密谕的述旨及递送方式与廷寄几无差异，由此再进至廷寄，只在一转移间耳。庄吉发指出“清初廷寄制度是由朱笔谕旨

① 《澄怀园主人自订年谱》卷二。

② 《澄怀园主人自订年谱》卷三。

③ 参见《簷曝杂记》卷一《廷寄》；王昶：《军机处题名记》（载《枢垣记略》卷二二）；《枢垣记略》卷一三《规制一》。

或特谕演进而来”①，所言极是。

雍正初有不经阁部直接密谕地方应办事件，则多令亲重王大臣寄谕。雍正元年（1723 年）十月初七日，江南学政法海在奏折中提及：“近接隆科多字，怡亲王转传谕旨，令臣将广东巡抚任内已行未行之事，凡有关国计民生者备细开陈。”② 雍正二年（1724 年）闰四月十三日，直隶巡抚李维钧在奏折中也提及：“臣于闰四月十一日接太保吏部尚书提督公舅舅臣隆科多书，闰四月初一日面奉上谕，转传到臣……”李维钧在折奏时特别声明：“凡奉上谕，多由部臣行文钦遵，今特命舅舅臣隆科多寄信与臣，实出异数，臣益揣分难安矣”，雍正帝在此行旁朱批：“此原系密谕尔之事，所以令不必部中行文，务寄信与你。”③ 这一番君臣密语十分耐人寻味：通过诸如隆科多这样的亲重大臣以寄信转传密谕，较之由部行文，要机密得多，为臣者从中体会到与皇上的特殊亲密关系，故李维钧竟称之为“异数”；而雍正帝之所以采用廷臣寄信，乃系“密谕”之事，自然不欲部中传达。不过，就雍正初年而言，密谕地方大吏、领兵将军军机，主要还是通过朱批和朱谕，寄信仅偶一为之而已。

自雍正三年（1725 年）始，以内阁大学士封发的寄信谕旨日渐增多，引人瞩目。雍正三年五月十二日，署川陕总督岳钟琪接到“由兵部加封递到内阁传单一纸、恭录上谕一道”，“内阁传单”内开：“内阁大学士马齐等钦奉上谕一道，于雍正三年五月初一日封发署理川陕总督岳钟琪处，到日凡关系旨内将军巡抚

① 《清代奏折制度》，第 78 页。

② 《雍正朝汉文朱批奏折汇编》第二册，第 89 页。

③ 同上书，第 917 页。

处，即各行知，一体遵奉施行。”恭录上谕开首是“雍正三年四月二十八日议政王大臣庄亲王允禄等面奉上谕”①。由亲重大王臣“面奉上谕”，经内阁封发的谕旨，严格地讲，还不能称之为廷寄。从现存雍正朝汉文朱批奏折来看，雍正四年（1726年）始见堪称廷寄的密谕。据河南巡抚田文镜《奏未见谕旨不知谢济世纠参何事容见旨后遵即缮疏呈览折》称：

> 兹于雍正四年十二月十七日接准兵部咨，内阁大学士交出发河南巡抚田文镜字一封，相应转发等因到臣，臣即拆阅，字内开写雍正四年十二月初九日面奉谕旨：河南巡抚田文镜被御史谢济世特疏纠参，朕秉公据理，降旨决断，田文镜见旨后自应具本谢恩。尔等三人可密寄信去，令伊将谢本先从奏折内进呈朕览，俟朕览过发回，伊再具本。钦此。遵发寄闻。富宁安、朱轼、张廷玉同寄。十二月初九日。等因。②

按谢济世参劾田文镜，雍正偏袒田而将谢革职审办，事在雍正四年（1726年）十二月初七日，越二日，雍正帝即密令大学士富宁安、朱轼和张廷玉传谕田文镜，指示其如何动作；富宁安等于面奉谕旨当天即书谕呈览，并加封交兵部寄发。十二月十七日，廷寄谕旨至河南，田文镜尚不知京中之事变。此谕对田文镜的曲意调护、悉心关照流露于字里行间，将雍正帝自谓“秉公据理”云云背后隐藏的阴暗心理暴露无遗，自属虑漏泄不便发抄的“机事”。其时内阁大学士七人，顺序为马齐、嵩祝、萧永藻、田从典、朱轼、富宁安、张廷玉，而在内廷承旨寄谕者乃殿后之三中堂。

① 《雍正朝汉文朱批奏折汇编》第五册，第68页。
② 《雍正朝汉文朱批奏折汇编》第八册，第642-643页。

从雍正四年末起至六年（1728 年）末，汉文廷寄日渐增多，承旨寄谕的除富宁安、朱轼、张廷玉外，还有怡亲王允祥、署大学士孙柱（即逊柱）、大学士蒋廷锡、大学士马尔赛以及左都御史查郎阿、工部尚书黄国材、户部侍郎西林等，密谕事件既包括机务，也有指授军事方略者①。仅雍正六年十一月内，汉文廷寄至少就有以下 6 件：

十一月初三日，怡亲王，大学士马尔赛、张廷玉、蒋廷锡奉旨传谕侍郎史贻直督造福建战船一件；十一月初六日，怡亲王，大学士马尔赛、张廷玉、蒋廷锡奉旨传谕云南总督鄂尔泰严拿讯究苗寨汉奸一件；十一月十三日，怡亲王等奉旨传谕江西南昌总兵陈王章防护文员安全一件；十一月十九日，怡亲王，大学士马尔赛、张廷玉、蒋廷锡奉旨传谕河东总督田文镜拨给协理河务徐湛恩养廉银一件，同一内容的廷寄也发给了河南副总河嵇曾筠；十一月二十九日，怡亲王，大学士马尔赛、张廷玉、蒋廷锡奉旨传谕署广东巡抚傅泰严究粮头包揽黎人额粮一件②。由此可见寄信上谕频发之一斑。

与此同时，廷寄书写格式亦趋于规范。雍正五年（1727 年）十一月，署广西巡抚阿克敦于赴任途次“接准兵部咨内”廷寄一封：

> 和硕怡亲王、大学士张廷玉、户部尚书蒋廷锡、工部尚书黄国材、左都御史查郎阿、户部侍郎西林字寄署广西巡抚阿克敦，雍正五年十月十七日面奉上谕：据韩良辅折奏安南用兵一事……目今广西备兵及韩良辅所请备兵及邻省拨兵与禁洋之事，

---

① 俱见《雍正朝汉文朱批奏折汇编》第九册，第 404、426、700 页；第一〇册，第 774-775 页；第一一册，第 218 页；第一二册，第 402 页；第一三册，第 782、664、808 页。

② 《雍正朝汉文朱批奏折汇编》第一四册，第 544、448、609、593、406、912 页。

俱不必行，尔等可阅看韩良辅奏折，即寄信前去。钦此。遵旨寄信前来。今韩巡抚已经离任，侍郎现署粤抚印务，料必承办此事，此信到日，可遵奉谕旨施行等因到臣。钦此。钦遵。①

以上是阿克敦覆奏时所述廷寄内容。《雍正朝汉文朱批奏折汇编》中有浙江总督李卫缴回廷寄原件：

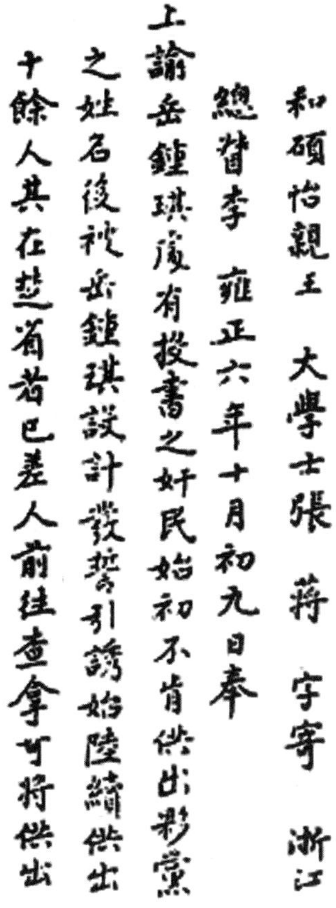
和碩怡親王 大學士張 蔣 字寄 浙江
總督李 雍正六年十月初九日奉
上諭岳鍾琪處有投書之奸民始初不肯供出彩賞
之姓名後被岳鍾琪設計發誓引誘始陸續供出
十餘人其在楚省者已差人前往查拿可將供出

图 1-1　雍正六年十月初十日内廷发出致浙江总督李卫的廷寄谕旨（局部 1　原件藏中国第一历史档案馆）

① 《史料旬刊》第二期《雍正安南勘界案·阿克敦折五》，天 70－71。庄吉发在《清代奏折制度》一书中已引证此条史料，并指出：“阿克敦覆奏时所抄录的寄信上谕，其格式与后来军机大臣所寄出的廷寄，并无不同。”（该书第 78 页）

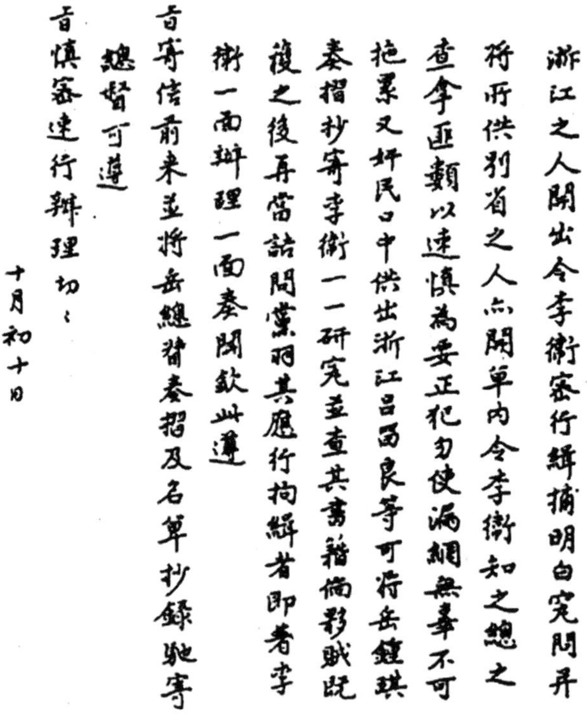
浙江之人開出令李衛密行緝捕明白究問弄
將所供别省之人亦開單内令李衛知之總之
查拿匪類以速慎為要正犯勿使漏網無辜不可
拖累又奸民口中供出浙江呂留良等可將岳鍾琪
奏摺抄寄李衛一一研究並查其書籍備彩賊既
獲之後再當詰問黨羽其應行拘緝者即着李
衛一面辦理一面奏聞欽此遵
旨寄信前來並將岳總督奏摺及名單抄錄馳寄
總督可遵
旨慎密速行辦理切切
十月初十日

图 1-2 雍正六年十月初十日内廷发出致浙江总督李卫的廷寄谕旨（局部 2 原件藏中国第一历史档案馆）

这件廷寄系墨书，楷体而略有行书意味，每行 18 字或 19 字或 20 字不等，首书寄信王大臣官爵姓氏，次书“字寄”对象官衔姓氏，再次书某年某月某日“面奉上谕”，再次书上谕内容，以“钦此”作结。上谕之后，以寄信王大臣的口吻写“遵旨寄信前来”。据赵翼所言，雍正年间拟旨“皆桐城张文和公廷玉为之”，廷寄的“格式乃张文和所奏定也”①，是可信的。此廷寄格式几终清之世未变②。

同为不经“明路”的特颁密旨，廷寄较之朱批、朱谕具有的

① 《簷曝杂记》卷一《军机处》《廷寄》。
② 参见中国第一历史档案馆编《光宣上谕档》所载廷寄。

优越性是显而易见的，皇帝要做的事只限于召见亲重大臣口述旨意及将旨稿改订，至于如何结构文字、如何润色这一系列艰苦的文字工作则全部交给了博识强记、善于体会天子隐衷，且书旨得体、运笔如飞的亲信大臣去做了，而密旨的准确性和权威性也绝对可以保证。在密谕的各种形式中，廷寄尽管地位日渐显著且已制度化，就雍正帝来说，恐怕还需要在政治实践中继续体察权衡。然而，自雍正七年（1729 年）冬起，皇帝的病情日益严重，此外，雍正八年（1730 年）末，准噶尔大举进犯西北两路军营。以这两件事为契机，蓄势已久、具有强大政治生命力的廷寄谕旨终于取朱批、朱谕而代之，成为雍正密谕的主要形式。

据雍正帝自述，自七年冬“身子就不大爽快，似疟非疟”，到八年“三月以来，或彻夜不成寐，或一二日不思食，寒热往来，阴阳相驳，然朕仍日见廷臣，办理事件，批谕折奏，引见官员，亦未甚勉强从事，至四月尽五月初数日甚觉违和”①。这是雍正帝自即位后初次大病，而且持续时间相当之长，起因据雍正向鄂尔泰透露：“朕今岁违和，实遇大怪诞事而得者”，至于遇到了什么“大怪诞事”，雍正帝在鄂尔泰折子上批谕：“卿或明年或后岁来陛见时当面细详再谕。”② 这年夏秋间，得河南道士贾士芳调治，雍正帝病情有所好转，但旋将贾士芳逮治处斩，经过此次变故，雍正帝对口诵经咒的调治失去了信心，尔后服食过医生钟元辅所制药饵及据说有“奇验”的乾坤正气丹③，身体状况似有所好转。十月初五日，雍正帝特命鄂尔泰赍折家人进宫瞻仰金

① 《雍正朝汉文朱批奏折汇编》第一八册，第 1026、1028 页。

② 《雍正朝汉文朱批奏折汇编》第一九册，第 536 页。

③ 同上书，第 758 页；第二〇册，第 704 页。

颜，这个叫保玉的家奴对鄂尔泰讲："亲见万岁佛爷脸面十分丰满。"[①] 总而言之，雍正七年冬至八年（1729—1730年）秋间雍正帝得了一场大病，从此元气大伤，像初政那样，"昼则延接廷臣，引见官弁，傍晚观览本章，灯下批阅奏折，每至二鼓三鼓"[②]，不以为苦反以为乐，六七载如一日地勤政，已一去而不可复返了。

而恰恰在这个关节，雍正八年十二月下旬，准噶尔蒙古突袭西路军营的奏折接二连三地驰递京师，需要雍正帝及时处置的紧要军机事务一时间急剧增加。在雍正帝病体不堪繁剧的情况下，已行之数年且功效卓著的廷寄遂自然而然地被频繁采用起来。

雍正八年五月，以准噶尔使臣特磊来京，降旨暂停止两路出师，并召北路靖边大将军傅尔丹、西路宁远大将军岳钟琪来京计议军事。岳钟琪八月初八日离营赴京，十二月初八日自京启程返营，而十二月初三日小策凌敦多布所率准噶尔大兵偷袭西路军营，护理宁远大将军印务纪成斌于初五、初八两日连发三折驰报军营被袭、马驼被劫走[③]。十九日军报到京，雍正帝闻变即命大学士马尔赛、张廷玉、蒋廷锡寄谕岳钟琪，"仍照朕所定吉日从西安起行"[④]。随后又书朱谕一道驰发岳钟琪："事既如此出乎意料之外，目下局面实非人力之所能施，仰赖上天慈恩，必有斡旋化解之恩。卿千万不可因一时之气忿有乱方寸，以急赴军营为要。况此事须更弦改调，通盘须另筹画，全赖卿一人之敷陈办理调度。朕意住肃州将一切事办理筹画妥协，请旨再出口方是。所

① 《雍正朝汉文朱批奏折汇编》第一九册，第535页。
② 《世宗宪皇帝御制文集》卷八《朱批谕旨序》。
③ 《雍正朝汉文朱批奏折汇编》第一九册，第595、638-641页。
④ 《雍正朝汉文朱批奏折汇编》第三三册，第1104页。

关甚大，万不可轻举也。不尽之谕，大学士等代朕传谕。"① 所谓的"不尽之谕"，即廷寄一道，与朱谕及纪成斌三次奏折一齐寄发岳钟琪。二十八日雍正帝接到纪成斌续报军情，又命大学士马尔赛等传谕岳钟琪，此件廷寄以"大学士公马，大学士张、蒋、尹，副将军兵部尚书查，内大臣步军统领阿，内大臣理藩院尚书特字寄大将军岳，雍正八年十二月二十八日奉上谕……"开头，上谕近700字，书旨日期系雍正八年十二月二十九日②。谕中有两处朱笔更改之处：其一，"如事在应行，则明年六月间"句中"明"改为"今"，盖岳钟琪奉廷寄当在雍正九年（1731年）初；其二，"应否筑几所小城或炮台几座"一句，将"或"字划掉，旁加"于他或高山或隘口多筑"10字。马尔赛、张廷玉、蒋廷锡、尹泰、查弼纳、阿齐图、特古忒于十二月二十八日奉旨，二十九日书谕呈览，经朱笔改订寄发，而不必另纸誊录。此即日后廷寄带朱封发的先例③。

岳钟琪于十二月二十七日接到廷寄及朱谕，得知军营之变，二十九日具折指责纪成斌调度无方并自责"所举不得其人"，雍正帝在其折朱批："因朕谕繁多，未暇亲批，口谕大学士寄字之外，总言莫负朕之倚任……"④ 所谓"口谕大学士寄字"，即雍正九年正月初六日发出的廷寄："今日接到大将军岳钟琪奏折内称贼兵犯营，纪成斌并不发兵堵御险要隘口，又不将马驼等项收

---

① 《雍正朝汉文朱批奏折汇编》第一九册，第753页。

② 同上书，第755-756页。

③ 管世铭《扈跸秋狝纪事》诗云："面承密敕语从容，分写新纶撰进恭。御笔亲增三五字，别传天语带朱封。"自注："诏草经朱笔更改，例应另纸恭录，惟廷寄谕旨即以朱发。"（《枢垣记略》卷二〇）

④ 《雍正朝汉文朱批奏折汇编》第一九册，第755页。

回，以致逆夷深入，资其抢夺，纪成斌调度无方，殊辜委任，臣保举不得其人，实难辞咎……”① 廷寄全文超过 800 字，承旨当日即撰拟呈览，并经朱笔改订 5 处。此后岳钟琪奏折上时有“另有旨谕，大学士寄字来”“有口谕大学士等之旨”之类的朱批。不难看出，雍正八九年（1730—1731 年）之交，指授军事方略的密谕虽朱批、朱谕、廷寄并用，但廷寄已居于主要地位，盖羽檄交驰，军情孔亟，雍正帝个人势不能以亲书朱批、朱谕包办军机，更何况雍正大病初愈，身体尚未复原。

从雍正九年正月初四日至二十四日 20 天中寄发岳钟琪处廷寄不下 10 件，即初四日、初五日、初八日、初九日、十二日、十三日、十五日、十九日、二十二日和二十四日各件②。这 10 件廷寄，最长的八九百字，短的亦超过 400 字，且有 4 件系奉旨之当日即书谕、呈览并经朱笔改订寄出的。除频频向西路岳钟琪等寄发指示机宜的廷寄之外，北路军营傅尔丹也有降旨处③。此外，为调兵遣将向四川巡抚宪德、山东巡抚岳濬、两江总督高其倬、湖广总督迈柱、署陕西总督查郎阿等处亦发出廷寄④。以上仅是西路兵事突发所致军事廷寄骤增，而同时命湖南巡抚赵弘恩严究曾静案余党王澍、命云南总督鄂尔泰查审苗人头领禄鼎坤家族谋反案，以及命传谕有关督抚加意抚恤被灾就食之穷民等等皆属重大紧急机密事务，也在在需发出廷寄谕旨。总之，雍正八九年之交是廷寄发展到大量运用的重要阶段。此后整个九年的上半

① 《雍正朝汉文朱批奏折汇编》第一九册，第 789－790 页。

② 同上书，第 781－782、789－790、790－792、805－807、944、943、975－977、1032－1033、1029－1030 页。

③ 同上书，第 791 页。估计北路军营折奏与廷寄、朱谕、朱批俱用清字，汉字廷寄不过偶尔一见。

④ 同上书，第 875、938、948、965、970 等页。

年有关军事的廷寄一直相当频繁，特旨交出重大机务的廷寄亦较四至八年为多。而雍正帝在臣工奏折上的朱批则日见简短，诸如"览""是""览，勉为之""览，深慰朕怀""嘉悦览之""实力为之""览卿奏谢矣"等等，个把字的朱批比比皆是[①]，连雍正帝自己也承认："偶然不批，乃极寻常之事"[②]，这与雍正初动辄数百字，以至上千字的朱批无疑形成了鲜明的对照。至这一年六月北路傅尔丹大败于和通泊，雍正帝指授方略的廷寄当再次出现高峰，不过北路军营与岳钟琪所在的西路军营不同，似用清字折奏报，廷寄谕旨亦用清字，故在《雍正朝汉文朱批奏折汇编》中得不到反映。

廷寄滥觞于康熙季年，雍正初由代书密谕演化而来，其雏形见于雍正三、四年（1725—1726年）顷，至雍正五、六年（1727—1728年）已由大学士张廷玉规范化，而当时廷寄尚与亲书密谕、代书密谕沓然并行，至雍正八、九年（1730—1731年）事机杂出，军务繁剧，廷寄才以其独具的特点和优点成为密发谕旨的主要形式，如此一来，承旨书谕的亲重大臣自然也为天子所须臾不可离了。

赞襄机务、办理廷寄的王大臣自雍正三、四年以来多有变化。但大致可以说雍正八年五月之前，以怡亲王允祥、张廷玉、蒋廷锡三人为主，其他如大学士马齐、富宁安、朱轼、马尔赛，协办大学士逊柱，左都御史查郎阿，工部尚书黄国材，户部侍郎西林等，则依密谕事件不同，间亦在廷寄中出名。迨怡亲王去

① 需要说明的是，雍正九年（1731年）仍有长达500字的朱批，如广东布政使杨永斌五月十二日折的朱批，岳钟琪一件无年月折的朱批竟达1 500字（《雍正朝汉文朱批奏折汇编》第三三册，第1076-1077页）。

② 《雍正朝汉文朱批奏折汇编》第二〇册，第607页。

世，大学士马尔赛、张廷玉、蒋廷锡在内廷办理一切事务，使重病的雍正帝得以“静养调摄”[①]。及西北两路用兵，张廷玉自述“日侍内直，自朝至暮不敢退，间有待至一二鼓时”[②]，其间马尔赛调军前，蒋廷锡卒于官，自云贵总督鄂尔泰于雍正十年（1732年）初内召参与军机，始以其为满洲大臣领衔发出廷寄。鄂、张之外，大学士马尔赛、尹泰，副将军、兵部尚书查弼纳，内大臣、步军统领阿齐图，理藩院尚书特古忒，领侍卫内大臣丰胜额，大将军岳钟琪，以及总督高其倬和户部侍郎海望间亦列名于奉旨寄信大臣之列。综观承旨书谕、办理寄信大臣的爵职，自以内阁大学士为主，怡亲王允祥以天潢贵胄董理其事，盖属特例，而九卿等与议机务，密办廷寄，亦渐成规制。其时办理廷寄者尚无军机大臣之名，雍正帝不过随口称之为“赞襄机务之人”“日侍朕之大臣”“办理军务之廷臣”[③]……而承接廷寄的将军大吏覆奏时则直称其爵职，偶见有称“二位中堂”者[④]，其他以“内阁寄字”“大学士寄字”为通例。乾隆年间，赵翼称“为军机大臣者，皆亲臣重臣”[⑤]，王昶言之更详：“其大臣惟尚书、侍郎被宠眷尤异者，始得入，然必重以宰辅。”[⑥]其实，特简大学士及尚书、侍郎等亲臣重臣赞襄机务、承旨出政的体制，早在雍正中期就已定形了。

自廷寄创行，承旨书谕，翊赞天子所处理者，俱为不过“明路”的机密事务，其内容大要为机务与军事两方面：前者系交地

---

① 《清世宗实录》卷九九。

② 《澄怀园主人自订年谱》卷二。

③ 《雍正朝汉文朱批奏折汇编》第二〇册，第618页；第一九册，第513、789页。

④ 《雍正朝汉文朱批奏折汇编》第一六册，第8页。

⑤ 《簷曝杂记》卷一《军机处》。

⑥ 《枢垣记略》卷二二《诗文三》。

方文武大吏等密办的紧要事件，后者在西北两路战争爆发前为密办军需，而后则为指授方略。雍正中期前后，怡亲王允祥，大学士张廷玉、蒋廷锡、马尔赛既主军事，亦管最机密的紧要事务，可见军事与机务是很难截然分开的。大约对准噶尔的战争爆发前，廷寄事件以机务为主，至八年末准噶尔突袭西路军营，一时间指示军事机宜的廷寄急剧增多，才大大超过了有关机务的廷寄。赵翼说“凡机事虑漏泄不便发抄者，则军机大臣面承后撰拟进呈”①，王昶则将寄信的“机事”具体为“诰诫臣工，指授方略，查核政事，责问刑罚之不当者”②。他们讲的虽是乾隆以后之事，但机务与军事交特简亲臣重臣密办的规制，在雍正中期前后业已出现。由此可见，雍正中期军机处虽未有其名而实已肇建。

五 军机处渐具规模

雍正帝虽对传统政治体制不惬于心，坚信国家政治自有应密而不可概行宣示于众者，但由何种机构、以何种方式运作秘密政治，却未必先有成竹在胸。他之令亲臣重臣参预密务，承旨寄信，只不过是从政治的特殊需要出发，临时差遣而已；而这些亲臣重臣承办廷寄，亦并非以阁部首长的身份，而是奉旨随时去内廷当值。然而，久而久之，由于部分内阁大学士频频侍值内廷，办理机务，内阁权力的转移便不能不在廷臣中留下深刻的印象。

最早从权力配置的角度观察描述内阁职掌演变的是席鏊（即席吴鏊）和叶凤毛。席鏊，江苏常熟人，雍正中期为内阁中书，

---

① 《簷曝杂记》卷一《廷寄》。

② 《枢垣记略》卷二二《诗文三》。

在官前后七年，约于乾隆十年至十二年（1745—1747 年）间撰成《内阁志》①。据席鏊所述：

> 大学士于军国事无所不统（原注：详在《会典》，兹不载），其实每日所治事，则阅本也。本有二：曰部本，在京部院进者；曰通本，外文武大臣及奉使员，具本送通政使转上者，票拟皆舍人按故事为之。大学士晨入，画可否，然少所更定，阅已，次阅丝纶簿，又次阅章奏文书，日亭午，蔑不出矣。②

大学士由事无不统，到半日上班，唯以阅本为事，自明初设内阁以逮清初，三百年间，因革损益，不暇细述，然未有若此之剧变者。何以有此空前之变，席鏊紧接上文写道：

> 大学士佐天子理机务，得不时召见，其治事未尝不在阁，雍正中以边事设军需房于隆宗门外（原注：后又谓之军机房），时则有马公、张公、蒋公三大学士，参领军机（原注：马公之后有鄂公），常居中候伺，日一再见，遂不至阁，惟驾在西苑，蒋公间日至，其后又以起草覆奏寄字外省与夫阁务有特建者，皆自内主之……至乾隆初边事息，军机房不废，由是大学士以下有内外廷之判矣。③

同为大学士，入值内廷则皇帝“日一再见”，专主“起草覆奏寄字与夫阁务有特建者”，即后日所谓“廷寄”与“明发”，是以席

---

① 《内阁志》，不具撰写时间，然文中有“鄂公尔泰……卒于位”“查公郎阿……见居位”，鄂、查分别卒于乾隆十年（1745 年）五月和十二年（1747 年）九月，由此可知，《内阁志》成书于乾隆十年至十二年间。

② 《内阁志》。

③ 同上。

鳌说“由是大学士以下有内外廷之判”，“大学士之在内者”，“人咸知为天子所犹倚任也”[①]。可见，雍正帝不欲废弃内阁，只是将其“参预机务”的传统权力剥离出来，而剥离权力则采取渐进的方式，积以时日，在人们不经意间完成了国家权力中枢的转移。

席鳌《内阁志》堪称第一部记述内阁制度发生深刻变化、军机处渐具雏形的私家史志；继之则有叶凤毛的《内阁小志》。叶凤毛，江苏上海人，雍正八年（1730年）春为中书舍人，自云“军机处协办”[②]，乾隆四年（1739年）顷离开内阁。叶、席二人不仅同事内阁，且相邀“同为小志，以备纶扉掌故”[③]，对内阁“分局”的看法亦不谋而合。叶凤毛称“康熙年间中堂皆在阁，余于雍正八年春为舍人，中堂已有内外之分”，“军机房即内中堂办事处也，凡内外大臣折奏有不交部即令中堂议覆者，洎廷寄各省谕旨，始皆园直人为之，有满舍人舒赫德、雅尔哈善，汉舍人吴元安、蒋炳愿不换班，长侍内中堂，时西北两路出师征策妄，户部别立军需房，司官翁藻主之，于是袭其称，亦曰军需房，渐易为军机房，又以房为处”[④]。《内阁小志》成书于乾隆三十年（1765年）仲夏[⑤]，较之第一部记述军机处典故的《军机处题名记》早两年左右。

但叶凤毛、席鳌均未确言军机处建立的时间，而对内阁参预机务之权力转移至军机处最为熟悉的张廷玉在其《澄怀园主人自订年谱》中亦未言及[⑥]，稔知军机处故典的赵翼浑言“雍正年间”[⑦]，

---

① 《内阁志》。
② 《内阁小志·自序》。
③ 同上。
④ 同上。
⑤ 《内阁小志》。
⑥ 《澄怀园主人自订年谱》卷三中首见“办理军机处”在雍正十一年（1733年）。
⑦ 《簷曝杂记》卷一《军机处》。

管世铭则记为“雍正初年”[①]，其他史籍则有军机处设立于雍正七年（1729 年）、八年（1730 年）和十年（1732 年）的不同说法[②]。近人研究军机处设立时间者，无论是“七年说”、“八年说”、“十年说”以及后起的“四年说”俱能参证文献档案，自成一家之说。其中持“七年说”的庄吉发认为“自从雍正七年设立军需房后先改称军需处或办理军需处，旋称办理军务处，当办理军机处印信颁发后，始改称办理军机事务处”[③]；而主“八年说”者多兼驳“七年说”，特别是吕钊（刘子扬）最早指出“军需房”但属户部，与军机处无关，“不能简单地称军需房为军机处之前身”[④]，嗣经赵志强著文，参酌有关满文档案，进一步申论“军需房并非军机处前身”[⑤]；“四年说”于典无征，五十年代李宗侗首倡之，略曰军需房成立的最始年月为“雍正四年的下半年”，“至七年六月始改为军机房，至十年三月更改为军机处”[⑥]，近年又有俞炳坤深入发掘档案，提出军机处初设于雍正四年的新证，他虽赞同户部军需房未演变成军机处的说法，但又指出“军需房之前军机处还存在一个前身”，“从开始成立时起就不是内阁或户部的内部机构，而是一个直属皇帝领导的独立的临时机构”，结

---

① 《枢垣记略》卷二二《诗文三》。

② 王昶《军机处题名记》曰：“雍正七年，青海军事兴，始设军机房。”后世史籍多附和之。乾隆帝谕旨曾言“自雍正八年设立军机处以来……”（《清高宗实录》卷一一九一）。梁章钜亦曰“自雍正庚戌（按：即八年）设立军机处”（《枢垣记略·原序》），则为后世史籍援以为据。雍正十年三月谕准铸“办理军机印信”（《清世宗实录》卷一一六）。其记录“七年说”、“八年说”及“十年说”的史籍兹不赘述。

③ 《清代奏折制度》，第 66–67 页。

④ 吕钊：《清代军机处的设立及其性质——兼与钱实甫同志商榷》，载《历史教学》1963 年第 3 期。

⑤ 《军机处成立时间考订》。

⑥ 李宗侗：《办理军机处略考》，《幼狮学报》第一卷第二期，转引自《清代奏折制度》，第 62、82 页。

论是："只要联系世宗西北两路用兵的进程，正确认识早期军机处的发展过程，就可能对军机处的初设时间作出比较实事求是的结论。"[①] 总之，近半个世纪以来，无论是史料开掘，还是研究思路，都有了长足的进展，但"七年说"、"八年说"和"四年说"三家鼎峙的局面仍未有改观，人们在军机处设立时间上还未能取得共识。

问题的症结在于各家说法都有一个共同的趋向，即军机处的设立乃适应西北两路用兵的需要，有的论者甚至推论"世宗设立军需房的原因是为了用兵西北而密办军需，并非为贯彻中央集权，削减议政王大臣的职权。就雍正年间而言，军机处的设立，与独裁政治的背景及发展，不宜过分强调"[②]。从表面上看，军机处的设立无疑与雍正年间西北两路用兵密切相关，但其更深层次的原因则在于奏折制度创行后密谕演变为廷寄所导致的国家中枢机构的转移。

明太祖朱元璋革中书省，废丞相不设，专任六部，分相权于九卿，是为唐宋以来三省制之一变。至成祖朱棣始简儒臣值文渊阁，令其参预机务，于是有内阁之名，嗣经提高大学士地位，专任票拟，内阁之制益备。内阁制度并非皇权天然的对立物；反之，若皇帝驾驭得法，其适为实现君主集权的得力工具。明代出现首辅专擅、宦寺弄权，并非制度存在缺陷，而是天子高居简出，晏处深宫而造成的大权旁落，诚如乾隆帝所言："明洪武因胡维庸之故，改丞相为大学士，其实官名虽异，职守无殊，惟在

① 俞炳坤：《军机处初设时间新证（上）——兼与七年说和八年说商榷》，《历史档案》1991年第3期；《军机处初设时间新证（下）——兼与七年说和八年说商榷》，《历史档案》1991年第4期。

② 《清代奏折制度》，第67页。

人主太阿不移，简用得人，则虽名丞相，不过承命奉行，即改称大学士而所任非人，窃弄威福，严嵩之流，非仍名大学士者乎？盖有是君，方有是臣。”① 清初仍内阁之制，而力矫前明之弊，顺治帝“亲政之初，即日至票本房，使大学士在御前票拟”②。康熙帝坚持御门听政，并在创行奏折后，将某些奏事折敕交阁部或议政处议奏，在并不改变内阁为国家权力中枢地位的前提下，初步实现了乾纲独揽。

然而，内阁尽管有“机务要地”之名，但国家庶政，包括军政大计的运作却是公开的。公开政治，实自汉代以来相沿已久，至明初仍以六科独主封驳，清承明制，六科“所奉旨意，有灼见未便之处，许封还执奏；部院督抚本章，有情理未协者，俱得驳正题参”③。康熙帝创行密折，但无意改变旧制；雍正帝则对传统政治的运行进行了重新审视，从现实政治出发，他坚定地认为秘密政治之不可偏废，在政治实践中，不断探索，大胆创新，自由奔放，无拘无束，从朱批谕旨一变为亲笔朱谕，再变为代书朱谕，再变为廷寄谕旨。廷寄一旦出现实际已开启了内阁“分局”的不可逆转的进程，它的日趋制度化则必然将新的国家权力中枢推上政治舞台，不管这个新的权力中枢何以名之，它的确立并制度化仅仅是个时间问题，雍正中期西北两路用兵则使它以军需房—军机房—军机处之名凸现在廷臣面前，最终完成了国家权力中枢由内阁向军机处的转移。专制集权历史发展的内在逻辑虽说如此，但也许如果没有雍正帝这样具有独特个性与魄力的帝王其

---

① 《清高宗实录》卷一一一五。

② 《簷曝杂记》卷一《军机处》。参见《清世祖实录》卷七一、卷七八、卷一三五等有关记载。

③ 《清经世文编》卷一四《请复六科旧制疏》。

实是很难完成此种历史性转变的。

由此可见，军机处的本质并不在军事，而在有“机务”之名的秘密政治。赵翼正是从权力配置转换的角度讲：“军机处，本内阁之分局。国初承前明旧制，机务出纳悉关内阁，其军事付议政王大臣议奏”，“雍正以来，本章归内阁，机务及用兵皆军机大臣承旨”①。就军机大臣执掌的“机务”与“用兵”而言，从总体、长远着眼，前者总是居于主要地位，且可以涵盖后者。廷寄从它诞生之日起，即以有关机务的廷寄为主，雍正八九年西北用兵紧急时刻，机务廷寄仍所在多有。雍正十年（1732 年）三月，谕准铸“办理军机处印信”时特说明“行知各省及西北两路军营”②，可见除西北两路军营外，各省亦多廷寄密谕事件。乾隆御极之初，以“西北二路既已无事，而苗疆之事亦少”，裁撤军机处③，但遇有密奏密谕事件，仍令总理事务处发出廷寄，有的书以“总理事务王大臣等”，有的书以“大学士鄂、张”或“大学士张廷玉”④。可以说此二三年间，军机处名亡而实存。迨乾隆二年（1737 年）十一月谅阴毕，仍命恢复办理军机处建制，谕称：“目前两路军务尚未完竣，且朕日理万几，亦间有特旨交出之事，仍须就近承办。”⑤ 而“特旨交出之事”，即所谓“机务”。此时乾隆帝已深知军机处存在的根据在于有“机务”要办。嗣后乾隆谕旨也称“皇考时设立军机房，不过以为承旨办理机务

---

① 《簷曝杂记》卷一《军机处》。

② 《清世宗实录》卷一一六。

③ 《清高宗实录》卷五。

④ 《乾隆朝上谕档》第一册，第 2、20、22、27、30、43、54、56、61、62、84、87 等页载有各件廷寄。

⑤ 同上书，第 237 页。

之地”[①]。嘉庆十年（1805 年），持续十年的白莲教大起义被平定，五月，御史何元烺以“现在军务久经告蒇”，请酌改军机处名目，嘉庆帝以为断不可行，谕称：“军机处名目，自雍正年间创设以来，沿用已久，一切承旨书谕及办理各件，皆关系机要，此与前代所称平章军国重事相仿，非专指运筹决胜而言。”[②] 为便于运作秘密政治而设立的军机处，作为一种全新的政治机构，它的底蕴是要经过一个相当长的时间才会被人理解的，特别是习于传统政治运作的汉族臣工，往往把它视为与军务有关的临时机构。其实，从军机处这一新生事物出现的那一天起，它的生命力恰恰就在于皇帝对秘密政治的深刻认识和迫切需要。

总而言之，雍正帝设立军机处之初未必有“贯彻中央集权，削减议政王大臣的职权”的明晰构想，但他以密折密谕推行秘密政治的实践，却发现并确定了最便于独揽乾纲的权力配置格局。正是基于这种认识，考察军机处的设立，似不宜局限于军事方面的需要之类的偶然性历史因素，而应把它看作明清政治体制渐进式变革过程的完成，用传统官文书（题奏本章和谕旨）制度演变所导致的国家权力中枢转移加以解释。当时身处局中的叶凤毛在乾隆中就已将个中道理讲得十分明白：“国朝仍前明之制，以内阁为政府，大学士为宰执……前明天子拱默，委任左右，故阁臣往往比中涓、作威福、营奸利，虽分权于部而权益重。国朝拟旨有定例，内外大臣、言官折奏则直达御前，天子亲笔批答，阁臣不得与闻。天子有诏，则面授阁臣，退而具草以进，曰可，乃

① 《清高宗实录》卷三五五。

② 《清仁宗实录》卷一四四。

下。后首揆必兼军机，日蒙召对，次揆入见以时，恩礼有加，诸卿莫逮……我朝圣圣相承，万几独理，纪纲整密，权不下移”①。至于军机处何时设立，“七年说”“八年说”“四年说”皆有所据，又都难免陷入捉襟见肘的尴尬；如果一定要确定时间界标的话，似乎据赵翼之说，用“雍正年间”较为稳当。

第四节　18世纪中国的国家中枢——军机处

自乾隆二年（1737年）恢复办理军机处建制以迄清末责任内阁建立，一百七八十年间，军机处作为军国中枢机构的地位始终没有改变。经过漫长的探索，清朝帝王终于找到了一种最便于“事皆朝廷总之”，或者说，最便于乾纲独揽的国家中枢组织形式和政治运行机制。这一探索过程，如果从清太宗皇太极算起的话，已经历了整整一百年；如果以康熙帝创行密折为军机处的最初源头，则也有半个多世纪了。雍正帝以他非凡的政治魄力，草创并大体规划出军机处的最初规模，乾隆帝即位后，经过一段时间的审慎考虑，决定将办理军机处作为定制。在乾隆帝主政的63年间，亦即18世纪30年代到这个世纪的终结，军机处的规制日渐规范和完备，继雍正帝之后，随着政本之地转移而导致的内外衙门权力重新配置，最后完成。皇帝直接控制以军机处为中枢的国家机器，标志着君主专制已发展到了巅峰。通行近两千年的“君相制”及其遗存形式“皇帝-内阁制”至此宣告结束，中国古代政治史从18世纪翻开了极端专制的新的一页。

---

① 《内阁小志·自序》。

同样是极端专制，秦朝、隋朝二世而亡，而清朝何以独能延续两个世纪之久呢？清“皇帝-军机处制”与“君相制”及明“皇帝-内阁制”的区别又何在呢？

一 军机处的机构、职掌及运作的规范化

1. 军机处的机构和组成

军机处由军机大臣和军机章京组成。军机大臣无定额，少则四五人，多则十一二人，率以六至八人为常。皇帝根据需要，从满汉大员中特简，满员包括八旗蒙古，汉军则为绝无仅有的特例。遴选范围自尚书、侍郎等以至大学士，督抚间亦内调入值军机，俱所谓“亲臣重臣”，而满大臣恒多于汉大臣，且向例以满大学士领班，即时人谓为“首揆”“首席军机大臣”者。乾隆帝对领班人选极为重视，自言：“从前当大学士鄂尔泰在之时，朕培养陶成一讷亲；讷亲在之时，朕培养陶成一经略大学士傅恒。皆几经教导，几经历练，而后及此。人材难得，固非一朝一夕所能造就。”军机大臣均系临时兼差性质，是以除授谕旨为“着在军机处行走”、“着在军机处学习行走”或“着在军机大臣上学习行走”，因军机大臣皆有本职，偶遇枢务稍简，则仍令其应阁部兼到，如本衙门事务繁多，则令其“专办部务，不必兼军机处行走”。军机大臣向无品级之分，但以地位、民族、资历等因素，“见面”时领班在前，余以本职高低依次随后；“在军机处行走”者在前，“学习行走”者在后；地位、资历相仿者，满员在前，汉员在后。诸王例不入军机，故嘉庆四年（1799 年）十月，嘉庆帝即以“本朝自设立军机处以来向无诸王在军机处行走者”为由，令入值军机不足一年的成亲王永瑆出值。

军机章京亦称“军机司员”“小军机”，为军机大臣下属，除缮写谕旨稿底外，凡登记管理档案、查例议覆、收发文移等俱军机章京亲自料简。这一点，与各部院案牍类皆书吏经手、司员寓目迥异。是以时人有谓：“枢廷义取慎密，有官而无吏。”军机章京初无定员，通常由军机大臣从内阁中书、部院司员及笔帖式中谨饬练达者奏补。嘉庆四年（1799年）正月，定满汉章京各十六员，嗣后满汉军机章京各分为两班，每班各八人，内以一人领班，清语谓之“达拉密”，由军机大臣拣派资深望重者为之。军机章京也属兼差，所以入值军机多称“在军机处司员上行走”或“在军机章京上行走”①。

军机处有印信而无官署。雍正十年（1732年）始铸“办理军机印信”②，乾隆十四年（1749年）换铸银印，清、汉篆其文，曰“办理军机处印记”。银印藏大内，凡有应用之官文书，值日章京持上镌“军机处”三字之金牌，亲到内奏事处向太监请印，向军机大臣请印钥启用，用毕，即行送进。乾隆中用兵准噶尔，军报旁午，难以屡请屡缴，故每请印出，则钤就封函数百，以便随时取用③。

军机处无公署，其内中堂入值栖止之处始设于乾清门外西偏④，后迁入隆宗门内，以其地密迩养心殿，便于宣召。盖康熙

① 以上有关军机大臣、军机章京的叙述，参见梁章钜所著《枢垣记略》卷一《训谕》，卷二《除授一》，卷四《除授三》，卷一三《规制一》，卷二二《诗文三》（梁章钜为王昶《军机处题名记》所加按语及管世铭《鹤半巢诗集序》）；《簷曝杂记》卷一《廷寄》；光绪《大清会典》卷三《办理军机处》；等等。

② 《清世宗实录》卷一一六。

③ 参见梁章钜：《枢垣记略》卷一三《规制一》；《簷曝杂记》卷一《廷寄》。

④ 王昶《军机处题名记》谓“直庐始设于乾清门外西偏”（《枢垣记略》卷二二《诗文三》），叶凤毛则有翔实记载：“当初有军需房名之时，在京则隆宗门外养心殿造办处，而内中堂张文和公则独在南书房之西炕间。”（《内阁小志》）

帝御门听政常在乾清门，而雍正帝则以养心殿备起居之用，至乾隆帝即位起，终其一生，以养心殿为宵旰寝兴之所。初始无办理军机处之名时，人习称之为“直庐”（值庐），不过板屋数间而已，乾隆帝即位，特命改建瓦屋，而军机大臣之直庐遂渐有“军机堂”之称。大内军机堂在隆宗门内之北，军机大臣入值于此，军机章京值房在隆宗门内之南，满、汉两班分左右居之。若皇帝驻圆明园，每日入值于左如意门内，御河之南为军机堂，堂之右为满章京值房，其前为汉章京值房。至巡幸在外，军机大臣或入值于宫门值房，或设蒙古包入值，满汉章京设帐房，随带短几坐褥，按资格列坐其中。乾隆四十五年（1780 年）南巡，曾为军机章京的赵翼迎驾于宿迁，目睹行宫之军机房明窗净几、华裀绣毯，当笔者颇顾盼自雄，不禁回忆起昔日扈从木兰值军机时，“戎帐中无几案，率伏地起草，或以奏事黄匣作书案，而悬腕书之，夜无灯檠，惟以铁丝灯笼作座，置灯盘其上”，真是百感交集！从板屋数间到改建瓦屋，从随扈木兰至伏地起草到南巡军机值房稍事规整，五十年间变化不可谓不大，但这并不能改变军机处作为值庐权当入值者栖止的本来面貌①。作为国家大政之所出的军机处竟然长期没有公署，盖乾隆帝并不打算把它列入正式的、法定的国家机构建制序列，乾隆朝纂修的《大清会典》无“办理军机处”条目②，就是明证。

2. 军机处的职掌

“承旨书谕”的需要，直接把军机处推向政治舞台的中心；

---

① 以上有关军机处有印信而无公署的叙述，参见《枢垣记略》卷一三《规制一》，卷一四《规制二》，卷二二《诗文三·军机处题名记》，卷二七《杂记一》；《簷曝杂记》卷一《军机直舍》；《内阁志》。

② 乾隆《大清会典》，载《文渊阁四库全书》。

而军机处设立后，自然以承旨书谕或曰“恭拟上谕”为其首要的、根本的职掌。上谕有“明发”和“廷寄”（或称“寄信”）之别。明发上谕，指交内阁发抄、宣示天下者，包括两种情况：一是特降的谕旨，一是因臣工有所奏请而即以宣示中外的谕旨，军机处缮拟明发的格式开首都是“(年月日) 内阁奉上谕”。廷寄上谕，是由臣工有所奏请而降，且以事属机密，不由内阁发抄，令军机大臣径寄具奏人的谕旨，其格式：行经略大将军、钦差大臣、将军、参赞大臣、都统、办事领队大臣、总督、巡抚等曰“大学士字寄……年月日奉上谕……遵旨寄信前来”，由领班之军机大臣出名；其行盐政、关差、藩臬曰“年月日奉上谕……军机大臣遵旨传谕”，军机大臣不出名。廷寄需封入信函，交兵部加封，发驿驰递，视事之缓急，或马上飞递（即日行三百里），或四百里，或五百里，或六百里，或六百里加紧，皆由军机章京于封函上注明，封口及年月日处，用办理军机处银印钤之。如遇特别机密紧要之件奉旨密谕者，则军机大臣自行缮写封固，书“军机大臣密寄”①。雍正年间，拟旨皆张廷玉为之。乾隆初，张廷玉以汪由敦长于文学，特荐入以代其劳。清字上谕则有舒赫德、班第，蒙古文则有纳延泰属草。至乾隆十四年（1749 年）傅恒为领班，满军机章京欲借缮旨为见才营进地，其始不过短幅片纸，后则无一非司员所拟。汪由敦见此，为避擅权名，乃亦听汉司员代拟。相沿日久，军机大臣唯传述谕旨，而缮写旨稿遂为军机章京之专职②。

---

① 参见《枢垣记略》卷一三《规制一》，卷二二《诗文三・军机处题名记》；《簷曝杂记》卷一《廷寄》；《乾隆朝上谕档》第三册，第 924、933 页。

② 参见《簷曝杂记》卷一《军机处》；《枢垣记略》卷二七《杂记一》。

奉旨议大政、谳大狱是军机处另一重要职掌。所谓“大政”多为涉及机密而乾隆帝情况不明、难以决断的事件，如乾隆二十七年（1762 年）命军机大臣议奏“陕甘总督杨应琚覆奏青海入官旷地酌给该扎萨克游牧”事、命军机大臣会同该部速奏“陕甘总督杨应琚奏勘明沙州一带情形敬陈移设”事、命军机大臣会同该部议奏“安徽巡抚托庸奏请于安省开捐贡监暨职衔等项以为修理城垣之费”事①等皆属此类。所谓“大狱”，则多为不便交由法司公开审理的重大案件，如邪教大案、督抚等贪污大案以及反清叛乱、起事首领被俘解京审办大案等。经军机处办理事件，奏定之后，有应交部院者，有应行知外省者，有只应本处存案备查者，至于密办密议之事，则概不交部发抄②。熟谙军机处规制的赵翼曾说：“雍正以来，本章归内阁，机务及用兵皆军机大臣承旨。天子无日不与大臣相见，无论宦寺不得参，即承旨诸大臣，亦只供传述缮撰，而不能稍有赞画于其间也。”③ 这里，赵翼强调的是军机大臣承旨书谕的根本职掌，从这个意义上讲，说军机大臣“不能稍有赞画于其间”固然不错；但军机大臣与议大政、大狱，也在一定程度上参预了机务，则是不容否认的事实。

军机处还有一项重要职掌：特简文武大臣、官员时，遵旨开列应补应升人员名单呈进，以供皇帝选定。由皇帝特简的大臣官员包括文职大学士以下至京堂，武职御前大臣以下至步军前锋、护军统领，外任则将军、总督、巡抚、布政使、按察使。其他如会试总裁、顺天乡试主考，及各省学政，有旨令查开应点人员，

---

① 《乾隆朝上谕档》第三册，第 836-838、919-922、943-944 页。

② 《枢垣记略》卷一三《规制一》。

③ 《簷曝杂记》卷一《军机处》。

即缮递名单，以候钦定。此外，文武官记名者，遇缺出，各将记名人员缮单呈进，以备简放。总之，皇帝通过军机处的技术性协助，将整个官僚系统中最关键部位的用人权牢牢地控制在自己手中[①]。

除以上三项主要职掌外，军机处还经常奉旨前往各省查办事件，遇战事有旨询问山川道里及兵马钱粮之数时，或绘图，或缮单，即时呈递，而军功告蒇，则奉旨纂辑成书以纪其始末，或曰《方略》，或曰《纪略》，随时奏请钦定[②]。

3. 军机处办事程序

军机处每日常行之事，久而久之形成一套程序，内中人谓之“班务”。班务大概有所谓“接折”“见面”“述旨”“交发”“开面”“交折”“封柜”等前后衔接的几个主要环节。

每日寅时，军机大臣及章京以次入值，内奏事处太监发下经皇帝阅批过的奏折，军机章京分送军机大臣翻阅，如无特旨，汉大臣只能看汉字折，满大臣只能看满字折——此即“接折”。

乾隆帝卯刻晨起，即进膳，膳后阅部院本章及各督抚折子毕，以次召见大臣，或一人独见，或数人同见，日必四五起。大约辰刻时分，最后一起召见军机大臣，有时不待辰刻而先召见，每日一次或数次。军机章京先已将奉“另有旨”“即有旨”“有旨谕部”的奏折另贮一黄匣，待“叫起”时，交军机大臣捧入请旨——此即“见面”。乾隆初，唯讷亲一人见面承旨，讷亲能强记，与张廷玉相埒，唯不甚通文义；迨傅恒揆首席，自陈不能多记，恐有遗忘，恳乞令军机大臣同进见承旨，从此军机大臣同进

---

① 参见《枢垣记略》卷一三《规制一》；光绪《大清会典》卷三《办理军机处》。

② 《枢垣记略》卷一三《规制一》，卷一四《规制二》。

见遂为例。乾隆帝对傅恒眷倚有加，每日晚膳后阅内阁本章毕，有所商榷，又独召傅恒进见，时谓之“晚面”。

军机大臣见面后退出，即召军机章京面授旨意，并分令诸章京撰草，人各一通，如有字数过长，急需缮递者，则数人分纸速写，共成一通。缮写明发上谕用六行格子，寄信上谕用五行格子，每行皆二十字。旨稿缮毕，即交达拉密覆校后贮于黄匣，送军机大臣详酌，无讹，始付内监递进——此即“述旨”。往往述旨未竟，内监先已络绎来催；而军机大臣或又奉召见面，复有谕改，日至于再三。因此，军机章京缮旨最上者为下笔千言，一挥而就，正如长期充任军机章京的管世铭的纪事诗所云：“不择秋蛇与墨猪，但期疾速勿迟逾。”

经朱笔更改的谕旨，例应另纸缮正，唯廷寄谕旨即以朱发。谕旨属明发者，交内阁抄发；廷寄有马递者，交兵部；另有交各部院速议速办者，即专交各该部院。皆使领者注明画押于簿中——此即“交发”。

交发毕，即抄录奏折副本以备存档。凡密行陈奏及用寄信传谕之原折，或有朱批应慎密者，皆章京自抄，各折抄毕，各章京执正副两本，互相读校，即于录副之折的折面注明某人所奏某事，及月、日，交、不交字样——此即“开面”。

开面后，值日章京即将本日所接各省原折各归原函，缴入内奏事处——此即“交折”。

最后，需将各类档案分别整理装订，收入柜中，值日者亲手题封，谓之“封柜”。至此，班务方告结束。

军机处每日程课如此紧张，加以其他如奉命稽牒检案、加签贴说，及与各衙门联事，沓至纷投，刻期待报，所以长期充任军机章京的管世铭说："(每日) 率以日晡为常，或继烛留门而后出。"而班务结束，军机处人员以次散值后，为应付紧急折件，诸章京仍另分班轮流值日兼值夜。赵翼当西陲用兵时曾为军机章京，自述"有军报至，(乾隆帝) 虽夜半必亲览，趣召军机大臣指示机宜，动千百言。余时撰拟，自起草至作楷进呈或需一二时，上犹披衣待也"。即逢元旦、万寿节等大节日，军机处也随时处于待命状态。管世铭诗云："鱼龙散乐列琼筵，视政如常倍觉虔。一曲仙韶听未阕，重臣三对御床前。"诗末，作者还做了如下注释："万寿节演剧后视政如常，军机大臣有一日召对数次者。"至巡幸在外，军机处乃以"行在军机处"随驾，紧张程度甚至超过在宫在园之时。乾隆帝常于马上降旨，军机大臣面奉后，即令军机章京歇马撰缮，驰至顿宿之行营进奏。两营之间尚有一尖营，以备乾隆帝中途小憩，清语谓之"乌墩"，司员或仓促缮就，飞驰至乌墩进奏，名曰"赶乌墩"，赵翼说这样赶出来的谕旨毕竟不能曲尽事理，"每烦御笔改定云"①。

18世纪二三十年代草创的军机处，取代了清初以来内阁、议政处所占据的国家中枢地位，所以管世铭说"自是内阁票拟特寻常吏事，而政本悉出机庭，兼议政、视草而一之"②，赵翼也说设军机处后，"承旨出政，皆在于此矣"。18世纪中叶，王昶撰《军机处题名记》，更进一步对作为国家中枢机构的军机处的重要性做了确当的评述："内而六部、卿寺暨九门提督、内务府太监之敬事房，外而十五省，东北至奉天、吉林、黑龙江将军所

---

① 以上有关军机处办事程序的叙述，参见《枢垣记略》卷一三《规制一》，卷二〇《诗文一》，卷二二《诗文三》；《簷曝杂记》卷一《军机撰拟之速》《圣学二》。

② 《枢垣记略》卷二二《诗文三》。

属，西南至伊犁、叶尔羌将军办事大臣所属，迄于四裔诸属国，有事无不综汇。且内阁、翰林院撰拟有弗当，又下军机处审定。故所任最为严密繁巨。”① 赵翼、王昶和管世铭不仅是当时人，而且都长期入值军机处，对军机处的肇建及其机构、职掌和日常工作程序了然于胸，所以能敏锐地抓住军机处最本质的政治含义，向世人披露。但军机处的出现并非孤立的现象，它不仅改变了内阁、议政王大臣会议的中枢地位，而且带动了整个官僚机构权力关系的重新配置。雍、乾二帝在 18 世纪之所以成功地实现了极端专制政治，正是因为他们以军机处为枢机，对汉族及本民族传统政治中一切有碍君主独裁的机构、制度，以至相应的政治文化，全面地进行了改造和批判。

二　军机处建立前后内外衙门及相关制度的全面调整

1. 包括六科、通政司在内的内阁官僚系统的变化

军机处建立后，内阁由未经特简入值军机处的大学士主持，席鏊的《内阁志》对大学士每日所治之事有以下生动记载：“票拟皆舍人按故事为之。大学士晨入，画可否，然少所更定，阅已，次阅丝纶簿，又次阅章奏文书，日亭午，蔑不出矣。”② 他的记载至少说明三点：一是内阁固有的票拟部本、通本的权力并无变化；二是未奉旨入值军机处的大学士清简得近乎寂寞，与一日数起“见面”的军机大臣简直不可同日而语；三是内阁的办事“按故事为之”，较之颇具生气的军机处，带有浓厚的程式化、官僚化色彩。大概正是有鉴于此，管世铭才说：“内阁票拟特寻常

① 《枢垣记略》卷二二《诗文三》。

② 《内阁志》。

吏事”。这无疑是很准确的概括，但清人所谓“宪庙（雍正帝）设立军机处，为政府，内阁惟受已成事”①，今天的研究者进而引申为“军机处的创设使内阁形同虚设”，就可能会模糊人们对内阁地位的全面把握。

乾隆中期以侍读学士在内阁协办批本事务的程晋芳曾说过：“方乾隆之初，岁批奏二千余道，迄今三十余年，四方章奏之事，辄以折代本，达之军机，直由内阁者少矣。而一岁之中，部本几六千余道，三倍于初年”，仅部本每日由内阁票拟者即有二十道上下，且“其事如茧丝牛毛，非一端所能尽”，所以他感慨道：“旁观者谓密勿重务咸在军机，内阁秉成例而行，如邮传耳。乌知国家大政，内自九卿以下，外而督抚藩臬，凡诸兵农礼乐刑赏之事，胥于是而出纳，焉可不谓至重欤?”② 程晋芳这一番话提示我们：内阁参预机务及票拟机密本章的权力固然为军机处所取代，但凡是公开的国家军政事务都要汇总到内阁，经内阁票拟、皇帝钦定的程序正式下发内外衙门执行。就赞襄天子综理天下繁剧且专业性极强的公开政务而言，内阁票拟制确实不失为最佳设计。军机处成为定制后，乾隆帝并无废弃内阁之意，更不想丝毫放松对“寻常吏事”的控制，正如程晋芳所言：“圣天子英明睿哲，巨细弗遗，内外臣工事纤悉罔敢自专，必陈之九陛之前，以待圣人抉择，诚所谓一日二日万几者已”③。如果说雍正以后“天子无日不与（军机）大臣相见”④ 的话，那么，“晚膳后阅内

① 包世臣：《清故予告太子太保文渊阁大学士食全俸晋太子太师在籍除名大庾戴公墓碑》，载《清代碑传全集·续碑传集》卷二。

② 《清经世文编》卷一四《章奏批答举要序》。

③ 同上。

④ 《簷曝杂记》卷一《军机处》。

阁本章”① 则是皇帝每日理政不可缺少的程序。因此，“内阁形同虚设”的说法似可商榷。或许应该说，军机处设立后，内阁以其票拟本章的独特职能，协助皇帝处理那些如茧丝牛毛而且事事皆需照“故事”办理的公开政务。这样一来，皇帝就可以集中时间和精力，借助入值军机的军机大臣和章京们直接处理国家重大、紧要的机密事务。

较之内阁，六科的地位发生了更加根本性的变化，这就是人们习称的“台省合一”。雍正元年（1723 年），雍正帝以“掌印给事中责任紧要”为由，命嗣后遇有缺出，该科移会吏部开列各科不掌印之给事中，送都察院拣选二人，出具考语返回吏科，缮本具题，用都察院印②。拣选保奏六科掌印给事中的权力交给都察院，也就意味着六科成了都察院的下属。六科传统的封驳权似乎没有受到触动，但雍正帝采取的是釜底抽薪的绝招，取消了六科独为一曹的特殊地位，这就不能不认为是意在动摇传统政治构架的重大举措。六科源于唐代之谏官，明初罢中书省，而独存六科给事中以掌封驳之任，仍存唐制谏官之遗意，故而六科自为一曹，凡章疏案牍得与部院衙门平列，六科之间亦互不统属，其值房在午门外东西两侧，每夜一科值宿。所以说给事中与隶属于都察院的监察御史截然两项，前者人们称之为“谏官”（或“言官”），而责之以绸缪军国，匡正君德，后者则通称“察官”，主于弹击贪邪，激浊扬清③。政治构架独重谏官责任的设计，显然

① 《簷曝杂记》卷一《军机大臣同进见》。

② 光绪《大清会典》卷一〇一四《都察院·六科·掌印》。

③ 参见《春明梦余录》卷二五《六科》；《清经世文编》卷九《封驳》；《明史》卷七四《职官制三》；《历代职官表》卷一九；《清史稿》卷一一五《职官制二》；以及《明代政治制度研究》，第 148-149 页，“充任言官”一节。

含有预防和制约皇权滥用的深意。而欲拔本塞源，雍正帝最简捷、最有效的对策就是所谓“台省合一”，让本属门下、中书的谏官与隶于御史台的察官们混而为一，共同充当皇帝纠察百司的耳目和搏击权奸贪劣的爪牙。六科之类碍手碍脚、拖泥带水的羁绊一旦挥之而去，皇权自然可以畅达无阻地施行了。从强化皇权的意义上讲，雍正帝的台省合一，真称得上一箭双雕的高明手段！对此，孟森有犀利而深刻的批评：“使谏臣之职混合于台臣，所许风闻言事，乃摭拾臣民愆慝以为朝廷耳目。其于主德之污隆，王言之得失，士大夫无纠绳之责。具曰予圣言莫之违，所谓一言丧邦。昧乎孔门所戒，盖自谏官失职始。”① 台省合一，事在雍正即位之初，迨军机处设立，廷寄谕旨密封驰递地方大吏，外朝根本不得而知，即明发谕旨，亦径交内阁发抄。至其他铨官、钱粮、科举、驿递、刑名、工程等交部议覆的公开政务，也不准科道言官在部覆降旨之先纷纷陈奏。乾隆帝摆出的理由是：“一事既已交议，即应候其覆奏，待朕降旨，若廷议未当，而朕旨允行，不妨据所见再行陈奏，亦未为迟，朕不难收回成命以从之。”② 事实上，一奉“依议”之旨，即付施行，即使哪一个言官有胆量“据所见再行陈奏”，也没有时间容得你去绳愆纠谬。

与中枢机构变迁和奏折制度完善相同步，通政使司的主要职能亦渐为奏事处所取代。通政使司又名通政司，明初设置，掌出纳诸司文书敷奏封驳之事，长官通政使，正三品，列于九卿。明太祖之初衷在于隆其位而防壅遏之患，但委寄过重，凡四方章奏必先由司启视而后奏闻，甚至事关机密重大亦必用本司印记乃得

① 《崇祯存实疏钞跋》，载《明清史论著集刊》上册，第135-136页。
② 《清高宗实录》卷二六一。

入奏，是以通政一官竟为朝廷喉舌之总汇。明中叶以后，秉政者或以亲昵之人掌通政司，嘉靖年间严嵩为首辅，南京广东道御史王宗茂劾奏严嵩卖官鬻爵，钳制诸司，通政使赵文华为严嵩党羽，即将王疏密交严嵩，待严嵩从容布置后，方呈送皇帝，结果王宗茂反以诬诋大臣左迁①。清初，各督抚等题本及臣民奏本仍明旧制，由通政司转呈内阁，在内部院本章则径送宫门。迨康熙帝创行密折，自不宜由通政司接递、交发密折，而由御前侍卫及内务府司员组成外奏事班子接折，康熙帝亦尝通过太监向赍折人传旨，但其时尚无内外奏事处之名②。据今人单士元考证，奏事处建置年代虽不可确考，即以雍正朝或乾隆初假定之，或不致大误。奏事处由御前大臣兼管，有内外之分。外奏事处有侍卫一人、章京六人（以内务府司员兼充者四人，各部院司员兼充者二人)，每日昧爽于宫门接折。在京各衙门之折皆储以黄匣，其有密奏事件，则加封储匣，外省奏折皆固封加贴印花，俱转交内奏事太监，以达御览。内奏事处不设首领，属四执事首领管辖，共有太监十八名（其中内奏事太监四名，随侍太监二名，记档太监四名，使令太监八名)。除接折外，如皇帝于朱批后仍有旨意，则由奏事口传于领折之人③。国家机密紧要事务既通过奏折直达御前，经通政司转呈者唯题本、奏本而已，至乾隆十三年（1748年）复将题本、奏本概并为题本④，在内各部院则直接送内阁，

① 以上有关通政司的叙述参见《历代职官表》卷二一《通政司》;《明史》卷七三《职官制二·通政司》;《明太祖实录》洪武十年六月丁巳、甲申;《明世宗实录》卷三九〇。

② 详见本章第二节第三部分“康熙朝奏折制度渐具雏形”。

③ 单士元:《清代奏事处考略》，载中国第一历史档案馆编《明清档案论文选编》。

④ 《清高宗实录》卷三二九。

在外地方督抚等则由通政司校阅送内阁[1]。由是“通政司惟掌文书而已，无曩日之权也”[2]。通政司职权的削弱与内阁中枢职能转移是相一致的，奏事处的设立则是奏折制度化与军机处成为政本之地的必然结果。

2. 议政王大臣会议最终被裁撤

如果说军机处设立后内阁以其票拟题本的特殊需要仍被保留下来的话，那么，议政王大臣会议作为满族政治的一种传统，也在尔后半个世纪多一点的时间里，仍或多或少地发挥着一些作用。

乾隆六年至七年（1741—1742年），乾隆帝在是否禁止南洋贸易做出决策时，始终依靠议政王大臣会议提出咨询意见。在此期间，兼议政大臣衔的王大臣依次是：裕亲王广禄，平郡王福彭，慎郡王允禧，大学士、首席军机大臣鄂尔泰，大学士福敏，大学士查郎阿，尚书、军机大臣讷亲，尚书、军机大臣海望，协办大学士、尚书三泰，尚书、军机大臣班第，尚书来保，尚书哈达哈，尚书、军机大臣纳延泰，左都御史杭亦禄和总督仓场侍郎塞尔赫共15人，另兵部侍郎舒赫德因本案系兵部主稿亦与议政王大臣会议。这中间包括王三人，满军机大臣和满大学士全班人马，以及六部、理藩院满尚书，都察院满左都御史和满仓场侍郎，也就是说清一色的满洲旗籍，而且是最高统治集团核心层的人物。汉大学士张廷玉（兼军机大臣）、陈世倌和徐本（兼军机大臣）因没有议政大臣头衔，自然被排除于议政王大臣会议之外[3]。乾隆帝之所以将禁南洋案交议政王大臣会议，盖因此案具

① 《历代职官表》卷二一《通政司》。

② 《啸亭杂录》卷一〇《折子》。

③ 中国第一历史档案馆藏《宫中档朱批奏折·外交》，355-4、355-8。

有防范汉人与西洋夷人勾结，以保障大清帝国长治久安的重大意义。由此也可以看出，议政王大臣会议在军机处建立后虽然不再被授以议论军机的重务，但若有涉及国家战略安全、满洲贵族特殊利益等重大而敏感事件，仍必须先在满洲最高层加以充分讨论。

与康熙时代比较，此时的议政王大臣会议不仅组成更精干了，而且其八旗军事贵族合议制的色彩几乎消退殆尽，由主持国家中枢机构和各部院政务的官僚参与议政，当然不可能也不允许与会者以本旗利益作为议论的出发点。此外，乾隆帝还进一步加强了交议事件的保密措施。康熙时议政处所议之事，部院照例用题本奏闻，乾隆初仍循此例，凡交议政王大臣会议事件俱由内阁抄发。乾隆十一年（1746 年），云贵总督张允随奏滇省徼外葫芦国酋长蚌筑献厂归顺一事，奉旨“议政王大臣速议具奏”，遂由内阁传抄，以致议政处未经议覆，廷臣纷纷奏陈此事不可行，乾隆帝即降旨训饬，并以“议政处与各衙门不同”，命“嗣后凡遇交议政处事件，俱交内阁，专交该衙门办理，不得发抄”①。

不过从总的趋势看，18 世纪中期以后，议政王大臣会议的作用已微乎其微，只待一纸谕令宣布这一古老的政治传统的终结。乾隆五十六年（1791 年）十月二十四日，在满洲发祥史和清初政治舞台上曾扮演过重要角色的议政王大臣会议，在皇权如日中天之际终于寿终正寝了。这一天乾隆帝降旨曰：“国初以来，设立议政王大臣，彼时因有议政处，是以特派王大臣承充办理。自雍正年间设立军机处之后，皆系军机大臣每日召对，承旨遵办，

---

① 有关此案原委请参见《明清史料》庚编，第七本，第 602 页；《清高宗实录》卷二六一；《枢垣记略》卷一三《规制一》。

而满洲大学士、尚书向例俱兼议政虚衔，无应办之事，殊属有名无实。朕向来办事只崇实政，所有议政空衔，着不必兼充！"[①]

3．各省最高军政长官督抚与皇帝及部院关系的变化

康熙初，储方庆讲到天子设官时说："天下之官以数万计，而其大势常出于两途：六部操政柄，行之于督抚，督抚下之府县，以集其事，此一途也；科道察部臣之奸，巡方制督抚之专，而推官实为之爪牙，此又一途也。"[②] 如果仅就中央与地方关系而论，储方庆实际上概述了两个系统：一个是"六部—督抚—府县"，可称为行政系统，主要是为皇帝经理地方事务；巡方、推官则可称为监察系统，其职掌在于做天子耳目，检察、监督地方权力的行使，防止督抚等擅权违法、尾大不掉，形成对抗中央的政治势力。上述官制的设计，本于明制而略有损益。迨至18世纪二三十年代，随着奏折制度的完备和军机处的肇建，无论行政系统，还是监察系统，都发生了深刻的变化。

我们先来看行政系统。

创行奏折以前，皇帝一般不直接处理地方事务，即便奏折通行以后，在相当长的一段时间里，康熙帝仍然把奏折视为洞悉下情的手段，而无意打破"天下事权皆总持于六部，而分寄于督抚"[③] 的固有权力配置格局。这从本章、谕旨运行的顺序可以清晰地得到印证：督抚题奏本章经由通政司，或通过部院奏闻，下内阁票拟上呈，得到皇帝钦准批红后，将谕旨下阁发抄，由有关部院咨行各该督抚执行。军机处设立之后，有关钱粮、刑名等例

① 参见《枢垣记略》卷一《训谕》；《清高宗实录》卷一三八九。

② 《清经世文编》卷一八《裁官论》。

③ 《清经世文编》卷一四《敬陈弭灾修省疏》。

行公事的本章、谕旨仍循原有渠道运行，但督抚则通过奏折不仅可以随时向皇帝汇报地方民风政情，反馈有关政策在地方贯彻中出现的问题，共同商酌地方施政方针措施，更重要的是，督抚借助折奏这一上行的机密渠道，将地方发生的重大紧急事件及时奏闻，皇帝则通过廷寄这一下行的机密渠道，将如何处置的旨意迅速传达到各该督抚。这不仅极大地强化了皇帝对地方的直接控制，而且也极大地提高了朝廷对地方突发事件的应变能力。

再来看监察系统。

18 世纪二三十年代以前，清朝皇帝一般采取从中央派出监察官员巡行地方的传统做法，以强化对督抚等各级地方官的控制。顺治初，沿明制设巡按御史，顺治十年（1653 年）以其“多受属员献媚，参劾无闻”，将巡按概行停止，顺治十二年（1655 年）复之①，未久又撤。御史职品卑微，但一加“巡按”“巡方”之名，即有钦差意味，这固然加大了对地方监察的力度，而巡按扰驿累民，纳贿徇情，以至与督抚互相结纳、通同一气等种种弊端亦随之而来，因此巡按屡复而屡停。当顺治十七年（1660 年）再次议论复设直省巡方时，顺治帝终于道出了为人主者左右为难的苦衷：“欲照旧议差，恐仍踵前辙，于地方无益有害；欲概为停止，又恐各督抚职掌烦剧，不能亲巡详察，其贻误地方亦复不小。”② 迨至康熙朝，仍屡停屡复，屡复屡停。雍正即位之初，一度曾以派遣巡察御史，加强对地方的监察③，至雍正十二年

---

① 光绪《大清会典事例》卷一〇二五。

② 嘉庆《大清会典事例》卷七七〇。

③ 雍正三年（1725 年）议准：于江苏、安徽、湖北、湖南、山东、河南派遣“巡察”官员（《清世宗实录》卷三八）。

(1734年)又命“限年停止，于应稽察时特遣”①。可以说，清初诸帝虽不断地探索着限制和弱化以钦差御史监察地方的途径，但都没有彻底摆脱传统模式的桎梏，直到乾隆帝即位，才最终走出了设而复停、停而复设的怪圈。

鉴于明代设巡按的教训，乾隆帝坚定地认为：“巡按之设，盖仿汉时绣衣直指遗意，偶一行之，或可借以察民隐而纠吏弊。乃竟定为员额，旋复重其事权，喜事者既不免于操切，以致政令纷歧，而贪黩者更易启贿赂苞苴之弊，又或交通大吏，上下相朦，其贻害予吏治民生者更复不小！从来有治人无治法，民之疾苦，吏之贤不肖，岂区区一巡按遂能廉察无遗耶?”② 基于这样的认识，顺、康、雍时期例行差遣的巡按、巡方、巡察被完全停止，即便是不时特遣的科道的监察权也受到严格限制③。不过，乾隆帝丝毫也不打算放松对地方的监控，只是另辟蹊径罢了。

乾隆帝全面借鉴了其父以奏折控制臣工的经验，并进一步建立起以督抚为主的地方各衙门之间互相监察的体制。督抚作为各省最高军政首长，分别兼都察院右都御史或右副都御史之衔，理所当然地负有所辖省区的最高监察权力。雍正帝训谕督抚时就说：“澄清吏治，必本大公之心，虚怀察访”，“一省之事，凡察吏安民、转漕裕饷，皆统摄于巡抚”④。乾隆帝更明确地说：“督抚简任封疆，察吏是其专责，属员之贤否，例应以时体察，汇折奏闻。”⑤

---

① 光绪《大清会典事例》卷一〇二五。

② 《增批历代通鉴辑览》卷一〇〇。

③ 如科道随钦差大臣赴地方查办事件，“遇有会衔具奏之事，自应以奉差专办之员居首”，又如所有出差科道人员“不必擅动驿马，即有应奏寻常事件，俟差竣回京时再行具奏”（光绪《大清会典事例》卷一〇二五）。

④ 《清世宗实录》卷三。

⑤ 《清高宗实录》卷五八〇。

督抚在对下属行使监察权的同时，也受到同官及下属的监督和制约。一是督抚之间的相互纠察。乾隆帝对此并不隐讳："国家设立督抚，原为互相纠察，以维吏治而饬官方。"① 又说："督抚大员同在一省，有互相纠察之责。"② 二是督抚与驻防将军互相监督和制约。驻防将军虽无办理地方事件之责，但有密折奏事之权，且较督抚体统更尊，遇有地方仓库亏空，大吏贪黩不法，亦可专折密奏。三是藩臬两司的监督和制约。藩臬虽称督抚属员③，但究为一方大吏，且有专折奏事之权。雍正帝之所以允许藩臬密折奏事在很大程度上也是为制约督抚之权④，乾隆帝则把这层意思彻底挑明："两司均有奏事之责，如敢挟嫌诬奏上司，固有应得之罪，若督抚果罔上行私，赃款狼藉，自当据实上陈。"⑤ 四是没有资格折奏的道府州县等官遇督抚不公不法，亦可以直揭部科。雍正帝即位之初即宣谕，若督抚瞻顾容隐对旗员道府州县的勒索，"许本官封章密揭，都察院转为密奏"⑥。他唯恐被督抚参劾的属员或受屈抑，特谕允许"道府以下、知县以上各官有实在冤抑被参降革者，仍令赴都察院具呈"⑦。乾隆帝更屡屡申谕："道府为方面大员……即有上司抑勒，何难直揭部科？"⑧ "各州县遇有上司押令报荒、勒索银两之事，原许直揭部

① 中国第一历史档案馆编《乾隆朝惩办贪污档案选编》第一册，第982页。

② 《乾隆朝惩办贪污档案选编》第四册，第3016页。

③ 咸丰帝召对臣工时就说过："两司是督抚属员"（张集馨：《道咸宦海见闻录》，第259页）。

④ 雍正初内阁学士查嗣庭建议"令各省藩司用密折启奏"，以收"与督抚虽无相制之形，实有相制之实"的效果（《雍正朝汉文朱批奏折汇编》第二册，第109-110页）。

⑤ 《乾隆朝惩办贪污档案选编》第一册，第982页。

⑥ 中国第一历史档案馆编《雍正朝起居注册》第一册，第52页。

⑦ 《清世宗实录》卷三三。

⑧ 《乾隆朝惩办贪污档案选编》第二册，第1887页。

科。”[①] 五是盐政、关差、织造等在地方出差的内府官员也负有监察地方的特殊使命。乾隆帝明谕：“各省盐政、织造、关差等若以系属钦差，妄自尊大，或干预地方事务，则是自贻伊戚，固当治罪，至督抚等如有贪劣款迹，一有见闻，自当据实参奏，方为不负委任。”[②] 总之，这是一套别出心裁的以上司察劾下属为主，辅之以属员亦可揭举上司的周备而灵活的监察系统。其特点在于，皇帝摒弃了派出巡按等监察地方的固有做法，而通过奏折，直接将自州县至督抚的所有地方官置于严密的监控之下。

4. 皇位继承制度——秘密立储制确立

皇帝一旦实现了真正的严格意义上的乾纲独揽，其逻辑的发展就不仅会引起传统国家政体的深刻变革，而且势必要改变皇帝自身。从如临如履的政治责任感、孜孜不倦的勤政作风，到睿智的政治判断力和对国家大局的总体把握，以至健全的体魄及高尚的生活情趣等方面，都对意欲乾纲独揽的皇帝提出了不同于传统帝王的绝高要求。从这个意义上讲，昏君、暴君且不论，即使庸主和中等资质的君王，也很难挑起雍乾二帝加在他们后世子孙肩上的沉重负担。如果说“天子之子不皆贤，尚赖宰相传贤足相补救”[③] 的话，那么，彻底摒弃宰相制、内阁制的雍乾二帝又将何以善处“天子之子不皆贤”这一严酷的自然法则呢？

雍正帝即位之初的政治环境极为险恶，如何使皇统继承具有公认的合法性，以避免由于皇位授受不明而导致的政局剧烈震荡，是他萦怀于心的紧迫而重大的政治难题。出路似乎只有两

① 《乾隆朝惩办贪污档案选编》第二册，第 1575 页。

② 《乾隆朝惩办贪污档案选编》第四册，第 3380 页。

③ 《明夷待访录·置相》。

条：一是恪守家法，不预先册立太子。雍正帝说过："我朝太祖高皇帝开创以来，未尝预建储位……凡我朝圣圣相承，皆未由先正青宫而后践天位，乃开万世无疆之基业。"[①] 太祖（努尔哈赤）、太宗（皇太极）、世祖（顺治）、圣祖（康熙）诸帝确如雍正帝所言，未曾预建储位，但太祖、太宗直至崩殂亦未有传位遗命，又与世祖、圣祖于弥留之际指定嗣君不可同日而语，所以雍正帝又说："圣祖之精神力量，默运于事先，贯注于事后，神圣睿哲高出乎千古帝王之上，自能主持，若朕则岂能及此也？"[②] 至于太祖、太宗之死无遗命而由分掌八旗的子侄兄弟去共议嗣君，在雍正帝看来，恐怕并不值得效法。总之，不预建皇储的家法虽然令人神往，但实际操作起来，或不足为训，或难以为训，因此这条路未见得走得通。另一条路则是回到汉族传统皇位继承制。三代以下，无不遵行建储立嫡之制，有国者皆以预立太子为国家之本。从传统政治文化角度看，这是不容丝毫移易的治国之道。雍正时举人陆生楠以"有天下者，不可以无本之治治之"[③] 讥评清朝之不早建储贰；乾隆时生员金从善更直斥清之不立太子，"岂以不正之运自待耶？"[④] 足见建储立嫡传统观念之根深蒂固。即使作为满族最高统治者的康熙皇帝，也曾决心效法古制，立皇二子、嫡长子胤礽为皇太子，并在一度废储之后，再一次将胤礽推上皇太子之位，亦可见汉族传统政治文化对满族的深刻影响。但康熙帝最终还是坚决地抛弃了预建储贰的初衷，终其一生，未再册立太子。太子旋废旋立，立而复废，此中各皇子集团

① 《清世宗实录》卷八三。
② 《清世宗实录》卷一〇。
③ 《清世宗实录》卷八三。
④ 《清高宗实录》卷一〇六六。

觊觎神器，明争暗斗，都是雍正帝亲身经历的刻骨铭心之事，立嫡立长、预建皇储之断不可行，对他来说，是毫无疑问的。

两难之下，雍正帝采取了折中的方案，即预立皇储，然又不明诏宣示所立者为何人。雍正元年（1723 年）八月，雍正帝召总理事务王大臣、满汉文武大臣、九卿于乾清宫西暖阁，雍正帝当众面谕立储之事曰："今朕特将此事亲写密封藏于匣内，置之乾清宫正中世祖章皇帝御书'正大光明'匾额之后，乃宫中最高之处，以备不虞，诸王大臣咸宜知之。"随命诸臣退，仍留总理事务王大臣将密封锦匣收藏于"正大光明"匾额之后[①]。为确保立储密旨日后不发生意外争议，雍正帝于当众缄藏立储密旨后，又另书密封一件，常以随身，对此群臣皆无所知。直至雍正八年（1730 年）九月病重，才密示大学士、军机大臣张廷玉，雍正十年（1732 年）正月，又密示大学士、军机大臣鄂尔泰和张廷玉，并诫谕曰："汝二人外，再无一人知之。"[②] 雍正十三年（1735 年）八月二十三日子时，雍正帝逝于圆明园，鄂尔泰、张廷玉遂告王大臣等，大行皇帝随身带有亲书传位大事密旨，经询问总管太监，却不知密旨之所在。张廷玉提示说："大行皇帝当日密封之件谅亦无多，外用黄纸固封、背后写一'封'字者，即是此旨。"果如张廷玉所料，总管太监很快捧出黄封一函，即朱笔亲书传位于皇四子弘历之密旨。当即于灯下宣读，弘历始拜受命[③]。是日寅刻，返回大内，命内侍取出雍正元年缄藏乾清宫"正大光明"匾后封函，召诸王大臣齐入，始启封，即雍正元年

① 《清世宗实录》卷一〇。
② 《澄怀园主人自订年谱》卷三。
③ 同上。

立弘历为皇太子之旨，与内务府缄盒密记，核对吻合[①]。至此，在内外一片宁谧的气氛中，清廷完成了国家最高权力的交接，雍正帝处心积虑创制的所谓“秘密立储”顺利地通过了首次严峻考验。

乾隆帝御极，即踵行雍正秘密立储家法，于乾隆元年（1736年）七月密立皇二子、嫡长子永琏为皇太子，嗣后因永琏早殇，命将乾清宫“正大光明”匾后立储密旨撤出，至乾隆三十八年(1773年）复亲书皇十五子永琰之名，“藏于匣内，常以自随”，并于乾隆四十八年（1783年）九月召对诸皇子及军机大臣面谕已立皇储之事[②]。乾隆六十年（1795年）九月初三日，乾隆帝御门理事召皇子皇孙王公大臣等，“将癸巳年（乾隆三十八年）所定密缄嗣位皇子之名共同阅看”，遂立皇十五子、嘉亲王颙琰(永琰奉旨名上一字改书“颙”字）为皇太子[③]。翌年元旦，举行禅位大典，乾隆帝退居太上皇，在形式上完成了18世纪最后一次国家最高权力的接替。回顾乾隆元年举行秘密立储仪式时，乾隆帝曾向臣下表示：“此乃酌权剂经之道，非谓后世子孙皆当奉此以为法则也”[④]，而其晚年则最终认定“不可不立储，而尤不可显立储，最为良法美意”[⑤]，并告诫后世子孙“当敬凛此训，奉为万年法守”[⑥]。不难看出，乾隆帝对皇父雍正帝创行的秘密立储之制，也有一个逐渐深化的认识过程。

关于皇位继承，乾隆帝首先强调“不可不立储”，这是对汉

① 参见《清高宗实录》卷一，卷一一八九。
② 《清高宗实录》卷一一八九。
③ 《清高宗实录》卷一四八六。
④ 《清高宗实录》卷二二。
⑤ 《清高宗实录》卷一〇六七。
⑥ 《四库全书总目》卷八八《史部·史评类·钦定古今储贰金鉴》。

族传统皇位继承制合理部分的认同，实际上也是对本朝太祖、太宗、世祖、圣祖之不立储所存在的缺陷之否定。皇太子系天下根本，国本一立，内外辑宁，国家最高权力的接续比较容易顺利进行，因此建储立嫡，三代以下无不遵行，无人敢于轻议其非。满洲肇兴东土，太祖、太宗形格势禁而未立储，宾天之际，几乎引发争夺汗位的火并；世祖临终遗命康熙帝即位，赖有皇太后护持，才能保持大局稳定；康熙帝去世前仓促之间口述传位末命，而没有留下亲笔书写的传位诏旨，终于酿成了雍正兄弟间自相残杀的惨祸——这些都是乾隆帝所熟知而不便明言的历史教训。然而，乾隆帝虽然可以承袭早定储位的古制，但汉族传统的立嫡立长、明诏建储其断然不能接受，这就是他向后世子孙反复强调的“尤不可显立储”。乾隆帝在位的 60 年间，特别是乾隆晚年，关于立储的训谕不啻再三再四，他列举三代以下建储立嫡，包括圣祖立皇太子的历史教训，雄辩地论证“三代以后，人心不古，秦汉豫立太子，其后争夺废立，祸乱相寻”①；“盖一立太子，众见神器有属，幻起百端，弟兄既多所猜嫌，宵小且从而揣测，其懦者，献媚逢迎，以陷于非，其强者，设机媒孽，以诬其过，往往酿成祸变，遂致父子之间慈孝两亏，家国大计转滋罅隙”②；“总之，储贰一建，其弊丛生，不特佥壬依附，易启嫌隙，而名分早著，日久必致流于骄佚”③。对于立嫡立长之说，乾隆帝并不否认自己“何尝不欲立嫡”④，但在孝贤皇后所出皇二子、皇七子

① 《清高宗实录》卷一一八九。

② 《清高宗实录》卷一〇六七。

③ 《清高宗御制诗文全集·御制文三集》卷三《慎建储贰论》。

④ 参见《清高宗实录》卷一四八六；《清高宗御制诗文全集·御制文三集》卷三《慎建储贰论》。

相继早殇，继后乌拉那拉氏又与圣心相迕，已不可能再从嫡子中遴选皇储的情况下，他特向后世子孙诫谕不必拘泥立嫡立长古制："立嫡立长之说，尤非确论。汉之文帝最贤，并非嫡子，使汉高令其嗣位，何至有吕氏之祸？又如唐太宗为群雄所附，明永乐亦勇略著闻，使唐高祖不立建成而立太宗，明太祖不立建文而立永乐，则元武门之变、金川门之难，皆无自而起，何至骨肉伤残，忠良惨戮？此立嫡立长之贻害，不大彰明较著乎？"① 由此而得出的结论是："朕虽未明诏立储，实与立储无异，但不欲似前代之务虚名而滋流弊耳"②。应该说，雍正帝创立的秘密立储制，经乾隆帝在理论上的阐发，才最终形成了足以与传统立嫡立长、明诏立储的皇位继承制分庭抗礼的清朝独特的帝位传承家法。

与建储立嫡不同的秘密立储制，归根结底是由满洲社会特殊的历史传统、政治文化所决定的。为什么自太宗皇太极、顺治帝、康熙帝、雍正帝、乾隆帝以至嘉庆帝连续六代承继皇位者皆非元后正嫡③？为什么康熙册立嫡后元良胤礽之后反而激起了诸皇子对储位空前惨烈的争夺，最后竟迫使一代雄主康熙帝痛下决

---

① 《清高宗实录》卷一〇六七。《御批通鉴辑览》明洪武二十五年（1392年）夏四月"皇太子标卒"条下记学士刘三吾谏止太祖立燕王事，乾隆御批云："神器当择贤而畀，燕王素称才武，知子莫如父，明祖自当内断于心。彼时即定计建储，不但付畀得人，并可弭他日骨肉之衅。况父子世及，本三代以下之常经，又深知长君为社稷之福，复有何疑？豫而向廷臣婉转曲询，此盖由明祖泥古好名，致三吾顿生异议，遂而决意立孙，一错而不可复救……盖三吾不过乐大孙宽厚，乃敢伪托礼文以阴挠大计，实罪不容诛。而明祖不知慎始虑终，轻于授受，祸患自贻，实当断不断，阶之厉耳！"（《御批通鉴辑览》卷一〇一）乾隆此段批语，进一步阐发了他对立嫡立长之说的非议。

② 《清高宗实录》卷一〇六六。

③ 乾隆十二年（1747年）除夕，孝贤皇后所出之皇七子永琮出痘薨逝，乾隆帝曾降旨自责，略谓："本朝自世祖章皇帝以至朕躬，皆未有以元后正嫡绍承大统者……似此竟成家法，乃朕立意私庆，必欲以嫡子承统，行先人所未曾行之事，邀先人所不能获之福，此乃朕过耶！"（《清高宗实录》卷三〇五）

心不再立储？为什么并非中宫嫡子的皇长子胤禔、皇三子胤祉、皇四子胤禛、皇八子胤禩、皇九子胤禟、皇十四子胤禵都认为自己于皇位有份，都有资格或明或暗地争逐神器？为什么每个皇子集团的背后都有满洲重臣的鼎力支持，甚至生母出身于“辛者库贱籍”的八阿哥胤禩竟被满朝文武一致举荐为皇太子以接替被废黜的胤礽？这一切固然有某些偶然因素，但恐怕很难完全用偶然因素解释得通，似乎只能从满洲社会的特殊性去寻找答案。

有研究证明，满族以及满族以前进入中原并建立政权的北方少数民族都盛行与汉族一夫一妻多妾制的婚姻家庭形式有别的一夫多妻制，反映在皇室的后宫制度上则是与汉族传统的皇后一人、嫔妃多人不同的并后制。太祖努尔哈赤时期，包括后被追谥为“孝慈高皇后”的皇太极生母叶赫那拉氏在内的“后妃”并曰“福晋”，嗣后太宗则立五宫皇后，这都可以从金、元两朝的并后制找到渊源。一夫多妻制不仅存在于皇室，而且在满洲社会中上层广泛实行。入关前后一夫多妻制及与此相应的并后制虽然开始了向汉族传统的转化，但还要经历一个漫长而曲折的过程，大约到雍乾时期方告终结。当然，嫡妻、皇后名分的确立，并不意味着其余诸妻或妃嫔立即沦于妾侍的低贱地位，由于满洲历史传统的根深蒂固，多妻制直至清末尚有遗迹可寻①。并后制下诸皇子自然无所谓嫡庶之分，由并后制向后妃制过渡的时期嫡庶之间的界限也势必长期模糊不清，至少在人们的观念中，很难接受法律所规定的嫡庶名分上的严格区别。加以满洲国家自有的自和硕亲王以至入八分公皆分主八旗属人的政治传统，因此直至康雍之

---

① 详见定宜庄：《满族早期的一夫多妻制及其在清代的遗存》，《清史研究》1998年第4期。

际，诸皇子皆有资格且有实力以储君自命，甚至到了乾隆时代，皇子们略有窥伺神器迹象，仍令乾隆帝十分惕惧。康熙帝晚年对满洲社会的特殊性似乎有所觉察，因而坚决摒弃了效法汉制建储立嫡的初衷。但储位虚悬，亦非消弭诸皇子问鼎野心之良策，只能使争储危机日后爆发得更加猛烈。雍正帝即位之初，便独出心裁地创立了秘密立储之制，亲书传位密旨，当众缄藏，期望此举既可收在位之日宁辑人心之效，又可作为百年之后新君即位的权威凭证。这不能不说是雍正帝从痛苦经验中摸索到的适合满洲国情的最佳皇位继承方案。

秘密立储的设计从技术上解开了必须建储以定国本，但又不能明诏册立太子的死结，是对中国古代传统皇位继承制度的重大变革，也是对满洲国家不立储家法的修改和完善。从消极方面讲，秘密立储的审慎运作，可以避免预立太子祸乱相仍的弊端；从积极方面讲，则可以不拘嫡长子的狭隘限制，在所有皇子范围内遴选皇储，并通过长期培养、考察由皇帝做出最终是否令其承继皇位的决定。雍正帝创制之时未必有秘密立储与乾纲独揽相配套的深远用心，但不可否认他从避免争储危机的考虑出发，竟找到了缓解废除宰相制后皇权独揽困境的方法。皇储既有较好的先天素质，清帝对皇子教育的重要性又有自觉的意识①，孟森所谓

① 《增批历代通鉴辑览》成化十四年（1478 年）春二月“皇太子出阁就学”条下记：“太子虽出阁，老奄覃吉朝夕侍左右，口授四书章句及古今政典……时太子方九岁，端本正始，吉有力焉。”此处乾隆帝有眉批：“略谓太子出阁就学，豫教所当慎重，覃吉即老成旧阉，亦只可谨视起居，若口授章句，廷臣中岂无可简备官僚，以资启迪？乃委之寺人，实为非体。以端本正始归之于吉，无识甚矣！”俱见该书卷二百六。讲到本朝皇子教育与历代不同时乾隆帝又说：“古来惟以豫教之说属之太子……若我国家之制，诸皇子六岁以上即就尚书房读书，即皇孙、皇曾孙亦然，既选京堂、翰林以分课其读，复派大学士、尚书数人以总视其成，更简满洲、蒙古大臣侍卫等以肄之国语、骑射，长幼相聚。昕夕程功，初无歧视之心，讵有嫌疑之迹，实大异乎胜国之心。”（《清高宗实录》卷一〇六七）

“清多令主，最下亦不失为中主”[①]，实在不应简单地归之于天资得天独厚。

清人有云：“我朝圣祖、神宗，继继承承，一切官礼兵刑，监前明而精之，法度纪纲纤悉具备。”[②] 其所谓“精”者，盖清朝一代法度自成系统，而相较之下，明代中期以后，政制则不免有杂糅之弊。法制因时变革，自成规模，切忌杂糅，这一改革精义王夫之讲得最透辟，他说：“一代之制，各因其时，建一代之规模”，因而他特别强调经过变革的政制法度要构成“以一成纯而互相裁制”的完整系统，最终达到“相扶而成治”的境界；绝不能将古今“一切之法窜乱于时政变迁之中”，如果“慕古人一事之当，独举一事，杂古于今之中”，如果“浮慕前人之一得，杂糅之于时政之中，而自矜复古”，则必然“王不成王，霸不成霸，而可不偾乱者也”[③]。明太祖罢丞相，以期“事皆朝廷总之”，是对传统政制带有实质性的重大变革。与废相相配套，太祖升六部，设五府、都察院、大理寺等分理天下事务，并设官不过五品之殿阁大学士，以备顾问。成祖踵其后，使太祖一手擘画的政制法度更见完备。迨明中叶，内阁权力日重，虽不见丞相之名，而传统丞相制渐有借尸还魂之势，终至以非相而似相、似相而非相的内阁，杂糅于太祖所手创系统的政制架构之中，诚如王夫之所言，“可不偾乱”欤？清初诸帝坚定地沿袭明太祖“事皆朝廷总之”的政治体制改革方向，历经百年探索，终于找到了以军机处

---

① 孟森：《明清史讲义》下册，第556页。

② 《清经世文编》卷一二《复林若洲言时务书》。

③ 王夫之：《读通鉴论》卷二一《（唐）高宗》。萧公权论及王夫之政治思想时，已阐明“船山所提出制度之原理有二，一曰法制随时代以演变，二曰一代之法制自成一整个之体系”（萧著《中国政治思想史》下册，第669-677页）。

为政本的最便于乾纲独断的国家中枢组织形式和政治运行机制，并在政本之地的变革中，完成了内外诸衙门权力的重新配置，对传统的皇位继承制也做了前无古人的调整。因时立制，自成规模，不泥古，不杂糅，鲜明地贯穿于整个清前期政治体制改革进程中。相较之下，不唯明季诸帝不可望其项背，即明太祖似亦略逊一筹。同是极端专制，秦、隋二世而亡，而清朝竟能延续两个世纪之久，绝不是偶然的。

三　对儒家圣君贤相政治理念的批判

君相制自汉唐以迄宋元，在中国古代政制史存在的一千数百年，其至少有如下两个显著特征：一则人君广任贤良而不亲决细务，二则国家庶务公之于天下。究其实质，则是对君主专制权力实行某种制约，因此君相制也可以说是以“圣君贤相”为表征的开明专制。由于它渊源于儒家传统的政治价值观念，千百年来其为士大夫所拥护、所讴歌就是很自然的事了。从明太祖罢丞相，至清雍正帝以“皇帝-军机处制”彻底结束君相制，其间三百余年的内阁不宜笼统言之，大抵明内阁所体现的君臣关系更接近传统的君相制，而清顺、康两朝下的内阁制则渐失汉唐以降开明专制的色彩。雍乾二帝在确立“皇帝-军机处制”政治体制的过程中，不失时机地对君相制及“皇帝-内阁制”的理论依据进行了彻底清算。

1. 批判人君广任贤良，垂拱而治

最早嗅出清初诸帝独裁倾向的大概莫过于著《通鉴论》十七篇的广西举人陆生楠了。他借古喻今、含沙射影地攻击雍正帝说：“圣人之世，以同寅协恭为治……始皇一片私心，流毒万

世”；“人愈尊，权愈重，则身愈危，祸愈烈”。又说：“笃恭而天下平。”[①] 雍正帝为此杀生楠，且明降谕旨，痛加批驳，略谓端居深拱、静默无为，笃恭于无声无臭之表，并不能天下太平；所谓“笃恭而天下平”者，正由敬信劝威之道，非百务尽隳、上下睽绝，而后可为治也[②]。雍正帝又针对“人君不当亲庶务者”反驳说：“信若斯言，则皋陶之陈谟，何以云一日二日万几？孔子之赞舜，何以云好问好察？此皆朋党之痼习未去，畏人君之英察，而欲蒙蔽耳目，以自便其好恶之私焉耳。”[③] 迨乾隆帝当政，“皇帝-军机处制”趋于完备，专制独裁得以确立，君臣间关于人主应如何作为的争论更其频繁。

乾隆五年（1740 年）正月，御史朱续晫奏请皇上握要以图国政，谨持大纲，略言“人君之务当精选贤能，任以要职，则处躬不劳，而收效甚大，其余烦碎之事，不足留意”。乾隆帝大不以为然，降旨称“国家政务，不事躬亲，尚执要之名，而开丛脞之渐，则错谬已甚”[④]。乾隆十三年（1748 年）八月，乾隆帝又针对“昔人谓临下戒于过察，又谓宁受百人欺，不可使好贤之心少替”，宣谕曰：“夫万几待理而甘受人欺，弊将百出，是何可尝试者？况乾纲独断，乃本朝家法，自皇祖、皇考以来，一切用人听言大权从无旁假，即左右亲信大臣，亦未有能荣辱人、能生死人者。盖与其权移于下，而作福作威，肆行无忌，何若操之自上，而当宽而宽，当严而严，此朕所恪守前规不敢稍懈者。”[⑤]

① 《清世宗实录》卷八三。

② 同上。

③ 《清世宗实录》卷二二。

④ 《清高宗实录》卷一〇九。

⑤ 《清高宗实录》卷三二三。

显然，这是公然以“本朝”乾纲独断家法对抗为荀子所概括、为汉族士大夫所屡屡据以劝谏人君的“主好要则百事详，主好详则百事荒”这一儒家政治信条。此外，乾隆帝还对宋儒程颐的“天下治乱系于宰相”之说大加挞伐：“昔程子云：天下之治乱系宰相。此只可就彼时朝政阘冗者而言，若以国家治乱专倚宰相，则为之君者不几如木偶旒缀乎？且用宰相者，非人君其谁为之？使为人君者，深居高处，以天下之治乱付之宰相，大不可也；使为宰相者，居然以天下之治乱为己任，目无其君，此尤大不可也！”①

2. 批判国家政事应“公之于天下”

中国古代素有公开政治的传统，并为此设计了一套系统的监察谏议制度。宋人刘黻早就说过：“政事由中书则治，不由中书则乱，天下事当与天下共之，非人主所可得私也”②。当然，事关军机事务，须用密本，亦为人所接受，但也只限于用兵大事等特殊情况，包括官吏任免、参劾荐举、鞫审刑狱、钱粮报销、河漕工役等国家庶政，则一定要“公是非得失于天下”③。至 18 世纪密折通行、军机处体制完备，军机事务固然不予也不应该公开，但国家大政方针亦以“内阁奉上谕”的形式，由军机处承旨直接交内阁发抄，从而绕过了内阁、六科封驳，也避开了廷臣的参议；至于地方政务先行通过密折、廷寄往复斟酌，更是典型的“暗箱操作”，毫无透明度可言。以总督管理云南巡抚的杨名时一

---

① 《清高宗实录》卷一一二九。

② 《宋史》卷四〇五《刘黻传》。

③ 王夫之有言云：“题奏得旨，科抄下部，即发邸报，使中外咸知，此固以公是非得失于天下，而令知所奉行。然在寻常铨除、降调、论劾、荐举、典礼、刑狱、钱粮、工役之类则可。即如缇骑逮问，刑科且先行驾帖，不发邸抄，况用兵大事，奸细窥觇，密之犹恐不密，乃使喧传中外，俾夷狄盗贼得以早测进止乎？”(《噩梦》)

再于题本中泄露朱批谕旨，意在发泄对秘密政治的不满，雍正帝窥破其并非无意疏忽，先停其用折密奏，继而降旨切责，称杨名时“心中以为不当有密奏密批之事”。借此，雍正帝又向臣下晓谕秘密政治存在的道理：“国家庶务殷繁，亦有不便宣露于众者，亦有本章谕旨所不能尽者，亦有一时不能即定者，故于密折内往来斟酌，期于周详妥协。”最终，雍正帝以杨名时乃“怙恶不悛、大奸大诈”之人，命交部严议①。

乾隆帝登极后，第一个猛烈抨击秘密政治的是雍正朝深受密折之害的御史谢济世，其时他尚在戍所，乃代北路参赞大臣钦拜拟折上奏②，略言密奏之例，首告者不知主名，被告者无由申诉。上下相忌，君臣相疑。请自今除军机处外，皆用露章，不许密奏。即或论列宫阃，指斥乘舆，如唐魏徵之于太宗，后人美魏徵之能谏，未尝不美太宗之能容。至于有言责者，台谏而已，六科、十三道，职衔虽有部省之分，而天下之事，皆得条陈，天下之官，皆得举劾。臣以为言路仍当责成于科道③。奏入，据说乾隆帝称赞说：“钦拜有古大臣风”，但折留中未发④。嗣后乾隆帝政治风格日渐形成，他所做的恰是钳制科道言官议政干政之“古大臣风”，因为他深知不如此，就不能彻底摆脱古代公开政治的某种遗风对专制皇权的束缚，也就无法顺畅地推行秘密政治。乾隆帝读《历代通鉴辑览》，至明万历朝大学士王家屏因事“封还御批力谏，帝怒，家屏引疾归”一段，特加如下批语：“王家屏

---

① 《雍正朝汉文朱批奏折汇编》第八册，第 944 页。

② 参见《谢梅庄先生遗集》卷一《论开言路疏》(自注：雍正十三年十月军中代某大臣作)；《国朝先正事略》卷一五《谢梅庄观察事略》。

③ 《雍正朝汉文朱批奏折汇编》第二九册，第 912-914 页。

④ 参见《国朝先正事略》卷一五《谢梅庄观察事略》；《雍正朝汉文朱批奏折汇编》第二九册，第 914 页。

身为阁臣，知李献可贬谪之非，自当正言婉谏，乃前此缄默无语，及御批既下，竟尔封还不受，实为非体。夫丝纶宣布，奉行自有成规，若不能匡救于未形，而显然抗违诏旨，则臣志日专而主威日替，其弊有不可胜言者！厥后科臣效尤，竟视封驳为常事，刑赏大柄几不能操之自上，积习痼弊，国事遂渐以沦胥。明社之墟，盖其纪纲固已先亡矣。"① "臣志日专而主威日替"，一语道破了乾隆帝的深刻用心。

对君相制及"皇帝-内阁制"理论依据的清算，最终势必要从根本上辨明君臣之关系。孔子讲君臣，虽说是支配与被支配的关系，但又强调"君使臣以礼，臣事君以忠"②，即"君使臣以礼"与"臣事君以忠"是双向的，有条件的。如果君使臣不以礼怎么办？孔子没有说，以孔门私淑弟子自居的孟子则对此做了淋漓尽致的发挥："君之视臣如手足，则臣视君如腹心；君之视臣如犬马，则臣视君如国人；君之视臣如土芥，则臣视君如寇仇。"③ 孟子还公然宣言暴君纣乃践踏"仁义"的"一夫"，人人可得而诛之，这算不得什么"弑君"④。在孟子看来，君不是绝对的，只有实行仁义，才称得上君。仁义的标准不是君的好恶是非，而在于民，所以他又说："民为贵，社稷次之，君为轻。"⑤ 这样把维护以仁义为核心的道视为己任的士，尽管在政统中可与君结为君臣关系，但在道统上，则应以师傅自居，至少是王侯的朋友。战国时郭隗对燕王说："帝者与师处，王者与友处，伯

---

① 《御批历代通鉴辑览》卷一一一。

② 《论语·八佾》。

③ 《孟子·离娄》。

④ 《孟子·梁惠王》。

⑤ 《孟子·尽心》。

(霸)者与臣处”[1]，就清楚地表达了士人的这一愿望。中国士大夫心目中理想的君臣关系，尽管历经汉、唐、宋、明一千多年的演变，臣的义务日益绝对化，君的地位几乎达到了至高无上的程度，但孔孟所阐发的君臣关系准则仍在一代又一代士大夫中得到肯定和赞颂。明清之际，黄宗羲把治天下比喻为“曳大木”，直截了当地指出“君与臣，共曳木之人也”，为臣者“出而仕于君也，不以天下为事，则君之仆妾也；以天下为事，则君之师友也”[2]，这一段话可谓18世纪初叶雍正帝以《朋党论》大树人君的绝对威权之前，传统士人张扬古大臣高风亮节的一曲响遏行云的绝唱。

雍正二年(1724年)《御制朋党论》开宗明义曰：“朕惟天尊地卑，而君臣之分定。为人臣者，义当惟知有君，惟知有君，则其情固结不可解，而能与君同好恶，夫是之谓一德一心而上下交。”[3] 雍正帝把臣节的最高标准竟定为与君同好恶、与君同是非，则势必从根本上取消士大夫的独立人格，抹杀士大夫那令人主畏惮的凛然气节。这种单向的君臣关系与士大夫心目中理想的君臣关系是水火不相容的。乾隆帝效法其父，借辟朋党而扫荡臣节，理论上更可谓青出于蓝而胜于蓝。他蛮横地不准有“名臣”之称，理由是“名臣之称，必其勋业能安社稷，方为无愧，然社稷待名臣而安之，已非国家之福”。为此谆谆告诫后世子孙说：“乾纲在上，不致朝廷有名臣奸臣，亦社稷之福耳。”[4] 说到底，

---

① 《战国策·燕策》。
② 《明夷待访录·原臣》。
③ 《清世宗实录》卷二二。
④ 《清高宗实录》卷一一二九。

乾隆帝所要的，“一律都是不好不坏、无所谓好坏的奴子”①。

雍正帝既逝，左都御史孙嘉淦进谏新帝乾隆的《三习一弊疏》，称皇帝“出一言而盈廷称圣，发一令而四海讴歌”，又曰：“上愈智则下愈愚，上愈能则下愈畏。趋跄谄胁，顾盼而皆然；免冠叩首，应声而即是”②，可以视为对经大力整肃而定型的君臣关系的生动概括。乾隆帝晚年最有作为的大学士阿桂奏称：“我皇上圣明天亶，宵旰万机，亲秉乾纲，裁衡指示，凡在臣工但能领会遵循，不致漏误过多，已属无几。而奴才身依日月之光，地分本当亲近，更何敢以赞佐无能之套语，蹈袭谦谦未遑之空文。”③ 此话出于满洲奴才之口尚不足为奇，而汉族士大夫精英阮元也吹捧说：“我皇上运筹九重之上，决胜万里之外，领兵大臣莫不仰承圣谟，指授机宜，有战必克。间有偶违庙算者，既不能速蒇丰功，又孰能于睿虑所未及之处，自出奇谋，儌幸立功者？”④ 朱珪进呈《御制说经古文·跋》，竟称誉乾隆帝说经之文“刊千古相承之误，宣群经未传之蕴，断千秋未定之案，开诸儒未解之惑”⑤，则足以证明，君权的至高无上和臣节的扫地以尽，到 18 世纪之末终成定局。

---

① 《鲁迅全集》第六卷《买〈小学大全〉记》。
② 《清经世文编》卷九《三习一弊疏》。
③ 《宫中档乾隆朝奏折》第三八辑，第 582-583 页。
④ 陆以湉：《冷庐杂识》卷三《阮文达公拟疏》。
⑤ 《清高宗实录》卷一四四二。

第二章

专制主义中央集权的强化

在中央与地方关系上，清朝承袭明制而加以损益，建立了一整套严密而富有特色的专制主义中央集权的政治体制。自17世纪80年代平定三藩叛乱、收复台湾，至18世纪末川楚陕等省白莲教大起义爆发，一百多年间中原地区没发生过大的战乱。这一时期，全国人口倍增，版图扩大，经济繁荣，各地区经济、文化发展不平衡的固有格局有了进一步的发展，地区性差异更加突出。因此，调整中央与地方的关系成为清统治者面临的一个新的课题。同时，由于奏折制度的创行和推广，清统治者能够及时了解地方政治、经济、社会动态，从而更便于对中央和地方的权力配置进行调整，并在中央做出决策时考虑并兼顾地方的利益。总的来看，在专制主义中央集权体制进一步强化的大趋势下，18世纪前后一百余年间，在中央与地方的权力结构，以及地方对中央决策的影响等方面，都出现了一些值得重视的新动向。

第一节　部院与督抚的权力配置

一　部院与督抚相维相制

对于国家整个行政权力系统中各职能部门的关系，清朝皇帝有明确的阐述。乾隆帝曾说过：“国家设官，大小相统，内外相维”①，这是笼统言之；他又说“国家设官分职，文武兼资，在文职，则内而阁部院司，外而督抚，以至守令丞尉，阶级等差，互相维制，至武职为国家干城，同膺心膂之寄”②，则可视为清朝皇帝对国家权力结构和制约关系的总体设计。下面集中探讨部院与督抚之间“互相维制”的关系。

部院和督抚是国家的行政权力系统中最主要的部门，前者是为皇帝综理全国军政事务的中央职能部门，后者则是为皇帝分理各省军政事务的地方权力机构。所谓“国家设官分职”，实质是“皇帝设官分职”，以执行由皇帝所表达的国家意志。对此，康熙时的大臣魏象枢做过十分得体的表述：“我皇上之仁政仁言所仰体而奉行之者，在内六部等衙门，在外督抚等衙门，其切要者也。”③ 乾隆帝更直截了当地说：“外而督抚，内而九卿，朕之股肱心膂也。”④ 因此，部院与督抚只有行政权力分工之别，而不存在上司和下属的关系。部院九卿和督抚大吏俱由皇帝直接遴选

① 《清高宗实录》卷五七四。
② 《清高宗实录》卷一二五八。
③ 《清经世文编》卷一四《请禁咨议停阁疏》。
④ 《清高宗实录》卷一六二。

简用、升迁罢斥，而分别直接对皇帝负责。督抚与部院尚书、侍郎俱为一二品大员，且督抚皆授都察院右都御史衔、右副都御史衔，又例兼兵部尚书、侍郎衔；部院衙门与督抚衙门是平级行政衙门，二者公文来往用平行官文书——“咨”。正是由于以上缘故，清代用“内”“外”区别部院和督抚，称“内部”和“外省”，而未见今天“中央”“地方”之类的政治术语。官书中常提到的“中外”则是指“京中”和“京外”，并非“中央”与“地方”之义。

这样看来，部院与督抚的“互相维制”，确切地讲，是在皇帝控制下行政权力系统中央职能部门与地方职能部门相维又相制的一种动态均衡的权力制约关系。部院与督抚之间这种权力关系具体表现为部院掌握纲纪法度，以防止因各省督抚专擅行事而破坏全国政令的集中和统一；而督抚谙练地方土俗民情，有利于因地制宜地贯彻国家政令，同时亦能及时反馈国家政令在贯彻中出现的新情况、新问题，提出修正的建议。乾隆中期大臣秦蕙田论及本朝“法制精详，防维周密”时曾说：“设官分职，内外相维，体统相制。在京之官，执法奉令，可以通达政体；外省之吏，承流宣化，易于练察民情。要之，政以治民，民为政本，原无分别，况内外之员，迭居互任，国有章程。”① 可见，督抚与部院相维相制是通过内外的权力制约，以达到准确而有效地贯彻皇帝意志的最终目的的。从这个意义上讲，职官设置上部院和督抚的权力是对立的，同时也是统一的。处于相维相制、相反相成关系下的部院与督抚之间动态的权力均衡，不仅是皇权至高无上的重要保证，而且也是政治清明、井然有序，并充满活力的关键一环。

---

① 《清经世文编》卷一〇《经筵讲义二篇·龙德而正中者也》。

二　皇帝对内外政治运作的控制、协调和监督

部院与督抚相维相制，只能说是国家设官分职所追求的理想目标，而在政治运作的实践中，普遍存在的问题是既不能相维，又不能相制，前者表现为部院对督抚题咨事件吹求苛驳，督抚借口地方的特殊性而侵夺部院之权；后者则表现为部院与督抚营求结纳，朋比为奸。二者表现形式虽迥然有别，但腐蚀吏治、削弱行政效率、最终削弱中央集权的严重后果则是相同的。针对内外政治运作中的种种弊端，康雍乾三帝通过长期的探索，逐渐形成了一整套对内外权力运作控制、协调和监督的机制。

1.“督抚不可侵部院之权，部院亦不宜刻求督抚之非”

举凡钱粮的动支开销、官员的举劾任免、刑名的审拟复核，以及临时军需或地方工程等等重大的经常性的事务，例由督抚具题或咨部而后见诸实行。因此，六部握有依据律例、则例等审核并向皇帝提出是准是驳的大权。例如，以“掌天下之地政与其版籍，以赞上养万民”为职司的中央财政主管部门户部[①]，便负有“凡赋税征课之则，俸饷颁给之制，仓库出纳之数，川陆转运之宜，百司以达于部，尚书、侍郎率其属以定议，大事上之，小事则行”的权力[②]。督抚与户部之间最经常的工作关系是经费的动支和奏销，动支款项可分为额定支出和临时性支出两大类，对于后者，由于各地情况不同，物价盈缩消长等复杂因素，督抚与六部最容易发生摩擦，至于奏销钱粮，则由督抚将“四柱款册”（注明旧管、新收、开除、实在，故曰“四柱款册”）送部，部臣

---

① 光绪《大清会典》卷一三。

② 同上。

按款查核，“有循例支给请销者，有旧案相符准销者，有应俟本案核结之后准销者，有应立专案造册核销者”①，分别不同情节，以应准或应驳具题请旨。在部院大臣，以执法奉令为己任，事事恪遵成例，稍有不合即行使驳查大权，因此，部臣苛驳长时间成为内外议论的一个焦点。

康熙初年，给事中姚文然在《请省奏销驳查疏》中举出户部苛驳的一个典型事例：康熙六年（1667 年），湖北巡抚刘兆麒、湖南巡抚周召南奏销军需兵马买用豆草等项，部议准销；事隔三月，同属一案，湖广总督张长庚奏销时，部臣又称“豆草价值已浮，难以照算”，请敕下该抚覆减具题②。靳辅也举出他在安徽巡抚任内部臣苛驳的事例，略言一件动用钱粮数百万两的积案，由于部驳不准开销，寒来暑往，历十余年周折始得结案。他认为，督抚捏款报销，希图肥己，自应驳查；“若实支实用，并无捏款朦报、用少开多之情，则断不宜屡行苛驳”③。对奉旨豁免的钱粮，部臣有时亦以“慎重国帑”为由，而加以阻格。靳辅说他带管漕务时，安徽邳州、宿州等州县历次积欠漕项钱粮 3 万余两业已奉恩蠲免，“经漕抚两臣数次题请豁免，而部议坚执不允，坐以明系官侵之名，而严着追比”④。康熙年间，江西南昌府重赋浮粮几经地方大吏题请豁免，业已奉旨准行，却都格于部覆，未予免除⑤。

凡部臣苛驳，虽举出理由堂堂正正，但其中不无情弊。直隶

① 光绪《大清会典》卷一九。
② 《清经世文编》卷一二《请省奏销驳查疏》。
③ 《清经世文编》卷二六《苛驳宜禁疏》。
④ 同上。
⑤ 《雍正朝汉文朱批奏折汇编》第一册，第 807-809 页。

巡抚赵弘燮在康熙五十年（1711 年）五月通过密折向皇上诉苦道："如户部之苛求臣者，向例凡关钱粮本章，户部俱有陋规，臣到任以来，毫无交与，又每遇蠲免钱粮之年，部中俱有讲究，此人人所共知者。去岁蒙皇上浩荡洪恩，蠲免钱粮，臣惟期仰体圣恩，使百姓尽沾实惠，与部中水米无交，所以臣三次咨请部示，一则曰侵隐，再则曰侵隐，而侵隐不绝口也。向使臣素有交结，则断无侵隐二字之吹求矣。至刑部之吹求者，因前大名道卞三公系刑部侍郎卞永誉之叔，臣因其年老废弛，不避嫌怨，计参罢职，卞永誉则怀深恨，与部臣倡和，每案必苛驳，思欲中伤无已。又吏部之苛求臣者，前题清苑县令，部臣驳其盗案参罚，臣遂将有盗案而部允者历指题明，蒙我皇上圣鉴，将吏部侍郎杜敏革任，今部臣以攻讦其隐私亦挟嫌衅臣。"① 赵弘燮操守如何姑且不论，他所揭露的部院隐情则大致可信。康熙帝曾对大学士等讲："部院情弊，朕知之甚悉，凡部院驳回事件，有应驳回者，亦有有故而驳回者。倘欲实指其事，朕并其始末，皆能细言之。"② 康熙帝未明言的"有故而驳回者"，无非是索取贿赂和挟嫌报复。

部臣吹求苛驳以刁难督抚，督抚则往往借故侵夺部院之权，这是部臣与督抚权力制约中的另一弊端。康熙四十三年（1704 年）八月，御史田从典在《请禁滥调疏》中指出："近见督抚不拘成例，请调州县，有秉公而调者，即有徇私而调者"，他说督抚滥调之弊有三："一曰曲徇请托也，一曰公行贿赂也，一曰引

① 《康熙朝汉文朱批奏折汇编》第三册，第 430-434 页。赵弘燮与吏部结怨原委详见《康熙朝汉文朱批奏折汇编》第一册，第 905-910 页。

② 《清圣祖实录》卷二一五。

用心腹之人也。然而皆借整饬地方为名，简拔贤能为说，既不拘历俸之浅深，复不论参罚之有无，巧为蒙混，竟成捷径。”田从典还举出前安徽巡抚李锅调桐城县知县钱启鳌“指桐城县之繁以为简，指休宁县之简以为繁”[①]。这里所说的指繁缺为简缺，指简缺为繁缺，不拘历俸深浅，不论参罚有无而蒙混请调州县，都是对吏部铨选官吏权力的侵夺。

刑部是中央司法主管部门，“凡外省刑名之案，题者咨者到部，各凭其供勘，察其证据，按其律例，覆其断拟”而定以准驳。斩绞死罪，督抚外结，则是对部权的严重侵夺。乾隆二十一年（1756年）揭露出来的江苏巡抚庄有恭擅权绞罪外结案即属此例。乾隆十二年（1747年）三月，泰兴县捐职州同朱畇的雇工顾五图奸陶永盛之妻，被陶永盛之弟陶永年撞获，诉知朱畇，朱畇令陶永盛将顾五拴打，因伤致命，朱畇惧罪贿嘱尸亲私和寝事。未久案发，朱畇照威力主使殴打致死者以主使之人为首律，拟绞监候，朱畇之妻等呈请捐银三万两赎罪，经庄有恭令按察司核议批允，饬令照数缴清赎罪银，另详候夺。至乾隆二十一年庄有恭丁母忧离任，遂以未了之案奏明[②]。乾隆帝据奏，立即降旨命两江总督尹继善查办此案，谕称：“庄有恭所奏泰兴县捐职州同朱畇捐银赎罪一案，此事殊不明晰，朱畇既从重归于殴死顾五案内，应拟绞监候，即据家属呈请，亦应俟题结核拟，再行据实奏明，饬部定议，岂有未经具题，遽行准赎之理？是外省督抚竟可虚拟罪名，饬司拟赎，自行完结，不必上闻矣，从来无此

---

① 参见《清史列传》卷一二《田从典传》；《清经世文编》卷二〇《请禁滥调疏》。
② 《宫中档乾隆朝奏折》第一〇辑，第100-111页。

理也!”①

康、雍、乾三帝对于国家行政权力系统中中央部院与各省督抚因互相制约引起的矛盾、摩擦和冲突，在一般情况下都采取折中调和的态度。康熙帝讲的“督抚不可侵部院之权，部院亦不宜刻求督抚之非，凡事宜用中，不可一偏也”②，可以视为清帝处理中央与地方矛盾的总原则。乾隆帝也以“中道”谆谆训谕，不啻至再至三，如乾隆六年（1741年）谕称：“大臣为国家任事，不可流于一偏，现在尚书、侍郎中有曾任督抚者，有将来出为督抚者，乃在外则所请常过于宽，曰吾以恤民瘼也，在内则所驳常过于严，曰吾以重国帑也。其所居之官职不同，而存心行事亦因以迥异……所谓公忠体国者，有几人乎？朕之谕旨，惟以中道期望内外大臣，俾无过不及之弊。”③ 为了调和内外大臣的矛盾，皇帝往往煞费苦心。在雍正三年（1725年）广西生员陈为翰打死何壮深一案中，该省巡抚照斗殴杀人律拟绞监候具题，刑部改重为应斩监候，巡抚李绂审出实情，仍照前拟具题，刑部又欲驳重，雍正帝难以调和，遂向臣下表白心曲道：“朕筹之再四，若依部驳，恐将来督抚等俱有意迎合，而事情委曲有所未尽，若仍照该抚所拟，又恐将来督抚等坚执前见，不肯改易，朦胧结案，二者皆于法不得其平”，无奈之下，只好将此案交九卿等会同详议④。其实这件命案刑部驳重之非已毫无疑义，但令雍正帝“筹之再四”的难题并不是判定孰是孰非，而是如何摆平部院与督抚二者权力。由此可见，所谓“事宜用中”“无过不及”云云，说

① 《清高宗实录》卷五二七。
② 《清圣祖实录》卷二五六。
③ 《清高宗实录》卷一五四。
④ 《清世宗实录》卷二九。

到底是有意抑制内外两方权力都不可过分膨胀，以保持二者之间权力制约的最佳力度。

当然，以调和折中来协调部院与督抚之间的关系，还要视情况的变化而有不同的侧重点。从 18 世纪前后这一百多年的总趋向来看，戒饬苛驳一般多于戒饬侵权。康熙十八年（1679 年）八月二十九日御门听政，康熙帝垂询九卿科道等："部中驳参钱粮，或言应驳，或言不应驳，二者孰是?"户部尚书伊桑阿等异口同声皆主应驳，康熙帝则说："科、道条奏，每言部中不宜屡驳，以掣督抚之肘。督抚亦以部中掣肘为言。朕思各省督抚各理一省之事，部臣料理部务，关系天下之事。有一省可行，而他省不可行者；有可行于古，不可行于今者；亦有不可行于古，而可行于今者；原宜审时度势，斟酌至当。若胶执一说，不知变通，岂能行之无碍?"① 康熙帝考虑到地区差异、古今变迁，强调应审时度势，有所变通。他不赞成屡驳以至苛驳的倾向显而易见，他的因时变通的思想体现了他对国情的深切理解。康熙帝的想法对后世清帝有很大影响。乾隆帝初政不久即谕示："近来六部办理事件，多主于驳，不但司官为然，大臣亦复不免。使所驳果属允当，督抚等自可遵循改正，若徒以驳诘为事，彼将何所适从?即如国家经费，固当加意慎重，然遇事之不得不开销者，既无俸工可动，又无己资可捐，若再不准动用公项，则公事碍难办理，不肖有司必致科派小民，其弊可胜言乎？在部臣之意，以为题销即准，势必开浮冒之端，将来国用不足，仍将贻累民间，不得不严加查核。殊不知为督抚者，违道干誉，亏国计以市己恩，固属不可，但经费之宜省宜用，自有不易之理，当于撙节之中存远大

① 《康熙起居注》第一册，第 430 页。

之见，而轻重之间，又不可不加权衡。”[①]

然而，自17世纪晚期以后，随着奏折制度的推行，督抚得以将重大紧要事件先行奏闻请旨，因而侵夺部权之事日益增多。直隶巡抚赵弘燮自康熙四十五年（1706年）十月至五十年（1711年）五月，先后指名奏请破格升调河间知府、大名知府、清苑知县、顺广大道（统辖顺德、广平、大名三府监司）、通永道等下属[②]，因而与部臣长期处于紧张对峙状态，从而引起皇帝的警觉。雍正帝为此谕称：“凡为督抚者，奉到朱批之后，若欲见诸施行，自应另行具本，或咨部定夺”，“若但以曾经折奏，遂借口已经得旨而毅然行之，则凡钱粮之开销、官员之举劾，以及苗疆之军务、地方之工程，诸如此类，督抚皆得侵六部之权”，“行之日久，滋弊必多，为害甚巨，不可不防其渐也。”[③] 由此可见，雍正帝已意识到因奏折制度推行而产生的负面作用，为了保持督抚与部臣之间相互制约、彼此颉颃的权力均衡结构的稳定，他对督抚借折奏侵夺部院之权的新问题予以高度重视。

对于部臣苛驳、督抚侵权，皇帝除随时训谕之外，也采取了某些行政措施以至法律措施加以纠正。例如雍正帝即位之初即明谕：“部驳事件，督抚每固执原题具奏，一经驳回往返，迟误数月，干连人等多至受累。嗣后部内应驳事件，督抚仍行固执原题具奏，部内即将督抚一并议处具奏；如不应驳事件，而部内故求疵隙题驳，该督抚即将不应驳之情由奏闻。”[④] 刑名案件，最易

---

① 《清高宗实录》卷一五四。

② 《康熙朝汉文朱批奏折汇编》第一册，第454-458、745-747、796-798、905-910、976-981页；第二册，第777-780页；第三册，第304-306、435-438、502-503页。

③ 《清世宗实录》卷九六。

④ 《雍正朝起居注册》第一册，第113页。

久拖不结，因此，照例外省具题，经部议覆，凡“由重改轻者，该部即行定议，请旨完结；由轻改重者，令该督抚另行改拟具题”①。除此之外，《大清律例》对督抚承审期限亦有明确规定：“凡钦部等案件，直省督抚俱以文到日为始，限四个月具题。总督辖两省者，隔省事件限六个月具题”；“直隶各省审理人命事件，定限六个月；盗案定限一年”；“凡承审命盗及钦部事件，至限满不结，该督抚照例咨参……督抚参迟延时，将何月日解审、驳查次数声明，听部查核”。以上各条例俱为雍正五年（1727年）律例馆奏准，附于“官文书稽程律文”之后②，与本律具有同等法律效力。对于各部承办事件限期以及各省承办事件限期，《会典则例》都有详明的规定，凡逾限未结，分别予以行政处分③，例如乾隆五十一年（1786年）谕定：“各省动用钱粮报销，俱有定例，该督抚等自应核实，速行具题，乃经部驳查后，复辗转行查至数次尚未题覆，实属疏玩。所有驳查二次未覆者，姑免议处，其驳查三次尚未题覆者，俱着交部议处。着为令。”④ 总之，皇帝充分运用行政、法律手段来协调部院与督抚的权力配置关系。

2. 对内外朋比为奸的防范和惩处

一般来说，督抚侵权、部院苛驳这种内外相制中出现的问题容易发现，而大吏与廷臣朋比为奸、徇私营求这种内外相维中的情弊则难以觉察。康熙帝晚年曾任工部、户部尚书的王鸿绪通过密缮小折向康熙帝揭露了内外营私舞弊的种种黑幕。关于钱粮奏销，王鸿绪说：“天下钱粮归于户部，款项繁杂，其弊最多，而

---

① 《清高宗实录》卷二六三。
② 马建石、杨育棠：《大清律例通考校注》，第386-387页。
③ 光绪《大清会典事例》卷八八，卷八九。
④ 光绪《大清会典事例》卷八九。

作弊亦最易。然其弊在本章上者尚少，其弊在咨文上者甚多。”①何以借咨文作弊呢？王鸿绪解释道：“臣查各省地丁、税课各项钱粮，在本地支销兵饷、驿站、俸工、漕项等件，每年约共用银二千余万两，皆系该督抚具本奏销，此定例也。然初次是题本，经部驳查之后，便变而为咨文，所以私下冒销者甚多。譬如巡抚具题奏销（康熙）四十四年钱粮某款，请销若干万两，又某款请销若干万两，户部覆云，某款与例相符应准开销，某款数目不符应查明报部，或即一款之中覆云，尚未明晰，应查明报部。自有报部二字，从此再不题本，即使再驳几次，总待内外使费讲明，便以咨文完结矣。”② 用咨文冒销例不应销之钱粮，作弊手段极为隐秘，王鸿绪在密折中特举查核通库案和甘肃茶马冒销案为证。前者情节大概是：临清仓康熙三十三、三十四、三十五、三十六、三十七、三十八等年（1694、1695、1696、1697、1698、1699 年）动支漕船月粮麦石，总漕以每石一两一钱题销，户部覆云，照河南采买例每石给银六钱五分，令总漕将给过银两严追完报，奉旨依议。及康熙三十九年（1700 年）月粮麦石折价，总漕仍以一两一钱请销户部，遂据咨准销，并不题明③。后者是说甘肃茶马凡经管系各厅同知，而领马喂养系番民，及至官用马时，才令番民交马，官始喂养，但康熙四十三年（1704 年）奏销时，巡抚齐世武用咨文到部，冒销草料价值，并于“户部满汉堂官处尽行贿嘱”，户部遂准其开销，前后除支用本色草料外，共折给银二十四五万两。王鸿绪说“每一咨文准销大项便至数十

---

① 《康熙朝汉文朱批奏折汇编》第一册，第 583-584 页。

② 同上书，第 572-574 页。

③ 同上。

万两”，但“皇上不得而知，内阁不得而见，科道无从而查，故其弊从来不得发觉”[①]。由此可见，督抚与部院通同作弊，堪称诡秘莫测，防不胜防。

对于咨文冒销钱粮之类蒙混结案的情弊，不独户部存在，其他部院亦在所多有。雍正帝即位不久即指出：“直省命盗案件，主稿虽在刑部，然必由三法司等衙门公同确勘画题，方行请旨。今刑部议覆被盗疏防及人命失察等案，有该督抚未将所属地方官弁报参者，刑部于具题完结本尾，声明行令查参到日再议。嗣经该督抚有照例补参者，亦有援例请免者，止用咨覆刑部，既不再题，又不照会都察院、大理寺衙门，是以部中奸滑胥役，得以操纵其事，暗地招摇。有部费者，则为援引轻例，且有竟将咨文沉匿、日久潜消者；如无部费，虽督抚声明，在所可宽，不准邀免。欺隐朦混，事同议异。”[②]

皇帝对自己身边无处不在、无时不在的内外勾结痼弊，大体是了解的。康熙帝说过，“大凡督抚，无不与部院堂官营求结纳，分树门户”[③]。雍正帝也说：“凡事不讲部费，不能结案。”[④] 尽管如此，由于夤缘舞弊极为隐晦，一般很难掌握真凭实据，故而，内外权力运作的监督系统是否健全并正常运转就显得格外重要。

从清朝政治体制来看，对行政权力的监督主要来自两个方面：第一，都察院、六科，是为法定的监察；第二，皇帝通过臣工密折非常规式的监察。

部院与督抚朋比为奸，营私舞弊，本身就意味着行政权力系

---

① 《康熙朝汉文朱批奏折汇编》第一册，第581—584页。

② 《清世宗实录》卷七。

③ 《清圣祖实录》卷一三〇。

④ 《清世宗实录》卷二五。

统内部中央与地方职能部门已丧失了互相制约、互相监督的机制。科道负有稽查京内外各衙门政事、纠劾百官之专责①，故称“朝廷耳目”，但清帝鉴于晚明言官与政府相水火、科道乱政的殷鉴，对科道的监督往往横加指责。康熙五十二年（1713 年）初，福建巡抚觉罗满保奏请将闽县（今福州市）等 16 州县员缺于卓异荐举人员内拣选补授，部议不准，有御史奏称“闽省十六州县员缺满保请拣选卓异荐举官员补授，可为一时之计，未可为经久之例，不如择本省之员调补”。这本属于御史正常履行对政事的监督权，康熙帝却说：“阅之似乎有理，其实皆系卓异荐举官员，逆料伊等应该升转，不愿往海滨苦地，希图美缺，因于未经部覆之先，预行条奏，则部议自然不准，所以特嘱言官言之也。如此，则权尽归都察院科道等官，此是明末恶习，断不可长！”②这一番训饬固然义正词严，但卓异荐举官员如何“逆料”，言官如何接受他们的嘱托，这些关键情节全凭康熙帝主观臆断，又怎能令言官心服呢？至雍正、乾隆二帝申饬言官朋比作奸、互结党与、潜通声气、网利徇情、私卖本章、吓诈财贿等等蹈袭明季科道恶习的严旨更是连篇累牍，举不胜举，其中固有能查出实证者，但大多是盛气凌人的刁难指摘之词。乾隆二十九年（1764 年），御史罗暹春具折纠参原任两广总督苏昌荐举赃私累累的盐运使王概，折称“（苏昌）岂复堪以节制海疆，表率文武？”竟被责以“把持督抚进退”，随后又以苏昌所参被革知县刘绍汜系罗暹春江西同乡，便断定罗暹春之参劾苏昌不过是“借词潜行报复”，命刑部查讯，刑部不能查出实据，乾隆帝只得再次祭起压

① 光绪《大清会典》卷六九。

② 《清圣祖实录》卷二五三。

制言路的法宝，谕称“明季科道恶习，立帜分门，借敢言之号，行倾险之谋，假公济私，无所不至，为害甚大。我朝百余年来整纲饬纪，朝政肃清，断不容有营私搏击之人复得稍萌故智”，命将罗暹春交部严加议处[①]。昭梿在《啸亭杂录》中说：“乾隆中，因御史王盖、罗暹春先后劾大臣获咎，故谏官皆缄默无言，转相戒诲。”[②] 实际上，言官动辄受过，噤若寒蝉，不能行使对内外大臣的监督职责，由来已久，乾隆中期以后不过更为严重罢了。

既然法定的监督机制不能正常地发挥作用，清帝就只能借助臣工密折亲自伺察部院与督抚通同作弊的隐情。康熙晚年令大臣王鸿绪密奏京中可闻之事，王鸿绪果然不负委任，康熙四十四年（1705 年）前后密奏户部宝泉局炉头借帑情弊、刑部等会审扎萨叩阍案、张鹏翮题请开捐以补河帑情弊、顺天乡试舞弊案、包捐马价情弊、刑部等会审陈汝弼匿卷犯赃案、九卿会议通仓亏谷案等。康熙四十五年（1706 年），王鸿绪又陆续密奏陕西捐纳及南河闸工情弊、刑部等会审袁桥参噶礼案、户部报销各省钱粮之弊、户部银库之弊、甘肃茶马草豆与折色冒销情弊等[③]。康熙帝对王鸿绪提供的情报极为重视，如户部与督抚舞弊以咨文冒销钱粮一事，即很快做出反应，于康熙四十五年七月谕户部、工部：“户、工二部凡咨取钱粮事俱不奏闻，所以二三十万银两不过以一咨文取之而事已毕。嗣后着户、工二部将不启奏用咨文动支大小款项钱粮，于月终明白汇奏。”[④]

---

① 《清高宗实录》卷七一六。

② 昭梿：《啸亭杂录》卷一〇《钱南园》。

③ 俱见《康熙朝汉文朱批奏折汇编》。

④ 《清圣祖实录》卷二二五。

其时对普遍存在的内外营求交结、通同作弊的严重腐败现象的监督和处理显得十分软弱无力，皇帝只不过时时训谕警诫而已。如雍正四年（1726年）十月，雍正帝谕内阁、部院大臣等："欲人心风俗同归于善，必先去其营求请托之私，而后可以成公平之化……外省督抚藩臬等，皆地方大吏，其所办理，皆地方紧要之事，若在京大臣以私情嘱托，必致进退人材不得其实，听断狱讼不得其平，种种倚仗势力，颠倒是非，夤缘奔竞之事，皆由此起，民生何由安，吏治何由肃乎！"① 有时即使抓到了内外交结营私的把柄，也不彻底根究，大多姑息包容，敷衍了结。最典型的事例莫过于对震惊朝野的乾隆四十六年（1781年）甘肃通省官员折捐冒赈大案中涉及户部与地方督抚夤缘作弊情节的有意掩盖了。

清朝皇帝为防范内外通同舞弊，虽然制定了种种法令条例，但终因缺乏健全的监督机制，加以最高统治者有意包容京官，因而大多成为具文。即以内外衙门办事无所不在的"部费"而论，雍正帝御极之初就严谕直省督抚提镇等："从前题奏事件，俱有部费，朕屡次降旨严禁，今闻仍蹈前辙……嗣后着永行禁止，若经朕查出，与受一体治罪。"② 这是雍正二年（1724年）十月的谕旨，雍正六年（1728年）九月，河东总督田文镜在密折中即详述州县运解地丁钱粮到藩库时，除"验色""挂牌""大门""二门"等等地方使费外，还要预交"部费"及起解夫马小建等银，还须添搭"奏销部费""刑名部费"③。道光年间曾任四川臬

① 《清世宗实录》卷四九。
② 《清世宗实录》卷二五。
③ 《雍正朝汉文朱批奏折汇编》第一三册，第396-398页。

司的张集馨说："四川秋审部费，向例给以六百金，部书于五六月间专人将秋审实缓底折送署，守取部费，司中不与交通，皆在省佐杂、有部办出身者网罗其事。"① 可以说，清帝对督抚与部院之间营私舞弊行为稽查的效果微乎其微。

三　督抚财政、人事权限的盈缩

督抚的财政和人事权限，说到底是皇帝给予各省多大程度上的行政自主权。乾隆初御史陶正靖在进呈经史讲义中说："权重固易以为非，亦易以为功；权轻则不能为非，亦不易为功。"② 如何在"权重"与"权轻"之间找出一个合适的度，既防止地方大吏割据一方、尾大不掉之弊，又能收地方开发、兴利除弊之功，这是包括清朝皇帝在内的中国古代皇帝面临的一大政治课题，也是令他们感到十分棘手的一对矛盾。在专制主义中央集权不断趋于强化的18世纪，督抚的财权、人事权总的走势虽不出中央集权的大范围，但其间权限的盈缩消长亦不可一概而论。

1. 督抚的财政权限

清制，各省财政的主管部门是布政使司，即藩司，各省地丁钱粮汇储司库，亦称藩库，故而雍正帝训谕布政使则称："赋役会计，皆尔专司。"③ 藩臬与督抚同为地方大吏、方面大员，钱粮、刑名事件可以具题、咨部，同时亦被授以专折奏事之权。不过，藩司主管一省财政，实际上是在督抚统辖之下行使的，正如《大清会典》所规定的"总督、巡抚分其治于布政司，于按察

---

① 《道咸宦海见闻录》，第115页。

② 《清经世文编》卷一〇《进呈经史二篇》。

③ 《清世宗实录》卷三。

司”[1]，乾隆帝把这层意思说得更明确了：“外省藩臬所以佐督抚理一省钱粮、刑名之事。”[2] 因此，各省主管财政之权归根到底还是操在督抚的手里，藩司主要做“赋役会计”的事务性工作。这是从横的系统讲藩司与督抚的权力关系。

从纵的系统来看，藩司虽主管一省财政，但同时又是中央财政主管部门户部在各省的分支机构，藩库不过是户部银库的分库。藩司仅被赋予在户部严格的支配和监督之下催征、起运、留储田赋杂税的权力，而不具有支配权。上述中央与地方财政关系总的框架大体由两重结构组成：第一，州县与藩司；第二，藩司与户部。

凡直省州县地方额征地丁钱粮项下，有起解、存留二款。所谓“存留”，即州县经征钱粮扣留本地支给的经费部分；所谓“起解”，即扣除存留款项外，运解布政使司，候部拨用部分[3]。以上可谓州县与藩司的第一重结构。各省藩司对汇储属下州县起解的钱粮并无支配权，而需“候部拨用”。如何分配此项占全国财政收入六七成的地丁钱粮，户部遵循的总原则是雍正三年(1725 年）奏准的则例：“直省于春秋二季将实在存库帑银造具清册，春季限于二月，秋季限于八月到部，由部据各省所报现存实数，酌定数目奏明拨解。除仅敷本省需用之福建、广东、广西等省，及不敷本省需用之陕西、甘肃、四川、云南、贵州等省存留本省，不解至京，余省春秋二季册报实存银数，酌量存留本省以备协济邻省兵饷，并别有所需请拨用外，其余银悉令解部。每

① 光绪《大清会典》卷四。
② 《清高宗实录》卷三六。
③ 光绪《大清会典事例》卷一六九，卷一七〇。

年冬各省督抚将本省次年一岁应需官兵俸饷豫为会计，造册咨部，由部将各省额征起运等项银内按款照数拨给，如福建、广东、广西仅敷本省俸饷外，尚有须用协济者，即于邻近省分拨解，陕、甘、川、云、贵等省所需不敷本省俸饷银，于邻省拨解……此外各省若别有急需应协济者，随时于邻近省分通融拨解。藩库银如不敷用，或动盐课，或请内帑，随时奏闻。”①

上述原则有以下几点需要进一步加以解释：其一，各省地丁杂税在本地支出最大部分是当地驻防八旗和绿营的俸饷马干。18世纪各直省八旗和绿营官兵的俸饷马干每年约在银一千五六百万至一千七八百万两上下浮动②，此项经费支出约占政府全年财政经费收入的 1/2。地方经费开支大项除当地驻军俸饷马干之外，还有文职官役俸工及驿站、漕项，康熙后期王鸿绪即指出：“各省地丁税课各项钱粮，在本地支销兵饷、驿站、俸工、漕项等件，每年约共用银二千余万两。”③ 因此，纯属地方性的经费开支，诸如致祭文庙、关帝庙并各坛庙物品、会试举人盘缠、节妇建坊、廪膳饩粮、孤贫口粮、给五世同堂赏缎、红白赏号等等，则是很小一部分。其二，由于各省额征地丁钱粮多寡不一，八旗驻防及绿营官兵多少不同等原因，因而本省财政有收支平衡的，有收大于支的，也有入不敷出的。大体入不敷出的有陕、甘、川、云、贵五省，如嘉庆十七年（1812 年）甘肃省额征地丁杂税等银 33 万余两，仅武职官兵俸饷、文职官役俸工等一项即照例开销约 274 万两，合计该省岁出银 292 万余两，缺口近 259 万

① 光绪《大清会典事例》卷一六九。

② 张晓堂：《乾隆年间清政府平衡财政之研究》，载《清史研究集》第七辑，第 29 页。

③ 《康熙朝汉文朱批奏折汇编》第一册，第 572 页。

两，只能靠邻省协拨[1]。收入仅敷本省之需的有福建、广东、广西三省。只有直隶、奉天、江苏、安徽、江西、浙江、湖北、湖南、河南、山东、山西十一省自给有余，可供协济入不敷出的邻近省份，如山西、河南邻近陕、甘，直隶、山东次近陕、甘，凡协拨先尽邻近，再尽次近。例如嘉庆十七年山西省额征地丁杂税等银 318 万余两，实征银 317 万余两，除协拨陕、甘兵饷，开销本省武职官兵俸饷（近 257 万两）以及其他支出外，尚余银 18 万余两[2]。其三，省际抽肥补瘦的调剂工作以及财政富裕省份的解部京饷，统一由户部主持，各省于春秋两季将藩库实存银数造具清册，春季限于二月、秋季限于八月到户部，由户部根据各省所报现存实数，奏明拨解。而有财力可供春秋二拨的只有上述直隶等收大于支的 11 省，这些省份可在春秋二季册报实在银两中，酌量存留本省，以备协济邻省兵饷以及其他需要开支者，其余银悉令解部，以充京饷。由此可见，自给有余的省份无权支配“存留本省”的富余款项，从这个意义上讲，包括自给有余的省份在内，全国各直省都不存在自主支配的地方性经费。各省“存留”部分的盈缩只能反映全国经济、财政形势的好坏，并不能证明地方财权的消长。

总而言之，在“国家出入有经，用度有制”[3] 的财政体制下，由各省藩司在督抚统辖下主管的“赋役会计”，不仅地丁钱粮有定额，州县起解和存留有定制，而且包括协济邻省和本省别有所需部分的本省存留，以及部拨京饷等一切收支大权，通过严

---

① 《史料旬刊》第二五期，天 923-924。
② 《史料旬刊》第二四期，天 885-886。
③ 《清经世文编》卷二六《论理财书》。

密的奏销制度、春秋二拨制度等，都被牢牢地操在为皇帝主管中央财政的户部手里。各直省藩司不过是中央户部在各省的分支机构，各省藩库不过是中央户部银库在各省的分库，各省督抚、藩司主管的正项经费地丁的收支不过是中央户部全国岁入岁出总账的一部分账。18 世纪前后百余年之间，康雍乾三帝先后采取各种行政和法律措施，不断强化对各省动支钱粮以及钱粮储存的控制和管理，应视为加强专制主义中央集权的一个极其重要的组成部分。

与地丁正项有所不同的是耗羡与闲款，特别是耗羡，数额巨大，且在一个相当长的时期未列入奏销，而归地方官支配。18 世纪耗羡经历了由州县归于本省，继而由各省归于中央的演变过程；就掌握耗羡的自主支配权而论，堪称督抚先取之于州县，旋即失之于中央，其间的委曲周折，很能反映康雍乾三帝经济财政思想大同之中的小异，也为研究这一时期督抚财权的消长提供了考察的依据。

据乾隆时人钱陈群讲，耗羡一项源于唐中叶立“羡余赏格”，至明代征收正赋之外，有倾销耗银之说，即所谓耗羡①。羡，剩余之义；耗，则是火耗。顾炎武说：“自古以来，有国者之取于民为已悉矣，然不闻有火耗之说。火耗之所由名，其起于征银之代乎？……原夫耗之所生，以一州县之赋繁矣，户户而收之，铢铢而纳之，不可以琐细而上诸司府，是不得不资于火。有火则必有耗，所谓耗者特百之一二而已。”② 顾炎武与钱陈群的说法详略不同，但讲耗羡始于明代，初为州县为抵补熔销碎银时合理消

① 《清经世文编》卷二七《条陈耗羡疏》。
② 《清经世文编》卷二九《钱粮论下》。

耗而设则是一致的[①]。入清以后，虽三令五申严禁私征耗羡，实际上，州县公私之用无一不仰给于非法之耗羡。赵申乔任湖南巡抚时颁布的禁绝火耗私派的告示中列举的“日用之米蔬供应，新任之器具案衣，衙署之兴修盖造，宴会之席面酒肴，上司之铺设供奉，使客之小饭下程，提事之打发差钱，戚友之抽丰供给，节序之贺庆礼仪，衙役之帮贴工食，簿书之纸札心红，水陆之人夫答应，官马之喂养走差，与夫保甲牌籍、刊刷由单、报查灾荒、编查丈量”等等，皆靠私加羡余火耗来开销[②]。细审上述各项，大致可分为州县公费、牧令日用和供奉上司三大类，而供奉上司若理解为道、府以及督抚两司的办公、日用之资亦由所属州县火耗中分润的话，那么，耗羡实为解决各级地方官办公、日用之需。

按常理讲，官员薪给和地方行政费用应列入国家财政预算之中，加以合理的解决，但清承明制，官员薪俸微薄，州县七品官岁支俸银 45 两，督抚大吏不过 155～180 两[③]，如此菲薄的俸给是绝对不够养家日用之需的。至于地方公费，顺治初定督抚以下，以至州县，各级地方官岁俸之外，又分别岁支蔬菜烛炭、心红纸张、案衣什物、修宅什物、迎送上司𫗃扇等项银两，嗣后因中央财政吃紧，又陆续裁掉州县修宅什物银、柴薪烛炭蔬菜银和心红纸张银等[④]。其他地方必不可少的费用，如修理城垣仓库、制造军器火药、铺兵塘马工食、孤贫狱囚口粮等等又于康熙七年

① 顾炎武认为，田赋折银始于明正统年间。(《清经世文编》卷五二《日知录·银》)。

② 《清经世文编》卷二〇《禁绝火耗私派以苏民困示》。

③ 光绪《大清会典事例》卷二四九，卷二五一。

④ 参见光绪《大清会典事例》卷二五一；《东华录》卷九。

(1668年)一并裁减①。地方公费的削减，自三藩乱起、军费浩繁而更有投石下井不到底不止之势。正如日后康熙帝所说："从前各省钱粮，除地丁正项外，杂项钱粮不解京者尚多。自三逆变乱以后，军需浩繁，遂将一切存留项款尽数解部，其留地方者惟俸工等项必不可省之经费，又经节次裁减，为数甚少。此外，则一丝一粒无不陆续解送京师，虽有尾欠，部中亦必令起解，州县有司，无纤毫余剩可以动支。"② 要之，州县牧令可怜的俸给既不能养赡家口，一切地方公事又无从开销，故势不能不从经征的地丁钱粮中提取耗羡以为补偿。从这个意义上看，耗羡可谓对中央集权财政体制不合理一面的惩罚，它的存在是非法的，又是合乎情理的。也正是基于这一点，康熙帝对州县有节制的提取耗羡采取听之任之的态度，康熙六十一年(1722年)九月，他对扈从的大臣说："据陕西巡抚噶什图奏称：陕西亏空甚多，若止于参革官员名下追补，究竟不能速完，查秦省州县火耗，每两有加二三钱者，有加四五钱者，臣与督臣商议，量留本官用度外，其余俱捐补合省亏空，如此则亏空即可全完等语。朕谓此事大有关系，断不可行。定例私派之罪甚重，火耗一项，特以州县官用度不敷，故于正项之外量加些微，原是私事。朕曾谕陈瑸云，加一火耗，似尚可宽容。陈瑸奏云，此乃圣恩宽大，但不可明谕，许其加添。朕思其言，深为有理。今陕西参出亏空太多，不得已而为此举，彼虽密奏，朕若批发，竟视为奏准之事。加派之名，朕岂受乎?"③ 康熙帝洞悉民生吏治隐情，惜名之心又甚重，所以

---

① 《东华录》卷九。

② 《清圣祖实录》卷二四〇。

③ 《清圣祖实录》卷二九九。

把耗羡视为无须干预的“私事”，以此之故，康熙年间耗羡“自官取之，官主之，不入于司农之会计”[①]，也就是说征不征，征多少，户部不过问，督抚司道府亦不查核，完全由州县官自主行之，其数额照钱陈群所说，“康熙六十余年州县官额征钱粮，大州上县每正赋一两，收耗羡银一钱及一钱五分、二钱不等，其或偏州僻邑，赋额少至一二百两者，税轻耗重，数倍于正额者有之”[②]。至于贪婪州县借端加派横征，“用一派十，用十派千”[③]，就更不止于此了。若以二成约数估算，康熙中期岁入地丁银2 500万～2 900万两[④]，耗羡恐怕不会少于五六百万两。这样一笔由州县征收、由州县经管的巨大款项在地方各级政府分配时无章可循，十分混乱。正如雍正初山西布政使高成龄所指出的那样，州县“自督抚司道府厅量其权势之重轻，定其规礼之厚薄，端阳、中秋、新年、生旦名为四节，四节之外又加表礼，表礼之外又有土仪，土仪之外又供时鲜”[⑤]，很难想象以馈赠上司的方式能处理好地方各级的利益关系，更严重的问题还在于，上司既收受馈遗，就难免被下属挟制，对其贪黩不法势必有所瞻徇而曲为容隐。州县有恃无恐，朘剥民膏之外，又侵蚀国帑，造成康熙晚年全国性的严重亏空。陕西巡抚噶什图奏请用耗羡弥补亏空，虽不无道理，但他未向康熙帝透彻分析州县私征耗羡的种种弊端，宜乎受到明旨申饬。

雍正初，山西、湖南、河南等省督抚率先在本省试图通过提

---

① 《清经世文编》卷二七《条陈耗羡疏》。

② 同上。

③ 《清经世文编》卷二〇《禁绝火耗私派以苏民困示》。

④ 梁方仲：《中国历代户口、田地、田赋统计》，第392页“乙表71”、第414页“乙表78”。

⑤ 《雍正朝汉文朱批奏折汇编》第三册，第143-144页。

解耗羡理顺地方各级政府利益分配关系。山西巡抚诺岷将向系州县自收自用的耗羡提解集中，分为“通省公费、各官养廉及弥补亏空”三大块，具体做法是规定按额征正项的20％征收耗羡，通省耗银共约50万两，用于各官养廉并通省公费约30万两，弥补无着亏空20万两[①]。河南也是将通省耗银的开支分三大块：全省各官养廉、每年各项杂用公费并赔垫之项，但河南耗羡率定为13％，故随全省额征地丁银306万余两征收的耗银只有40万挂零[②]。湖南则规定州县征收每地丁银一两许加耗银一钱，耗羡率稍低于晋豫二省，耗羡30％提解司库，以充地方公用；32％给州县，以资办理公务及日用薪水；38％分别给督抚以下、州县以上各衙门[③]。上述三省都是在雍正元年（1723年）通过督抚密折请旨的方式，得到雍正帝首肯之后分别实行耗羡提解的，因此具体做法不尽一致，但在规定本省耗羡率、上司提解，以及大致分为各官养廉、本地公费和弥补无着亏空三大部分等基本方面是完全相同的。

所谓“养廉”，即对本俸不足的津贴，以其有助于养成廉耻，故名之。所谓“公费”，即以往被陆续裁减的必不可少的地方性开支，以及嗣后种种难以预计的不时之需。与上述两项相比，弥补亏空作为提解耗羡的重要目的之一，则带有权宜之计的暂时性质。由此可见，晋、湘、豫三省率先实行的督抚提解州县耗羡不单纯是为了解决一时的亏空，而是从理顺自督抚以至州县各级衙门的利益关系入手，将长期以来困扰吏治民生的官员俸薄、地方

---

① 《雍正朝汉文朱批奏折汇编》第四册，第434页。

② 《雍正朝汉文朱批奏折汇编》第二册，第527页。

③ 《雍正朝汉文朱批奏折汇编》第一三册，第653-654页。参见《雍正朝汉文朱批奏折汇编》第一册，第401页。

公费严重短缺的痼疾加以根治。这种勇于改革的精神和务实的作风，理所当然地受到了汲汲求治的雍正皇帝的赞赏和支持。在湖广总督杨宗仁于雍正元年五月十五日奏请解交州县耗羡于藩司一折的折尾，雍正帝批谕："有得甚么说？全是，全当。勉之！"[①]河南巡抚石文焯于雍正二年（1724年）正月二十二日所上提解耗羡具体做法一折夹行朱批曰："以上妙不可言，这有得何讲？"[②] 更可见其溢于纸面的满意之情。

提解耗羡既将行之已久的州县自收自用的一笔为数不菲的款项改归督抚分配，自然避免不了种种责难，这里面有督抚大吏与州县牧令之间的利益冲突，也有耗羡提解具体操作中实际存在的问题，以及一旦耗羡归公成为定制可能出现的隐患。雍正二年年中内阁交出的一件条奏就集中反映了对提解耗羡的各种反对意见。条奏者的主要观点是："耗羡为州县应得之物，上司不宜提解"；"提解火耗定限每两若干，不得寓抚字于催科"；"公取分拨，非大臣鼓励属员之道"；"以羡余赔补亏空，则无辜者为人赔垫，亏空者事外悠游，实非情理之平"；等等[③]。

当时正在山西主管耗羡提解的布政使高成龄在《奏陈提解火耗管见折》中，全面批驳了条奏者的意见，他针对整个问题的症结"耗羡为州县应得之物，上司不宜提解"，做了有力的反驳："殊不知耗羡与节礼原属相因，上司不提解耗羡，属官必呈送节礼……夫下既送节礼以媚上，则有所恃而生其挟制，必至肆行而无忌；上既贪节礼收取下，即有所闻而碍于情面亦将徇隐而不

---

① 《雍正朝汉文朱批奏折汇编》第一册，第401页。
② 《雍正朝汉文朱批奏折汇编》第二册，第507页。
③ 《雍正朝汉文朱批奏折汇编》第三册，第143-144页。

言，损名节，败官常，朘民膏，亏国帑，实由于此。若禁止馈遗，一概不许收受，其不肖上司必将寻衅勒诈，别生事端，恣其无厌之求。即有淡薄自甘者，思欲屏绝馈遗，而上司衙门别无出息，枵腹办事，反不如州县各官安享厚利，谁能堪此?”高成龄坚持认为：“州县耗羡银两自当提解司库，听凭大吏分拨，以公众之耗羡，为公众之养廉，天理人情之至，王法所不禁也。况耗羡提解于上司，则通省遇有不得已之公费，即可随便支应，而不分派州县，上司即不分派，则州县无由借端科索里甲，是提解火耗亦可禁绝私派，岂非因时制宜、安上全下之要务乎?”① 高成龄以布政使身份为争取督抚大吏的利益而反复论辩，其立场之鲜明自不待言，但他能抓住州县私征耗羡的要害，并提出切实可行的救治之方，因而显得理直气壮，令人信服。雍正帝完全同意高成龄的意见，但他以为不宜过早表态，而将高折批交廷臣会议，并做了如下谕示：“总理事务王大臣、九卿、詹事、科道平心静气、秉公执正会议具奏，少有一毫挟私尚气、阻挠不公者，则因此事必有一二人正法也。各出己见，明白建议具奏。如不能画一，不妨两议、三议皆可。”② 会议的结果让雍正帝很失望，他指责议覆“见识浅小，与朕意未合”，并首次明确表示赞同提解耗羡的意旨：“州县火耗原非应有之项，因通省公费及各官养廉有不得不取给于此者。朕非不愿天下州县丝毫不取于民，而其势有所不能……与其州县存火耗以养上司，何如上司拨火耗以养州县。”接下去他又逐条批驳廷臣议覆不当之处，其中特别强调廷臣所议“不过为州县起见，独不思州县有州县之苦，上司亦有上

---

① 《雍正朝汉文朱批奏折汇编》第三册，第 143-145 页。

② 同上。

司之苦，持论必当公平，不可偏向”①，可见他事先告诫廷臣的“秉公执正”，即是从国家利益出发，全面无条件地支持高成龄提解耗羡的奏请。这次廷议的结果确定了提解耗羡的方针，意味着晋、湘、豫三省试行的提解耗羡改革正式向全国各省推行。督抚与州县对数百万两耗羡支配权的争议，以前者获胜而告结。

然而，一个不容忽视的问题是，反对提解耗羡意见并非尽出于督抚与州县对地方公费权限划分的不同立场，而是基于对耗羡一旦归公可能遗患将来的深切忧虑。礼部侍郎沈近思坚决反对提解耗羡，理由是“耗羡为额征所余，本无定数，今归公则与额征无异，日久滋弊，耗羡之外必复加耗羡，是重困民也”②。据说，沈近思当廷议时争之甚力，并言“他日必至耗羡之外更添耗羡，他人或不知，臣起家县令，故知其必不可行”，为此与雍正帝搞得很不愉快，雍正帝竟承认“朕今日乃为沈近思所难”③。这里，沈近思实际上已深刻地揭示了归公的耗羡势必转化为正项的前景，这自然引起雍正帝的高度重视，如何使从州县提解到藩库的耗羡真正成为督抚可以自行支配的地方性经费，成为必须加以认真对待的新问题。雍正帝为此明谕：“此项银两，止令督抚将收支之数年终奏明，不必报部查核，自不致成正项。”④ 看来，雍正二年（1724 年）督抚取得州县私征私用的耗羡支配权之日，

---

① 《清世宗实录》卷二二。

② 《清代碑传全集·碑传集》卷二三《资政大夫都察院左都御史赠太子少傅礼部尚书沈端恪公近思墓志铭》。参见《清经世文编》卷二七《办理耗羡疏》。

③ 《清代碑传全集·碑传集》卷二三《资政大夫都察院左都御史赠太子少傅礼部尚书沈端恪公近思墓志铭》。

④ 《清经世文编》卷二七《办理耗羡疏》。田文镜在折奏时也提及：“司库公帑银两，即与国帑无殊，我皇上覆载为量，谕令不必奏销。”（《雍正朝汉文朱批奏折汇编》第一五册，第 543-544 页）

也就是这笔性质十分模糊的巨款开始转化为户部囊中物之时。

不过，雍正帝为使耗羡不致转化为正项，还是切实做出了真诚的努力。雍正三年（1725年）二月，山西布政使高成龄奏陈按年报销该省耗羡一折，奉朱批："知道了。若遇不肖上司，岂此一折奏报所能绳也。只要实行，不在此奏也。"[①] 从雍正帝内心看，他对"督抚年终奏明"这一节也认为只是形式而已。耗羡如何提解、如何分配，他交给藩司与督抚全权处理，而自己有意置身事外[②]。对于部臣干预各省耗羡动支的苗头，雍正帝及时加以制止。雍正四年（1726年），河南巡抚田文镜折奏动支耗羡银两制造河北镇各营盔甲，奉旨自行处理。嗣后田文镜咨部时，被工部驳回，令其具题，田文镜遂照部议具题。为此，雍正帝特宣谕："夫耗羡银两与营伍中数分公粮存贮公所，原为本省、本营之中或有公事需用，或为各官养廉，使地方营伍备用有资，不至派累兵民，乃通权达变之法，其来久矣，并非正项钱粮之可比也。迩来督抚提镇中小心拘谨，恐目前经手，将来无以自明，有折奏请咨部，以记出纳，原系见小之举。该部只应存案，此并非开销正项钱粮也。"雍正帝以工部堂官当田文镜咨部时，部中并不请旨即驳令具题，将其交部察议；以田文镜不行详察，遂照部驳具题，命将本发回，并严行申饬。在训谕结尾，雍正帝又明确指出："此时若将耗羡银两俱比照正项具题报销，相沿日久，或有不肖官员指耗羡为正项，而于耗羡之外又事苛求，必至贻累小

① 《雍正朝汉文朱批奏折汇编》第四册，第434页。

② 雍正三年（1725年）批谕高成龄折："与伊都立（时为山西总督）商酌而行。"（《雍正朝汉文朱批奏折汇编》第四册，第435页）雍正六年（1728年）批谕湖南布政使赵城《奏请饬定解司分给养廉以免州县那亏折》："与总督商酌行之。"（《雍正朝汉文朱批奏折汇编》第一三册，第653-654页）

民，此风断不可长！”①

基于同一思想，对于督抚以耗羡开销本应动正项开销的奏请，雍正帝亦不允准。雍正五年（1727年）八月，山东巡抚塞楞额奏请以耗羡弥补挑河所用银米，在奏折中“臣查挑浚徒骇、马颊二河共用银十四万七千七十九两……现在具题请销”一行字下朱批：“此项万万用不得耗羡。”又针对塞楞额所称“庶以公完公，不惟正项钱粮不至多费，而提解耗羡亦无事纷更矣”的一段话，雍正帝就“地方之公用”与“国家之公用”的区别做了详晰分辨：“以公完公，非此等事也。各项亏空补足时少留无着之款，将来必有归于无着者，或补此尚可，如地方修理道路桥梁，或系补州县买补存仓谷石，疏通沟洫之用。如再有余，此项原系地方官所得中物，当养廉内酌量增加，令州县从容些，极好之事。如果此等之需尽皆丰足有余，则举减耗之事，方万全之事也。总言耗羡一项，公用万万使不得，地方之公用，乃私用之公用，非国家之公用也。详悉朕意，一概如此料理就是了。再无有令各省余出耗羡数百万为国帑之理，是何体也？若如此，则提耗羡一极好之善事成大笑谈矣。”② 提解耗羡，亦称耗羡归公；然此一“公”字，极易产生误解。田文镜讲“司库公项银两即与国帑无殊”，塞楞额奏请以耗羡开销挑河之需，都是出于将耗羡归公的“公”理解为国家之“公”。雍正帝则谆谆告诫，“公”，有国家和各省之分，归于直省掌握的耗羡虽亦应归于公用，但这是一省“私用”之公用。对国家而言，是“私”；对本省而言，则是“公”。二者绝不容混淆，否则不仅耗羡归公成为世人笑柄，而且国家与

① 《雍正朝起居注册》第一册，第726页。

② 《雍正朝汉文朱批奏折汇编》第一〇册，第479页。

地方争利亦不成政体！康熙帝认为，收用耗羡是州县“私事”，故取明知故昧的态度；雍正帝提解耗羡归公，但他严格地界定“公”字的内涵和外延，仍把耗羡视为“地方官所得中物”，让各省在中央集权的财政体制之下，有限度地保留地方的财政自主权。他们父子二人的思想在这一点上是相通的，即都不容许中央染指本属地方的经济利益，只不过“地方”在康熙帝心目中应是州县，而在雍正帝眼中则是包括州县在内的各省罢了。

不过，对各省耗羡的自主支配权是否要置于中央监督之下这一关键问题，雍正帝日后还是改变了初衷，在去世前两个月光景，他特降旨命户部查核各省历年耗羡收支状况，谕旨中明确地指出这样做的理由在于：“数年以来，朕留心体察，外省布政使中竟有庸劣无识之人，将此项银两（按：指耗羡）视为无足重轻之物，而不念其为民脂民膏，或那（挪）补借支，或任意费用，前任含糊交代，后任不便深求，竟将有关国计民生之项，渐成纸上空谈，而督抚亦不查察，似此日久愈难清楚矣。在当日举行之初，朕原降旨，此事若善于奉行，则地方可受其益，倘奉行之不善，则地方转受其累。各省之能行与否，总听该督抚自为酌量，并未强其一例通行也。今览近日情形，恐渐有不妥之处，将来贻人以口实，则非朕准行之本意也。”① 不难看出，昔日耗羡归州县自收自用而出现的种种弊端，在提解耗羡由各省征收、支配后又不同程度地复萌了，至少雍正帝已敏锐地觉察出势头不妙，这使他深怀忧惕：走回头路，将耗羡退归州县，无异于宣告提解耗羡这一重大举措的失败；坚持此项改革，则除加强中央的监督、稽核，强化中央集权财政体制，而别无良法。雍正帝遂命“户部

① 《清世宗实录》卷一五七。

先行查明各省公费、养廉银两，其有按年造册咨送、查核无差者无庸清查外，其并未造册咨送，及虽有册籍而笼统开造者，其中必有不清之处，即着勒定限期，令造清册，送部查核。至于清查之法，应自该省议定公费、养廉之年分起，至前任卸事之日止，将额征公费完欠杂支，同余剩未给各数目，按年归款；各官养廉照依正署、起止月日，应得分数，并扣除空缺，逐一彻底清查。其收数内，有拖欠未完者，分别可否着追；其支数内，有透动加增者，分别是否应给，现在各年应存银两，有无那（挪）移亏缺，分晰接受，催追着落完补”。谕旨最后要求“嗣后按年分晰造册，随同奏销钱粮各册，咨送户部核销”[①]。上述颁发于雍正十三年（1735年）六月的重要谕旨，是对雍正初耗羡“止令督抚将收支之数年终奏明，不必报部查核”之谕的根本性修正，也意味着雍正帝否定了自己一向坚持的耗羡为地方自用之公费的初衷。因而这道谕旨具有重大意义。督抚手中自主分配耗羡的权力，大约不过10年光景便被置于中央严密的控制之下，沈近思“他日必至耗羡之外更添耗羡”的预言之成为现实，也只是时间的问题了。

上述敕查各省耗羡归公银两的谕令，因雍正帝去世而被暂时搁置起来。新登极的乾隆皇帝以“耗羡不同正项，从前原未定有章程，且历年已久，各省规条不一，官员更换亦多，况复恩诏屡颁，纵有拖欠，亦当在宽免之列”，命停止清查[②]。就这样，在政策不很明朗的情况下，过了不到5年的时间，乾隆帝又打算完成皇父未竟之志，对各省耗羡进行一番综核清理。不过，他对以往

① 《清世宗实录》卷一五七。
② 《清高宗实录》卷一〇九。

耗羡收支状况采取既往不咎的宽容态度，只是命户部行文各省督抚“将地方必需公费分晰款项立定章程，报部核明，汇奏存案”，嗣后将一年之耗羡收支的详细情况“造册咨送户部核销”①。各省所拟的《耗羡章程》经户部“节次驳令删减”，至乾隆十五年（1750 年）才陆续最后确定下来②。这中间发生的应否提解耗羡的大争议，或许可以提供各省《耗羡章程》何以拖延 10 年之久方成定案的复杂背景。

发生在乾隆七年（1742 年）的这次争议，缘起于乾隆即位以来舆论对提解耗羡的种种责难，如“征耗羡为加赋”，“康熙年间有清官，雍正年间无清官”等③。乾隆帝未见得同意这种意见，但他至少认为耗羡提解后“游民之借官吏以谋生者，反无以糊其口，农民散处田间，其富厚尚难于骤见，而游民喧阗城市，贫乏已立呈矣”，况且耗羡提解前，公项开销而有余，“今则日见其不足，且动正帑矣”。在乾隆帝看来，提解耗羡没有收到预期的目的，只是“徒被加赋之名而公私受其困而已”④。当年春夏，乾隆帝发动进京会试的举子以至九卿、督抚讨论这个问题时，并没有掩饰自己“日夜踌躇而未得其要领”“夙夜思维，总无善策”的窘态⑤。而在内外大臣议覆中，总督孙嘉淦、廷臣钱陈群则旗帜鲜明地主张率由旧章。钱陈群说：“议者以康熙年间无耗羡，非无耗羡也，特自官取之，官主之，不入于司农之会计，无耗羡之名耳。”⑥ 孙嘉淦指出，提解耗羡后，“养廉已足，上司不得需

① 《清高宗实录》卷一〇九。
② 光绪《大清会典事例》卷一七〇。
③ 光绪《大清会典事例》卷一六四。
④ 《清高宗实录》卷一六四。
⑤ 同上。
⑥ 《清经世文编》卷二七《条陈耗羡疏》。

索属员，办公有资，州县亦不敢苛求百姓，馈送谢绝而摊派无由，故曰雍正年间无清官，非无清官也，夫人而能为清官也”。他还讲各省提解耗羡，酌定耗额，“较之未定以前之数尚不及其少半，则是迹近加赋而实减之”。孙嘉淦特别指出，散布非难提解耗羡舆论的人，“皆游客惰民之欲借润于官，与夫不肖官吏之欲变归公之法者，显以名动朝廷，实欲自便其私”①。通过这场辩论，乾隆帝的看法也有所转变，他承认“向日朕所闻者，未必不出于愿耗羡之在下，以济其私者之口”②。由此看来，乾隆七年（1742 年）关于提解耗羡的争议，说到底还是州县、督抚和国家利益如何分配的问题。

这次争议的另一个焦点是各省耗羡要不要报部核销，其实质则是对雍正十三年（1735 年）命各省耗羡年终送部核销谕旨的诘难和否定。孙嘉淦覆奏说：“雍正十三年钦奉谕旨，令按年造册，随同正项钱粮送部核销。自是以来，定例日加密矣，每有动支，无论多寡，必先报部，不准则不敢擅动矣。随同正项造册报销，不合例则驳令追赔矣。夫督抚之办地方公事，原有后不可以为例而一时不能不然、报部不准开销而情事必不容已者，赖有此项银两通融接济，则官不赔而其累不及于民，今随同地丁钱粮报销，则与正供不复能有差别，而凡地方公事之不容已而又不准销者必需赔垫。上司赔则取偿于属员，而馈送之路开，属员赔则取偿于百姓，而重戥征收、因公科敛之端起。然则耗成正项、耗外加耗之弊虽峻防之，其流有所不能止也。”③ 显然，雍正初沈近

① 《清经世文编》卷二七《办理耗羡疏》。
② 《清高宗实录》卷一七八。
③ 《清经世文编》卷二七《办理耗羡疏》。

思所预言、而雍正帝曾加以峻防的耗成正耗、耗外加耗的最坏局面到底还是出现了。毕竟是长期担任中央部院大臣和地方督抚的孙嘉淦洞悉问题症结之所在，他明白无误地指出：要让督抚办地方公事，中央就不能收回督抚自主支配耗羡的权力；规定耗羡随正项钱粮年终报部核销，则必不可免地耗羡之外更添耗羡。孙嘉淦并不讳言维护各省利益的立场，他坚决主张“复年终奏闻之旧例，无使渎报于前苛驳于后”①。

总之，乾隆七年（1742 年）有关耗羡归公的争议，在解决了坚持定制、提解耗羡这一前提之后，还存在着督抚是否应该保留对耗羡的自主支配权的问题，亦即回到雍正初的定制，还是回到雍正十三年（1735 年）六月令耗羡随同正项报部核销的谕旨？显而易见，孙嘉淦的议覆涉及的虽是雍正十三年谕旨，实际也是对乾隆五年（1740 年）命各省拟定《耗羡章程》一事的批评。不言而喻，既然“督抚之办地方公事原有后不可以为例而一时不能不然、报部不准开销而情事必不容已者”②，而《耗羡章程》一旦议准施行，督抚也就彻底失去了过去还可以“通融接济”的那部分地方财政中耗羡银两的支配权。

乾隆七年十一月，九卿、翰林、科道及外省督抚关于办理耗羡一事的陈奏陆续奏覆，大学士据此议奏，他们的结论是提解耗羡“应勿庸轻改旧章”，至于耗羡是否报部核销这个关键问题，大学士们的意见则有欠明晰：“总督高斌、孙嘉淦等俱请耗羡通储藩库，令督抚察核，仍复年终报部之例。查各省动用存公银，款项繁多，若未悉情形，概行饬驳，势必掣肘；若竟听其任意费

① 《清经世文编》卷二七《办理耗羡疏》。
② 同上。

用，则侵滥之弊无从剔除；惟送部查核，庶诸弊可厘。应如所请行。”[①] 这个总结式的意见虽表面上说是如高斌、孙嘉淦所请，但孙嘉淦陈奏中反复论证的恰恰是“送部核销”之弊，他所力主的是复雍正初“此项银两止令督抚将收支之数年终奏明，不必报部查核”之“年终奏闻之旧例”[②]。大学士们的总结意见固然吸收了孙嘉淦议覆中户部概行饬驳、势必掣肘的内容，但从坚持报部查核这一总的倾向来看，是同孙嘉淦的初衷大相径庭的。乾隆帝命“照大学士等所请行”[③]，则无异于肯定了自雍正十三年确定、经乾隆五年重申的各省耗羡年终报部核销的总趋势。以孙嘉淦为代表的争取恢复雍正初年督抚掌握耗羡自主支配权的努力则遭到挫败。

乾隆十年（1745 年），御史柴潮生论及耗羡归公时，仍坚持认为“其在今日亦天下之大弊也”。对此，他做了如下解释：“自归公之后，民间之输纳比于正供，而丝毫之出纳悉操内部。地丁之公费除官吏养廉之外概无余剩，官吏之养廉除分给幕客、家丁之修脯工资、事上接下之应酬、舆马蔬薪之繁费，此外无余剩。每地方有应行之事，应兴之役，捐己资既苦贫窭，请公帑实非容易，于是督抚止题调属员便为整顿地方矣，不问其兴利除弊也，州县止料理案牍，便为才具兼优矣，不问农桑教养也……此皆由于一丝一忽悉取公帑，有司每办一事，上畏户工二部之驳诘，下畏身家之赔累，但取事之美观而无实济者，日奔走之以为勤——故曰此天下之大弊也。”[④] 实际上，柴潮生讲的并非提解耗羡之

---

① 《清高宗实录》卷一七八。
② 《清经世文编》卷二七《办理耗羡疏》。
③ 《清高宗实录》卷一七八。
④ 《清经世文编》卷二六《理财三策疏》。

弊，而是提解到省的耗羡“丝毫之出纳悉操内部”的弊病。这一看问题的基点，与孙嘉淦是完全相同的；只不过他强调的是如此一来督抚没有自主的财权为地方兴利除弊，而孙嘉淦则着重阐述送部核销必致耗羡之外更添耗羡。

乾隆十年（1745 年）前后，耗羡报部核销的弊病已暴露无遗，但即使是柴潮生也承认“今耗羡归公之法势无可改”①。事态的发展证明，非但不能改，而且中央对各省耗羡的控制有继续加紧之势。嘉庆五年（1800 年）议准：“各省耗羡遇有随时动用，如数在三百两上下，准其咨部核明动用，数逾五百两以上，即令奏明请旨。如有擅行动用者，不准咨报请销，责令着落赔补，并饬令各该督抚每年将动用余存及节年积存数目，造册报部。”② 与此同时，又将督抚可以自主支配的最后一点财力——闲款银两搜刮殆尽。所谓“闲款银两”，系指存于各省司库、不入于奏销的杂款，“如江南之社谷变价、抄产等项，陕甘之各案变价、赢余商税等项，河南之输工、捐赎等项，福建之会奏闲款等项”。嘉庆五年，经户部议奏、奉旨准行，悉令查明报部，谕称：“各省司库闲款银两……项款繁多，名目不一，向来不入于奏销，地方官视为漏卮，侵蚀挪移，故遇有急需，舍此不动，转于不应动之耗羡，辗转亏挪。应饬各直省督抚、藩司，将近五年耗羡赢余内借垫名数，及常年章程多支之款，查明数目，将司库历年闲款尽数提补归项，报部查核”③。至此，各省督抚真正成了“百里之命可寄，而颗粒铢两之出入不敢专焉”④ 的封疆大

① 《清经世文编》卷二六《理财三策疏》。
② 光绪《大清会典事例》卷一七〇。
③ 同上。
④ 《清经世文编》卷一〇《经筵讲义五篇》。

吏了。

2. 督抚的人事权限

清代实行因缺任官的官缺制。所谓缺，是指国家职官设置的不同类别和编制额数，亦称官缺、员缺、缺分等。具体来说，按民族、身份不同，划分为宗室缺、满洲缺、汉军缺、内务府包衣缺和汉缺；按职官所具有的特殊性，划分为河缺、海疆缺、苗疆缺、烟瘴缺；按补授方式不同，划分为请旨缺、部选缺、题授缺、调授缺等；按治理的难易程度，划分为繁缺、简缺，或最要缺、要缺、中缺和简缺①。官缺的划分与设置是为了“解决已进入仕途的官僚不同集团在权力上如何分配、任官权由谁掌握、不同性质的官职如何派任，以及官职额数的控制等等问题”②。就任官权由谁掌握而言，督抚下属——道、府（包括直隶州）和州县官员——的补授不外请旨（或特旨简用）、部选和督抚题调三种方式。考察督抚的人事权限，关键是皇帝、吏部与督抚在道府州县官员，特别是州县官员的任用权上的盈缩消长。从总的趋向来看，18 世纪督抚选任下属的权力日渐加强，这一趋势始于康熙中期以后，雍正时期督抚任官权明显扩大，及乾隆即位有所调整，但大体维持雍正时局面，至嘉庆亲政，督抚任官权又急剧收缩。

州县员缺除绝大部分归吏部选授外，至少在康熙中叶以后，已划出部分督抚有权具题调补或升补的缺分。康熙三十八年(1699 年）议准“苗疆员缺由该督抚保题调补，毋庸部选”③。康

① 参见光绪《大清会典事例》卷七，卷八；刘子扬：《清代地方官制考》，第 24－25 页；杜家骥：《清代官员选任制度述论》，《清史研究》1995 年第 2 期。

② 参见杜家骥的《清代官员选任制度述论》一文。

③ 光绪《大清会事例》卷六〇。

熙四十三年（1704 年），御史田从典在《请禁滥调疏》中也提到督抚有权题调的州县官缺，“旧例原为江南、浙江等七省中钱粮难征之一百一十余县而设，又边远烟瘴地方必调补熟悉风土之员”①。此时督抚有权题调的州县缺分约占全国一千余州县的 1/10，而部选之缺则约占 9/10。当时州县员缺以治理难易之别，区分为繁缺和简缺，从田从典的本章看，调缺虽然有限，却已出现督抚“借整饬地方为名、简拔贤能为说”而滥调属员以行私的情弊，但在权衡利弊得失之后，并未影响康熙帝给予督抚以有限的任官权的决心。前面已经提到，直隶巡抚赵弘燮以地方紧要，非有才有守之员不能胜任为由，不仅奏请调补知县，还越格奏请调升知府、道员，他的奏请大多为康熙帝所允准。

雍正帝即位以后，进一步鼓励督抚放手进退属员，以收整饬地方之效。雍正元年（1723 年），雍正帝在川陕总督年羹尧奏折上批谕：“不论在京在外，本省他省，有尔信得及的，或有才有守者，不论官之大小，写折子逐一开明呈进。”② 又在湖广总督杨宗仁的奏折上批谕：“尔省内属员有贪滥并无能与老病向日姑容之流，多多参处，令自家赔补亏空，以清地方钱粮；如有为有守者，不妨越格提擢数员，则民心悦而官吏知所向往从好矣，府州县因才器用，更调烦任，乃是好政。如此等尔只管放胆密折奏来，朕批部准行。”③ 在这种思想指导下，无论边远地区的苗疆、烟瘴等缺，还是内地题授、调授缺的范围都较以往扩大了。

---

① 《清经世文编》卷二〇《请禁滥调疏》。参见《清史列传》卷一二《田从典传》。

② 《雍正朝汉文朱批奏折汇编》第一册，第 15 页。

③ 同上书，第 152-153 页。另参见第 172、177 页。

雍正五年（1727年）以后，随着改土归流在云贵等省的推行，该地区大批知府、同知、知州、知县等员缺列入苗疆缺，由各该督抚拣选题补，三年俸满，保题即升①，详见表2-1：

表2-1　雍正五年至十二年新增苗疆员缺表

员缺 省份	道	府	州　县
云南		元江府知府；他郎通判；鹤庆府维西通判；广南府知府；镇沅府威远同知；普洱府知府；思茅同知；昭通府知府；大关同知；鲁甸通判；东川府知府	师宗州、镇雄州知州；恩乐县、永善县、恩安县、宁洱县、宝宁县、会泽县知县
贵州	古州道 贵西道	黎平府知府；古州同知；镇远府知府；台拱同知；清水江通判；都匀府知府；八寨同知；丹江通判；都江通判；同仁府松桃同知；贵阳府知府；长寨同知；安顺府知府；郎岱同知；归化通判；大定府同知；水城通判；南笼府知府	永丰州、普安州、黄平州、独山州知州；荔波县、清平县、施秉县、永从县、清镇县、贵筑县、普定县、毕节县、镇远县知县
湖南		宝庆府知府；理瑶同知；乾州同知；凤凰营通判；永顺府知府、同知、通判；永州府理瑶同知；辰州府永绥协同知；沅州府知府；通判靖州知州；沅州府知府、通判	道州知州；新宁县、宜章县、绥宁县、城步县、宁远县、永明县、江华县、永顺县、龙山县、保靖县、桑植县、安福县、芷江县、永定县知县
湖北		施南府知府、同知、通判；宜昌府知府、同知	鹤峰州知州；恩施县、宜恩县、来凤县、咸丰县、利川县、长乐县知县

综计新增苗疆道缺2、知府18（含直隶州1）、州县43。其中贵州省3个道缺，苗疆缺占66%；13个府缺，苗疆缺占52%；

① 光绪《大清会典事例》卷六七。

48 个州县缺，苗疆缺占 27%[①]。总的看来，西南云贵湖广地区由于地处苗疆，故而该省督抚具有较大的拣选题补下属官员的权力。

雍正年间，内地省份督抚题调下属权的推广与广西布政使郭铁的建议有密切关系。雍正六年（1728 年）三月，郭铁在《奏陈任用州县官见折》中首先指出："在国家调繁调简原有成例，然各省督抚不过间有题请，而未尝广为推行"。根据自己的行政实践，郭铁把治理州县的难易细分为冲、繁、疲、难四项。所谓冲，即"地当孔道者"；所谓繁，即"政务纷纭者"；所谓疲，即"赋多逋欠者"；所谓难，即"民俗刁顽、命盗案多者"。各州县有只专一项的，有兼二项、兼三项的，也有四项俱全的。为使选授、调补州县真正做到人地相宜，郭铁建议第一步"除云南、广西题定烟瘴调补者仍照旧例外，凡直隶各省俱请饬令各督抚先将各属州县一一查核的确，委系冲繁疲难四等之地，或专或兼或四者俱全，分别注明造册题达，其简僻易治者一概着为常缺"。全国州县治理的难易程度既摸得清清楚楚，则进行第二步："请饬令吏部，凡初任铨选州县，悉于常缺掣签，所有四等要缺，令该督抚于现任州县内酌量人员，与四等中何地相宜，题明调补试用，俟试看一二年如克胜任，再行题准实授，如试看后，人地仍有不相宜处，不妨许该督抚频请更调"。郭铁认为，"如此则才长者任要缺，才缺者任常缺，地方必不致废坠不修，任要缺者固有上进之基，任常缺者亦思调补有渐，令牧自无不鼓舞尽力"。上述郭铁的建议针对以往繁缺、简缺界限模糊，督抚借此指繁为简、指简为繁以营私的弊病，提出明确而具有可操作性的划分标

---

① 贵州省道府州县数据来自《清代地方官制考》附一"全国各省府州县官缺一览表"。该书编著者介绍此表乃据嘉庆初档案所制（该书第 577-579 页）。

准，从而为准确合理地配置州县一级的人才资源提供了可靠的前提。郭𫓹的建议使汲汲求治的雍正帝大喜过望，他在郭𫓹奏折折尾批谕："此奏可嘉之至！向来调繁简总为督抚利薮，如不令更调实误地方吏治，所以只暂开权移之道，酌量督抚，令且行看。为此事朕时常系念，未得主见，而亦未有人见及此。今览此奏，深洽朕意，如此方济至中之理。已交部议。"①

有关此次部议的结果，在乾隆年间一次廷议守令久任时曾经述及，略言"雍正六年九卿议覆广西巡抚金𫓹（按：郭𫓹后改姓金）条奏，将各省道、府、同知、通判、州县各缺，分别冲、繁、疲、难，除道府请旨补授，其同知以下，四项、三项相兼者，于现任属员内拣选调补"②。不过，在全国实施金𫓹的建议是一件十分繁复又细致的工作，光是一千余州县的摸底分类、综合平衡便非经年累月不能完成。《大清会典事例》所记载的最后议准此事在雍正九年（1731 年）是对的，下面看该书的记载："雍正九年议准：除道府员缺系请旨补授，并沿海、沿河、苗疆、烟瘴及一切应行题补、调补之缺，无论四项或兼、或全、或专，及并非冲繁疲难，均令督抚遴选具题外，其同知、通判、知州、知县内，督抚册报冲繁疲难四项、三项相兼者，令该督抚于现任属员内拣选调补，二项、一项及并非冲繁疲难者，悉归月分铨选，于考试履历进呈时，将员缺注明，候旨简用。"③ 根据上述规定，督抚的人事权限可分析如下：

第一，沿海、沿河、苗疆、烟瘴及一切应行题补、调补之

① 《雍正朝汉文朱批奏折汇编》第一一册，第 951－952 页。

② 《清高宗实录》卷二八九。

③ 光绪《大清会典事例》卷六一。

缺，均由督抚遴选具题。题补与调补之不同在于：题补缺出，“各该省总督、巡抚以应升、应调之员题补”；调补缺出，“由督抚于通省对品各员内拣调”①。调补限制在本省官员内拣选中、简缺对品官员平调。至要缺、最要缺，题补则既可对品平调，亦可将品级较低官员具题升用，而且不限在本省官员内遴选。

第二，除上述沿海、沿河、苗疆、烟瘴等特殊地区官缺外，凡道府以下的同知、通判及府属知州、知县有四项、三项相兼之缺，均由督抚于现任属员内拣选调补。

与知府同一行政级的直隶州缺分的问题，上述雍正九年（1731 年）的规定并未涉及。据乾隆元年（1736 年）二月初六日大学士张廷玉等有关陕西省官缺的一件题本所称：“直隶州知州缺出，例应该督抚于现任属员内拣选题补。”② 此“例”始于何时已不得而知，但雍乾之际直隶州知州既不是请旨缺，也不归部选，而由督抚拣选题补则是可以肯定的③。

综上所述，雍正九年对郭铗（即金铗）条奏最终议准的定例，明确地划分了皇帝、吏部和督抚对道府州县官员的任用权：道府员缺系请旨简用（苗疆等特殊地区部分道府员缺由督抚拣选题补）；直隶州知州及同知、通判、府属知州、知县有四项、三项相兼之缺由该督抚拣选调补；其兼有二项、专有一项之缺归部铨选。需要说明一句，所谓“吏部和督抚对道府州县官员的任用权”，最后仍需得到皇帝的批准。

雍正九年定例之后，很快又出现了各省道府州县等缺所定

---

① 光绪《大清会典》卷八。

② 中国第一历史档案馆：《雍乾时期地方官缺史料（上、下）》，《历史档案》1992 年第 4 期、1993 年第 1 期。

③ 《清高宗实录》卷二八九。

冲、繁、疲、难不准确和督抚频频题请更调下属的新问题。据雍正十二年（1734 年）直隶总督李卫奏称，从前所定员缺繁简未确，经吏部议覆，皇上命“各该督抚再行详细查明，据实具题”①。这次核查甄别工作一直持续到乾隆帝即位之初，“经各督抚更正，有将选缺改为要缺者，亦有将要缺改归部选者”②。四川省于雍正六年（1728 年）原定成都（今成都市）、华阴（今成都市）、巴县（今重庆市）、合州（今合川县）、雅安、天全州（今天全县）6 州县为调授缺，经调整新增原拟冲繁要缺之灌县、原拟繁难要缺之南充、原拟专冲中缺之宜宾、原拟冲难要缺之万县，俱改为冲繁难最要缺，归于督抚拣选题调；该省尚无将原为调缺改为选缺之例③。江西省则除原定调缺外，将原拟冲繁要缺的南昌县（今南昌市）改为冲繁难最要缺，原拟繁疲要缺的南丰县改为繁疲难最要缺；由原拟兼三要缺改为兼二要缺的有临江府（治所在今清江县西南临江镇）、新喻县（今新余县）④。陕西省经更定后，道府州县中兼四或兼三的最要缺共 8 缺；兼二或专一项的要缺共 29 缺；另有中缺 29、简缺 41，除最要缺在本省现任各员中拣选调补外，其要、中、简缺缺出均听部选⑤。

总的来看，雍乾之际对各省道府州县等缺的核实甄别并由此对调缺与部缺之间的调整，只是幅度极少的变动。这种普遍的调

---

① 参见《雍乾时期地方官缺史料（上、下）》；《清世宗实录》卷一四七。

② 《清高宗实录》卷二八九。

③ 《雍乾时期地方官缺史料》。按当时最要缺、要缺、中缺和简缺的概念，各督抚掌握的尺度并不统一，一般兼三项、兼四项方称最要缺，而实际上督抚在外调补之缺，兼三项或专有一项既可称要缺，亦可称中、简缺，均归部选。但也有称兼三项为要缺的情形。到嘉庆初，要缺多指兼三项者，但亦有兼三项的中缺，俱见《清代地方官制考》“附一”。

④ 《雍乾时期地方官缺史料》。

⑤ 同上。

整在乾隆七年（1742 年）和乾隆十二年（1747 年）又分别进行过一次[①]。至于各省督抚以下属州县政务繁简今昔迥异，要求将原归部选之缺酌改调缺之事，则因事随时奏请而定。不过，在乾隆年间督抚与吏部之间存在一个约定俗成的规则，即一省中如奏请将部选缺改为题调缺，则同时须将本省中数目相同的题调缺改为部选缺。如乾隆三十二年（1767 年）十二月，两江总督高晋等奏请原归部选的吴江、震泽、句容、金坛 4 县，改由在外拣选干练之员调补，原为调缺的昭文（今常熟市）、阳湖（今常州市）、金匮（今无锡市）、沛县 4 县则相应改为中、简缺，均归部选。高晋对此的解释是："如此一转移间，既于铨政无碍，而地方繁简相称，各收治理之效，于地方实有裨益。"[②] 乾隆五十一年（1786 年）正月，河南巡抚毕沅因本系简缺的宁陵县改为在外拣选升调的沿河要缺，而本省繁缺知县实在无可改简，特奏请将原定为要缺的鹿邑县县丞改归部选。在他的奏折中提到，宁陵县由部选改为沿河要缺后，"经吏部题准，仍令于通省事务稍简之知县内酌改一缺，归于部选，以符定例"[③]。所谓"定例"，即为保持督抚与吏部权力相对均衡的规则。

雍正年间督抚题调下属所引起的州县更调频繁的问题，引起了新即位的乾隆皇帝的高度重视。雍正十三年（1735 年）谕称："近见道府州县员缺，督抚多题请更调，有二三岁而更或一岁而更者，如此则虽有循良不能从容展布，民何由被其休泽，诸督抚身为大臣，当实心体国，凡无关利害之事，不宜陈奏，况此类皆无利而

① 《清高宗实录》卷五。
② 《雍乾时期地方官缺史料》。
③ 同上。

有害乎?”[1] 乾隆十二年（1747 年）再次申谕督抚频调属员对吏治的不良影响，为从制度上保证州县官久任其官以从容展布，特命大学士会同九卿议定直省牧令如何酌定年限，俾可久于其任的制度[2]。旋议准“各省州县三年准调、五年准升之例”[3]。但新例甫定，便遭到督抚、言官等的抵制和责难，仍奏请不拘三年俸满之例。乾隆十四年（1749 年）十一月的谕旨提及：“近来凡遇冲繁疲难四项相兼之缺，该督抚往往以格于成例调补无人为说，而言官条奏亦谓俸满者才非干练，干练者历俸未久，不得已题请在部拣发，需延时日，拣发之员亦非驾轻就熟，难于胜任。”乾隆帝鉴于“久任之效未著，而要地之缺易悬”[4]，无奈之下，又命大学士、九卿一并议奏变通之道。经大学士等议准：“各省州县三年准调、五年准升之例，应照旧办理。至员缺果系紧要，非干员不能胜任而年例不符者，准该督抚将实在相须之处，详悉声明，专折奏闻。除奉特旨准行外，如交部议，俟奉旨后，吏部查该员委无别项不合例事故，请旨准行。升署人员仍照久任之例，接算前后俸次，扣足五年实授。”[5] 这一折中的办法，终乾隆之世未变。

为限制督抚频调属员，除在任职年限上做出“三年准调、五年准升”的规定外，清廷还采取了其他措施，如不得越级保题，有降级、降职、革职留任者不准保题，题升知县以上官员均令赴部引见，以及罚俸在十案以内者方准拣选升调等[6]。在乾隆十四

---

① 《清高宗实录》卷五。
② 《清高宗实录》卷二八九。
③ 《清高宗实录》卷三五二。
④ 同上。
⑤ 同上。
⑥ 光绪《大清会典事例》卷五九。

年对“三年准调、五年准升”的任职年限可以变通之后，罚俸十案以内者方准题调则是对督抚人事权的最有力的制约。道理很简单，当时州县官因过误罚俸比比皆是。雍乾时人汪辉祖说过，州县“私罪必不可有，公过不可尽避，一部《吏部处分则例》，自罚俸以至革职，各有专条，故语云：州县官如琉璃屏，触手便碎”①。嘉庆初，曾任福建巡抚的汪志伊在《敬陈吏治三事》的条奏中提及，“闽省知县一官共六十二缺，除降革离任外，现在以银粮处分应停升转，及命盗、盐课杂项处分在十案以上者，共三十九员”②。一省之中，州县官罚俸等处分在十案以上的竟占一半以上，可见“琉璃屏”说法之不谬。而吏部掌握的“罚俸在十案以内者方准拣选升调”的定例，则是没有丝毫通融余地的。

综上所述，乾隆年间对雍正时有所扩大的督抚任官权，做了某些调整和限制，在大体保持以往督抚题调下属范围和规模的前提下，对督抚与吏部的权限予以明确划分，并赋予吏部对督抚题调下属不符定例的议驳权。不过总的趋向是，乾隆帝仍从治理地方需要出发，倾向于让督抚掌握较大的任官自主权。正如乾隆五十七年（1792 年）一道谕旨所说的，“向来各省督抚奏请调补升署人员，有与例不符经吏部议驳者，朕或因其人地实在相需，特降旨仍如该督抚所请行”③。

迨至嘉庆皇帝亲政，情况则为之一变。嘉庆四年（1799 年）春间，经吏部议准，“嗣后各省遇有题调缺出，将不合例人员奏请者，臣部议驳时，将该督抚随本查议；如复以人地相须再行渎

① 《清经世文编》卷二二《学治臆说·通论居官》。

② 《清经世文编》卷一六《敬陈吏治三事疏》。

③ 光绪《大清会典事例》卷五九。

请，应将复奏之督抚从严议处”[1]。不过，在实践中仍有经部议驳而奉旨照督抚所请准其升调，并将该上司处分宽免的情况。为防微杜渐，嘉庆帝又于嘉庆十一年（1806 年）降谕：“嗣后督抚等违例保奏之员，除照依部驳者仍照旧议处外，其有部驳之后仍奉特旨准行者，着交该部存记，将来所保之员，如犯有贪私骫法之事，其原保之上司，竟当奏请革职，如系别项劣迹致罹参革者，亦应照本员罪名之轻重，以定原保上司获咎之等差。着该部详议章程，载入则例，永远遵行。”[2]

就督抚的任官权和财政权而论，整个 18 世纪中央集权的趋势和走向是大致相同的。这一百年间，尤以 18 世纪二三十年代雍正皇帝在位时期值得认真研究：在十年左右的时间里，雍正帝通过提解耗羡、重定官缺等措施，将原属州县或部院的权力划归主持一省或数省军政事务的督抚。尔后，经乾隆主政的六十余年时间，督抚的耗羡自主分配权几乎被中央剥夺殆尽，任官权虽大体维持雍正时期的局面，但在制度上被加以种种限制。嘉庆亲政以后，承继乾隆帝以来的大势，进一步加强中央集权的力度，督抚在财政上无丝毫自主支配的余地自不待言，即使题调下属的法定权力也受到了种种严格的限制。

18 世纪中央集权趋势同中央与地方在权力分配上的矛盾斗争息息相关，而其最终的走势又取决于皇帝的认识和判断。督抚等地方官着眼于地方的治理，力求争得最大限度的人事和财政自主权；吏、户等部为防弊起见，对督抚日渐膨胀的人事和财政权则加以苛细的限制。二者的立场和出发点之不同，正如汪志

---

① 《清经世文编》卷一六《敬陈吏治三事疏》。参见光绪《大清会典事例》卷五九。
② 光绪《大清会典事例》卷五九。

伊所言，督抚“全为地方之紧要起见”，内部“特为杜人之营干起见”①。实事求是地讲，督抚整饬地方、办理地方公益事业，确为18世纪经济迅速发展、社会矛盾趋于尖锐化复杂化的需要，但其间自不免假公济私，以行贪婪舞弊之隐情；而吏、户、工等中央主管部门以则例法条对督抚滥用权力加以限制和制约，虽有刻板琐细、不知通权达变之嫌，但亦是国家行政不可或缺的重要方面。督抚与内部各执一词，都有充足的理由为依据，其矛盾斗争的结局则依皇帝的最后判断而定。是倾向于强化中央集权，还是倾向于地方分权，雍正帝与嘉庆帝反差较大，而乾隆帝多出以折中调和的所谓“中道”；即使同一皇帝，由于所处形势的变化，思想倾向也往往有所调整。坚决支持督抚提解耗羡的雍正帝，到辞世前又一改初衷，命将耗羡随同正项地丁钱粮送户部核销；乾隆帝即位之初，降旨停止对历年耗羡收支的清查，而维时未久，又以“若不早加整饬，立法防闲，必致挪移出纳，弊窦丛生”为由，命各省制订《耗羡章程》。正是皇帝的认识和判断的改变，决定了其倾向的转移，因而在18世纪一百年间中央集权不断强化的大势之下，又可以明显地划分为不同的发展阶段，每个发展阶段中也时见回旋与曲折。

此外，在肯定18世纪督抚的任官权和财政权逐渐缩小的总趋势的前提下，似乎也应重视二者走势的差别，特别是二者走势有所不同的原因。

应该说，清政府财政上的中央集权并不始于18世纪，而是从17世纪中叶清朝定鼎燕京之初就开始了，这主要表现在对地方各项必不可少的行政经费的裁减，特别是三藩之乱爆发后，由

① 《清经世文编》卷一六《敬陈吏治三事疏》。

于军需开支剧增，各省存留款项尽数解部，以至“州县有司，无纤毫余剩可以动支”①。雍正初提解耗羡，实际是将州县自行开辟以解决官吏办公日用及地方公费所需的财源，加以定额化并集中到省统一分配使用，继而命将提解到省的耗羡送部核销，从此虽有耗羡之名，与正项地丁实无本质差别。18世纪中叶各省《耗羡章程》的订立，标志着继清初之后，从18世纪中期开始的又一轮财政集权的完成。如果从督抚自主权着眼的话，那么，雍正年间其权限之大不仅高于顺、康时期，与乾、嘉时期比较亦不可同日而语。至于任官上的中央集权，则自康熙中叶以后，特别是雍正年间，清帝有目的地实施了一些扩大督抚任官权的措施，督抚权力有所膨胀，乾隆朝60余年虽加以调整，任官权上的中央集权的走向十分明显，但基本上认可了督抚任官权扩大的事实。由此看来，18世纪初叶督抚财政自主权的扩大，不过是清代前中期势头强劲的财政上中央集权进程的短暂的一页，也不妨说，以提解耗羡为标志的督抚财权的扩大，不过是中央将州县新辟的财源集中到中央的中间环节。而督抚人事自主权的扩大则在乾隆时期没有出现大的逆转，这一点似应给予进一步的阐释。

18世纪督抚任官权力的扩大从根本上讲是由政治形势客观上的迫切需要所决定的。18世纪中国经济繁荣、人口倍增、疆域拓展、驿传发达，地方治理的难度大为提高，由吏部铨选、向各省分派州县等地方官的旧制越来越不适应形势变化的需要。诚如郭铁所言：“总缘州县官员大半系初登仕籍，其平日未尝经历，故人与地相当之处未能悬定，一旦凭签掣缺，纵有才能出众无由

① 《清圣祖实录》卷二四〇。

区别，或以庸员而得要地，竟将皇上之人民、财赋令其试尝，及至地方废坠不修，始行罢斥，则其贻误已多。”① 因此，人地相需、人地相宜云云，既是督抚争取题调下属权力的口实，也是皇帝允准督抚逾格题调下属的正当理由。康熙年间始设苗疆缺及江南、浙江等省钱粮难征之110余州县，缺出由督抚于现任官员中拣选调补，揆其本意，都是以初登仕版的部选之官未必胜任其治理之难为由。至雍正年间推行改土归流，云、贵、湖广等省遂大批设立题缺，雍正九年（1731年）定同知以至州县兼三、兼四最要缺，命督抚于现任属员内选任，亦为“酌量人地起见”②。既有此任用地方官不易之宗旨，则督抚大吏便无异于掌握了不断扩张权力、至少是保住既有权力的利器。雍正十二年（1734年），四川布政使刘应鼎以“自丈量后，田地日辟，民事日增”为由，奏请将简州（今简阳县）等35州县由部缺改为督抚拣调之缺③；乾隆二十九年（1764年），山西巡抚和其衷奏请将太平县（今襄汾县西南汾城）由专繁一字简缺改为冲繁难要缺时说：“臣自抚晋以来，巡阅营伍，屡经其地，目击烟户稠密，人民众庶，案牍繁多，询之司道府，咸称该邑东连畿辅，西接陕甘，为往来新疆要路，回部各城请安入觐，轮蹄络绎，与昔日情形实属不同”，自然“不宜以初任之员骤应剧邑”④；乾隆四十二年（1777年），陕西巡抚毕沅奏请改兴平等县繁简各缺事一折中也说：“设官分职，贵乎因地制宜，倘今昔情形不同，自应随时酌改，以归确当。臣查西安府属之兴平县，再凤翔府属之扶风、岐

① 《雍正朝汉文朱批奏折汇编》第一一册。
② 光绪《大清会典事例》卷六一。
③ 《雍乾时期地方官缺史料》。
④ 同上。

山、凤翔三县，向俱定为专冲简缺，在昔年不过系通川驿路，虽冲不繁，但该四县幅员本属辽阔，生齿日益殷庶，近自金川平定以后，往来差使渐多，地方政务更形繁剧。又西安府属之鄠县（今户县）、盩厔（今周至县）二县，向系简缺，近来户口日增，民稠地广，一切刑名钱谷，案牍繁多，倍于往昔”，故请将兴平等县由专一简缺俱改为兼二中缺[①]。上述事例还可以举出许多，归纳起来，无不以“设官分职，贵于因地制宜，如值今昔情形不同，自当随时酌改”之类套话为张本，然后罗列“户口日增”“粮赋繁重”“案牍繁多”“邮递紧要”等今不同于昔的种种事实。总之，18 世纪中国政治、经济、社会全面发展，使地方行政面临诸多新的课题和难题，道府州县的任用权由中央向地方督抚倾斜，说到底是大势之所趋，因而其间虽不无曲折反复，但总的趋向并未发生逆转。

与督抚有限制的人事自主权不同，18 世纪初期一旦到手的耗羡自主支配权，则在强劲的集中财权的大势之下被中央剥夺殆尽。所谓大势，就是中央财政长期处于吃紧状态。顺康时期中央财政支出缺口的产生，系因烽烟四起，军需浩繁，这容易理解，但为什么三藩之乱平定、天下承平百余年，中央财政仍有日益紧张之势呢？为回答这个问题，恐怕需要对清廷的财政体制做一些分析。清财政收支恪守“经制”，所谓“经制”，系指国家每年常规的财政收支，均有大致固定的额度。不管社会经济状况如何变化，皆不得突破这一框架。雍正帝说的“赋有常经”[②]，乾隆帝

① 《雍乾时期地方官缺史料》。
② 《清世宗实录》卷八九。

时时挂在嘴边的“国家经费有常”①，讲的都是这个意思。嘉庆初程含章在《论理财书》中所说“国家出入有经，用度有制”②，更言简意赅地揭示出财政经制的内涵。决定这种僵化的财政经制的原因是多方面的，但最重要、最直接的一个原则则是岁入中占六七成的地丁正项，被清帝凛然世守的“不加赋”政策限制而相对固定化③。中央每年财政收入既然被锢死，就必然将包括地方文官养廉和地方公费在内的地方性支出经制化，也必不容督抚大吏自主支配数以百万计的耗羡银两。报部核销、制定章程，固然有防止督抚染指中饱的用意，但从根本上讲，还是欲将本属地方性的收入，划归中央财政的紧迫需要。至于地方经费是否能满足地方之需，中央财政主管部门并不关心，亦不打算考虑；地方另谋财路，以名色不一而足的“陋规”“闲款”之类，来弥补地方官廉俸不足和地方性开支缺口，则日后势必又会被中央囊括无遗。如果18世纪始终能维持物价低廉、风气淳朴的局面，最高统治者又能躬行节俭，上述财政上中央集权的势头可能滞缓得多。然而，恰恰从18世纪开始，出现了诸多前所未遇的新问题，其中对财政冲击最大的莫过于物价的持续上涨。这样一来，本已捉襟见肘的政府财政状况则更加拮据，被锢死的各项支出银两，因通货贬值而使实际购买力大幅度下降，河工、海塘、铜政、漕运，以至官吏士卒等国家公职人员处处告急④。总而言之，清初以来中央财政持续紧张的状况，并未因康熙中期以后中原地区百年安定

① 《清高宗实录》卷四，卷七〇。

② 《清经世文编》卷二六《论理财书》。

③ 郭成康：《论清代“不加赋”及其对社会经济的影响》，《社会科学辑刊》1995年第2期。

④ 郭成康：《18世纪中国物价问题和政府对策》，《清史研究》1996年第1期。

而有所缓解，相反，由于18世纪所出现的种种亘古未遇的新的社会经济问题而更形加剧了。其结果是中央政府不仅无暇顾及地方社会、经济、文化的发展，而且本应留给地方自主支配的财富，也被中央一轮又一轮地搜刮干净。18世纪各省督抚在财政权和任官权方面的盈缩消长，形式上虽有所不同，但二者又彼此联系、相互渗透，其对吏治民生的负面影响在本书第三章还会有所论及。

第二节　中央决策与地方的关系

决策通常指人类在改造世界的过程中，为选择并实现某种最优化的目标及实施方案而进行的活动。清朝最高统治者借鉴历代统治经验并经过自身政治实践，在决策方面做了诸多有益的探索，也留下了不少发人深思的教训。本节所探讨的“中央决策”，一般指有关国家大政方针的宏观决策。18世纪中国历史上固有的地区发展不平衡的格局更加明显，中央决策如何兼顾地方的特殊利益，地方对中央决策究竟有多大的影响力，是本节深入探讨的重要问题。

一　中央决策机制

在整个18世纪，清统治集团还谈不上有一个法制化的决策机制，但这并不意味着其时中央决策机制的总体格局不存在信息、咨询和决策的划分。一般来讲，督抚和科道言官在信息系统中占有举足轻重的地位，他们有时也介入咨询系统；大学士、九卿会议、军机处及议政处则构成咨询系统的主体；决策系统只有，也只能有皇帝一人，这是由专制主义中央集权的政治体制所决定的。

康雍乾之际禁南洋案是18世纪初期一个关系对外贸易，以至东南沿海地区商民生计的重大事件，在应否禁止南洋贸易上，如何选择最佳的决策目标及实施方案，清廷的决策机制做出了积极而灵活的反应，并进行了一系列极富效率的活动。下面就以禁南洋案为主，对18世纪中国的中央决策机制做一归纳说明。

1. 信息系统：督抚与科道

督抚在封疆之内南面而临，责任綦重，皇帝将一片江山托付给督抚者，是要其保一方平安。康熙帝说过："至于总督、巡抚，但于地方不生事，年岁丰登，钱粮清楚，便是好官。"[①] 康熙创行密折，其目的他说得很明白："凡督抚许上折子，原为密知地方情形，四季民生，雨旸如何，米价贵贱，盗案多少等事"[②]，令督抚随时用折子密奏，以便及时掌握地方治安状况及潜在的政治危险。雍乾以降，清帝世守这一传统。而督抚唯恐殒越，势不能隐讳治下危及社会安全的隐患，其身在地方，又与土著人士多有接触，故而见闻较真，是以督抚大吏成为18世纪中央决策整体格局中信息系统的核心人物，他们通过奏折提供的信息，不仅是皇帝据以决策的主要情报来源，也是大学士、军机大臣、九卿等组成的咨询系统研究决策方案时不可或缺的基本依据。

自康熙五十六年（1717年）正式开始，一波三折的禁止南洋贸易案，与闽广江浙沿海各省督抚提供的信息密切相关。康熙帝"欲严洋禁"的想法酝酿已久，但直到康熙五十五年（1716年）才断然决策，禁止南洋贸易。他这样做的根据之一是内地之米偷漏出洋，卖与外洋海贼。这与历任福建、江南巡抚张伯行屡

① 《康熙起居注》第三册，第2313页。

② 《康熙朝汉文朱批奏折汇编》第二册，第724页。

屡密奏有关，康熙帝曾两次提及："前者张伯行曾奏，江南之米，被下海船只带去者甚多，朕竟不知，若果如此，亦有关系。"① "前张伯行曾奏，内地之米下海者甚多，朕疑此米贩往何处，留心察访。"② 康熙帝禁南洋的另一个根据是中国商人卖船于海外，这得自他本人亲自查访："朕南巡过苏州时见船厂问及，咸云每年造船出海贸易者多至千余，回来者不过十之五六，其余悉卖在海外。"③ 当时去南洋的中国商民有的把辫子剪掉，"因为在海外没有人能够强制他们留辫子，而他们剪辫子是为了表示不臣服于清朝"④。由此看来，洋商卖船与外夷、载米接济异域，不过是洋禁的表面理由，对汉人可能在西洋人庇护下建立海外抗清基地的深深忧虑，才是促使康熙帝决策禁止南洋贸易的真正原因。

雍正帝即位后，在坚持洋禁既定方针的同时，通过密折从闽广等督抚那里得到了大量重要信息。雍正二年（1724 年）八月，闽浙总督觉罗满保折奏："从前禁止商船不许前往西南各洋，原为防范外国夷人起见。在西南洋红毛、吕宋等国地处穷洋之外，全仗贸易资生，何敢向中国暗藏窥伺之意！"⑤ 显然，这是针对康熙禁洋的主要根据提出的不同看法。满保还向雍正帝密陈由于洋禁实施过程中存在的问题已使禁令形同虚设："数年以来，先从江省海关公然许贩安南，继而浙省海关亦效尤之，而闽省不敢公然前去，闻亦有借遭风而谎称飘到安南者，在广东原有许贩安南之例，但一至安南则大海茫茫，乘风之便，何处不可去？所以

① 《康熙起居注》第三册，第 2314 页。
② 同上书，第 2324 页。
③ 《清圣祖实录》卷二七〇。参见《康熙起居注》第三册，第 2324 页。
④ 林天佑：《三宝垄历史》，第 32 页。
⑤ 《雍正朝汉文朱批奏折汇编》第三册，第 404–405 页。

近年以来商船称贩安南遭风而回者，不一而足。若穷究根原则所关甚大，不得其违禁偷贩实据，恐多株连冤抑，且事连数省亦终难于归结；若稍从宽纵，听海关多得税银，任文武侵分陋例，则将来偷贩事发，沿海文武均难逃于严例——事处两难，故臣特将实情密密奏闻。”[1] 直至雍正四年（1726 年），闽浙总督高其倬具折全面陈奏禁南洋贸易对地方的严重危害，并对康熙晚年据以决策的各种信息的失实予以逐条澄清之后，雍正帝才认为有了足够的根据对禁南洋贸易一事重新做出决策。该奏折称：“福、兴、漳、泉、汀五府，地狭人稠，自平定台湾以来，生齿日繁。山林斥卤之地，悉成村落，多无田可耕，流为盗贼势所不免。臣再四思维，惟广开其谋生之路，如开洋一途，前经严禁，但察富者为船主商人，贫者为头舵水手，一船几及百人，其本身既不食本地米粮，又得沾余利归养家属。若虑盗米出洋，则外洋皆产米地；虑透消息，则今广东船许出外国，岂福建独虑泄漏？虑私贩船料，则中国船小，不足资彼之用。以臣愚见，开洋似于地方有益，请弛其禁。”[2] 经过反复权衡、审慎考虑，雍正帝于翌年将高其倬的奏折交怡亲王允祥会同大学士、九卿议奏，廷臣议覆准其所请，雍正帝自然照准。自康熙五十六年（1717 年）开始实施的禁南洋贸易历时十年之久，至此正式弛禁。

乾隆五年（1740 年）八月发生了荷兰殖民当局疯狂屠杀巴达维亚（今印度尼西亚雅加达）华侨的“红溪惨案”，消息传回国内，清最高统治集团又一次引发应否禁止南洋贸易的争议。乾隆六年（1741 年）七月，福建水师提督王郡、署闽浙总督策楞

---

① 《雍正朝汉文朱批奏折汇编》第三册，第 404—405 页。

② 《清史列传》卷一四《高其倬传》。参见《清世宗实录》卷五四。

等先后具折密奏南洋噶喇吧（今印度尼西亚雅加达）荷兰当局“杀戮在彼贸易汉人”之事，策楞等奏请“仍照康熙五十六年之例，禁止南洋商贩”，八月十一日，乾隆帝将策楞等奏折批交“议政王大臣会议具奏”①。内阁循例发抄，是以议政处未曾议覆，廷臣遍知此事。御史李清芳于八月二十五日具折反对全面禁止南洋贸易，建议仅“暂时停往噶国买卖”。两天后，乾隆帝在李清芳折上批谕：“议政王大臣一并议奏。”② 九月初六日，议政王大臣裕亲王广禄等遵旨议覆，指出策楞等并未说明既禁南洋“则出洋海口作何稽查防范”，“并于沿海贸易商民生计有无关碍”；再者，“南洋商贩，不止福建一省，其江浙广东等处亦有往彼贸易商船，若闽省议禁，则他省亦应一律禁止”。据此，议政王大臣等以“臣等未能深知彼此情形，未便悬议”，请将此案敕交闽广江浙督抚妥议具奏，乾隆帝于当日用满文批谕“依议”③。至翌年二三月间两广总督庆复遵旨覆奏，建议包括噶喇吧在内一切南洋贸易毋庸禁止，他说：“广东一省，地窄民稠，环临大海，小民生计艰难，全赖海洋贸易养赡资生”，“就粤而论，借外来洋船以资生计者，约计数十万人”，“南洋贸易商贾各挟资本，子母营利，粤东一省，舵水万人皆食外域米粮，各谋生计，今若遽议禁止南洋贸易，内港之商固至失业，外来之洋艘亦皆阻绝……就粤省而论，于商民衣食生计实有大碍”④。三四月间，署闽浙总督策楞等覆奏，仍主禁南洋贸易⑤，不过，策楞等议折中附片又

① 《宫中档朱批奏折・外交》，355-1、355-2。
② 同上书，355-3。
③ 同上书，355-4。
④ 中国第一历史档案馆藏：《军机处录副奏折・外交》，7790-12。
⑤ 《宫中档朱批奏折・外交》，355-5。

称："倘蒙恩不忍以吧番一岛之猖狂概禁南洋别国，俯允御史（李清芳）奏请只禁吧番，臣等仰恳皇上天恩，特降谕旨。"[①] 七月，新任闽浙总督那苏图、浙江巡抚常安覆奏，主张"将噶喇吧暂禁，其暹罗、柔佛等国仍准往来"[②]。八月，两江总督德沛覆奏，他反对只禁噶喇吧贸易的折中方案，理由是"南洋商贩不止福建一省，而贸易地方又不止吧国一处……若止禁吧番而弛禁诸国，则茫茫洋海若是处可通，风信靡常，商舡适有随风驶入吧港，番人怀禁止之恨，更肆凶残，则愈费周章……窃以为南洋不便禁止，商贩仍准经营为便"[③]。以上督抚奏折，乾隆帝俱批发原议政王大臣及兵部议奏。该年十月初五日，议政王大臣裕亲王广禄等会议，他们全面审议了各督抚的不同主张后，向乾隆帝提出了总结性的意见："查各督抚所议，或请毋庸禁止南洋商贩，或请暂禁噶喇吧往来，虽所议不同，其大意皆以仰体皇上柔怀至意，令海外远夷悔过自新，均沾德泽，即议令暂禁吧番者原欲其知畏惧，今观其于我商回棹加意抚慰，遣船护送，谆谆嘱以照旧生理，并将噶喇吧夷目撤回更换，则该番已知悔惧，且伊所戕害者，皆久居汉人土生之汉种，此皆自弃化外之人。请将南洋一带诸番仍准其照旧通商，以广我皇上德教覃敷，洋溢四海之至意。"[④] 乾隆帝随即降旨允准[⑤]。持续一年又三个月之久的南洋贸易争议，至此以维持雍正以来的开放政策而结束。

---

① 《宫中档朱批奏折·外交》，355-6。

② 同上书，355-7。

③ 《军机处录副奏折·外交》，7790-13。

④ 《宫中档朱批奏折·外交》，355-8。

⑤ 《清高宗实录》卷一七六。

科道言官，以及一切具有折奏资格的内外臣工，也是皇帝据以决策的信息来源，特别是科道，更在信息系统中发挥积极作用。禁南洋案中，御史李清芳上《敬陈管见折》，举出不可恢复洋禁理由有四："洋船贸易往东洋者十之一，往南洋者十之九，凡江浙闽广四海关税银多出于此，一加禁遏，则四省海关税额必至亏缺，每年统计不下数十万，其有损于国帑，一也；大凡民间贸易，皆先时而买，及时而卖，预先蓄积，年年流通，今若一旦禁止，商旅必至大困，二也；又内地贩往外洋之物，多系茶叶、橘柚、瓷器、水银等货，易其朱提而还，禁之则内地所出土产杂物多置无用，而每岁少白金数百万两，一二年后东南必至空匮，三也；又每年出洋商船不下数百艘，每船中为商人、为头舵、为水手者几及百人，统计数十万众，皆不食本地米粮，若一概禁止，则此数十万人不惟糊口之计，家室之资一时不能舍旧图新，因转而待哺，内地米价亦必增长，四也。"① 李清芳在论及洋禁对东南沿海商民生计的消极影响之余，又提出亏缺国帑和刺激米贵的理由，特别是后者，对当时为米价居高不下而焦虑不安的乾隆帝有深刻影响，乾隆帝将李清芳的奏折作为闽浙总督策楞主张禁南洋的对立意见，一并批发议政处议奏，对上层有关洋禁争议的深化无疑起到了及时的、重大的作用。

2. 咨询系统：大学士、军机大臣及九卿会议等

中央决策机制中咨询系统的常规组成形式是大学士、九卿会议，詹事、科道是否并列大学士、九卿会议，一般要由皇帝视情况不同而决定。凡大学士、九卿会议多以事件所涉之一两部为主，会议前由该部拟出议覆底稿，并传送九卿，及会议，主稿衙

---

① 《宫中档朱批奏折·外交》，355-3。

门将奏稿宣读一遍，与会者提出修改意见，随将议定之奏稿再宣读一遍，以次送九卿等画题[①]。这就是咨询系统工作的流程。禁南洋案雍正帝即交怡亲王允祥会同大学士、九卿会议，而由兵部主稿。乾隆七年（1742 年），关于是否实行限田之法，乾隆帝将福建按察使王丕烈条奏命九卿议奏，因事关田制，故由户部主稿[②]。

在整个决策活动中，咨询系统的组成除大学士、九卿会议外，还有多种形式。是否恢复南洋贸易禁令，在乾隆帝看来是关系国家战略安全的大事，故交议政王大臣会议具奏。议政处作为特殊咨询系统具有以下几个特点：一是议政王大臣是清一色满蒙旗籍，汉大学士尽管也是清廷上层核心人物，但没有议政大臣头衔，自然被排除在议政王大臣会议之外；二是议政处囊括了旗员九卿中的正卿，以及大学士和军机大臣，因而具有丰富的政治经验和普遍的代表性；三是议政处由十五六人组成，是非常精干的智囊集团，与四五十名大臣组成的九卿会议比较，有可能进行比较深入的讨论。由此看来，乾隆帝把事关防范汉人与西洋人勾结以保证大清帝国长治久安的重大国事决策，交由政权最核心层——议政处——论议，并提出咨询意见，可谓用心极深。雍正、乾隆初政，还常把重大机密事件交总理事务王大臣议奏，及撤销总理事务王大臣，则密勿重务咸在军机。军机处之奉旨议大政详见本书第一章第四节，兹不赘述。

咨询系统的组成形式不拘守一格，在整个决策活动中，也不是一成不变的。禁南洋案雍正帝决定由大学士、九卿会议提供咨

---

① 参见《清高宗实录》卷一六四，卷三〇四。

② 中国第一历史档案馆：《乾隆初年议奏限田史料》，《历史档案》1993 年第 4 期。

询意见，乾隆帝则交议政处审议。乾隆初期在有关广东是否禁止开矿的争议中，乾隆帝先后采取了“该部议奏”“大学士等密议具奏”“大学士会同该部议奏”“总理事务王大臣密议具奏”，以及交由地方督抚悉心定议具奏等灵活多变的咨询形式①。乾隆七年（1742年）有关是否坚持提解耗羡的决策，系先交九卿、翰林、科道及各省督抚议奏，最后由大学士提出不宜轻改旧章的总结性咨询意见，而乾隆帝予以批准。

在决策活动中，大学士、九卿会议，议政王大臣会议及军机处奉旨议奏的多是有关国家大政方针的问题，正如方苞所说的：“九卿乃九牧之倡，万官庶政之枢纽也，督抚、台垣之条奏，特下九卿，必国体民生所系，犹叩树木，百枝皆动”，“凡发九卿会议，必因事体重大或理有疑难，故博稽于众，期询谋之佥同”②。与督抚、科道从地方特殊情况出发，提出带有倾向性意见不同，九卿会议等的职责是立足于全国大局，考虑国家的根本利益和长远利益，对交议的重大疑难事件进行全面的审视，提出一种或几种意见，也可以“无庸议”而将督抚、科道的奏请予以否定，皇帝根据九卿会议等的结论进行分析、比较、权衡，从而做出最高决策。在一般情况下，皇帝都是以“依议”的方式批准九卿会议等议覆的意见。18世纪凡交廷议的重大疑难事件，如禁南洋案、禁矿案、限田案、禁酒禁曲案，以及应否坚持提解耗羡、“米贵”的对策等等，都是如此。在极少数情况下，皇帝不同意九卿会议等咨询系统的意见，但仍予以高度重视。例如摊丁入地一事，九卿等覆议时以“虚地虚粮难于分摊”等理由加以反对，雍正帝虽

① 《清代的矿业》上册，第36-48页。

② 《方望溪（苞）先生全集·文集》第一册，第1130页。

不加采纳，但十分慎重，特发交先行一步的直隶巡抚李维钧，以引起他的重视。李维钧很快拟出具体摊征办法：“将通省丁银四十二万余两之丁银均摊于二百零三万余两之地粮之内，仍照上中下三则之田，各计其纳粮轻重之数而分摊其丁银”。雍正帝这才放下心来，在李维钧《酌议按地输丁之法折》上批谕：“信得你的。前因九卿之奏，恐你或有想不到处，发来着你留心。今览卿之奏，所奏甚明甚当。原系准行的，可遵旨用心料理覆奏。”① 提解耗羡与此有相类之处，总理事务王大臣会同九卿、詹事、科道的议覆，雍正帝虽很不满意，最后仍表示：“尔等所奏与朕意不合，若令再议，尔等必遵朕谕，议覆准行。朕亦不能保其将来无弊否也。各省若能行者，听其举行；不行者，亦不必勉强。可将此谕旨并尔等所议之本交存内阁。”②

需要说明的是，廷议若以二议、三议奏覆时，皇帝“大抵从其列名众多者”③，但对少数人的意见也并非全然漠视。乾隆七年（1742年），九卿遵旨议限田之事，刑部侍郎盛安与众议不合，力主实行限田，为此另行具折独抒己见，乾隆帝很重视，特批示“大学士等议奏”④。为了解更多人对此事的看法，乾隆帝又在直隶总督高斌的一件奏折上批谕：“近有为限田之说者，卿以为可行否耶？即速奏来。”⑤ 不过，九卿会议、议政王大臣会议等廷议即使如此重要，也没有任何决策权，包括督抚、科道、大学士、军机大臣、九卿等在内的内外臣工，他们在整个决策活

① 《雍正朝汉文朱批奏折汇编》第二册，第126-127页。

② 《清世宗实录》卷二二。

③ 《方望溪（苞）先生全集·集外文》卷二《请矫除积习兴起人材札子》。

④ 《乾隆初年议奏限田史料》，《历史档案》1993年第3期。

⑤ 同上。

动中所扮演的角色，都不过是为皇帝决策提供各种信息、各种可供选择的方案而已。

还须指出，督抚、科道等在决策的全过程中，在向决策者皇帝提供信息的同时，往往提出自认为适宜的政策目标和实施方案。从这个意义上讲，督抚、科道等已先期介入了咨询系统。他们的意见一般从某一地区的情况出发，反映该地区的利益，因而往往成为整个决策过程的起点和原动力。由于有关国计民生的重大决策，一般需经上下内外往复议论辩诘的长期酝酿过程，因而反映不同地区不同利益要求的来自督抚、科道等的咨询性质的意见，对最高统治者经常具有决定性影响。禁南洋案中，绝大多数地方督抚以及参与决策活动的御史李清芳都反对恢复洋禁，经议政处归纳后，为乾隆帝所接受。

下面再来看看在有关摊丁入地和提解耗羡等重大决策活动中督抚、科道发挥的重要作用。雍正元年（1723 年）二月，户科掌印给事中王澍首先具折奏陈“丁粮宜随田办”：理由之一是“丁随田办则计亩分丁，赋均而民易为力；丁田分办则家无寸土之贫民，亦与田连阡陌者一样照丁派科，未免苦乐不均”。理由之二是：“不肖官吏每以审丁为利薮，富民有钱使用，丁虽多而不增；穷民无钱不遂，丁虽少而不减，弊有不可明言者。”王澍奏请“嗣后丁粮俱随田办，准田之多寡，均派丁银”[①]。随即御史秦国龙又折奏“丁粮宜从地起”，他讲，山东丁徭俱从人起，五年审丁，弊端百出，以致“穷民输将无力，逃亡不免，一至逃亡，累及亲族里社，追呼日扰，而国课多至虚悬”。他又讲，湖广、江浙丁从地起之便，“请嗣后各省丁银均照湖广江浙等省之

① 《雍正朝汉文朱批奏折汇编》第一册，第 53-54 页。

例，通计人丁若干、地亩若干，按亩均派”[1]。以上二折，既无朱批，也未发交阁部等议奏。显然，雍正帝认为此事尚不能提到议事日程。同年六月，山东巡抚黄炳奏请按地摊丁，据称：“各州县中往往有田连阡陌而全无一丁者，有家无寸土而承办数丁者，念此无地穷民，其在丰稔之年已难措办，设遇歉收之岁，势必卖男鬻女不止。嗟此穷民即或乞食他方亦必关拿追比，甚而逃亡流散，必至遗累亲友，此本省之民所以易去其乡而不顾也。”黄炳奏请“通饬北五省一体将丁粮摊入地亩输纳”[2]。这次雍正帝不能不表态了，他在黄炳折尾批谕：“此等大事岂是如此草率乱举的？……况北四省连年薄收，那里当得起此等大更张之事！”[3]雍正帝没有就应否摊丁入地论列是非，只是认为“此等大事”不能草率举行。不料黄炳奏过甫及一月，直隶巡抚李维钧又奏请丁银摊入田粮征收，而且一折一本，同时上达。在奏折中李维钧说：“切查直属丁银偏累穷黎，若摊入田粮内征收，实与贫民有益。臣见在具题请旨，但将丁银摊入田粮之内，有力之家皆非所乐，或有阻遏其请者，况部中止知成例不肯变通，必议不准。仰乞皇上乾断，允臣所请，则无地贫民永戴皇上乾仁，而州县征收亦自此较易。臣为县令州牧时确知其弊，曾在山东、江西、四川行之皆善，故敢恺切题请。”雍正帝还是认为时机不宜，故在李折批谕“此事尚可少缓”，但李维钧既已具题，雍正帝也只好同时批谕李维钧：“候部议来再定。”[4]估计在李维钧题本上，雍正帝批示“该部议奏”。历经半年的酝酿，在富有地方行政经验的

① 《雍正朝汉文朱批奏折汇编》第一册，第79页。
② 同上书，第497-498页。
③ 同上书，第498页。
④ 同上书，第658页。

督抚、科道的一再促请下，有关赋役制度的重大改革，终于提到了中央决策的议事日程之上。与摊丁入地具有同等重要意义的耗羡提解，也是经地方督抚首倡试行而促使中央决策正式启动的，只不过雍正帝对山西、湖南、河南督抚的创举，从一开始就持积极支持的态度。经过一年多的酝酿，尽管中央决策活动并未正式开始，但这些督抚的奏折对雍正帝了解下情、完善提解耗羡的实施方案，都具有重要作用。至雍正二年（1724 年）年中，有御史条奏反对提解耗羡，略谓“耗羡为州县应得之物，上司不宜提解”云云①。雍正帝认为公开论议提解耗羡利弊的时机业已成熟，遂命内阁将该御史条奏发抄，山西布政使高成龄具折逐条批驳，雍正帝立即交总理事务王大臣、九卿等会议具奏。至此，中央决策的咨询系统正式启动。

督抚、科道介入咨询系统，还表现在皇帝遇有重大决策犹豫不定，或咨询系统难以悬议时，往往要专门征询有关省份以至全国各督抚的态度。乾隆七年（1742 年）在应否坚持提解耗羡时，乾隆帝“夙夜思维，总无善策”。乾隆十二年（1747 年）对“米贵”问题乾隆帝“反复思之，不能深悉其故，亦未得善处之方”②，命督抚、科道就耗羡和米贵的原因和对策发表自己的看法。乾隆七年，议政处奉旨议奏应否禁洋，在两种对立意见中难以抉择，加以东南沿海省份又不限闽浙，遂请皇上敕下江浙闽广督抚参与禁洋的论议。在这种情况下，督抚、科道也就成了咨询系统不可或缺的组成部分了。

---

① 《清经世文编》卷二七《议复提解耗羡疏》。

② 《清高宗实录》卷三〇四。

3. 决策系统：皇帝

“乾纲独断”一词最精练地概括了皇帝在中央决策机制中的地位，以及在整个决策活动中的作用。乾纲独断体现在以下三方面：是否需要借助咨询系统做出决定，由皇帝决定；如果需要询问，咨询系统如何组成、如何运作，由皇帝决定；是否采纳咨询系统提出的政策目标和实施方案，或采纳其提出的哪一种政策目标和实施方案，亦由皇帝决定。

历经康雍乾三朝的禁南洋案，康雍乾三帝的决策方式迥然不同。康熙五十六年（1717 年）开始的禁止南洋贸易，是清初对外贸易政策引人瞩目的逆转，对于这样一件关乎国家方针的大事，康熙帝并没有遵循中央决策的常规，事先既未全面征询东南沿海督抚的意见，也没有交九卿等廷臣议论，即于康熙五十五年（1716 年）十月二十五日畅春园听政时宣谕禁止南洋贸易，东南沿海各省督抚随后来京，不过奉旨会同兵部制订实施方案而已。雍正帝即位后，对是否开放南洋贸易持审慎态度，直到雍正五年（1727 年）掌握了决策所需的必要信息时，雍正帝仍然没有率先表态，而是将高其倬奏请开洋的奏折，批发怡亲王允祥会同大学士、九卿议奏，最后以同意经廷议议准的总督高其倬弛禁奏请的方式，实现了政策上的根本转变。不过，比较而言，还是初政时期的乾隆做得最符合常规。乾隆六年（1741 年）八月，“红溪惨案”的信息经福建水师提督王郡及署闽浙总督策楞等的密折反馈到御前，乾隆帝及时批交议政王大臣议奏，随即御史李清芳具折对策楞恢复洋禁的主张提出异议，乾隆帝立即将李折发交议政处一并议奏。议政处会议后，建议将策楞、李清芳等奏折敕交闽广江浙督抚妥议具奏，迨地方督抚覆奏全部到齐，已是第二年秋冬之际了。十月，议政处奉旨议覆，主张南洋贸易一仍其旧，乾隆帝降旨允行，历时一年多的决策过程至此终结。整个决策过程乾隆帝并未发表带倾向性的旨意，因此廷臣和大吏无以揣摩迎合；全部决策活动似乎都是臣下侃侃而谈，但实际上决策程序和最高决策权全部稳稳地置于乾隆帝的控制之下；整个过程不温不火、不焦不躁、节奏清晰、层次分明，地方利益得到了比较充分的反映，不同意见（尽管为品级卑微的御史的意见）也没有遭到粗暴的排拒。仅就乾隆朝禁南洋案的中央决策而论，它堪称专制主义中央集权政治体制下一次成功的、臻于完美的决策典范。

摊丁入地和耗羡归公的决策也很能说明皇帝在决策机制中的地位。作为摊丁入地的前奏——“盛世滋生人丁永不加赋”，也是由康熙帝独断的。康熙五十一年（1712 年）正月，在未经咨询廷议的情况下，康熙帝即向大学士、九卿宣谕：“应令直省督抚将见今钱粮册内有名丁数勿增勿减，永为定数，其自后所生人丁，不必征收钱粮，编审时止将增出实数察明，另造清册题报”，大学士等奉旨“详加确议”的不是决策本身是否正确，而仅仅是具体实施方案而已①。对摊丁入地的决策，雍正帝先将直隶巡抚李维钧《奏请丁银摊入田粮征收疏》批交户部议奏，经户部议覆准行。雍正帝以兹事体大，又降旨命九卿、詹事、科道会同确议具奏②。嗣于御乾清门听政时，召九卿等近前指责其所议李维钧条奏地丁一本“并不据理评议，依违瞻顾”，并警告九卿等：“若仍蹈前辙，朕或据理敕行，或择人另议”，最后将九卿议覆题本

① 《清圣祖实录》卷二四九。

② 《清世宗实录》卷一一。

发还，命“仍照户部议行”①。丁银摊入地亩后，并未详议新垦地亩如何摊派丁银，迨至乾隆三十七年（1772 年）停止编审人丁，翌年七月，湖北巡抚陈辉祖奏请将该省民屯新垦丁银随年摊征，户部奉旨议覆准陈辉祖所请，各省应否照湖北一例办理，请行查各督抚就本省情形酌筹妥议具奏。乾隆帝允准。当年十二月初，各省陆续覆奏，多主张仍循旧制，乾隆遂做出决断，明谕“将丁银随年摊纳，是与小民较及锱铢，尤非惠下恤民之道，陈辉祖原奏固属琐碎见小，而户部议覆亦复未识大体。所有各省办理丁粮一事，无论已未覆奏，俱着悉仍其旧，毋庸另议更张”②。有关提解耗羡决策中皇帝的地位和作用，前面已有论及，兹不赘述。

禁南洋案、摊丁入地、耗羡归公等，都是关系国计民生的重大事件，也都是贯穿康雍乾三朝的重大事件，同一事件的决策可以随皇帝的个性和作风之不同而异，这足以证明 18 世纪中央决策系统与决策活动缺乏法律规范，而带有极为浓厚的决策者个人随意性的色彩。这种缺乏决策活动行为准则的问题，还突出反映在同一皇帝在做出同一性质事件的不同决策方式上。

提解耗羡初行，雍正帝认为事关重大，交由总理事务王大臣、九卿等会议；事隔 10 年，在各省耗羡自主支配还是置于户部严格监督下这个同样重要的问题上，雍正帝却认为没有必要再交九卿等会议，而是直接谕户部：“嗣后（各省耗羡）按年分晰造册，随同奏销钱粮各册，咨送户部核销。”③ 在禁南洋贸易的

① 《雍正朝起居注册》第一册，第 104-106 页。

② 《清高宗实录》卷九四八。这里有关新垦地亩的丁银摊派详见何平的《论清代前期的赋税调整》一文，载《清史研究》1996 年第 1 期。

③ 《清世宗实录》卷一五七。

争议中，乾隆帝在决策过程中，兼听博咨，择善而从，做出了正确的选择。而乾隆二十二年（1757 年）限定广州一口通商的决策则没有遵循常规程序，只是与闽浙、两广督抚反复斟酌后，即下旨一锤定音。当年七月，据浙江提督武进升奏报有英吉利国“红毛船”一只收泊宁波旗头洋，乾隆帝命军机大臣传谕该督抚：“向来洋船进口俱由广东之澳门等处，其至浙江之宁波者甚少……近年乃多有专为贸易而至者，将来熟悉此路，进口船只不免日增，是又成一市集之所”，命该督抚“不可不预为留意”[①]。闰九月，又谕闽浙总督喀尔吉善，会同两广总督杨应琚“照广省海关现行则例再为酌量加重，俾至浙者获利甚微，庶商船仍俱归澳门一带，而小人不得勾串滋事且于稽查亦便”[②]。此时乾隆帝欲以经济手段限制英国东印度公司北上开辟宁波口岸的企图，而喀尔吉善、杨应琚遵旨会办修订浙海关征收外洋番船税则，户部奉旨议准[③]。与此同时，浙江巡抚杨廷璋奏陈英商弃粤来浙的原因，据称：“广东洋行包买包卖，把持刁难，故不愿去。若赴广南、安南等处，亦可交易，但因丝斤、磁器、茶叶等货，均非该地所产，是以来浙贸易，只求准我贸易，愿照新例纳税。”[④] 乾隆帝将英商追回广东的思路开始转变，特谕军机大臣：“今番舶既已来浙，自不必强之回棹，惟多增税额，将来定海一关，即照粤关之例，用内府司员补授宁台道，督理关务”[⑤]，可见乾隆帝

---

① 《清高宗实录》卷九一。

② 《清高宗实录》卷五二二。

③ 参见《宫中档乾隆朝奏折》第一六辑，第 392-393 页；《清高宗实录》卷五三三。

④ 中国第一历史档案馆藏《宫中档朱批奏折·外交》第 35 号。转引自刘鉴唐、张力编著《中英关系系年要录》第一卷，四川省社会科学院出版社，1989 年，第 566 页。

⑤ 《清高宗实录》卷五四四。参见朱雍：《不愿打开的中国大门——乾隆时期的中英关系》，第 61 页。

已做了将浙海关向英商全面开放的准备。迨至该年十一月，原任两广总督、新任闽浙总督杨应琚奏陈反对宁波开放口岸的理由："粤省现有洋行二十六家，遇有番人贸易，无不力图招至，办理维谨，并无嫌隙，惟番商希图避重就轻，收泊宁波，就近交易，便益良多。若不设法限制，势必皆舍粤赴浙。再四筹度，不便听其两省贸易。"① 乾隆帝深以为然，遂正式降旨限定广州一口通商，谕称："嗣后口岸定于广东，不得再赴浙省，此于粤民生计，并赣韶等关均有裨益，而浙省海防亦得肃清。"② 对 18 世纪中国东南沿海地区经济发展以及中英贸易关系均有重大影响的广州单口通商决策，就这样在未经廷议，也没有很好地协调两广和江浙利益关系的情况下，便由乾隆帝"圣衷宸断"了。至于乾隆五十八年（1793 年）英使马戛尔尼首次来华谈判中英贸易以及英使驻京这一重大事件的决策，乾隆帝不仅没有交九卿、科道及各省督抚议奏，征询他们的意见，也没有交军机大臣在最核心层加以论议，而是以天朝大皇帝"敕谕英王"的口吻，将英国提出的要求一股脑儿地全部回绝。对于 18 世纪中国社会经济发展具有举足轻重影响的中英贸易，就这样以简单草率的方式关上了谈判的大门，这不能不说是国家决策的重大失误。

二　地方利益对中央决策的影响

中国幅员辽阔，各地区发展不平衡由来已久。18 世纪一百年间内地各省地区性差异进一步扩大，特别是江浙闽广等东南沿海地区，与全国主体部分经济结构差异加剧。江浙闽广沿海地区

① 《不愿打开的中国大门——乾隆时期的中英关系》，第 63 页。
② 《清高宗实录》卷五五〇。

地狭人稠，18 世纪以来人口增长更激化了固有的人多地少的矛盾；该地区历史上有从事海外贸易的传统，15 世纪末世界航海时代开始以后，西方殖民者占据满喇加、爪哇、吕宋等马来群岛据点后，西班牙、葡萄牙、荷兰、英国商人相继前来开辟对华贸易，中国被越来越深地卷入了世界资本主义市场，沿海各省对海外贸易的依赖性进一步加强；由于海外贸易的刺激，该地区原已比较发达的商品经济更趋活跃，城镇墟市繁荣，农业、手工业和商业的产业结构也发生了相应的变化；以高水平发展的经济为依托，江浙闽广地区文化学术事业发达，通过科举考试等渠道，向中央和地方输送了一批又一批政治人才，特别是身居庙堂或开镇一方的大员，更能以其切身经历把本地区特殊的利益及时地、直接地反馈到中央。可以说，18 世纪东南沿海地区特殊的经济结构和人文环境，已使其走在中国历史潮流的前头，而高踞于全国最先进的地位。在酝酿着深刻变革的中国社会内部，该地区的动向最令人瞩目。唯其如此，东南沿海地区也势必与仍大体处于自然经济结构的农业社会的国家主体部分发生利益冲突，立足于全国而制定的各种大政方针，固然不能无视东南沿海地区的特殊经济利益，但地方利益究竟在多大程度上能够左右中央决策，影响中央决策，则要取决于多种因素。下面先来探讨地方商民究竟是通过何种渠道，把自身的利益要求反映给决策者的。

1. 通过督抚反映地方利益

地方督抚在当时决策机制中处于重要地位，他们不仅为决策者提供基本信息，而且也常常介入决策的咨询系统，为最高统治者提供多种选择方案。督抚或为旗员，或为外省籍人，为维护一方安定，他们不能不依赖土著中有识之士出谋献策，而地方缙绅正好借此通过督抚影响中央决策，这可举禁南洋案中的蓝鼎元为例。

蓝鼎元（1680—1733 年）字玉霖、任庵，号鹿洲，福建漳浦人。蓝氏之族多将帅才，康雍之际海上名将蓝廷珍为其堂兄。17 岁时，蓝鼎元“观海厦门，泛海舟溯全闽岛屿，历浙洋舟山，乘风而南，沿南澳海门以归”。康熙六十年（1721 年）偕蓝廷珍航海渡台，参与镇压朱一贵反清起义。雍正三年（1725 年）在京分修《大清一统志》，以其对东南沿海的渊博知识名噪京城，“卿贰慕之者，多躬先造访，或内臣出膺封疆，辄诣府君（按：指鼎元）为条陈地方情形利病”[①]。写于雍正二年（1724 年）的《论南洋事宜书》可视为其“条陈地方情形利病”的代表作，其中论及洋禁的危害最为痛切：“闽广人稠地狭，田园不足于耕，望海谋生十居五六，内地贱菲无足轻重之物载至番境，皆同珍贝。是以沿海居民造作小巧技艺，以及女红针黹，皆于洋船行销，岁收诸岛银钱货物百十万入我中土，所关为不细矣。南洋未禁之先，闽广家给人足，游手无赖亦为欲富所驱，尽入番岛，鲜有在家饥寒，窃劫为非之患；既禁以后，百货不通，民生日蹙。居者苦艺能之罔用，行者叹致远之无方，故有以四五千金所造之洋艘系维蠹于断港荒岸之间……一船之敝，废中人数百家之产，其惨目伤心可胜道耶!”在论述洋禁对闽广商民生计毁灭性的破坏后，蓝鼎元又指出它对国家和社会之发展及安定的影响：“其深知水性、惯熟船务之舵工、水手，不能肩担背负，以博一朝之食，或走险海中，为贼驾船，图目前糊口之计；其游手无赖，更靡所之，群趋台湾，或为犯乱，辛丑（康熙六十年）台寇陈福寿之流，其明

① 《鹿洲初集·行述》。

效大验也。”在正面论析洋禁危害之后，蓝鼎元又逐条批驳所谓“卖船与番”及“载米出洋”等谬，说：“番人造船比中国更固，中国数寸之板，彼用全木，数寸之钉，彼用尺余，即以我船赠彼，彼尚非所乐，况令出重价以买耶?”又说：“番地出米最饶，原不待仰食中国；洋商皆有身家，谁自甘法网尝试?”[①] 三言五语，便足以破禁洋论者之愚昧谫陋。自明中叶以迄于清，论列禁南洋之非的臣工奏疏、私家书札并不罕见，若以论证的精密严谨、言词的简洁犀利、感情的真切动人而论，实无出蓝鼎元之右者。蓝鼎元与曾任闽广总督的郝玉麟、鄂弥达关系非同一般，这有《上郝制府论台湾事宜书》《上鄂制府书》《谢郝制府兼论台湾番变书》[②] 为证，但其与禁南洋案中发挥了重要作用的总督高其倬、庆复是否也过从甚密，则无直接证据，只有其《行述》中“内臣出膺封疆，辄诣府君为条陈地方情形利病”这极为概括的一句话，其他就只好将高其倬奏请弛洋禁的奏折与《论南洋事宜书》相互比照，从中不难发现高折实以后者为主要依据。如果说高其倬（或为他办折稿的幕宾）看过《论南洋事宜书》，并倾心接受了蓝鼎元的意见，恐怕不是无稽之谈吧。

地方缙绅通过督抚大吏间接反映本地方的利益，还可以举方苞《与安徽李方伯书》为例，该书信称：“执事服官百年，声迹显布中外，尚恐民治有缺，越二千里而询于愚儒，今而知所至称贤不苟然也。安徽诸郡吏民所公患莫若采铁，初数仅七万斤有奇，大府上言宜拨移产铁之地，部议驳责，转加三倍，自是无敢及此者。傥能与有司详议，白大府密札奏闻，而阴有

---

① 《鹿洲初集》卷三。

② 俱载《鹿洲初集》卷三。

以慰户部及内府诸郎吏之心，然后露章以请，则无曩者壅遏之患矣。”① 李方伯，盖指雍乾之际任安徽布政使的李兰，其时方苞在京为内阁学士，故有“越二千里而询于愚儒”之说。方苞以皖人献策李兰以除采铁之弊，并鉴于以往的教训，特别指点李兰先与有司详议，再由总督出名密奏，同时暗中打点户部、内府，疏通上下门路，最后露章题请豁免安徽采铁。且不说这件事成败如何，它至少可以使人得以窥见地方缙绅通过督抚大吏以影响中央决策的隐秘内幕和复杂渠道。

2. 地方缙绅直接反映地方利益

与通过督抚大吏反映本地区利益的间接渠道相比，在中央或地方任职的九卿、科道、督抚等也往往利用其在决策机制中的特殊地位直接反映桑梓的诉求。

在乾隆六七年（1741—1742 年）之际禁南洋案中，起了关键作用的人物之一是广东道监察御史李清芳。此人字同侯，福建安溪人，大学士李光地族孙、河臣李清时堂兄②。在禁南洋案中，他可以作为给予中央决策直接影响的闽籍缙绅的代表。在乾隆初期广东开矿争议中，广东籍御史欧堪善也直接介入其中。乾隆九年（1744 年）六月，欧堪善具折反对开矿，内称：“臣阅邸抄，见两广总督马尔泰等议覆前任藩司托庸奏请粤东开矿一折，凡开采条项以及防范事宜，胪列详明，似属可行矣。顾臣生长粤东，于地方风土民情知之颇悉，窃以为开矿一事，断不可行者也。”③ 乾隆帝特命将“御史欧堪善奏折，可抄录寄与广东督抚

① 《方望溪（苞）先生全集·文集》第一册，第 307-308 页。

② 道光《重纂福建通志》卷二三《人物》。

③ 《清代的矿业》上册，第 44 页。

马尔泰、策楞悉心定议，务期妥协无弊，不可拘执前见”①。雍正元年（1723 年），江西南昌、袁州、瑞州三府浮粮豁免一事，吏科给事中刘堂在《奏陈南昌小民久困浮粮仰恳敕查酌免折》中，缕述该项重赋的成因和清初以来屡次议减而未果的经过，并披沥陈请予以酌免。最后，刘堂特在折尾声明：“臣，江西人也，素知浮粮苦累，不敢壅于上闻，并无徇私之意，如有此等情弊，查出并治重罪。”②

九卿、督抚有时也以地方缙绅的身份而在中央决策活动中直接反映地方利益。孙嘉淦，字锡公，号懿斋、静轩，山西兴县人，乾隆初期历任都察院左都御史、刑部尚书、吏部尚书、直隶总督、湖广总督等内外要职，在禁酒禁曲的长期争议中，坚决反对北五省实行酒禁。乾隆二年（1737 年）五月，乾隆帝特降谕旨，永禁烧酒，谕称：“朕筹之已熟，北五省烧锅一事，当永行严禁，无可疑者。”③ 孙嘉淦时为刑部尚书，即上《请开酒禁折》，谓烧锅之禁无益于盖藏而有损于民生④，主要理由一是酿制黄酒必需小麦、糯粳、秫谷等五谷精品，而烧酒只用高粱，佐以豆皮、黍壳、谷糠之类，其曲则用大麦，他若枣、柿、葡萄等类，皆可烧酒；一是北五省既禁烧锅，富民不买高粱，贫民之高粱虽贱不售，又加以秕糠穗谷之类堆积不能易钱，园林果木之料归于无用，则完纳税粮以及衣服婚丧之用皆绌⑤。孙嘉淦所列理由，严格地讲，主要是从山西的情况立论。康熙四十四年（1705 年）

① 《清代的矿业》上册，第 46 页。
② 《雍正朝汉文朱批奏折汇编》第一册，第 807-809 页。
③ 《清高宗实录》卷四二。
④ 《清高宗实录》卷四三。
⑤ 《清经世文编》卷五一《请开酒禁疏》。

平遥知县上巡抚噶礼的《请疏通籴粜文》中说："晋地黑壤，多宜植秫（秫即黏高粱），粗而粝，不可以食。于是民间常以岁收所入，烧造为酒，变易银钱。或运至直隶，或西至秦中，四外发贩。稍得润余，上完钱粮，下资日用。虽奉禁止烧锅，究无益于实济。盖自古风俗土宜使然，虽法令不能止也。况斗秫甚贱，造成烧酒，除去费用，斗秫可易斗粟。故历数从前，以种秫之晋民，而不忧困乏，以无闭之籴者，故有无得以相通耳。"[1] 由此可见，烧酒一事对晋民生计的重要性，而孙嘉淦以晋籍廷臣，为桑梓利益，抗疏极言禁烧酒之弊。此后，他又于乾隆三年（1738年）两次上折反对禁曲禁酒，而且态度更加坚决[2]。

地方缙绅对中央决策的影响，除上述间接和直接的渠道之外，往往还通过曲折、隐晦的方式施加其影响。乾隆六年（1741年）禁南洋贸易再次成为朝议焦点时，内阁学士方苞私下曾征询蔡新的意见，蔡新也是福建漳浦人，他的族叔蔡世远是乾隆帝居藩时最尊重的三位先生之一，蔡新本人时任翰林院编修，没有资格与议朝政，方苞以其"留心经济，致书访问"，蔡新复书略谓："南洋一禁，则沿海省郡其害有不可胜言者。查闽粤洋船不下百十艘，各船大者造作近万金，小者亦四五千两，一旦禁止，则此百十艘者置之无用，已弃民间五六十万之业矣；开洋市镇如厦门、广州等处，所积货物不下数百万，一旦禁止，则此数百万者，内地不能行销，势必亏折耗蚀，已弃民间数百万之积矣；洋船往来，无业贫民仰食于此者，不下千百家，一旦禁止，则此千百家以商无资，以农无产，势将流离失所，是又弃民间千百生灵

① 光绪《平遥县志·杂录志》，转引自郑昌淦：《明清农村商品经济》，第590页。
② 《清高宗实录》卷七一，卷八四。参见《清经世文编》卷五一《禁酒情形疏》。

之食矣；此其病在目前者也。数年之后，其害更甚。闽广两省所用皆番钱，民自幼至老有不见纹色等银者，自正供、杂税以及关、盐等课俱用番钱输纳，补足银水，一经炉匠之手，遂成足色。统计两省洋银，岁入内地近千万。今天下各省不间有产金银以资民用者，而东南之银岁输西北者且数百万，其西北之流通东南者岁不过数十万耳，如此而东南财力未至大匮者，恃南洋岁入之数也。若一概禁绝，则每岁既少千万之入。而输于西北者如故也，不独闽广之民病也，磁器取诸江右，丝绸出自苏杭，办洋物者所在多有，目前之病闽广为甚，而渐移于江左右、浙东西，以上及于国计商贾之困、民生之蹙，实重可忧也！康熙年间南洋之禁不过谓各口岸多聚汉人，恐酿海贼之阶，非恶南洋也，故我虽不往，彼犹岁至，每一船至，水师将弁用哨船四搬运入港，虽有禁洋之名，尚有通洋之实，而沿海商民已引领延颈望洋禁之开而不能以终日矣。况欲绝其往来之路，则烟、茶、糖、果、磁器、丝绸等物积之内地不加多，而朱提、白镪需之外洋者已绝少，诚恐数年之后，彼番之贫弱不可知，而内地之干枯则已甚矣！”①蔡新立论的高明之处，不仅在于他把目光从闽广扩大到全国，而且还在于能从眼前之害引申到日后的隐患。对“番钱”，即外国银元每年流入中国的数目，蔡新的估计未免偏高②，但其敏锐地抓住了大量外国银元内流对中国财政经济重大影响的要害。据说，蔡新复方苞书对否定恢复洋禁之议起了关键作用，《福建通志·蔡新列传》在复方苞书后以“议遂不行”作结③。看来，蔡

① 蔡新：《缉斋文集》卷四。

② 日本学者百濑弘认为，“在18世纪中期，经过广东和马尼拉由外国输入到中国的银币额，至少每年不下二三百万元”（《日本学者研究中国史论著选译》第六卷，第464页）。

③ 道光《重纂福建通志》卷二三〇《人物》。

新的意见至少通过某种渠道上达柄朝政者，并对禁南洋案的中央决策有一定影响。

禁南洋一案，福建缙绅除李清芳、蔡新之外，陈昂、庄亨阳亦值得一提。陈昂是福建同安人，曾参与收复台湾之役，积功至碣石镇总兵，擢广东副都统。《清圣祖实录》五十六年二月丁亥条下载有陈昂的条奏，就此件条奏而论，只能认为他是完全赞同南洋之禁的。但这位了解环海形势与地方民情的福建籍上层官员，到辞别人世时还是袒露了内心真实的想法："(陈昂）见沿海困于洋禁，谓其子曰：'滨海民生业尽在番舶，禁绝之则土货滞积，生计无聊，未有能悉此利害者，即知之又莫敢为民请命。我今疾作，终此而不言，则终莫上达矣。'遗疏以闻，报可。商民称便。"① 陈昂的遗疏对雍正五年解除洋禁似乎也起到一定的推动作用。庄亨阳，福建靖南县人，官至淮徐海道，方苞、袁枚为亨阳立传，可知他堪称当时社会名流。在《禁洋私议》一文中，庄亨阳指出："福建僻在海隅，人满财乏，惟恃贩洋番银，上以输正供，下以济民用，如交留吧者，我民兴贩到彼，多得厚利以归，其未归者，或在彼处为甲必丹，转徙贸易，每岁获利千百不等，寄回赡亲，其族戚空手往者，咸资衣食，给本钱为生，多致巨富，故有久而未归者，利之所存不能遽舍也，去来自便，人各安其生。自海禁严，年久者不听归，又有在限内归而官吏私行勒索无所控告者，皆禁之弊也。"庄亨阳认为："永弛前禁，令海舶得以及时往还"，乃为上策②。庄亨阳虽为缙绅，但这篇《禁洋

① 道光《重纂福建通志》卷二二九《人物》。

② 道光《重纂福建通志》卷八七《海防》。参见袁枚《小仓山房文集》卷七《淮徐海道按察司副使庄复斋先生传》；《方望溪（苞）先生全集·文集》卷一〇《庄复斋墓志铭》。

私议》是他隐居靖南龟山时，以处士横议朝政的文字，他的意见是否通过某种途径上达当道而对中央决策有所影响，则不得而知了。

3. 地方豪富对中央决策的影响

地方缙绅通过督抚间接反映本地区商民利益，或以在职官员身份直接为乡曲呼吁，都可视之为正当的途径。地方豪富为自身利益，则只能采取钻营请托、贿赂权贵的非法手段，以图对中央决策施加某种影响。

康熙帝晚年，鉴于人多田少的矛盾，允许有矿地方贫民自办资本在本地开矿，“借为衣食之计”，唯“别省之人往开及本处殷实之民有霸占者，即行重处”①。据说，在做出此项决策之前，“大豪多辇金京师谋首事”②，康熙帝征询李光地的意见，李对曰：“今议开矿以苏民困，请着令止土著贫民无产业职事者，许人持一铫，而越境者有诛，则奸民不致聚徒山泽以生事端矣。”议遂定。结果，“大豪辇金谋首事者皆啮指自悔”③。乾隆五年(1740年）二月，大学士赵国麟奏请酌准各省民间开采煤矿，乾隆帝命各督抚就此事妥议具奏，新任河南巡抚雅尔图以本省治安形势严峻，不主开矿，并破获一起以薛宣为首的在京营谋开豫省煤窑之案，不料深入查办后，竟牵连到首倡开矿的大学士赵国麟。据雅尔图于乾隆五年五月密奏：“三月内访有棍徒在京，招摇谋开豫省煤窑之事，随一面访拿，一面陈奏。据安阳县知县陈锡辂呈报，该县水冶地方，有程涵芬煤窑一座，关系阖邑泉源，

① 《清圣祖实录》卷二五五。
② 彭绍升：《二林居集》卷一五（转引自《清代的矿业》上册，第7页）。
③ 《方望溪（苞）先生全集·集外文》卷六《安溪李相国逸事》。

久已讦讼封闭，乃薛宣、王寻、尚四等觊觎复开，托艾学曾钻寻履亲王门上太监李姓，及诚亲王嬷嬷之子赵七，并议定谢银一千五百两，俱未果。又有江苏举人、候选知县陆碧，称系前抚臣尹会一亲戚，可以请托，议定谢银三千两。尹会一升任赴京，始各散去。迨臣莅任后，艾学曾等各处钻营门路，经臣访闻，拿获饬审，供认不讳。”① 经乾隆帝允准，雅尔图遂根究案内有名人犯，很快查出大学士赵国麟有受人请托而奏请弛煤禁之嫌。雅尔图在六月又折奏：“薛瑄谋开煤窑案内，履亲王门上太监李启宗供称许瑞是苏州人，问葑门内监生李锦便知，臣即将李锦、许瑞密拿。据李锦供称，伊父李丰，即魏丰，曾任大名府同知，与李启宗是弟兄，今春因送伊妹亲事到京。诘问伊妹许字何人？供系大学士赵国麟之子。因忆本年二月内有大学士赵国麟请弛煤禁之奏，此时李锦在京，又适当李启宗谋干此事之时，窃恐赵国麟亦不免堕其术中。”② 这一案件具有相当的典型性，希图复开煤禁的薛宣等人，从乾隆四年（1739 年）尹会一任豫抚时即开始钻营门路，尔后又到京中四处活动，用钱开路，王府太监等受贿奔走且不论，即大学士赵国麟亦可能通过某种关系受到请托，为他们讲话。

比较而言，地方豪富“辇金京师”，贿求当道以影响中央决策是要冒相当风险的，甚至是非法的行为。不过，身任九卿、科道以及督抚者，虽然可以直接参与中央决策活动，但言及自己家乡利害时却顾虑重重。雍正初，江西籍给事中刘堂奏请减免南昌等府浮粮重赋犹惴惴声明“并无徇私之意，如有此等情弊，查出

① 《清高宗实录》卷一一七。
② 《清高宗实录》卷一一九。

并治重罪”①；像孙嘉淦那样为乡曲利益，不避忌讳，一而再、再而三地反对禁酒、禁曲者实不多见②。之所以如此，盖因清帝对地方缙绅挟制朝政极为反感。康熙帝论及廷议弊病时曾说过：“凡事会议，不必询问本省大臣官员，若每加询问，或致不肖之人，益在地方生事横行，本省督抚、地方官无不畏惧，且将凡属会议之事，无不嘱托本省大臣官员矣，政务何由得平?”③ 乾隆初，陈宏谋以粤人言粤事而受到严厉处分则更可视为典型事例。雍正十一年（1733 年），云南布政使陈宏谋奏陈广西新垦地亩不实，“报捐者只就各属，搜其余熟田，量给工本，即作新垦，多弊混”。及乾隆帝即位，命两广总督鄂弥达同原任广西巡抚金鉷逐一清查，陈宏谋又奏劾金鉷欺公累民，自开捐报垦，不下二十余万亩，实未垦成一亩，请将捏报捐纳及勒比首报之亩豁除。乾隆二年（1737 年）闰九月，陈宏谋复密奏前事，乾隆帝以陈宏谋为广西临桂人而言本籍事大为恼火，谕曰：“从前云南布政使陈宏谋折奏广西借垦报捐一事，与金鉷所奏互异，朕已谕令督臣鄂弥达、抚臣杨超曾秉公查究，毋得偏徇。目今尚未覆奏，而陈宏谋又复具折，哓哓渎陈。陈宏谋身为滇省藩司，此并非伊任内之事，其始初之奏，犹云据已知而直陈以备采择；既降旨交与他人查议，则伊事已毕，惟有静候，无再言之理。乃伊不待督抚诸臣议覆，而又为是渎奏，竟俨然似以为不如伊所奏不止者，是诚何心！且伊为粤人，即所言尽是而从之，犹启乡绅挟制朝廷之渐，况未必尽实乎，殊属冒昧之至!”结果陈宏谋受到“降二级

① 《雍正朝汉文朱批奏折汇编》第一册，第 807–809 页。

② 对孙嘉淦频频上宽酒禁之奏，乾隆帝一再告诫，谓其“周旋乡曲”“袒护乡曲”（见《清高宗实录》卷八一，卷一四六）。

③ 《清圣祖实录》卷一二二。

调用”的处分，由云南布政使降补为直隶天津道。尔后经鄂弥达等认真调查，证实陈宏谋所言非虚，金铁及私派加征各员俱降革如律①。由此看来，在朝职官并非不可言本籍之事，但仅止于“据己知而直陈，以备采择”而已；陈宏谋受到严处，是他逾越了这一界限，有“乡绅挟制朝廷”之嫌，是以不待前往确查大臣的覆奏、不问陈宏谋所言之是非，即降旨交部严加议处。诚如乾隆所言，严处陈宏谋是“以为将来之戒”②。既然如此，能够反映地方利益合法而顺畅的渠道也就仅有本省的督抚了，他们是外籍人，无论如何“渎陈”，如何“不如伊所奏不止”，也不至于被扣上“乡绅挟制朝廷”的帽子。

严格地讲，18 世纪的中国并没有一条将地方利益顺畅地、及时地反映给中央决策者的法制化的渠道，而只是凭借各种复杂的人事关系，才有可能使地方利益或多或少地得到反映。此外，还应看到，由于种种复杂原因，地方利益也不是铁板一块，在诸如禁洋、禁矿等事关中国社会走向的大问题上，同一地方不同利益集团的意见很可能迥然而异，地方督抚和缙绅作为他们各自政治上的代言人，加以自身的观念和所处的地位有别，提出的政策目标及实施方案也不尽一致，甚至是针锋相对的。

4. 地方不同利益集团的不同要求

雍乾时人沈曰霖论及广西矿业时指出：“开矿之役，其利有三，其害亦有三。上而裕国，下而利民，中而惠商，此三利也。然而开山设厂，每不顾田园庐墓之碍，而且洗炼矿砂之信水，流入河中，凝而不散，腻如脂，毒如鸩，红黄如丹漆，车以粪田，

① 《清史列传》卷一八《陈宏谋传》。参见《清高宗实录》卷五三。

② 《清高宗实录》卷五三。

禾苗立杀，其害一；又开矿之役，非多人不足给事，凿者、挖者、捶者、洗者、奔走而挑运者、董事者、帮闲者，每一厂不下百余人，合数十厂，则分布数千万游手无籍之人于荒岩穷菁中，奸宄而托迹，幺麽得以乘机，祸且有不可知者，其害二；又开矿者，每在山腰及足，上实下虚，势必崩塌，昔年回头山穿穴太甚，其山隆然而倒，数百人宅穸其中，长平之坑，不加其酷，况乎砂非正引，土性松浮，随掘随塌，更属可危，则矿而冢也，匠而鬼也，利薮而祸坑也，不亦大可哀乎？其害三。”① 沈曰霖对开矿的利弊讲得很全面、很客观。就地方利益而言，开矿大抵利于商而不利于农，利于外来开发矿产的豪富而不利于土著业农的世族。因此，开矿一事在地方阻力甚大，督抚大吏着眼于社会治安，也多倾向于禁矿。广东禁矿的争议，从康熙后期，历经整个雍正朝，以至乾隆前期，数十年间，一波未平，一波又起，盖地方不同利益集团、督抚大吏矛盾斗争难以调和。乾隆二年至三年（1737—1738 年）间，在两江总督庆复、两广总督鄂弥达推动之下，广东矿山弛禁，广东提督张天骏随即以安靖海疆重地为由反对开禁，继而鄂弥达具折，针锋相对地指出：“海疆固宜安靖，然所谓安靖者，必地方整理，人民乐业，始可以云安靖，非图便偷安，阘茸废弛，侥幸无事，竟置朝廷重务于膜外而谓之安靖也。”② 张天骏身为提督，对地方治安负有直接责任，出于息事宁人的考虑，反对弛禁；作为总督的鄂弥达则不能因循敷衍，而必须考虑如何整理地方，使人民乐业，而实现真正的安靖。乾隆九年（1744 年），粤籍御史欧堪善以为广东开矿断不可行，理由

① 《粤西琐记》，载《小方壶斋舆地丛钞》第七帙，第 180 页。

② 《清代的矿业》上册，第 37-40 页。

主要有："深山巨谷，大兴厂役，商人获利，尚难相安；倘各商亏本，工丁良顽不齐，人众难散，或乘此暗通海寇，勾引黎徭，劫垄踞山，骚扰百姓，纵防范周密，而法有难制"；"会大兴力役，愚民无知，贪图佣工价值较耕作稍优，必一呼百应，抛荒本业，贾谊云：一人耕之，十人聚而食之，欲天下无饥不可得也"；"开矿多此数十万工丁，则南亩少此数十万农夫，以数十万之众日勤本计，尚恐民食维艰，乃尽驱之工役，则生者日稀，耗者日繁，而欲米粮之不昂贵，岂可得乎！"① 欧堪善自称："生长粤东，于地方风土民情知之颇悉"，且摆出为"海隅之民"请命的姿态，其实，他反映的不过是当地有田业主的利益，因开矿而获利的商人自然无须顾及，即使数十万无耕作之地、仰赖矿厂为生的土著贫民也不在他关照之列。

与发展采矿业对本地人民生计利弊参半相仿，海外贸易固然有利于沿海经营洋货贩运的世家大族，以及与此密切相关的无业贫民及工商业者，但由于洋禁一开，海船载米出洋，往往拉动沿海省份米价上涨，影响当地人民生计，故而18世纪禁洋论者的一个主要根据是内地之米偷漏出洋。康熙晚期曾任福建、江苏巡抚的张伯行是推动康熙做出禁南洋决策的主要人物，他屡次密奏江南之米下海者甚多②。乾隆初，内阁学士方苞论及康熙中期解除海禁对内地米价影响时说："臣生长安地，流寓江宁，皆湖广、江西上游米粟所汇聚，海关未开，新米上市，每升制钱五文，食物皆贱，及海关既开，洋船每至苏州，沿江诸镇米价腾贵，登莱亦然，文武官弁以及胥吏兵丁皆有陋规。世宗宪皇帝时，始禁海

---

① 《清代的矿业》上册，第45页。

② 《康熙起居注》第三册，第2314—2324页。

关出米，然所出较少而未能尽绝也，故至今丰岁，沿江新米制钱必八九文。”① 乾隆十二至十四年（1747—1749 年），各督抚议奏“米贵之由”“偷漏出洋”也被列为其中之一②。米价腾贵不利于社会稳定，基于这种认识，张伯行无论在闽抚任上，还是在苏抚任上，对海外贸易都持反对态度。自康熙四十八年（1709 年）张伯行改任江苏巡抚后，“以吴地滨海奸商贪利下洋，勾引匪类，出入无忌，终为东南隐忧，故为未雨绸缪计，特严海禁”③。累年不结的张元隆等大案集中反映了江南地方官商兵民之间错综复杂的矛盾。张元隆是江苏上海县（今上海市旧市区）的大洋商，“家拥厚资，东西两洋，南北各省，倾财交纳”④，他“广置洋船，立意要造百艘，以百家姓为号”⑤。据张伯行攻讦两江总督噶礼的奏疏称：“（元隆）多将洋货贿媚督臣，督臣在上海铺设数十船，皆元隆以所蓄积罄馈督臣。”⑥ 张伯行所说的张元隆行贿噶礼以求庇护、噶礼婪取张元隆财货并向其提供保护，甚至以官军水师护送张元隆的海船⑦，都可能有确凿的证据；但他诬称张元隆、张令涛兄弟交通“海贼”，陷害无辜，也是不争的事实⑧。洋

① 《方望溪（苞）先生全集·集外文》卷一《请定经制札子》。

② 《清高宗实录》卷三二三。

③ 张伯行：《正谊堂文集》卷一。

④ 同上。

⑤ 《清代碑传全集·碑传集》卷一七《诰授光禄大夫礼部尚书加二级赠太子太保谥清恪敬庵张先生行状》。

⑥ 同上。

⑦ 《正谊堂文集》卷一。

⑧ 康熙五十四年（1715 年）五月二十七日钦差大臣张鹏翮题参苏抚张伯行：“已故张元隆案内船户余元亨等，张伯行必欲陷为海贼，五年不结，夹毙十二人，破家者不知凡几，即监犯之存活者亦以拖累日久，疾病冤号者甚多……”康熙遂命“张伯行着革职，看守审理”（《清圣祖实录》卷二六三）。有关张元隆案可参见《康熙起居注》第三册，第 2146、2152、2166、2195、2226、2228、2318 等页。

商张元隆等不过是总督噶礼与巡抚张伯行彼此倾轧陷害的牺牲品，但被扼杀的却是极富活力的上海以至江苏的远洋航海业。从这个意义上讲，张元隆的悲惨下场就不限于他个人或他的家族了，而是处于从传统向近代转型关键时期的中国的悲剧。

三 地方利益在中央决策时的地位

通过各种不同渠道而上达的地方利益诉求究竟在多大程度上为中央决策所采纳？中央决策时是否要兼顾各地方不同的利益？这主要取决于两种因素：中央决策机制运行状况和中央决策所依据的基本原则。

1. 中央决策机制运行状况

从根本上讲，中央决策机制运行状况如何，是由决策者皇帝的个人品质和作风所决定的。以贯穿康雍乾三朝的禁南洋案为例，方苞曾说，康熙五十年（1711 年）以后，“自内阁、九卿、台谏皆受成事，未敢特建一言”①。以禁南洋案为标志的由开放海禁到部分禁海的转变，正是在这一背景下出现的。康熙帝在做出这一重大决策时，不想听、也不可能听到来自东南沿海各省督抚及有关人士的不同意见，洋禁实施后，正如陈昂所言，其严重危害虽为人所知，“又莫敢为民请命”者②，因而终康熙之世，错误的禁南洋政策无法得到纠正。雍正帝临御天下之初，汲汲求治，为避免决策失误，能够虚心体察下情。雍正三年（1725 年）春，他曾批交闽浙总督高其倬一件条陈海疆事宜的奏折，并做了朱批：“此奏乃着实经历海洋之人条陈者，朕览此中多有可取处，

① 《方望溪（苞）先生全集·集外文》卷六《安溪李相国逸事》。
② 道光《重纂福建通志》卷二二九《人物》。

然朕不达地方情形，不敢轻颁谕旨，将此奏发来，你可与吴升、蓝廷珍、林亮、陈伦炯商酌，择其有益者行之。”① 同年秋，雍正帝又降亲笔朱谕给两广总督孔毓珣：“朕实不达海洋情形，所以总无主见，有人条奏朕观之皆似有理，摇惑而不定，全在你代朕博访广询，详慎斟酌其至当奏闻，若亦不能洞悉，宁迟日月不妨也。可与杨文乾、方际瑞、陈良弼、黄助等平心和衷，详议奏闻。”② 雍正帝虚心诚恳，才有可能改变康熙末期地方大吏“即知之又莫敢为民请命”的不正常状况，闽浙总督高其倬等才敢真实地反映禁南洋对地方的严重危害，从而纠正康熙帝独断的失误。乾隆帝初政，求治心切，对臣工建言能够虚心听取，择善而从，对身旁老臣更能降贵纡尊，频加咨访。洪亮吉是这样概括这一时期的政治局面的：“乾隆初年，纯皇帝宵旰不遑，勤求至治，其时如鄂文端（尔泰）、朱文端（轼）、张文和（廷玉）、孙文定（嘉淦）等，皆侃侃以老成师傅自居。亮吉恭修《实录》，见一日中朱笔细书，折成方寸，或询张、鄂，或询孙、朱，曰某人贤否，某事当否，日或十余次。诸臣亦皆随时随事奏片，质语直陈，是上下无隐情。”③ 在乾隆六七年（1741—1742 年）间禁南洋的上层争议中，正是由于乾隆帝的开明，因而东南沿海各省的利益要求得到充分的反映，并给予中央决策以重大的影响，从而避免了政策的逆转。

由此可见，地方利益能否影响中央决策，在很大程度上是由处于整个决策活动中心的皇帝的个人品质和作风决定的。然而，

---

① 《雍正朝汉文朱批奏折汇编》第五册，第 775 页。

② 《雍正朝汉文朱批奏折汇编》第六册，第 473 页；第七册，第 342 页。

③ 《清史稿》卷三五六《洪亮吉传》。

对 18 世纪在位的康、雍、乾三帝又不能凭禁南洋一事做出定论，对禁南洋案的探讨，只是概述了康熙晚年、雍正和乾隆初年在个人品质和作风上的倾向。康雍乾以及 18 世纪末亲政的嘉庆这几位皇帝，大体上在即位之初尚缺乏威服臣工的政治资本，加以统治经验不足，故而为政兢兢业业，遇有大政方针的决策，多能广咨博访，甚至询及刍荛；及在位日久，所成就的文治武功自然使自己成为天下臣民膜拜的偶像，加以杀人以立威，臣工百僚皆俯首听命，皇帝难免遇事刚断自专。康熙帝如此，乾隆帝更是如此。大约从乾隆十三年（1748 年）起，政治由宽缓渐趋严猛，乾隆初政的开明气象，一去而永不复返。至乾隆帝晚年，喜谀恶直，喜柔恶刚，根本听不得逆耳之言，臣下惶恐崇拜之余，更不可能就政策之得失提供有价值的咨询意见。洪仁辉案及马戛尔尼访华等重大事件处置失当，绝非偶然。

总的来看，独断，或曰乾纲独断，是清帝世守的家法。清帝自诩的独断，既指大政由皇帝最后裁决，也有无须咨询臣工而圣衷宸断的含义。康熙帝撤藩、乾隆帝平准，皆力排众议而行，是后者最成功的典范，因而他们对此极为自负。在这样的专制政治氛围下，臣下也不免养成对圣衷宸断的盲目崇拜，方苞就说过："以臣所闻见，圣祖仁皇帝、世宗宪皇帝暨我皇上（乾隆帝）时有尽屏廷议而独断其行止者，命下必大服众心。"① 自然，屏斥臣工咨询的独断不见得事事皆错，征询众议而做出的决策也并非事事皆对，但皇帝"尽屏廷议而独断其行止"，显然不利于中央决策时兼顾各地方的不同利益，18 世纪禁南洋案、禁矿案、禁酒案，以及广州单口通商等大政方针决策的利弊成败都足资证明。

---

① 《方望溪（苞）先生全集·集外文》卷二《请矫除积习兴起人材札子》。

从另一角度着眼，地方利益要求能否为中央决策所采纳，还取决于作为主要咨询系统的廷议是否能进行认真的、深入的、充分的、不带成见的磋商。大学士、九卿会议在中央决策活动中，据有极其重要的地位，皇帝“于部议从者十九，于九卿两议大抵从其列名众多者”①，廷议经皇帝首肯成为中央决策是通例，皇帝尽屏廷议而独断行止则是特例。尽管如此，大学士、九卿会议存在的弊病，却受到君臣上下一致的批评。雍正帝就廷议直隶巡抚李维钧条奏丁随地起一事面责九卿曰：“凡九卿会议理应将所议事件预先详审，至临议时各出己见，平心静气，公同商榷，以求至当。迩来九卿坐班多有不齐，及至会议，彼此推诿，不发一言，或假寐闲谈，迟延累日，令一二科道新进者昌言于众，使群相附和了事。”② 廷议之草率、推诿和敷衍，于雍正帝绘声绘影的描述中可见一斑。廷议的另一为人诟病的弊端，是主稿衙门和一二重臣对所议事件的把持操纵。康熙帝早已指出：“九卿会议时，但一二人发言，众俱唯唯，其汉大臣则必有涉于彼之事，方有所言；若不涉于彼之事，即默无一语……尤可异者，汉官议事，前人画题，后人亦依样画题，不计事之是非，但云自有公论，又有至画题已毕，始问为何事者。”③ 乾隆帝后来也说过：“九卿会议事件，皆系该管衙门主稿，众人不过于事情大概略加参酌，即行定议画题，而主稿衙门之堂官亦不过将大旨说与该司官员，书吏创立底稿，稿成之后，但观其大意无差错处，便群相画诺，至文理之通顺与否，皆置之不问矣。”④ 方苞论及重臣把

① 《方望溪（苞）先生全集·集外文》卷二《请矫除积习兴起人材札子》。
② 《雍正朝起居注册》第一册，第104-105页。
③ 《清圣祖实录》卷二三六。
④ 《清高宗实录》卷九三。

持提及："平时主部议者，不过正卿中一二人，主会议者，不过九卿中皇上所向用之数人，顺从缄默者长得自安，据理直言者，必遭忌嫉，积习为常，所以靡靡日趋于瞻徇。"① 论及主稿衙门操纵会议，方苞讲得更其翔实："值奉旨发议事，主稿之部先期将原奏传送九卿，及期会集，则主稿之部书吏将原奏宣读一过，随将所议之稿，宣读一过，即以次送九卿画题，聚三四十员之九卿而取决于俄顷之间。未议之先，既不知主稿者如何定议，俄顷之际，岂遂能耳顺心通，则是有会议之名，而无其实也。亦间有一事而再议、三议者，不过主议数人，相与商论，余惟旁观受成而已。"② 在这种情况下，能够坚持已见，与会议主持者相辩诘，实在需要极大的勇气。乾隆七年（1742 年）关于限田一事，奉旨发交九卿议奏，五月二十六日传集九卿会议，由主稿衙门户部宣读不宜限田之底稿，刑部侍郎盛安持异议，另议一稿，希望由主稿衙门作为不同意见附奏。至六月初六日，户部竟将盛安议稿改纂，令其画题。盛安不得已，只得违心地随众画题。但事后，盛安仍未能释然于心，另具《请行限田之法折》奏闻③。如上所述，廷议存在着推诿敷衍、苟且塞责、重臣专擅等种种痼弊，地方的利益要求即使通过某种渠道反映到中央，也很难受到重视，并经过认真的、深入的、充分的、平心静气的议论，最后形成供决策者皇帝权衡、比较的可供选择的政策目标和实施方案。

总而言之，由专制主义中央集权政体和官僚制度所决定的中央决策活动的非法制化，已越来越不适应 18 世纪地方发展，特

---

① 《方望溪（苞）先生全集·集外文》卷二《请矫除积习兴起人材札子》。

② 《方望溪（苞）先生全集·集外文》卷二《论九卿会议事宜札子》。

③ 《乾隆初年议奏限田史料》，《历史档案》1993 年第 3 期。

别是东南沿海等经济先进地区发展的需要了。

2. 中央决策所依据的基本原则

地方利益能否在中央决策时受到重视，并作为中央决策的重要依据，在很大程度上还取决于中央决策的基本原则是否与地方利益存在不可调和的矛盾。

在保证全国政令基本统一的前提下，中央决策时高度重视各直省及边远地区经济水平、文化背景、风土人情、民族状况、宗教信仰等方面的差异，通行于各直省的政策，并不强令边疆地区奉行，即使在各直省贯彻时，也往往按因地制宜的原则，在推行的时间及方式方法上，允许各省保留相当大的灵活性。摊丁入地自雍正初在直隶实施后，各省可以根据本省情况决定是否一体遵行，山西的情况特殊，自雍正九年（1731 年）试办后，至乾隆中期分三次改归 41 州县，“其余则或请将丁银一半及三分之一归入地粮，或请将丁银统按下下则征收，而以余额归入地粮，或请将无业穷丁尽行删除，而以其应征银两均匀摊入地粮”——按这种调剂方法办理者有 37 州县，此外 26 州县则仍丁粮分征①。直至晚清才最后在全省完成摊丁入地②。提解耗羡事关各省利益，雍正帝更明谕：“各省能行者，听其举行；不行者，亦不必勉强。”③ 乾隆五年（1740 年），大学士赵国麟奏请敕下直省督抚，凡产煤之处，悉听民间自行开采。乾隆帝命将赵国麟奏折批发各省督抚，令其“酌量情形详议具奏”，及各督抚陆续题报，经工部议覆，江南、江西、浙江、四川等省均仍照旧办理，其余直

① 《清经世文编》卷三〇《请丁银仍归地粮疏》。

② 史志宏：《山西省地丁合一完成的年代》，《清史论丛》第 3 辑。

③ 《清世宗实录》卷二二。

隶、山西、山东、湖南、甘肃、广东各省或招商开采，或听民试采，或免其抽税，或酌定税额，自一二十两至一二百两不等，均照各省所请办理。唯河南巡抚雅尔图反对采煤，乾隆帝在他的奏折上批谕："知道了，原不必强同也。"[①] 乾隆初期，钱价昂贵成为困扰统治者的一大严重问题，乾隆九年（1744 年），经大学士鄂尔泰等议准平抑钱价八条对策，翌年正月，又命将京师钱法摘取数条，令凡有鼓铸地方的督抚参酌，谕旨中强调：各省与京师情形不同，自有难于一例之处，外省情形，京师不能悉知，该督抚身在地方，自能因时措置，如可仿照而行，即密商办理，具折奏闻；若难于筹办，亦将不能仿照之处，据实陈奏，不必勉强，或致累民。随后各省陆续奏到，江苏以为京师钱法八条多无庸仿行，福建以为不能画一奉行，只宜推广变通，其他多数开局鼓铸省份（浙江、湖北、湖南、广东、广西、贵州、陕甘）则以为京师钱法有应仿照者，也有难于仿照者[②]。乾隆初政时期，另一个严重的社会问题是米价持续上涨。乾隆十二年（1747 年）十二月，乾隆帝命各省督抚陈奏米价腾贵的原因及对策，至乾隆十四年（1749 年）三月，各省复奏到齐。归纳起来，他们提出的对策不外常平仓额不再加增，不必滥粜，亦不必拘粜三之例，暂停采买，严禁囤积，崇俭禁奢，严米谷出洋之禁等抑制米价的消极办法。大学士议覆认为，各省提出的补救对策，"因地制宜，各有不同"，全国统一的政策则应遵此前所降谕旨，常平仓贮以雍正年间旧额为准不再加增，其他如捐收本色、兴修水利、通贩禁

① 《清高宗实录》卷一一〇。参见《清代的矿业》上册，第 8-10 页。
② 《清高宗实录》卷二二六，卷二三二。

囤等，“均在各督抚悉心饬属办理”①。持续一年又四个月的“米贵”论议，还是以各省根据本地方情况分别办理而告结。上述摊丁入地、提解耗羡，以及民间采煤、平抑钱价、抑制米价等关系国计民生的重大决策，都充分地考虑到全国地区性差异。正如康熙帝所言：“各省督抚各理一省之事，部臣料理部务，关系天下之事，有一省可行，而他省不可行者……原宜审时度势，斟酌至当。”② 因此，各省因地制宜，灵活贯彻中央政策，可以视为中央决策时的一条重要原则。这一原则是从中国这样一个幅员辽阔的国家，各地区存在巨大差异性的特殊国情出发而自觉地、有意识地确定的，它的具体实施不仅不会妨碍和阻格中央政策在地方的贯彻，相反，会有助于中央政策得到真正的、切实的贯彻。

然而，承认地区差异，授予督抚贯彻中央政策权宜处置的权限必须具备前提，即由地区差异而决定的地方特殊利益，绝不能与统治集团根本的、长远的战略利益发生冲突；一旦发生冲突，即使地方情形再特殊，地方利益再重要，在中央决策时也绝对不予考虑。督抚若不顾国家全局利益、长远利益，强调地方特殊性，保护地方利益，则必然受到重谴。给予国家的根本利益以至高无上的地位，这是清代中央决策时的另一个重要原则。

禁南洋贸易的实质，是禁止闽广江浙商民前往“红毛”“西洋”占据的噶喇吧和吕宋，同时严防已经定居南洋多年的华侨返回祖国，换言之，是对汉人与“西洋”勾结颠覆以满洲贵族为政权核心的清朝统治的严密防范。此中深意，地方大吏和有识之士洞若观火。雍正初，闽浙总督觉罗满保在一密折中提及：“臣查

① 《清高宗实录》卷三三七。
② 《康熙起居注》第一册，第430页。

从前禁止商船前往西南各洋，原为防范外国夷人起见。”① 乾隆七年（1742 年）二月，两广总督庆复在折奏中也说：“康熙五十六年，因吕宋、噶罗吧等口岸多聚汉人，圣祖仁皇帝谕令内省商船禁止南洋贸易。”② 闽人庄亨阳在《禁洋私议》中讲得更透彻：“设禁之意，特恐吾民作奸勾夷，以窥中土。”③ 康熙帝作为一个汉族臣民占绝大多数国家的少数民族统治者，对汉人勾结外夷的危险怀有深深的戒惧，出于居安思危的高度责任感，他宁肯把问题提得严重些，让臣下对可能发生在“千百年后”的“西洋之累”警钟长鸣④。正是从大清帝国长治久安的政治高度出发，康熙帝才断然决策禁止南洋贸易的。在他做出这一决策时，其心中只有至高无上的国家根本利益，闽广江浙各省的地方利益根本不在其考虑之内。康熙帝的思维逻辑对其后世子孙具有深刻影响。雍正帝初即位时，坚持禁南洋的既定政策，在两广总督孔毓珣请免拆毁违式之海船的奏折上批谕：“廷议渔船仍照旧式，甚是。总之，海禁宁严勿宽，余无善策，尔等地方大吏不可因目前利便而贻他日之害”⑤。乾隆二十二年（1757 年）限定广州一口通商，乾隆帝也是把国家战略安全放在最重要的位置上。英商企图从原有通商口岸广州沿海北上，开辟浙江口岸，固然有就近采办生丝、茶叶、瓷器，以追求更高的商业利润的目的，但丝、茶等就近出口，对江浙地区经济发展，同样具有重大意义。乾隆帝曾一度考虑将宁波比照广州，向英商正式开放，就说明江浙地区的经

---

① 《雍正朝汉文朱批奏折汇编》第三册，第 404－405 页。
② 《军机处录副奏折·外交》，7790－12
③ 道光《重纂福建通志》卷七八《海防》。
④ 《清圣祖实录》卷二七〇。
⑤ 《雍正朝汉文朱批奏折汇编》第三册，第 26 页。

济利益已引起他的重视。而最后决策广州单口通商，其间纵有错综复杂的原因，但“浙省海防，亦得肃清”①，则是决定他如此决策的首要原因。在随后处理“洪任辉案”的过程中，乾隆帝进一步坚定了广州单口通商的既定方针，他说：“浙民习俗易嚣，洋商错处，必致滋事。若不立法杜绝，恐将来到浙者众，宁波又成一洋船市集之所，内地海疆，关系紧要。”② 洪仁辉案中有一个细节值得一提，据洪仁辉供称，代他作呈之人系在噶喇吧“住居三辈，蓄发已作鬼子”的福建人林怀，乾隆帝对此异常警觉，特密谕闽浙总督杨廷璋：“即行悉心查访，林怀系从何时潜踪出境，其家属如有尚留内地者，一面密拘齐确讯，并将该犯设法招回治罪，毋令漏网。其嗣后如何严密稽查，毋任偷漏滋事，并如何行文缉拿，不令夷人容隐此等匪犯之处，俱着该督悉心详议，具折奏闻。务使沿海刁民不敢复蹈故辙”③。无论是“习俗易嚣”的浙民，还是“素称刁悍”的闽人，他们任何一点与“夷人”勾结的形迹，都足以使清帝心惊肉跳，从而牵制其对国家重大方针政策的抉择。这固然说明清帝对国家战略安全利益的高度重视，但在国家利益的掩盖下，维护满洲贵族特殊利益的狭隘目的也昭然若揭。

除维护帝国政治安全外，保持全国经济、财政、金融的正常运转以稳定社会，也是关系国家根本利益的重大问题，当二者发生矛盾，并表现在对某一重大问题做出决策时，清帝就颇费斟酌了。通过康雍乾之际南洋贸易从严禁到弛禁的变化，很可以探索

① 《清高宗实录》卷五五〇。
② 《清高宗实录》卷五三〇。
③ 《清高宗实录》卷五九七。

清帝遇到上述矛盾时的决策思路。

海外贸易不仅关系到沿海地区商民的利益，它对国计民生的严重影响，早在康熙初厉行海禁时就已有人做过令人信服的论析，历任江宁、湖广巡抚的慕天颜在《请开海禁疏》中指出："顺治六七年间，彼时禁令未设，见市井贸易咸有外国货物，民间行使多以外国银钱，因而各省流行，所在皆有"，"今直省之所流转者，止有现在之银两，凡官司所支计，商贾所贸市，人民所恃以变通，总不出此"。他认为当时财源枯竭、兵饷匮绌、国用不纾、百姓困苦，一切症结就在海禁，"穷变通久之道，不必求之天降地出，惟一破目前之成例，曰开海禁而已矣"①。在康雍乾之际禁南洋的争议中，蓝鼎元、庄亨阳集中剖析的是洋禁对闽广商民生计的摧残，以及闽地对"番钱"的依赖；李清芳则进一步指出禁南洋将带来"每岁少白金数百万两，一二年后东南必至空匮"的严重后果；蔡新则眼界更开阔，计虑更深远，他以为闽广两省"岁入内地（番钱）约近千万"，若一概禁绝，数年之后，"不独民生日蹙而国计亦绌"，在他看来，这才是真正令人忧虑的。从慕天颜到蔡新这一批留心经济的有识之士已敏锐地察觉出，日益发展的海外贸易，特别是外国银元内流，对稳定东南财赋重地，以至全国的财政金融的巨大作用。一方面由于茶叶、生丝、瓷器等产品出口增长，势必会带动东南沿海省份手工业和农业（特别是经济作物）的发展，而东南沿海地区手工业、商业和城镇的发展，人口的增加，又亟须江西、湖广、四川等内地省份的大米，沿江顺流而下以供民食。自世界航海时代开始以来，以海外贸易为纽带，全球经济的整体化日益加强，中国和世界资本

---

① 《清经世文编》卷二六《请开海禁疏》。

主义市场的联系越来越紧密，国内原有各大区域性市场相互间的依赖也越来越紧密。另一方面，中国不是一个盛产白银的国家，据今人研究，自明后期至清初厉行海禁之前七八十年间，每年有200万元上下外国银元流入中国，至乾隆初期则每年不下二三百万元①。白银大量持续流入中国，势必会影响国家规定的白银与制钱的比价，推动政府开发滇铜生产，广铸制钱。白银与制钱的投放量同时大量增加，则使18世纪的中国出现了温和的通货膨胀，从而影响到国家社会经济生活的方方面面，令康雍乾三帝焦虑不安的“米贵”问题，仅仅是其一个显著的表征而已②。从这个意义上讲，南洋贸易的严禁或弛禁，就不仅仅是闽广或东南沿海地区的局部问题了，它对全国财政经济和金融的健康运行，也具有牵一发而动全身的重大影响。蓝鼎元、庄亨阳、李清芳、蔡新等人未必能有如此明晰而全面的认识，但他们毕竟是中国得风气之先者，通过他们的点拨，囿于“劝农务本”传统社会经济思想、又昧于世界大势剧变的清最高统治集团，还是能够感受到一点海外贸易对东南沿海地区以至内地国计民生所具有的沉甸甸的分量。

由此看来，清廷历次禁南洋案中决策者皇帝以及参与决策活动的大学士、军机大臣、议政大臣、九卿、科道、督抚等，都曾

① 梁方仲1939年发表的《明代国际贸易与银的输出入》一文已指出“由万历元年至崇祯十七年（1573—1644年）的七十二年间，合计各国输入中国的银元由于贸易关系的至少远超过一万万元以上”（载《梁方仲经济史论文集》）。日本学者百濑弘在《西班牙银元的流通》一文中也说：“明末，西班牙、葡萄牙两国向中国输入西班牙元，每年达二百万元以上，这一输入在清初仍继续着”，“在十八世纪中期，经过广东和马尼拉由外国输入到中国的银币额每年不下二三百万元”（《日本学者研究中国史论著选译》第六卷，第449、464页）。

② 参见拙文《18世纪中国物价问题和政府对策》，《清史研究》1996年第1期。

面临着不无矛盾的几种利益诉求：帝国的长治久安、全国财政经济的健康运行和东南沿海地区的社会稳定。其实，这三者的关系并非绝对地互相排斥，而是相辅相成，彼此依存。如何协调三者的关系，堪称决策的艺术；其运用之妙，则存乎帝王之一心。康熙帝创行密折制度，督抚提镇等地方大吏可以通过密折，将地方重大紧急之事及时奏闻请旨，可惜康熙帝通过密折和实地访闻得到的信息是片面的、不准确的，加上他有小题大做的习惯，以及临御天下五十余年逐渐养成的专断作风，终于促成他在全国面临严峻的政治形势时，从维护帝国安全的单一原则考虑，决策禁洋。雍正、乾隆二帝则没有像康熙那样夸大汉人与西洋人勾结起来颠覆清廷的危险，而是采取严密的防范措施，以最大限度控制因开放南洋贸易可能对帝国安全带来的潜在危险。同时，他们充分估计到海外贸易对全国经济、财政，以及社会稳定的作用，对地处海疆的闽广江浙地区利益也予以关注。因而在严禁还是弛禁二者之间进行审慎的比较、权衡之后，终于选择了开放南洋贸易的正确决策。遗憾的是，在尔后如何处置诸如广州单口通商，以及英使马戛尔尼访华谈判贸易等重大问题时，乾隆帝又重步康熙禁止南洋贸易的后尘，做出了与世界、与中国历史发展趋势相悖的错误决策。

与康雍乾之际禁南洋案有相类之处的，还可以举出同一时期以广东为焦点的禁矿案。概括起来，严禁开矿的主要理由有二：一是“海疆地方求安靖之计”（乾隆二年广东提督张天骏折奏）①；二是“养民之道，惟在劝农务本，若皆舍本逐末，争趋目前之利，不肯尽力畎亩，殊非常之道”（雍正二年雍正帝谕两广

① 《清代的矿业》上册，第37页。

总督孔毓殉)[1]。而弛禁的主要理由亦有二：一是“粤东依山附海，田地甚少，生齿甚繁，岁产米谷不足供百姓日食”，“不如择无碍民间田地庐墓、出产铅锡之山场，招商开采，俾附近穷民可借工作养生，并堪抽收课饷”（雍正二年两广总督孔毓珣折奏)[2]；二是“粤东素系产铜，从前开采亦有明验，若召商采办，得遇矿砂盛旺，与滇省一例源源解京，则铜斤充裕，钱文流布，便民利用，无逾于此”（乾隆三年两广总督鄂弥达折奏)[3]。总之，禁矿与弛禁各有利弊，且利弊相因，这就取决于决策者皇帝如何比较、权衡和抉择了。广东地处海疆，黎瑶杂处，一旦矿场关闭，工丁失业，难免有暗通海寇、勾引黎瑶之虞。欲使海疆安靖，传统的思路是勤耕力穑，民守本业。雍正帝虽然在严禁与弛禁的决策上时有摇摆，但总的倾向是主禁，因为他把国家的安全放在压倒一切的地位，他的经济思想和治民之道也是偏向于传统的。乾隆初政，对广东开矿的潜在危险有着充分的估计，但并没有把“海疆安靖”与开矿对立起来，他认为，召商开采有助于广东民生，从而可望实现“地方整理，人民乐业”这一更高层次上的“海疆安靖”[4]；况且，召商开采矿产，还可以兼收抽课裕饷、有裨鼓铸之利。因此，乾隆帝在严禁与弛禁的决策上尽管也有所动摇，但总的倾向则是弛禁，是以能在维护国家安全、有利于全国财政经济健康运行的前提下，兼顾了广东地方的利益。

地方利益与国家利益是一对矛盾统一体，二者既存在着利益冲突的一面，也有其互相依存的利益攸关的一面。把地方利益与

---

① 《清代的矿业》上册，第 24 页。
② 《雍正朝汉文朱批奏折汇编》第三册，第 221 页。
③ 《清代的矿业》上册，第 39 页。
④ 同上书，第 39-40 页。

国家利益绝对地对立起来，如康熙帝的禁南洋贸易、乾隆帝的广州单口通商，以及雍正的严禁广东开矿，固然造成了决策上的失误；而固守地方利益，置国家大局于不顾，也是18世纪中国地方与中央关系中一个值得注意的方面。

18世纪由于人口压力日益加剧，流民问题也越来越引起清帝的重视。蜀中地广粮多，是湖广、江西、广东等省流民云聚之地，四川大吏为维护本地区利益，屡屡奏请设法阻回。乾隆三十二年（1767年）五月，四川总督阿尔泰复奏："川省荒地业经认垦无余，嗣后各省民人借词赴川垦地者，不必给票，并转饬沿途关津，查无照票者，即行阻回"。乾隆帝以湖广、江西等省"均属朝廷子民，抚绥本无异视"，不准阿尔泰所请[①]。乾隆帝不准四川限制流民入境，是有他对全国大局长远考虑的，乾隆二十五年（1760年）正月，乾隆在谕示贵州巡抚周人骥奏请设法限制各省流寓民人入川一折时说："此所谓知其一不知其二也。国家承平日久，生齿繁庶，小民自量本籍生计难以自资，不得不就他处营生糊口，此乃情理之常，岂有自舍其乡里田庐而乐为远徙者？地方官本无庸强为限制……今日户口日增，而各省田土不过如此，不能增益，正宜思所以流通，以养无籍贫民，即如现在古北口外，内地民人前往耕种者，不下数十万户，此孰非去其故土者？然口外种地者，衣食渐多饶裕，固难执一而论也。西陲平定，疆宇式廓，辟展、乌噜木齐等处在在屯田，而客民之力作、贸易于彼者日渐加增，将来地利愈开，各省之人将不招自集，其于惠养生民甚为有益。若如周人骥所奏，有司设法禁止，不但有拂人性，且恐转滋事端，否则徒为增设科条而日久又成故事。封

① 《清高宗实录》卷七八四。

疆大吏当通达大体，顺民情所使安，随宜体察。”①

如何缓解人口压力，这是关系全国大局的问题，这个问题解决不好，则不利于整个社会的稳定，因此，乾隆帝训谕周人骥“当通达大体”，而不应拘泥于某一地区的局部利益。四川可以安置移民，口外可以安置移民②，广袤的天山南北麓将来也可望容纳更多的内地移民，“以新辟之土疆，佐中原之耕凿”③，这些都可视为乾隆帝关于流民问题决策时目光宏远之处。不过，人烟同样稀少、土地更为肥沃的东北地区则不得视同一例，盖因“盛京、吉林为本朝龙兴之地，若听流民杂处，殊于满洲风俗攸关”④，因而采取各种措施，力图加以封禁。关东尽管对于全国而言只是局部地区，且具备吸纳内地大量过剩人口的潜力，但由于它是“满洲根本”所系，维护其地区利益符合国家的根本利益和长远利益。从这个意义上讲，封禁关东，与清帝统治集团根本的、长远的战略利益并没有不可调和的矛盾。

总的来看，清帝在做出关系地方利益的国家决策时，原则是非常坚定的，轻重缓急的次序也是十分明晰的。帝国的长治久安、国家财政经济的健康运行、全国社会的稳定，是国家根本利益之所在，地方利益必须服从全国的大局。地方利益与国家利益在一般情况下并不存在不可调和的矛盾，在维护国家根本利益的前提下，一般能兼顾到地方利益。在这种情况下，中央的决策一般是正确的，对处于变革中的中国社会的发展是有利的。但在某些关系到中国经济最发达地区——东南沿海各省利益的决策上，

① 《清高宗实录》卷六〇四。

② 《清高宗实录》卷六一二。

③ 《清高宗实录》卷五九九。

④ 《清高宗实录》卷一〇二三。参见该书卷一一五。

清帝囿于传统的思想和满洲贵族集团的狭隘利益，也存在重大的、历史性的失误。其结果不仅损害了地方利益，也损害了国家的根本利益和长远利益。就处理中央与地方关系的中央决策而言，康雍乾三帝确实面临着以往时代最高决策者所未曾遇到的诸多新问题，他们的政治实践为后世提供了宝贵的经验，也留下了发人深思的教训。

中央与地方的关系，或者更准确地说，中央与地方的权力划分，是秦亡以迄于清，中国古代政治家、思想家聚讼纷纭的一个理论问题。他们以“郡县”和“封建”为论题，分别阐述了先秦时期的分封制与秦统一中国之后的郡县制的产生根源和政治效能，并围绕着郡县与封建孰优孰劣的问题，展开了针锋相对的论辩。双方争论的实质是对两种不同的政体——推崇扩大地方权力的分封制与强调中央集权的郡县制——进行审视比较，以供最高统治者权衡和采择。至唐代柳宗元著《封建论》，对于封建“非圣人意也，势也”这一命题，做了简洁明快的阐述，并以周、秦、汉、唐为例，说明周之亡“失在于制，不在于政”，秦之亡，“失在于政，不在于制”；汉代“有叛国而无叛郡”，故“秦制之得亦以明矣”，唐代“有叛将而无叛州”，足见“州县之设，固不可革也”①。此论一出，实际上已基本结束了郡县与封建理论上的论战②。迨及清代，所谓“复封建”云云，早已成为腐儒迂阔之谈被普遍抛弃，即令一二主张废郡县、复封建，如陆生楠者，其矛头实则指向专制皇帝雍正帝个人，而非作为一种政治制度的

① 柳宗元：《柳河东集》卷三。

② 以上论述参考了瞿林东《历史·现实·人生——史学的沉思》第二章第三节“人意、时势与事理”。

郡县[①]。能从郡县与封建之争这一千年历史公案翻出新意，通过对行之已久的郡县制的批评而揭示专制主义中央集权制的弊害，并提出自己独到见解的，当推清初大儒顾炎武。

顾炎武认为，郡县制作为一种政治制度是应予肯定的，他在《郡县论》中说："盖自汉以下之人，莫不谓秦以孤立而亡。不知秦之亡，不封建亡，封建亦亡；而封建之废，固自周衰之日而不自于秦也。封建之废，非一日之故也，虽圣人起，亦将变而为郡县。"就此而论，他的思想并未脱出柳宗元肯定郡县已有论述的范围；他在思想理论上新的贡献，在于对"郡县之敝"的深刻剖析。顾炎武指出："方今郡县之敝已极，而无圣人出焉，尚一一仍其故事，此民生之所以日贫、中国之所以日弱而益趋于乱也。何则？封建之失，其专在下；郡县之失，其专在上。古之圣人，以公心待天下之人，胙之土而分之国；今之君人者，尽四海之内为我郡县犹不足也，人人而疑之，事事而制之，科条文簿日多于一日，而又设之监司，设之督抚，以为如此，守令不得以残害其民矣。不知有司之官，凛凛焉救过之不给，以得代为幸，而无肯为其民兴一日利者，民乌得不穷，国乌得不弱？"针对"郡县之敝"，顾炎武开出疗救的药方是："尊令长之秩，而予之以生财治人之权，罢监司之任，设世官之奖，行辟属之法，所谓寓封建之

① 从雍正帝批评陆生楠《通鉴论》的长篇谕旨来看，陆生楠有关封建与郡县的观点为："封建之制，古圣人万世无弊之良规，废之为害，不循其制亦为害，至于今，害深祸烈不可胜言，皆郡县之故"，"圣人之世，以同寅协恭为治，后世天下至大，事繁人多，奸邪不能尽涤，诈伪不能尽烛，大抵封建废而天下统于一，相既劳而不能深谋，君亦烦而不能无缺失。始皇一片私心流毒万世"，"人愈尊，权愈重，则身愈危，祸愈烈，盖可以生人杀人赏人罚人，则我志必疏，而人之畏之者必愈甚，人虽怒之而不敢泄，欲报之而不敢轻，故其蓄必深，其发必毒"（俱见《清世宗实录》卷八三）。

意于郡县之中，而二千年以来之敝可以复振。”① 如果把顾炎武提出的一整套改革方案是否具有现实可行性姑置一边，仅就其思想的实质而论，应该说在中国处于由传统向近代变革的前夜，顾炎武已敏锐地觉察出中国政治体制存在的严重弊病——专制主义中央集权政体下，地方无丝毫自主权可言，由此而使这一政体从根本上丧失了活力。顾炎武的思想之可贵，还在于他尽管已经洞悉“郡县”之敝，却没有幻想走复古之路，而是在坚持“郡县制”的前提下，“寓封建之意于郡县之中”，建立一种兼有郡县和封建长处的新型政治体制。

如果说顾炎武提出的通过调整中央与地方权力关系，充分调动地方的行政主动性和首创精神以“复振”“二千年以来之敝”，还仅仅是一种政治思想、一种政治改革方案的话，那么，18 世纪以来人口压力的日益加剧，物价的持续上涨，以及在中外贸易迅速发展和商品经济空前活跃的大背景下，地区差异性日趋加大等经济社会因素的互相交织，彼此影响，实际上已把调整专制主义中央集权体制下中央与地方的关系作为一个必须认真对待的重大政治课题提到了清朝最高统治者面前。尽管康、雍、乾三帝没有顾炎武那样自觉的意识，但在政治实践中，他们还是进行了一些有益的探索，归纳起来，大概有以下几方面。

第一，创行密折制度以周知天下情弊。各地方政治、经济、财政、金融、社会、军事、边疆、民族等各方面的重大紧急事态，可以通过督抚、藩臬、提镇、驻防将军大臣以及内府包衣出差官员等的折奏迅速为皇帝所掌握，在全国各地推行贯彻统一的

---

① 《顾亭林诗文集》卷一《郡县论》。

法令政策时遇到的问题，也可以及时反馈到御前。

第二，在强化专制主义集权体制的同时，注意到应给予地方督抚生财治人的一定权力，特别是在任用下属官员方面，督抚权力有所扩大。

第三，在贯彻法令政策时，强调因地制宜的原则，允许内地和边疆有所区别，允许内地各省份在实施时间、方式方法上有一定的自主性和灵活性。

第四，中央决策时，在维护国家根本利益的前提下，有时能够兼顾到地方的利益，从而使地方的利益，特别是东南沿海地区的经济利益在一定时期、一定程度上受中央决策的关照。

第五，中央决策时，注意到发展与稳定的关系，特别是工商业、采矿业及对外贸易的发展，对东南沿海地区社会稳定所具有的特殊意义。

上述治国方针和政治措施无疑对传统的治国思想有明显的突破，对矫治专制主义中央集权政体下权力高度集中的弊病，产生了一定的效果。这些进步都是应予以足够重视和肯定的。但是，康、雍、乾三帝都不是顾炎武心目中的“圣人”，也都不是他急切期待的“苟欲厚民生、强国势，则必用吾言”的所谓“后之君”①。传统的专制主义中央集权的政治体制，在18世纪没有发生质的变化，强化专制主义中央集权体制的大趋势，在这100年间始终存在着。在调整中央与地方关系方面，清帝的思路偏向于采取某些应急式的、补偏救弊的政策措施，以兼顾地方利益，特别是对全国财政经济具有举足轻重影响的东南沿海地区的利益。但由于政治体制没有根本性的改革，因而某些卓有成效的调整中

① 《顾亭林诗文集》卷一《郡县论》。

央与地方关系的政策措施，缺乏法制保障下的稳定性和连续性，“人亡政废”的事例不胜枚举，甚至“人未亡”而因其关注的热点消失或政治注意力发生转移，使既定的方针政策根本转向之事也不罕见。就中央与地方关系而论，如何适时地、妥善地解决顾炎武所指出的“郡县之敝”，从根本上改革国家政治体制，较之在方针政策做出某些调整，显然更具有决定意义。恰恰在政治这一决定性方面，康雍乾三帝并没有也不可能对痼疾缠身、百弊丛生的专制主义中央集权体制，进行根本性的变革。18 世纪中期以后，以贪污为表征的政治迅速腐败，更足以证明，延续两千年之久的专制主义中央集权的政治体制，不仅严重阻碍着中国的社会变革和经济发展，而且由于其自身病体的溃烂，也到寿终正寝的时候了。

第三章

18 世纪后期政治的腐败

18 世纪 80 年代初，正当清朝国势如日中天之际，一桩建国 150 年来最大的贪污案，即甘肃通省官员折捐冒赈大案被揭发出来，自封疆大吏以至州县牧令 50 余人，以“侵盗钱粮”罪骈首就戮。乾隆皇帝为政治腐败到如此严重的地步所震惊，在公开发布的谕旨中，一再慨叹此案为“从来未有之奇贪异事”。

其实，吏治的败坏由来已久，但作为其主要表征的贪污、贿赂痼疾，却是在乾隆中期以后，也就是 18 世纪后期才迅速恶化的。甘肃通省官员贪污巨案，以及接踵败露的贪污贿赂案件，只不过使陶醉于乾隆盛世歌舞升平之中的人们开始清醒而已。乾隆五十五年（1790 年），内阁学士尹壮图遍历全国最重要的省份后，向皇帝奏称“各督抚声名狼籍，吏治废弛，经过各省地方，体察官吏贤否，商民半皆蹙额兴叹，各省风气，大抵皆然”①。

① 《清高宗实录》卷一三六七。

当时经常出入中国的朝鲜使臣记述见闻则说：“大抵当官长者，廉耻都丧，货利是趋”（乾隆五十五年）；“阁老和珅，用事将二十年，威福由己，贪黩日甚”（乾隆五十九年）；“和珅权势隆盛，货赂公行，庶官皆有定价”（乾隆六十年）[①]。追乾隆帝崩逝，嘉庆帝亲政，言路稍稍放宽，翰林院编修洪亮吉最先激切奏陈“十余年来，督抚藩臬之贪欺害政，比比皆是”[②]。以布衣言事的章学诚批评得更为犀利：“自乾隆四十五年以来，迄于嘉庆三年而往，和珅用事几三十年，上下相蒙，惟事婪赃渎货，始如蚕食，渐至鲸吞……贪墨大吏胸臆习为宽侈，视万金呈纳，不过同于壶箪馈问，属吏迎合，非倍往日之搜罗剔括，不能博其一欢，官场如此，日甚一日。”[③] 乾隆末落职回籍而此时复出的尹壮图也把乾隆三十年（1765年）视为吏治清浊转移的关节点，他说此前“各省属员未尝不奉承上司，上司未尝不取资属员，第觉彼时州县俱有为官之乐，闾阎咸享乐利之福，良由风气淳朴，州县于廉俸之外，各有陋规，尽足敷公私应酬之用。近年以来，风气日趋浮华，人心习成狡诈，属员以夤缘为能，上司以逢迎为喜，踵事增华，夸多斗靡，百弊丛生，科敛竟溢陋规之外。上下通同一气，势不容不交结权贵以作护身之符”[④]。上述中外有代表性的评论表明，贪风大炽等政治严重腐败现象正是从乾隆中期以后开始的。综合现有史料分析，18世纪后期的政治腐败至少有以下六个引人瞩目的特征。

---

① 吴晗辑《朝鲜李朝实录中的中国史料》下编卷一一。

② 《清史稿》卷三五六《洪亮吉传》。

③ 《章学诚遗书》卷二九《上执政论时务书》。

④ 姚元之：《竹叶亭杂记》卷二。

第一节　政治腐败的种种特征

一　贪污贿赂向集团化犯罪恶性发展

从乾隆四十六年（1781 年）至四十九年（1784 年）三四年间，共查处了浙江杭嘉湖道王燧贪纵营私案、甘肃通省官员折捐冒赈大案、乌鲁木齐等处官员冒销帑银案、山东巡抚国泰贪纵营私案、闽浙总督陈辉祖抽换侵盗入官赀财案和江西巡抚郝硕勒派属员等 6 件集团性贪污贿赂大案。乾隆四十六年夏间败露的甘肃通省官员冒赈婪赃大案为首者，是原任甘肃布政使、升任浙江巡抚王亶望，陕甘总督勒尔锦，以及时任甘肃藩司王廷赞。甘肃自乾隆三十九年（1774 年）恢复捐监旧例至案发，历任两司、道、府、州、县官员几乎全部染指其间，而这一骇人听闻的奇贪大案的后台，则是京中权要——大学士、军机大臣于敏中。全案陆续斩绞正法或赐令自尽者 58 人，免死发遣黑龙江、新疆者 57 人，奉旨查抄者 165 人，其他判处徒、流，以及革职留用、追罚银两者更不暇细数了[①]。由于甘肃通省无一好官，乾隆四十六年甘省大计之典被迫停止[②]。最令人不解的是，甘肃全省官员上下相蒙，相沿作弊，外间早有风闻，而六七年之间竟无一人挺身举发。乾隆四十六年山东巡抚国泰贪纵营私案，自藩司于易简以下全省官员迫于国泰勒索，多馈送金银或玉器珍玩，以致乾隆帝

① 屈春海：《乾隆朝甘肃冒赈案惩处官员一览表》，《历史档案》1996 年第 2 期。

② 《宫中档乾隆朝奏折》第四九辑，第 381-382 页。

“以人数众多”而免其深究，只令议罚了结[①]。同年还有乌鲁木齐等处官员冒销帑银案。乌鲁木齐都统下辖镇西府的宜禾县（今新疆维吾尔自治区巴里坤哈萨克自治县）、奇台县，迪化直隶州的阜康、昌吉、玛纳斯县，自迪化州知州木和伦以下，各县知县、县丞等几乎全部借部拨购粮价与当地谷价之差而冒销帑银。作为这一贪污集团保护伞的是乌鲁木齐都统索诺穆策凌，曾任宜禾知县的瑚图里侵蚀银10余万两，馈送索诺穆策凌银5 500两及贵重皮张等物，原迪化州知州德平贪污采买粮价银一万余两，贿赂索诺穆策凌“黑狐皮四张，黑骨种羊皮二百张，金如意一柄重四十两，金手镯、铃铛等物共重十数两，又陆续送过银一千一二百两”[②]。闽浙总督陈辉祖抽换侵盗王亶望入官赀财一案，可谓甘肃通省官员贪污大案的案中案，这个案件败露于乾隆四十七年（1782年），以陈辉祖为首，藩臬两司以及仁和（今杭州市）、钱塘（今杭州市）二首县通同作弊，抽换隐匿王亶望入官财物。在审办此案过程中，陈辉祖又供出“河南藩司李承邺自山西臬司任内数年以来陆续寄送金仙人、金台、金杯等物约一百余两；湖北道张廷化于去年寄送金四十两；武黄道周曰潢于四十三年送金一百两；上年我到浙江时，噶尔弼善送我金子四百两；去年冬间巴国柱因病回籍，送过金子二百两；湖北蒲圻县何光晟于四十三年送过金子六十两；此外，惟陈淮曾代办金如意等物”[③]。乾隆四十九年（1784年）江西巡抚郝硕婪索属员一案，同样是司道以下通省官员无一不贿求赂谢的。除藩臬两司等

① 《乾隆朝上谕档》第一二册，第8页。
② 《乾隆朝上谕档》第一一册，第238、243页。
③ 同上书，第494页。

大员发往军台效力之外，以顾葵为首的地方官 71 员只好“免其革任”，照“国泰案内议罪之案”分等议罚[①]，“送银二千两者一员，一千两以上者共十九员，八百两以上者共九员，六百两以上者共三员，四百两以上者共三十员，二百两以上者共九员”，分别照所馈银数 2 至 5 倍罚出[②]。

需要说明的是，乾隆中期以前，以督抚大吏为首的贪污贿赂大案并非没有，康熙晚期总督噶礼婪赃案、雍正年间年羹尧贪纵案以及乾隆二十二年（1757 年）云贵总督恒文借办贡勒索属员案都是著名的案例，但像上述甘肃通省官员冒赈婪赃等大案要案那样，一旦败露，督抚以下至州县牧令数十员乃至一百数十员几乎全部触犯法禁，而且在短短的一两年间，骇人听闻的集团性贪污贿赂大案接踵而发，却是乾隆中期以前所没有的。

二　贪赃数额之巨前所罕见

甘肃通省官员冒赈婪赃案是通过违例折收捐监粮、捏灾冒赈的手段，贪污巨额国家资产的。在王亶望、王廷赞先后主持甘省捐监的六七年间，每年收捐监生多在三四万名上下，乾隆四十一年（1776 年）该省收捐监生竟达 64 923 名，相当于当年户部捐监数的 10 倍以上，前后总计收捐监生 300 461 名[③]。每捐监一名私收折色银 55 两，另收“公费银”4 至 6 两[④]，共约 60 两。以此推算，从乾隆三十九年（1774 年）恢复捐监旧例，到乾隆四

---

① 《宫中档乾隆朝奏折》第六三辑，第 44-45 页。
② 《乾隆朝惩办贪污档案选编》第四册，第 2874 页。
③ 《乾隆朝惩办贪污档案选编》第二册，第 2069 页。
④ 《宫中档乾隆朝奏折》第四八辑，第 564-566 页。

十六年（1781 年）案发，总共收捐银两在 1 800 万两以上。乾隆帝下过“(其) 大半归于冒销赈恤”① 的断语，也就是说贪污赃款不少于 1 000 万两，这个数额大致相当于当时每年国家财政收入的 1/5 至 1/4。乾隆帝的估计似乎有些夸大，主持审理这一案件的大学士阿桂和署陕甘总督李侍尧最后定拟具奏称：“冒销银数据各该员所供，合计约略浮冒十分之二”②，准此，则贪污数额约 350 万两。显然，这个“据各该员所供”推算出来的数字又偏低了。阿桂、李侍尧建议照所供加倍追缴赃银③，也就是说全部贪污数额约在 700 万两之谱。这样估计可能接近事实真相。乾隆三十三年（1768 年）两淮预提盐引一案，历届盐政、盐运使与两淮盐商朋比为奸，共侵蚀预提纲引余息银 10 922 897 两④，赃数恐怕超过甘肃通省官员贪污大案。

在甘肃贪污大案中，自上至下各级官员贪污白银多则百数十万两，少则数千两。原任平番（今永登县）知县何汝南于乾隆四十、四十一年（1775、1776 年）两年内办灾，放过赈银、赈粮共 16.3 万余两，其中浮开冒销银 5 万余两，“前后被总督勒尔锦派买物件银六千余两，王亶望索过银一万八千两，蒋全迪（兰州知府）索过银五千余两”⑤。原任狄道州（今临洮县）知州陈常办赈申报需银 3.9 万两，王亶望、蒋全迪命虚报为六万二三千两，浮开之银王亶望得 1.2 万两，蒋全迪得 1 万两。此外，陈常在折收捐银时，每名又多收银 10 两，共浮收银 4 万两有余，又被

① 《清高宗实录》卷一一三五。
② 《乾隆朝惩办贪污档案选编》第二册，第 1500 页。
③ 同上。
④ 《宫中档乾隆朝奏折》第三一辑，第 107-112 页。
⑤ 《宫中档乾隆朝奏折》第四八辑，第 700-702 页。

"王亶望索去银一万余两，蒋全迪索去银一万余两"①。通计此案，入已赃额在数百两至 10 余万两的州县官除业已亡故，或在监、在押途中病故之外，多达 110 员，其中婪赃 2 万两以上者近 30 人。甘肃通省官员冒赈婪赃数额之巨，固为"从来未有之奇贪异事"，但州县官员贪污数万至十数万两、督抚受贿数十万两者，在乾隆中期以后并不罕见。乌鲁木齐地方冒销库帑案，算不上特大案件，知县瑚图里亏空库银 9 万两、侵蚀银 3.3 万余两，知县窝什浑亏空银 3.7 万余两，贿赂都统索诺穆策凌等 3.1 万余两②。该案除瑚图里、窝什浑之外，贪污入已赃数在数千两至 3 万余两的州县官还有德平等 7 员③。

督抚大吏在任期间收受各种形式的贿赂及贪污所得究竟有多少，已难以做出比较准确的统计了。不过只要看犯案的大吏被抄没的家资，还是多少可以窥其大概的。王亶望"家资至三百余万之多"④，其未经估值、径直没入内务府的古玩字画更不知凡几，据王亶望自供："我自己家资本来不多，所有现在查出银物大半是婪索得来的。"⑤ 陈辉祖虽比不上王亶望婪赃之多，但查抄其任所所藏金银及各处营运银两、田房等不动产即值银 31 万余两，他本籍家产还未计算在内⑥。乾隆四十五年（1780 年），云贵总督李侍尧案发，籍其家，所蓄宝货值九十万金，这还不包括其云南任所的资财⑦。乾隆六十年（1795 年），闽浙总督伍拉纳、福

① 《宫中档乾隆朝奏折》第四八辑，第 716 页。
② 《清高宗实录》卷一一五九，卷一一六二。
③ 《乾隆朝上谕档》第一一册，第 324 页。
④ 《清高宗实录》卷一一六六。
⑤ 《乾隆朝惩办贪污档案选编》第二册，第 1344 页。
⑥ 《乾隆朝上谕档》第一一册，第 404 页。
⑦ 《朝鲜李朝实录中的中国史料》下编卷一一。

建巡抚浦霖以纳贿籍家，在浦霖原籍家中查出白银28万余两，金锭、金器、珠玉、田房尚不在内①；伍拉纳家产亦有“三四十万之多”②。乾隆帝以为，欲知“督抚任内是否尚能谨饬”，查抄家产即可得其大概③，这是有相当根据的。还须指出，督抚等犯事之前，用于进贡及挥霍浪费，为数甚巨，如当时人估计“大抵（李）侍尧贪赃中，五之三入于进贡”④，照此说法，贪墨大吏被籍没的家产至少要加倍才接近他们实在的资财。

督抚婪赃之巨已令人咋舌，而比起京中权要，不过是小巫见大巫罢了。于敏中长期担任军机大臣、大学士并兼管户部，于乾隆四十四年（1779年）病卒，乾隆帝借故查其家资，竟达白银200万两，乾隆帝不禁大怒道：“朕任敏中数十年，知其为廉直，安得有许多资?”⑤ 至于和珅之富，恐怕在中国古代堪称前无古人，后无来者。嘉庆四年（1799年）公布和珅罪状的谕旨称：“家内银两及衣服等件数逾千万”，“夹墙藏金二万六千余两，私库藏金六千余两，地窖内并有埋藏银两百余万两”⑥。仅就金银之数而论，这也是大大缩小了的数字。晚清薛福成则记录了他寓目的“世俗传钞之本”中《查钞和珅住宅花园清单》，据该清单，和珅被抄家产“共有一百零九号，内有八十三号尚未估价”，“已估者二十六号，合算共计银二万二千三百八十九万五千一百六十两”⑦。和珅家产至两亿余两，相当于当时中国每年财政收入的5

① 《史料旬刊》第三三册，地182。
② 《史料旬刊》第三四册，地238。
③ 同上。
④ 《朝鲜李朝实录中的中国史料》下编卷一一。
⑤ 同上。
⑥ 《史料旬刊》第六册，天182。
⑦ 薛福成：《庸庵笔记》卷三《轶闻·查钞和珅住宅花园清单》。

倍左右，以至连薛福成也不敢深信，他说“私家记载颇资耳食，难尽为凭”；不过他又说：“此单传钞已旧，余所见数本大致相同，断非凭空捏造。”[①] 由于嘉庆帝的有意掩盖，和珅家资确数，恐怕是难以搞清的一笔糊涂账。两亿余两固不足凭信，官方公布的数字也显然过低。和珅于嘉庆四年正月初八下刑部狱，籍没家产，7 天后即颁发历数和珅罪款上谕，此时抄家当仍在继续，且无暇详估各项家产的价值，此其一；其二，仅就和珅第十七、十八两罪款所载金、银而言，似不够清楚。朝鲜的官书《实录》也记载了上述谕旨：“家内银两及衣物等件，数逾千万，其大罪十七。且有夹墙藏金二万六千余两，地窖内并有埋藏银两百余万，其大罪十八。”[②] 可见正月十五日即查抄出了包括隐匿在夹墙、地窖中的金银千数百万两，此后可能陆续有所搜获，其家产中白银一项在一二千万两（金银比价当时大致在二十换一，故可推算）似接近事实。至于古玩、玉器、字画等项尽管价值连城，但很难估值，而且当时例不估值，一概造册没入内务府，因此，包括金银、古玩字画、田房当铺、绸缎皮张，以及其他贵重器物究竟价值多少，不能也不必深求，如果能对其家产中金银数目有一个共识便足以说明问题了。

康熙晚期贪名最著者当属总督噶礼，但他任上侵贪罪行并未受到审办，获罪抄家详情也不得而知。雍正时总督年羹尧得罪，罪款中有“贪黩之罪十八”，最重几条是：收受题补官员银 40 余万两、勒索捐纳人员银 24 万两、勒馈赵之垣金珠等物价值 20 余万两、四川等省效力人员各勒银 4 000 两、收受宋师曾和葛继孔

① 《庸庵笔记》卷三《轶闻・查钞和珅住宅花园清单》。
② 《朝鲜李朝实录中的中国史料》下编卷一一。

古玩玉器银两等。罪款中还有“侵蚀之罪十五”，最重几条是：冒销西宁等处军需银、冒销军前运米费、侵用河东盐政盈余、侵用城工余银等。累计年羹尧赃银共 350 余万两[①]。廷臣中隆科多罪款列“贪婪之罪十六”，主要有：索诈安图银 38 万两、收受赵世显银 1.2 万两、收受满保金 300 两、收受苏克济银 3.6 万余两、收受甘国璧金 500 两及银 1 000 两、收受王廷扬银 2 万两、收受吴存礼银 1.2 万两、收受李树德银 2.1 万余两等[②]。就大吏而论，年羹尧婪赃之数较之乾隆晚期犯案的诸督抚有过之而无不及；就权臣来说，隆科多的贪黩肥橐尚不及和珅。年、隆贵盛，气焰甚张，似乎有其特殊之处，不好以他们二人之贪婪概论雍正年间的廷臣和大吏。乾隆前期承雍正整肃吏治遗绪，官场相对清明，督抚藩臬以侵贪罹罪的并不多见，云贵总督恒文勒索属员案堪称当时大案，查抄其任所家财不过 4 万两[③]。再看位尊权重的军机大臣，长期入值军机处、且与秉持中枢者过从甚密的赵翼有这样的记载：“往时军机大臣罕有与督抚外吏相接者。前辈尝言张文和公（廷玉）在雍正年间最承宠眷，然门无竿牍，馈礼有价值百金者辄却之。讷公亲当今上（按：指乾隆）初年，亦最蒙眷遇。然其人虽苛刻，而门庭峻绝，无有能干以私者。余入军机，已不及见二公。时傅文忠（恒）为首揆，颇和易近情矣，然外吏莫能登其门，督抚皆平交，不恃为奥援也。余在汪文端（由敦）第，凡书牍多为作答，见湖抚陈文恭（宏谋）伴函不过僮锦二端。闽抚潘敏惠（思榘），公同年也，馈节亦不过葛纱而已……

---

① 《东华录》卷二七。

② 《东华录》卷二九。

③ 《乾隆朝惩办贪污档案选编》第一册，第 20–24 页。

是时风气如此。”① 从乾隆初政枢辅重臣较为廉洁，馈礼过重则却之，到和珅欲壑难填，向下索贿以 20 万白银为少，张口便是 40 万②，其三四十年间官场风气的转变确如章学诚所言：“始如蚕食，渐至鲸吞，初以千百计者，俄而非万不交注矣，俄而万且以数计矣，俄以数十万计，或百万计矣。”③

附带提一下，督抚、权臣的家人（主要指旗下家奴）和长随婪索州县及商民的胃口之巨。总督富勒浑家人李世荣有“李将军”“李少爷”的绰号④，乾隆四十九年（1784 年）随富勒浑进京陛见及回任，经过嘉兴、金华、衢州、严州等处州县，索取“门包”银 1 200 余两，嗣后又经过福建进入广州，向各属州县索去花银（银元）3 500 余圆⑤。富勒浑在两广总督任上，各盐商到署禀见，李世荣“把他们手本搁住不与他传”，盐商们又送进花银 1 000 圆⑥。富勒浑的长随殷士俊在广东资财有 2 万余两，在本籍江苏常熟田房、存银及苏州公馆一所约值银 2 万两，此人一妻二妾及婢女四人，经商之外，又捐纳府经历⑦。像李世荣、殷士俊这样贪婪的家奴、长随，在旗员督抚中并不罕见。至于京中权要的豪奴悍仆，则可以举出家产“竟至二十余万，并有大珠及珍珠手串”的和珅家奴刘全这一极端的事例⑧，以见其一斑。

---

① 《簷曝杂记》卷一《军机不与外臣交接》。

② 两淮盐政徵瑞以和珅妻故致送银 20 万两，和珅“意存见少，欲令伊增至四十万”（《清仁宗实录》卷五一，第 17-18 页）。

③ 《章学诚遗书》卷二九《上执政论时务书》。

④ 《乾隆朝惩办贪污档案选编》第四册，第 2950 页。

⑤ 同上书，第 3083-3084 页。

⑥ 同上书，第 3084 页。

⑦ 同上书，第 2898、2897、3075、2887 页。

⑧ 《朝鲜李朝实录中的中国史料》下编卷一一。

三　形形色色的陋规泛滥成灾

所谓陋规，就字面上讲，是指衙门中历来相沿的不良成例，举凡地丁之外的“火耗”“平余”，漕项之外的“漕规”“斛面”，盐课之外的“匣费”“节规”，关税之外的“盈余”“存剩”，其他如上司过境时的“站规”“门包”，学政典试时的“棚规”“红案”，又有所谓“舟车贴费”“行市官价”“冰敬炭敬”“密赠别赠”“公费帮费”，地方衙门的“心红纸张”，中央部院的“部费”，以至娼楼赌馆呈交官府的“娼赌费”……花样繁多，不一而足，姑一言以蔽之，曰“陋规”。其形式为法定赋税、正当收入之外的非法或半合法的黑色收入，故时人概括言之：“国家律令无文，故曰陋规”①；而其实质则是程度不同的需索与贿赂。

由于陋规数额悬殊，情节各异，实难一概而论。如同官员之间通问馈赠，固王法所不禁，但很容易流为昏夜苞苴之弊，如王亶望冒赈婪赃一案，即查出州县馈送金银时“将竹篓酒缸装盛如送礼模样抬进去”②；再者“水礼”之类数额多少尽管有明文限制，但很难划定严格界限。咸丰年间，署甘肃藩司张集馨赴任经过保定，拜谒直隶总督桂良时，“馈送土宜八色”，收进五样：貂尾褂筒一件、大铁箱鼻烟二大捺、本色貂帽沿二副、衣料四套、平金佩件一大匣③。这些礼物价值不菲，且都称不上什么“土宜”。此外，相当多的陋规为地方官办理公事所资，它的存在有一定的合理性，只要不借端横征暴敛，商民下属还能忍受。康熙

① 《章学诚遗书》卷二九《上韩城相公书》。

② 《乾隆朝惩办贪污档案选编》第二册，第1272页。

③ 《道咸宦海见闻录》，第199页。

年间，耗羡是最大一项陋规，然操守清廉如陆陇其，他做嘉定知县时犹每两地丁收“耗羡银四分”①。因此，当时舆论对有节制的陋规多持宽容的态度。章学诚说：“相沿陋规，如加一二之平余、斛面，以及杂税盈余、盐当节规……民间相安已久，亦不复觉其为陋规矣。”② 汪辉祖总结为官经验，其中一条即陋规不宜遽裁，“可就各地方情形，斟酌调剂，去其太甚而已，不宜轻言革除”③。张集馨甚至说，有些陋规若加禁革，“州县不遵，百姓亦不遵，其取辱也宜矣”④。总之，当吏治相对清明时，大小官吏借陋规以补廉俸工食之不足，陋规虽无所不在，尚不致造成严重的社会公害。

然而，乾隆中期以后，陋规已成泛滥之势。上述尹壮图论及乾隆三十年（1765 年）以后“科敛竟溢于陋规之外”，章学诚则指出陋规俱翻番不止：“漕规之斗斛倍蓰，丁银之银钱倍折，采买之短价抑勒，公事之借端横敛，印官上任，书役馈送辄数万金，督抚过境，州县迎送必数千金，此皆日朘月削，闾阎不可旦夕安者。”⑤

地丁、关税、盐课、漕项是为国家财赋之所出，亦官吏营私舞弊、婪索陋规的利薮。嘉庆初，洪亮吉上书痛陈“十余年来，督抚藩臬之贪欺害政比比皆是……出巡则有站规、有门包，常时则有节礼、生日礼，按年则又有帮费，升迁调补之私相馈谢者，尚未在此数也。以上诸项无不取之于州县，州县则无不取之于

① 《清经世文编》卷二七《条陈耗羡疏》。
② 《章学诚遗书》卷二九《上韩城相公书》。
③ 《清经世文编》卷二一《学治臆说·论用财》。
④ 《道咸宦海见闻录》，第 116-117 页。
⑤ 《章学诚遗书》卷二九《上韩城相公书》。

民。钱粮漕米，前数年尚不过加倍，近则加倍不止。督抚藩臬以及所属之道府，无不明知放纵，否则门包、站规、节礼、生日礼、帮费无所出也。州县明言于人曰：'我之所以加倍加数倍者，实层层衙门用度日甚一日，年甚一年。'究之州县，亦恃督抚藩臬道府之威势以取于民，上司得其半，州县之入已者亦半"[①]。再以漕规为例：嘉庆初查出一件山东《漕帮旗丁经费陋规清单》，内开："该帮漕船三十九只，得过各州县帮贴陋规银五千余两。"[②] 通漕计算，有漕各省漕船"原数万四百五十五号"[③]，每年仅此一项，帮贴漕规银即在百万两以上，而有漕州县借帮贴旗丁为名，加征"耗赠"，贪污中饱，又当比百万两加倍不止。陆世仪说："朝廷岁漕江南四百万石，而江南则岁出一千四百万石，四百万石未必尽归朝廷，而一千万石常供官、旗及诸色蠹恶之口腹。"[④] 有盐各省例有盐务陋规，如闽浙总督衙门此项经费历任总督收受详情如下："自乾隆四十四年起，杨景素收过银二万两，富勒浑三任共收过银五万五千两，陈辉祖收过银二万两，雅德两任收过银四万五千两，伍拉纳任内共收过银十五万两。"[⑤] 各地盐商还有帮贴大吏办贡的所谓"贴补公费"，乾隆四十九年(1784年)查办广东盐务案、陋规案，历任两广总督"俱用银自三万余两至五六万两不等，而杨景素在任未及一年，竟倍用至六万余两之多"[⑥]。各地盐商除对当地督抚等交纳盐务陋规外，还要侍候自己的主管上司——盐政、盐运使等，如两淮盐政衙门

① 《清史稿》卷三五六《洪亮吉传》。
② 《清仁宗实录》卷五六。
③ 光绪《大清会典事例》卷二〇二《户部·漕运》。
④ 《清经世文编》卷四六《漕兑揭》。
⑤ 《乾隆朝惩办贪污档案选编》第四册，第3462页。
⑥ 《清高宗实录》卷一二〇〇。

“每日商人供应饭食银五十两，又幕友书修、笔墨纸张一切杂费银七十两，每日供银一百二十两”，总计一年竟达 4.3 万余两之多。这里面有的开销名目还有些道理，但数额如此之巨显然意在言外，连乾隆帝也不胜惊骇地说：以朕玉食万方，每年膳房所用，通计仅止三万余两，即如户部尚书得项较优，每年亦止五千余两，外省总督至多者不过二万金，盐政官秩微末司员，乃每年供应竟至四万三千余两之多[①]。不过，对盐商来说，每年公摊几万至十几万两银子以供应主管上司和当地大吏并非难事，真正成为不堪重负的特大盐务陋规则是供应皇上——帮贴办差，特别是南巡大差，每次数以百万计的费用要由两淮、浙江盐商提供相当一部分。当然，盐商不会解囊奉献，向例由总商按引核派，其所派银两“亦系出自售卖盐价”[②]，也就是说靠提高盐价剥削百姓来弥补。海关及内地各关陋规之多之重，较之地丁、盐、漕有过之而无不及。冯桂芬曾痛切地说：“关无善政”，“浮费之多，莫甚于关”，“大抵田赋之数，民之所出者二三，而国之所入者一；关税之数，民之所出者十，而国之所入者一”[③]。这虽指晚清而言，但乾隆季年大势已成。除上述地丁、盐课、关税、漕项诸陋规之外，一切文武衙门陋规多如牛毛，不暇细数。仅举乾隆五十三年（1788 年）查办台湾海口陋规案为例：鹿耳门海口文武两税馆每年陋规约收“番银”五万余圆，总兵分三千至四千圆，副将分两千余圆；鹿仔港“陋规与鹿耳门无异”，同知约得一万余圆，守备得六千余圆；至淡水、八里坌海口亦有陋规[④]。

---

① 《清高宗实录》卷一四五八。

② 《乾隆朝惩办贪污档案选编》第四册，第 3462 页。

③ 冯桂芬：《校邠庐抗议》卷上《罢关征议》。

④ 《宫中档乾隆朝奏折》第六八辑，第 805-808 页。

可以这样说，乾隆中期以后，文武官员（武职官员自乾隆四十六年起名粮虚额归入养廉）以至衙门胥吏，每年经济来源主要不靠朝廷给的有数的廉俸工食银两，而多另谋生财之路，即仰给于各色名目之陋规。是以汪辉祖说："俗所指美缺，大率陋规较多之地，岁例所入，人人预筹分润。"① 广东关、盐陋规最为丰厚，缺分最肥，故京师向有"运气通，选广东"之谚②。至于陋规收入较之廉俸多几许，那就要看缺分之肥瘠和官吏本人的道德良心了。贪官墨吏如王亶望，陋规一块可在廉俸的数十百倍，廉洁自矢的清官取之有节，但恐怕亦非数倍、十数倍则难以为继。这可举稍后的张集馨为例，此人道光年间所任陕西督粮道，是遐迩闻名的肥缺，"京外谓是缺总有三四十万金"，故有"粮道是财神庙主持"的俏皮说法③。张集馨自律较严，据称自己每年入项6万余金④。如他的话可信，则其每年陋规所得总在本任养廉（2 400两）20倍以上。这大致能反映乾隆中期以后陋规泛滥，以致法所不禁、人咸宽容的非正常状况。

四 库帑严重亏空

康熙末年，吏治废弛，上自部库通仓，下至州县库帑，普遍存在亏空之弊。嗣后经雍正帝大力振刷，整饬官方，清厘追补，库储大为充实。迨至乾隆帝临御天下，在很长的一段时期内，未尝没有亏空、挪移之弊，未尝没有查办亏空之案，但总的说来，亏空还没有发展成为严重的财政问题。但乾隆中期以后，几乎每

---

① 《清经世文编》卷二一《学治臆说·论用财》。
② 《清高宗实录》卷一一九八。
③ 《道咸宦海见闻录》，第80页。
④ 同上。

查办一件以督抚为首的集团性贪贿大案，即必有一番清理该省通省亏空的举措；而只要查办个别州县业已败露的亏空，则往往该省督抚大吏便难逃法网。也可以说，只要从认真查办亏空入手，就有可能彻底揭开官场贪贿腐败、上下通同舞弊的盖子。所以，包括乾隆帝在内，除非万不得已，谁都不敢、也不情愿捅开这业已溃烂的政治肌体最脆弱、最危险的部位。

乾隆四十六年（1781 年）山东巡抚国泰婪赃案和六十年（1795 年）闽浙总督伍拉纳、福建巡抚浦霖纳贿案，都是因被迫查办亏空败露的。国泰一案发端于御史钱沣参劾督抚婪索，以致“历城等州县亏空或八九万或六七万两”①，结果国泰不仅抵法，而且查出山东“通省各州县亏空库项竟有二百万两之多”②。库帑亏空到如此严重的地步，督抚大吏非不知情，福建藩司伊辙布早经禀过总督伍拉纳，伍拉纳命其“止开报缺谷六十四万余石、缺银三十六万余两”③，不及实亏的十分之二。如果不是福州将军魁伦密奏“风闻各州县仓储大半多非实贮”④ 的话，福建通省亏空及伍拉纳、浦霖纳贿之事可能永远不会暴露。彻查甘肃通省亏空，则由查办以王亶望为首的全省官员折捐冒赈大案而起，初不料该省“皋兰等三十四厅州县亏短仓库确数共少银八十八万八千九百九十余两，又亏空仓粮七十四万一百一十余石及草束四百五万一千有零”⑤。乾隆四十八年（1783 年）查出浙江亏空银一百三十万余两，也是因王亶望曾任该省巡抚、陈辉祖以闽浙总督兼浙江巡抚而起⑥。其

---

① 《乾隆朝惩办贪污档案选编》第三册，第 2397 页。
② 《清高宗实录》卷一一六〇。
③ 《史料旬刊》第三〇册，地 96。
④ 《史料旬刊》第三一册，地 79。
⑤ 《宫中档乾隆朝奏折》第五一辑，第 316－317 页。
⑥ 《清史列传》卷二七《福崧传》。

他各省亏空实数虽不得而知，但仓储不实则程度不同地存在。嘉庆帝亲政后，面对这个无以措手的烂摊子，既不敢彻底清查，也不敢催迫弥补，只好定限勒交，命“徐徐办理”。他无奈地自我解嘲道：“培养元气，胜于仓库实贮，奚啻万倍！”①

当然，导致亏空的原因极其复杂。嘉庆亲政之初，御史张鹏展即指出，数十年来，亏空之故有四：“素性奢靡者，需次旅邸，已负逋累累，甫到任即挪项偿逋，在任复纵性豪侈，遂亏空日甚”；“专意逢迎，投所好以邀上欢，遇有美缺，竭帑钻营，希图保题，傥上司经过，多方曲探上意，不惜巨费，抑或劣迹经人告发，竭帑馈送，以求曲护”；“心地糊涂，茫无主见，或官亲及长随散耗，漫无觉察，或因上司微厉声色，即茫无主意，遂不复顾惜帑项者有之”；“专意营私，见近日亏空未即发觉，自分才短无可上达，到任即事侵渔，或将帑项私寄回籍，或开库为子弟捐官，以为亏空系众人之事，牵缠攀累，或难尽诛，所以侵私迄无顾忌”。张鹏展认为，“若因公赔垫以致短少，实不过百之三五而已”②。张鹏展比较全面地分析了导致亏空的种种原因，而强调数十年来严重的亏空与官场中无所不在的贪污贿赂关系最大。对此，乾嘉之际累任大学士、军机大臣的王杰亦有十分中肯的论析：“臣未通籍以前（按：王杰于乾隆二十六年进士及第），州县交代闲杂款项，偶短二三百金，不但不敢闻于上司，并不敢闻于僚友。其时上司亦皆廉洁公正，题升调补，无可营求，即无所谓馈送，州县食其廉俸自可宽裕，无所谓亏空之说。迨乾隆四十年以后，有擅作威福者，钳制中外，封圻大臣不能不为自全之计，

① 《清仁宗实录》卷四一。

② 《清经世文编》卷二〇《清厘吏治五事疏》。

而费无所出，遂以缺分之繁简，分贿赂之等差，馈送之外，上下又复肥己，久之习以为常。要之此等赃私，初非州县家财也，直以国帑为夤缘之具，而上已甘其饵，明知之而不能顾问，喜其殷勤也，有过体恤之，惧其讦发也，究至于反受挟制，而无可如何。间有初任人员，天良未泯，小心畏咎，不肯接收，上司转为之说合，懦者千方抑勒，强者百计调停，务使其虚出通关而后已。一县如此，通省皆然；一省如此，天下皆然。于是大县有亏至十余万者，一遇奏销，横征暴敛，挪新掩旧，小民困于追呼，而莫之或恤，靡然从风，恬不为怪。至于名为设法弥补，而弥补无期，清查之数一次多于一次，完缴之银一限不如一限，辗转相蒙，年复一年，臣不知其究竟！”① 诚如王杰所言，乾隆中期以后，各省各县普遍存在的亏空其严重性在于“靡然成风，恬不为怪”，而更有甚者，竟出现本无亏空还要“做亏空”的怪事。嘉庆帝亲政之初，特谕各省督抚，昔之州县亏空，不畏上司盘查，而畏后任接手。上司盘查，可以挪东补西，蒙混过关；后任接手则自顾考成，无不悉心查核。但是“近年则新旧交相联络，明目张胆，不特任内亏空未能弥补，竟有本无亏空，反从库中提出带去，名曰‘做亏空’，竟移交后任。后任若不肯接收，则监交之员两边说合，设立议单，其不肯说合者，又令写具欠券，公同画押，以国家仓库作为交易，实属从来未有之创举！”② 没有亏空硬要“做亏空”，风气败坏到如此地步，州县仓库岂有不处处皆亏之理？从根本上讲，州县牧令与其上司督抚司道以贿赂为黏合剂已牢固地结为一个俱荣俱损的利益整体，不败露则已，一旦败

① 《清经世文编》卷一六《请复实亏空变通驿站疏》。

② 《清仁宗实录》卷五七。

露，则通省上下历任官员俱如覆巢之卵，无一能幸免。

上述王杰、张鹏展等从上司勒派索贿、州县贿求钻营这一方面推究了亏空之由，应该说是抓到了问题的要害。不过，亏空作为一个相当复杂的问题，各省情况不同，致亏的原因也有别，即使同一省，各州县致亏的原因又不尽相同。以同一州县而论，牧令主观因素的不同，也往往有亏与不亏、多亏与少亏之分。特别应该指出一点，乾隆中期以后，由于巡幸频举、征伐不断，造成有关各省差务繁重，以及地方办公费用匮乏，州县仓库亏短确有因公挪移而并未侵蚀入己者。这可以举上述国泰案重点清查的历城县亏空为例，该县亏空始于乾隆三十九年（1774年）镇压王伦反清起义，据《军机大臣奏陈历任东平州、历城县各员亏银均系因公挪用片》附单所载历城县亏空缘由如下："许承苍因剿捕逆匪王伦承办军需，挪用库银一万八千八百两；陈珏成接收前任亏空银一万八千八百两，本任内并无亏空；周嘉猷接收前任亏空银一万八千八百两，又本任内因购办河工物料及挑浚省城河道共挪用库银一万五千二百两；王元启署任内因雇办差务车辆挪用库银四千五百两，并未接收前任交代；单琏接收前任亏空银三万八千五百两，又本任内垫修贡院及修理县监共挪用库银一千五百两；郭德平接收前任亏空银四万两，本任内并无亏空"①。可见，国泰案查出的历城亏空4万两银，是七八年间经六任县官积累而成的，就每任县官而论，亏短未亏短、接收未接收，以及致亏原因都不尽相同，但未有一人以库帑营私舞弊的。对以上并非不重要的方面做出令人信服的解释，或许可以对亏空问题有一个更全面、更深刻的认识，在本章第二节将要对此加以阐述。

---

① 《乾隆朝惩办贪污档案选编》第三册，第2453-2454页。

五 大臣官员介入营运交易牟取暴利

通过政治权力——征收赋税权、司法审判权以及升调下属官吏权——直接攫取国家资财，掠夺商民、部属财产，是中国传统社会政治腐败的基本特征。18 世纪中期以后，大小官员以至首辅大臣群相介入资本经营活动，甚至利用手中权力，或直接经商，或官商结合，以牟取暴利，则构成了这一时期政治腐败的新特点。

官商融合的趋向，古已有之①。值得注意的是，18 世纪中期以后，大臣官员们将为官所得的合法或非法收入，除按传统方式购置田产、捐监捐官之外，普遍地投入借贷、交易等资本运营活动。甘肃皋兰（今兰州市）知县程栋自供，卸任时有银一万五六千两，其中分别以月息一分、二分、三分行息，借出一万五千七百余两②。平凉知府彭永年将所有银两及放出欠账共银二万二千余两交其岳父“代为营运生息”③。知府陈虞盛资财中“在苏杭两处生息银”竟有 14 万余两之多④。知府蒋全迪是安徽徽州歙县人，由捐纳知县历任甘肃皋兰知县、肃州（今酒泉县）知州，后又捐升兰州知府，以亲戚谢庆美出面在扬州行盐，出本银 4 万余两，嗣抽出办盐本银 3 400 两，在宝应县城内开张布店“永大号”，另在苏州开了“余庆堂”典铺，本银 4 万余两⑤。安徽按察使汪圻在江苏高邮州开“正宜号”典当一所，资本二万一二千两，另开衣店、钱店、铜锡器店，都是由他旧友、扬州人程劳铨出面经营的⑥。安

---

① 详见马敏：《官商之间——社会剧变中的近代绅商》，第 54-61 页。
② 《乾隆朝惩办贪污档案选编》第二册，第 1267 页。
③ 同上书，第 1595 页。
④ 《乾隆朝惩办贪污档案选编》第三册，第 2116 页。
⑤ 《乾隆朝惩办贪污档案选编》第二册，第 1269、1430、1287、1310 页。
⑥ 《乾隆朝惩办贪污档案选编》第一册，第 1027-1028 页。

徽按察使陈淮在亳州、怀远各有一处典铺，两处共有当本银14万余两，由家人路步青经营；另有铺面租房11处，大小121间，每年应收租银112两，由家人陈谷太经管①。贵州按察使高积在苏州放债共9 600余两，在贵州共借银3 500两，分别每月一分二厘、一分五厘起息；又在苏州置买房屋，租与客民居住，每年租价元丝银880两又七折串钱56两2钱；此外，出本银令家人林振模、姜二等自黔至川买米赴苏贩运，途中沉失一船，余米卖得价银1.5万余两②。

下面看督抚大吏的营运活动。云南巡抚郭一裕“家计原以营运交易为事”，其置买田房及交易银两共计银30 370两③。福建巡抚浦霖本寒士出身，以历年养廉剩余、继妻妆奁银为资本，“节年营运得利共总约有二十万家财”④。闽浙总督陈辉祖家资巨万，交苏州王懋修营运生息银3万两；交王文德营运银3万两，王文德并代卖绵绸足钱140千文；交陈体乾、申兆仑开张典当银3万两；交谭光谱银1.5万两存放生息；交王学乾营运银17 900两；交长随蔡眬银3万余两⑤。陈辉祖原是湖南祁阳仕官旧家，在外做官发财后，并未在原籍添置产业，缘事查抄时，祁阳老家仅有“受分祖遗田二百五十亩、房五十九间暨粗笨器皿、残缺书籍”⑥。他在苏州置买房屋9所，用银万余两，营运资本

---

① 《乾隆朝惩办贪污档案选编》第三册，第2777-2779、2825-2826页。

② 《乾隆朝惩办贪污档案选编》第一册，第161-164页。

③ 同上书，第32、34页。

④ 《乾隆朝惩办贪污档案选编》第四册，第3528页。

⑤ 《乾隆朝惩办贪污档案选编》第三册，第2564、2568、2572、2582、2599、2600、2713、2791页。

⑥ 同上书，第2590页。

大部置于苏州，其原籍家人供称“伊主不愿回籍，思欲住居苏州”①，陈辉祖也自认“贪恋繁华，意欲苏州居住，背本忘亲，不忠不孝”②。督抚之中营运活动规模之大、算计之精恐怕莫过于王亶望了。他是山西临汾县（今临汾市）人，除在本籍放债共计 42 700 两③、开张“恩裕”当铺本银 8 000 两外④，营运资本主要集中在扬州、苏州和京城。在扬州以同乡、亲戚出名开“田成本”店，专门向盐商放债生息，内有王亶望资本 20 余万两⑤；另在扬州置买盐引根窝价银 11.7 万余两⑥；苏州则有“永和”号绸店，由同乡代为管理，王亶望先后出本银 20 万两，置买绸缎，运京中“永和”铺发卖，将卖出货银寄回苏州，置货送京，“辘轳转运”⑦；京城中有首饰楼、杂粮店、酱房等铺面价值 3 万两，店铺 5 座，本银及一切金银钱文、借出账目，共计银 78 250 余两⑧。据乾隆帝所说，王亶望家资有 300 余万之多，这其中金银现钱共银 103 万余两⑨。粗略计算，王亶望投入运营的银两占全部现银的六七成。但与和珅相较，无论家资之富，抑或聚敛之横，王亶望又不足比数。在嘉庆四年（1799 年）正月公布的和珅罪款中，有“附近通州、蓟州地方，均有当铺、钱店，查计资本，又不下十余万”⑩。这个数字恐怕偏低，薛福成的《庸庵笔

① 《乾隆朝惩办贪污档案选编》第三册，第 2729 页。
② 同上书，第 2811 页。
③ 《乾隆朝惩办贪污档案选编》第二册，第 1397 页。
④ 同上书，第 1332 页。
⑤ 同上书，第 1247-1250 页。
⑥ 同上书，第 1332 页。
⑦ 同上书，第 1312 页。
⑧ 同上书，第 1332 页。
⑨ 同上。
⑩ 《清仁宗实录》卷三七。

记·查钞和珅住宅花园清单》则记当铺75座、银号42座，聊备参考而已。

以上所列，仅仅是乾隆中后期部分侵贪案件中涉案的州县、道府、两司、督抚以及京中权要的典型事例，因而并不具有统计学意义上的量化分析。18世纪中期以后，职官当中究竟有多大比例、在多大规模上介入了资本运营活动，似乎还需要做更深入的研究。上述事例，充其量不过是对这一时期大臣官员纷纷介入营运交易现象的一般性描述。

应该指出，上述大臣官员的营运活动虽有与小民争利之嫌，但在法律上并未触犯刑章。《大清律例》有关职官置买田宅、举放钱债、典当财物的律例如下："凡有司官吏不得于现任处所置买田宅，违者笞五十，解任，田宅入官"（本律）；"若监临官吏于所部内举放钱债、典当财物者，杖八十。违禁取利（按：指每月取利超过3分），以余利计赃，重者，依不枉法论"（本律），"监临官吏于所部内举放钱债、典当财物者，即非禁外多取余利，亦按其所得月息，照将自己货物散与部民多取价利计赃，准不枉法论；强者，准枉法论"（附律条例）；"凡监临官吏……若将自己物货散与部民及低买物多取价利者，并计余利，准不枉法论；强者，准枉法论"①。以上律例强调的是：其一，职官不得于现任处所置买田宅；其二，"监临官吏"不得与部民发生钱债等经济关系。所谓"监临"，法律有严格的界定："凡（律）称'监临'者，内外诸司统摄所属，有文案相关涉及（别处驻扎衙门带管兵、粮、水利之类），虽非所管但有事在手者，即为监临。"②

---

① 《大清律例通考校注》，第434、522、525、916、917页。

② 同上书，第303页。

可见，官员一般交易运营之类的经济行为并不违法，而法律所禁者，在于职官利用政治权力在所任地方，通过与所辖之部民的经济关系以牟取非正当利益。从乾隆中后期所揭发出来的部分侵贪大案来看，恰恰是大臣官员利用手中权力进行运营交易，以牟取暴利这类为法所禁的事例，格外引人注目。

上面提及的贵州按察使高积系乾隆三十四年（1769 年）贵州巡抚良卿等婪赃侵帑案中主要犯官之一，此人原籍福建，其父高安爵向在苏州以营运起家，素称殷富。乾隆二年（1737 年）父故，高积尚幼，因其生母本系苏州人，即在苏居住，年长后以所分家财三四万两自做洋船生理，家业渐富；乾隆十八年（1753 年）收取资本捐官，由员外郎加捐道员；乾隆三十年（1765 年）迁贵州臬司[①]。像高积这样一个富有经商经验、由捐纳途径由商而官的人物，是很难与商海绝缘的，而他一旦或明或暗重操旧业，则势必要借助手中的权力。黔省产水银，藩库所贮向例发商变卖，部价每百斤银 48 两；乾隆二十八年（1763 年），因各厂水银旺产，市场价较官价低，商人不肯承买，致使藩库水银积压，遂将官价调至 39 两；乾隆三十二年（1767 年），高积以臬司署藩篆，得知苏州水银价昂，于是诡捏商人姓名，缴官价银 3 900 两，向司库领出水银 100 担，遣长随运苏售卖，每担得价银 68 两，嗣后又买库存水银 29 担，令家人领出即于贵阳省城发卖，每担价银 51 两[②]。除贩卖库贮水银外，又于省内开州（今开阳县）等厂收买水银 200 余担，交外甥及长随赴苏发售[③]。及水银在苏州高价

① 《乾隆朝惩办贪污档案选编》第一册，第 118–119 页。
② 同上书，第 167 页。
③ 同上书，第 166 页。

发卖后，即买带绸缎、海味等物回黔，向属员出售取利，贵阳知府韩极买过燕窝、绸缎等物，交价银500余两，威宁州知州刘标买过绸缎、海味等物，交价银700余两。据韩极日后供述，“高臬司发卖南货，皆属员自赴臬司署，向管门人交易，其中不敢较量贵贱，照价领买，买多者假以辞色，不买者不与脸面”[①]。这分明是借助权势勒令属员分买，谈不到公平、自由的买卖关系，而高积得罪后仍自辩称：“绸缎、燕窝等物虽曾出卖，系听人情愿”[②]。高积还通过韩极转卖给刘标玉瓶一个，定价1 600两，亦无商量余地，后刘标为贿求巡抚良卿，仅以100两将玉瓶又“卖”给了良卿[③]。

乾隆四十六年（1781年）犯案的浙江杭嘉湖道王燧与高积同样是捐纳出身，同样是“从前也做过买卖”[④]，也同样是营运资财的好手。他是江苏如皋人，乾隆二十三年（1758年）捐纳通判，补授嘉松分司，历署知县、知府，后用银万余两加捐知府，升授杭嘉湖道。王燧获罪抄家，玉器、朝珠及各项珍玩不计，尚有田产、现银共20余万两，乾隆帝对此十分惊奇，略谓“王燧由知府甫经擢用道员，计算每年所得养廉不过数千，除一切用度外，何以积有资财如许之多?”[⑤] 据王燧自供，他的巨额家资有三种来源：其一，分受父遗田产共3万余两；其二，交付当铺、银店辗转生息，其中交苏州生息银2万两、如皋生息银2.2万两，又在任所杭州与人伙开“永利”银号，本银3万余两；

① 《乾隆朝惩办贪污档案选编》第一册，第167页。
② 同上书，第170页。
③ 同上书，第153、170页。
④ 《乾隆朝惩办贪污档案选编》第三册，第2150页。
⑤ 同上书，第2115页。

其三，借办南巡大差之机，利用权势，贱买贵卖[①]。透过最后一种资产来源，最可见亦官亦商之类的人物的敛财手段。且听王燧自供："我善于营运，不止一端，如绸缎、洋货、玩器等物，遇贱买存，价贵转售，每年获利原有三五千金不等。至上年适逢差务需用之处甚多，也有就在本地销售，也有发往别处变卖，遇着人要，可以居奇，比往常获得更多些，即如现在奉抄之洋漆器具及羽毛呢缎、铜磁玉器等物，自己用不着许多，这都是陆续购存图利未及销去的。"[②] 为准备乾隆四十五年（1780 年）南巡，当时任杭州知府的王燧借承办莲花峰景亭取巧营私，据王燧所供："我于一切砖瓦木石等料俱遣人向出产地方购买，比别人便宜，就是工程，我也懂得，匠作人等催督严紧，不令偷懒作弊，故此别人百金方能办得之工，我只须七八十金。再此外景工有商办的有官办的，内中每有不谙工作之人多向我商议，我便将自己办工匠头荐与承办，在匠头于别处获有赢余，不敢向我的工程过于计较，所以我办的工程毫无赔累，就是自造奎垣巷住房、花园及西泠桥寓所，还有工上剩存物料运来添补修造的"[③]。王燧所供，未足尽信，不过也可以从中窥见这一类人以权谋私之一斑。

与高积、王燧相比，旗员高朴的以权谋私更具特色。高朴，满洲镶黄旗人，大学士高斌之孙、两淮盐政高恒之子，初授武备院员外郎，累迁至兵部侍郎，乾隆四十一年（1776 年）派驻南疆叶尔羌任办事大臣[④]。距叶尔羌 400 余里有密尔岱山，盛产玉石，平素严密封禁，并在嘉峪关、肃州等进入内地必经之路，设

① 《乾隆朝惩办贪污档案选编》第三册，第 2115、2143 页。

② 同上书，第 2143－2144 页。

③ 同上书，第 2144 页。

④ 《清史稿》卷三三九《高恒传》。

卡严行查诘，以防玉石偷贩入口①。高朴到任后，即起意私贩官玉以牟利，他先后向叶尔羌阿奇木伯克贝勒鄂对等回人大小伯克索要玉石数千斤，而这些玉石都是回人借官砍大玉石之便“偷着砍的分藏各处”②，因而从性质讲，系属官玉。为将这批玉石贩运内地发卖，高朴选中了两个在叶尔羌贸易的商人。其一是张銮，山西右玉县人，经营贩运玉石起家，并赴苏州置买顾绣、绸缎等南货到新疆发卖③；其二是“赵乡约”即赵钧瑞，其人系陕西渭南县回民，在新疆经商有20余年之久，也从贩运交易变价官玉得利白银数千两④。乾隆四十二年（1777年）高朴以欠张銮金子90两以及纱绸等没有银子偿还为由，让张銮将玉石2 800斤运到苏州售卖，其中800斤给张銮“抵算前账”；又对张銮说：“你何不也买些玉去发财呢？”张銮遂借高朴之力向贝勒鄂对要玉石，鄂对共给他51块共重1 200斤的玉石，抵算所欠张銮约1.1万两银的旧账。这4 000斤玉石自叶尔羌启运时分装11辆车，“在口外各处经过，都说是高大人带回用不着的东西及打发回京的幕宾、家人们的行李车，也都不查问了，到了肃州就换了骡驮子，还用的是‘兵部右堂’的灯笼”。就这样一路畅通直运苏州，高朴2 800斤玉石共卖银128 850余两，仅此一项，便凭借政治权力在转手之间得银75 700余两之多⑤。张銮等押送玉石运往内地后，高朴又让赵钧瑞代卖他的玉石1 500斤、侍卫纳苏图的500斤，以及亲信家人常永等的1 000斤，并交代赵钧瑞每斤只要15

① 《乾隆朝惩办贪污档案选编》第一册，第517页。
② 同上书，第559页。
③ 同上书，第557页。
④ 同上书，第557-558页。
⑤ 同上。

两就可以出手。及至肃州，高朴又令人传信要卖 20 两一斤，因要价过高，肃州无法售出，常永又让赵钧瑞同上苏州贩卖，为赵所拒。这批玉石后因高朴犯案而于中途被抄没[①]。乾隆中期以后，由于风靡进贡，玉器需求甚旺，故而玉器价格扶摇而上，带动玉石价格猛涨。在叶尔羌出售的变价官玉少则每斤一两或八钱不等，多则四两、六两，运到玉器制作中心苏州，则可卖到四五十两，甚至可高达百两一斤[②]。商人走私玉石，长途贩运，风险甚大，通过关口又多有使费；而高朴、纳苏图之类驻南疆大臣官员则无须些许投资，只靠手中所掌握的升黜回人大小伯克的权力而无偿索要数以千百斤计的玉石，然后串通奸商，打出“兵部右堂”旗号，便将数千斤玉石顺畅偷贩进入内地。这种对回人的赤裸裸的掠夺和对暴利的疯狂追求，在乾隆中后期借助权力以牟取暴利的案例中也是十分突出的。政治的腐败在这里得到了集中的反映。

六　严刑峻法难以遏止贪贿腐败之风

无论从立法角度，还是从执法角度看，乾隆中后期都堪称整个清代惩治贪污最严厉的一段时期。

清代法律包括律文与附律条例两部分。律文多沿袭明律，而条例则依据不断变化的情势随时增删修订。在拟罪科刑时，法司根据“有例则置其律；例有新者，则置其故者”[③] 的基本原则，多援照条例，将本律置之不用。是以条例不仅是正式的法律规范，而且地位高于本律。

---

① 《乾隆朝惩办贪污档案选编》第一册，第 677 页。
② 《乾隆朝惩办贪污档案选编》第三册，第 608、676 页。
③ 光绪《大清会典》卷五四。

在清代法律术语中，“侵”指官吏侵盗国家钱粮，即今天所谓的“贪污”；“贪”则指官吏收受、索要下属或部民的财物，即今天所谓的受贿、索贿。乾隆帝在谕旨中曾对侵、贪的概念做过明确的界定：“渔利于民者，贪也；蠹蚀于官者，侵也”①，可见当时有关贪污、贿赂所使用的法律术语同今天是有所不同的。

《大清律例》中大体相当于现代刑法贪污罪的罪名是“监守自盗仓库钱粮”，其最高刑为死刑。律文云：“(赃至) 四十两，斩。”② 但在司法实践中，对监守自盗罪拟刑并不援照上述本律，而是根据雍正三年（1725年）遵旨所定附律条例：“凡侵盗钱粮入己，自一千两以下者仍照监守自盗律拟斩，准徒五年；数满一千两以上者，拟斩监候，秋后处决，遇赦不准援免。”③ 此后，该条例虽屡经修改，但自乾隆元年（1736年）始，“监守自盗钱粮拟斩”则作为“正例”相沿不替④。这样，极为严峻的监守自盗罪本律，经附律条例的修正已宽弛许多；然则，即使如此，犯有监守自盗罪且入己满千两以上的官吏，仍往往能够逃避刑诛，原因是监守自盗律例还附有更宽的完赃减等之例。该条例定于雍正三年，主要内容是：“侵盗、挪移等赃一年内全完，将死罪人犯，比免死减等例，再减一等发落，军、流、徒罪等犯，免罪。”若一年未全完，“再限一年追赔，完者，死罪人犯免死减等发落，军、流、徒罪，亦减等发落；若不完，军、流、徒罪犯人即行充配，死罪照原拟监追……仍再限一年，着落犯人妻及未分家之子追赔……如果家产尽绝，正犯身死及妻子不能赔补，地方官取具

① 《清高宗实录》卷三五一。
② 《大清律例通考校注》，第669页。
③ 参见《大清律例通考校注》，第671页；光绪《大清会典事例》卷七八一。
④ 《清高宗实录》卷三〇。

印甘各结，申详督抚，保题豁免结案”①。至于三年限外不完，正犯亦未身死，应否明正典刑，上述条例未有明确规定。但细绎例文，自应入于该年秋朝审，分别核拟请旨。不过，自雍正三年定例以来，此等贪污官犯绝少入于情实而奉旨处决者，往往一次混入缓决，即为定案，时人谓之“老缓”②。显然，完赃减等条例的制定主要是从追赔还帑着眼，并未顾及维护国家法律的尊严。

就法律本身而言，《大清律例》有关对贿赂罪的惩治要严于贪污罪。清律中大体相当于现代刑法贿赂罪的罪名是“枉法赃”与“不枉法赃”，其最高刑亦为死刑，枉法赃至 80 两即绞，不枉法赃则 120 两绞，由于折半科罪，实际上赃至 240 两才处绞③。凡枉法赃、不枉法赃俱照上述本律定罪科刑，这一点与监守自盗罪本律附以宽弛的条例加以修正不同，然而，枉法赃、不枉法赃也附有完赃减等条例④，因此，鲜有以贿赂罪伏法者。

乾隆帝即位之初，对雍正朝新定惩贪条例略有增删，不过总的倾向是由严转宽，大致到乾隆六年（1741 年）时，形成了以上文所述的惩治侵贪的律例体系。这在一定程度上反映出这位年轻的君主统治思想还不够成熟，为政经验也尚待丰富。乾隆帝的可贵之处在于，他很快从司法实践中觉察出惩贪立法不严的痼弊，并准确地抓住了问题的症结在于完赃减等条例的存在。

乾隆六年九月，鉴于侵贪案件的日渐增多，而犯官只需限内完赃即可减等发落，乾隆帝以为如此处置“殊不足以惩儆”，遂降旨命将乾隆元年（1736 年）以来侵贪各案人员实系婪赃入己、

---

① 光绪《大清会典事例》卷七八一。

② 《清高宗实录》卷三五〇。

③ 《大清律例通考校注》，第 906 页。

④ 光绪《大清会典事例》卷八二〇。

情罪较重者，“发往军台效力，以为黩货营私者之戒”[1]。乾隆十二年（1747年）九月又降旨，命嗣后“凡二限已满照原拟监追之犯，九卿于秋审时核其情罪，应入情实者，即入于情实案内，以彰国法”。该谕旨称：“因例内载有分年减等、逾限不交、仍照原拟监追之语，至秋审时概入缓决，外而督抚，内而九卿、法司，习为当然。初不计二限已满，既入秋审，自当处以本罪，岂有虚拟罪名，必应缓决之理？即在本犯，亦恃其断不拟入情实，永无正法之日，以致心无顾忌。不知立法减等，原属法外之仁，至限满不完，则是明知不死，更欲保其身家。此等藐法无耻之徒，即应照原拟明正其罪。”[2] 此时乾隆帝尚无意停止完赃减等条例，但已通过上述谕旨向无力完赃和有力而故意延宕的侵贪人犯发出严重警告，并言出法随，于乾隆十四年（1749年）秋审将戴朝冠、朱樵和朱红三名侵亏人犯明正典刑[3]。在宣布处决戴朝冠的明发谕旨中，乾隆帝虽表示了按律惩贪的决心，但同时却又明示天下臣工“权不改勒限之例”[4]。

人们不禁要问：作为掌握最高立法权的皇帝，既深知完赃减等条例对吏治的危害和对法律的亵渎，又何以未能坚决加以废止呢？这里似乎有令他为难之处。在中国古代法律思想中，存在着姑息贪污的传统，乾隆在乾隆十四年秋审的谕旨中就曾提及当时有“律载贪（指索受贿）罪重于侵（指贪污），必有深意”的一种舆论，而其所谓“深意”，即古代立法所依据的儒家思想。《礼记·大学》有云：“与其有聚敛之臣，宁有盗臣。此谓国不以利

① 《清高宗实录》卷一五一。
② 《清高宗实录》卷二九九。
③ 《清高宗实录》卷三四九。
④ 同上。

为利，以义为利也。”宋儒朱熹对此句做了这样的解释：“君子宁亡己之财，而不忍伤民之力。故宁有盗臣，而不畜聚敛之臣。”① 监守自盗，即今之贪污罪，侵犯的客体是国家财产，故称“盗臣”；枉法赃、不枉法赃，即今之贿赂罪，侵犯的客体是属民的财产，故称“聚敛之臣”。上述明清律例惩治贿赂严于贪污，监守自盗入己千两以上方拟斩，且有“完赃减等条例”为之开脱，其立法根据即所谓“深意”，说穿了，就是“与其有聚敛之臣，宁有盗臣”这样一句似是而非的儒学教条。乾隆帝欲从立法上根本改变宽纵贪污的状况，势不能回避这一事涉儒家经义的法理问题。

乾隆十四年秋审，乾隆帝即在明发谕旨中第一次做了这样的辨析：“夫谓‘与其有聚敛之臣，宁有盗臣’者，乃重为聚敛者戒，而非为盗臣者宽。盗臣与聚敛，厥罪惟均，不独聚敛之臣不可有，即盗臣亦岂当有哉？”他又进一步加以申论：“侵盗帑项，与勒索所部财物虽并列刑章，而库帑之关系重大，人无不知，乃身为职官，敢侵帑而漫无顾忌，则虐取所属，恣饱贪壑，自必无所不为。”② 当年朝审，重申此旨，口气则更加严厉：“向来锢习，以为宁盗毋贪。此在为上者爱民之深，权其轻重，谓与其厉民，毋宁损上，以是重言人臣之不可贪耳，而岂忍以盗待臣子哉？为臣子者，又岂甘以盗自处哉？人徒知渔利于民者，贪也；蠹蚀于官者，侵也。援律傅罪，轻重判然。不知贪者固有害于下，而侵者实无所畏于上。以无畏之心，而济之以无穷之欲，则派累以肥

① 《四书五经》上册《大学章句》。

② 《清高宗实录》卷三四九。

橐者有之，因事而勒索者有之，甚至枉法而受赃者有之。”① 乾隆帝一再告诫，反复申辩，可见渗透到法律中姑息贪污的儒家立法偏颇何等牢不可破！

在做了充分的舆论准备之后，乾隆帝决定向完赃减等条例开刀。乾隆二十二年（1757 年）秋审将届，在审阅湖南官犯招册时，乾隆帝发现侵肥克扣至 3 000 余两的原任布政使杨灏，以限内完赃归入缓决，不禁怒火中烧，“手战愤栗”②，遂降旨将原拟之湖南巡抚蒋炳交部治罪，未能纠正原拟之三法司及与审之九卿、科道等一律交部议处，杨灏则于湖南即行正法。在宣布此事的明发谕旨中，乾隆帝指出：“藩司大员狼籍至此，犹得以限内完赃归入缓决，概从末减，则凡督抚大吏皆可视婪赃亏帑为寻常事。侵渔克扣，肆无忌惮，幸而不经发觉，竟可安然无恙，即或一旦败露，亦不过于限内完赃，仍得保其首领，其何以饬官方而肃法纪耶？”③ 翌年九月，乾隆帝为从立法上根本扭转贪污腐败愈演愈烈之势，断然决定将“侵亏入己完赃减等例”永行停止，谕称：“律令之设，原以防奸，匪以计帑，或谓不予减等，则孰肯完赃？是视帑项为重，而弼教为轻也……嗣后除因公那移及仓谷霉浥，情有可原等案仍照旧例外，所有实系侵亏入已者，限内完赃减等之例，着永行停止！”④ 法司遵旨将原例删除，在《刑律·贼盗·监守自盗仓库钱粮》本律之后，新添附例：“凡亏空钱粮，除因公挪移及仓谷霉浥等案仍照

① 《清高宗实录》卷三五一。
② 《清高宗实录》卷五四六。
③ 同上。
④ 《清高宗实录》卷五七〇。

旧例办理外，其实系亏空入己者，虽于限内完赃，俱不准减等。”① 乾隆二十五年（1760 年）又将“所有例内枉法赃全完减等之条永行停止”，以画一“立法惩贪之道”②。至此，历经 20 年之久反复考虑，乾隆帝终于将纵容姑息侵贪、助长吏治腐败的“完赃减等条例”正式从《大清律例》中予以删除，而代之以完赃亦不准减等的新例。此后，他又坚持定见，不为浮议所动③，终其一生，完赃减等旧例未能恢复。

然而，乾隆帝崩逝，尸骨未寒，在修并惩贪本律附律条例时，即遵新帝嘉庆之旨，将乾隆二十三年（1758 年）奉谕改定的“侵亏完赃不准减等条例”废止，新定条例除恢复了雍正三年（1725 年）完赃可以减等发落旧例的精神外，又大大向后倒退了一步，规定“三年限外不完，死罪人犯永远监禁”④，这无异于明文规定贪污罪最高刑为无期徒刑，在司法实践中科刑所据的“侵监钱粮入已数满一千两以上者拟斩”的正例也就成了具文。正是基于这一点，光绪朝任刑部尚书、熟谙律例沿革的律学家薛允升批评嘉庆初新修并的条例时说：“此以侵欺之罪为轻，而以帑项为重也。乾隆年间官犯侵贪正法者不少，此例定后，绝无此等案件，而户律虚出通关各条例俱有名无实，亦刑典中一大关键也。”⑤

---

① 光绪《大清会典事例》卷七八一。参见《大清律例通考校注》，第 673 页。

② 参见光绪《大清会典事例》卷八二〇；《清高宗实录》卷六〇七。

③ 乾隆二十三年（1758 年）十二月御史汤先甲奏称：“州县侵亏帑项，宜照旧例办理。在贪墨败检之徒，诚何足惜？然非所以慎重国帑。”对此，乾隆批驳道：“若以限内完赃为足慎重国帑，则是该御史今日之奏，非为问刑，乃为言利矣。”（《清高宗实录》卷五七六）

④ 据《大清律例汇辑便览》第八册第 2969 页，记为“嘉庆六年修并”。《大清会典事例》卷七八一第 9 页则记为“此条嘉庆四年遵旨议准”。

⑤ 《读例存疑》卷二五《刑律·贼盗上》。

纵观乾隆朝的惩贪立法方面，可指摘之处所在多有（下文还会专门论及），不过，就其大势而论，乾隆朝六十年，特别是乾隆中后期，堪称有清一代立法惩贪最为严厉、也最有建树的一段时期。下面再分析执法方面。

后世评论乾隆惩贪，几乎一致肯定其执法之严。薛福成说过："高宗英明，执法未尝不严。当时督抚如国泰、王亶望、陈辉祖、福崧、伍拉纳、浦霖之伦，赃款累累，屡兴大狱。侵亏公帑，抄没资产动至数十百万之多，为他代所罕睹。"① 《清史稿》王亶望等《列传》的撰著者也以为"高宗谴诸贪吏，身大辟，家籍没，僇及于子孙，凡所连染，穷治不稍贷，可谓严矣"②。这类评论应当说是有充足根据的。

然而，由于乾隆君临天下长达半个多世纪，不同时期执法力度相差很大，而且对不同类型侵贪案件在执法时宽严尺度也未尽划一，即便为人称道的刻意严办的几件大案也往往虎头蛇尾，因此，客观地、公正地评价乾隆惩贪的执法方面，在肯定其从严惩贪主流的同时，还应该做出实事求是的恰当分析。

在乾隆帝当政的 60 余年间，大致初政 10 年和归政前 10 年有两段明显的、连他本人也不讳言的惩贪不力时期。中间一段时期为时最久，乾隆帝在严格惩贪立法的同时，加大了执法力度，从严执法具有相当的自觉性、坚定性和政策稳定性。大约从乾隆十年（1745 年）前后，乾隆帝开始对刑政宽弛倾向有所警觉，在处理山西布政使萨哈谅、学政喀尔钦婪赃时谕称："皇考（雍正帝）整饬风俗，澄清吏治，十有余年，始得丕变。今不数年间

① 《庸庵笔记》卷三《轶闻·人相奇缘》。

② 《清史稿》卷三三九。

而即有荡检逾闲之事……言念及此，朕实为之寒心”，“务崇宽德，朕之本性，然遇有贪官污吏，朕亦不肯姑容也！”① 十年以后，贪风日起，侵贪之员日增，乾隆帝进一步意识到“如仍前宽纵”将带来严重后果②，遂有意识地采取切实措施，在完善惩贪立法的同时，加大执法力度。乾隆十二年（1747 年），乾隆帝颁发谕旨，命凡贪官追赃限满即入情实候勾，乾隆十四年（1749 年）秋朝审将逾限未完者“予勾正法”③，整个官场受到一次巨大震撼，乾隆初政以来惩贪不力时期至此终结。此后，乾隆帝仍一再检讨此前政策的失误。乾隆十六年（1751 年）闰五月谕称：“朕御极之初，于亏空案内分赔、代赔各项多从宽宥，地方官不能体朕格外加恩之意，因循故智……此等贪黩之风，不可不力为整顿，是以照律定拟，惩一儆百。”④ 乾隆二十三年（1758 年）十二月又谕：“朕御极之初，承皇考整饬之后，钦遵成训，随时用中，复济之以宽大……乃沿之日久，或贪官簠簋不饬……若煦煦以姑息为仁，将官方国纪，风俗人心，何所底止！”至乾隆二十三、二十五年（1758、1760 年）先后永行停止侵盗、婪赃“完赃减等”之例，从严惩贪更走上了较为健全的法制轨道。此后，凡大臣官吏侵贪，不败露则已，一旦科道、上司纠参，或下属详揭，法司只能援照律例拟罪科刑，没有丝毫活动余地，而只要按律当死，则鲜有幸免刑戮者。薛允升讲“乾隆年间官犯侵贪正法者不少”，严格来讲，是指从乾隆十年以后，持续 40 年的从严执法时期。大致以乾隆五十年为节点，此后 10 年情况又变为惩贪不

① 《清高宗实录》卷一三八。
② 《清高宗实录》卷二八八，卷二八九。
③ 《清高宗实录》卷三五一。
④ 《清高宗实录》卷五七六。

力。但这很难说是无法可依，也很难说是执法不严，其表现为年逾古稀的乾隆帝意欲粉饰，故而大小臣工几乎无人敢于挺身讦发侵贪之弊。不过，当归政在即时，乾隆帝还是检讨了这一段的过失。乾隆六十年（1795 年），在处理闽浙总督伍拉纳等大案时乾隆帝明降谕旨说："此皆因朕数年来率从宽典，以致竟有如此婪赃害民之督抚，朕当先自责己！"[①] 为表示从严执法的坚决态度，伍拉纳（系觉罗）、浦霖不仅按律抵法，而且被押赴刑场，明正典刑；按察使钱受椿在福建即行正法前，先行"刑夹二次、重责四十板"[②]；布政使伊辙布本欲解京尽法惩治，无奈于解送途中病毙而幸逃显戮；亏空一万两以上之州县官李堂等 10 员皆斩；伍拉纳、浦霖、伊辙布、钱受椿等之子嗣俱照王亶望之例，发往伊犁充当苦差[③]。当乾隆帝处理完他在位时最后一桩侵贪大案时，距预定于嘉庆元年（1796 年）正旦举行的内禅大典只不过一个多月光景。乾隆帝从重办理此案既是想给自己一生从严惩贪，画上一个完满的句号，同时也有垂范后世子孙之意。

总的来看，在执法惩贪方面，乾隆帝尽管有种种失误，甚至重大失误（下面还要论及），但还是应予肯定的。既然如此，何以 18 世纪后期又出现了贪风大炽、吏治败坏的严重社会问题呢？

第二节　18 世纪后期政治严重腐败的原因

程度不一的政治腐败可以说贯穿了有清一代近 300 年，令人

---

① 《清高宗实录》卷一四八八。

② 《乾隆朝惩办贪污档案选编》第四册，第 3578 页。

③ 同上书，第 3532 页。

费解的是，恰恰在乾隆惩贪最为严厉的时期，官场却出现了前所未有的严重腐败。晚清薛福成注意到了这个问题，并试图加以解释。他说："高宗英明，执法未尝不严……然诛殛愈众，而贪风愈甚。或且惴惴焉，惧罹法网，惟益图攘夺刻剥，多行贿赂，隐为自全之地。非其时人性独贪也，盖有在内隐为驱迫，使不得不贪也。"① 他是在论及和珅贪黩时讲这番话的。从逻辑上推论，所谓"在内隐为驱迫"，是说督抚等被迫趋奉和珅以求得庇护。类似的看法还可以举出一些，如尹壮图也说，乾隆晚年"上下通同一气，势不容不交结权贵以作护身之符。此督抚所以竭力趋奉和珅，而官民受困之原委也"②。乾隆中期以后政治迅速败坏，和珅固然要负重大责任，但把一切罪过都推给他，显然没有忠实于历史，也不能对导致政治严重腐败的原因有深刻的认识，从而吸取有益的历史经验。应该说大小臣工如果在当时有"在内隐为驱迫"的话，那么，令他们苦不堪言，又苦不敢言的最大的"驱迫"，正是来自乾隆皇帝本人。下面就先从乾隆中期以后种种秕政来探讨政治体制方面的原因。

一 极端专制政治体制的痼弊

1. 不受监督与制约的专制皇权

乾隆中期以后，败坏吏治、扰累民生的秕政主要有臣工贡献、罚议罪银、罚扣养廉和赔补官项，所有这一切，都与不受监督与制约的专制皇权息息相关。

下面首先看罚廉、扣廉和所谓"捐廉"。

---

① 《庸庵笔记》卷三《轶闻·入相奇缘》。

② 《竹叶亭杂记》卷二。

养廉与俸禄不同。后者丰厚，前者微薄；后者“因处分可罚”，前者则“罚所不及”[①]，故罚俸例有正条，而罚廉则不见于《清会典》；有之，则自乾隆始，见于官书记载的罚廉显例，最早似为乾隆十六年（1751年）江苏巡抚庄有恭因前在学政任内收受疯汉丁文彬“逆书”，命罚学政任内应得俸禄、养廉的10倍[②]。16年后，庄有恭病故，仍有未完银6万余两[③]。乾隆中期以后，罚廉比比皆是。据乾隆五十二年（1787年）吏、兵二部覆奏，督抚中李世杰因各营火药短少停支养廉三年，刘峨、孙士毅、闵鹗元、毕沅、李封、雅德等俱有罚出养廉二年的处分[④]。乾隆四十七年（1782年）闵鹗元、陈辉祖、毕沅因徇庇亲属或失察邻封“被永行停支”所有职俸、养廉[⑤]。为什么要在罚俸例行处分之外新创罚廉呢？乾隆帝后来在一道谕旨中解释说：“因伍拉纳未将福崧贪纵各款早为查参，已降旨停支养廉三年以示惩儆矣。封疆大臣于僚属贪婪等弊漫无觉察，徇情隐饰，本应即予罢斥，因念人才难得，姑予从宽留任，若仍令坐享丰膴，实不足以示儆。且内外官员原有罚俸处分，廉与俸事同一例，嗣后各督抚有咎应革职、应行议罚者，着即自请停支养廉，不必另行议罚。”[⑥]可见，罚廉的主要对象是“坐享丰膴”的封疆大吏，它作为免于最重的行政处分——革职——的替代手段，起着经济上重罚以示儆的作用。

扣廉也称“摊扣养廉”。被扣廉的官员本身并无应得之咎，

---

① 孟森：《明清史讲义》下册，第481页。
② 《清高宗实录》卷四四二。
③ 《清史列传》卷二一《庄有恭传》。
④ 《清高宗实录》卷一二八三。
⑤ 《清高宗实录》卷一一四八。
⑥ 《清高宗实录》卷一四二九。

而多为海塘、河工等工程款项因物料工价急剧上涨，而原估拨款不敷支出，或军需开支不能报销的无着款项，最后只好由该地方大小官员“自请”摊扣养廉弥补。如乾隆后期，浙江海宁改筑鱼鳞大石塘，因工料物价“今昔不同”，原估工料银短缺200万两，除乾隆帝“恩赏”40万两，及从抄家案项下筹措数十万两外，浙江“通省各官每年应得养廉内各捐十分之二五，自四十六年秋季起，分作二十年扣捐银六十万两”。福建本与海塘不相干，亦因同在闽浙总督辖下，故照浙江之例，自督抚至州县摊扣应得养廉1/4，分10年扣捐，凑银30万两①。再如乾隆帝以太上皇训政时，山东“曹汛在工例价不敷之项，摊扣东省各官养廉”，迨嘉庆亲政，山东巡抚岳起以扣廉太多，奏请“按年坐扣十分之三，仍令领回十分之七”，嘉庆帝允准，降旨说不能让“通省枵腹从事”②。由此推知，初定摊扣养廉之苛重。再看无着军需支出，台湾林爽文之役军需浩繁，部臣不准报销总计银179万余两，先经总督伍拉纳奏请，“统归于（福建）通省司道府厅州县养廉内分年摊扣归款在案”，约至嘉庆二十五年（1820年）方能扣完③。此外，第二次金川之役、两次廓尔喀之役等例难报销的军需开支，也由有关省份官员摊扣养廉归款④。

至于捐廉，则以乾隆八旬万寿全国官员通同坐扣养廉最典型，总计19省官员共交银60余万两，各省官员应交之项均按该省养廉银总数1/4坐扣⑤。养廉是各省官员办公、日用的基本经

① 《宫中档乾隆朝奏折》第五八辑，第850—854页。
② 《清仁宗实录》卷四一。
③ 《清经世文编》卷一六《敬陈吏治三事疏》。
④ 参见《宫中档乾隆朝奏折》第三三辑，第838—841页；《清仁宗实录》卷四四。
⑤ 《乾隆勒索盘剥商民史料》，《故宫博物院院刊》1982年第1期。

济来源，养廉不足便很难“养其廉”。大小官员自然不会“枵腹从事”，正如梁章钜引述其师郑苏年所讲的话：“今朝廷所设官司养廉，一切银两，非扣俸即公捐，有名无实，百不一存”，“势有迫于无可逃而其用实无所从出，官司自俸廉而外一思展拓，何一非侵蚀刻削之端？”① 侵贪与乾隆帝独创的罚廉扣廉之间的关系竟被他一语道破了！

再看与罚扣养廉有某些相似之处，但性质绝不相同的罚“议罪银”。

20 世纪 30 年代，清宫军机处《密记档》公之于世，人们才对乾隆帝的又一创制——罚“议罪银”的内幕有所了解。《文献丛编》在公布《密记档》时加按语指出：“密记档为军机处档册之一，所记皆为各大员自行议罪认交银两事件……自议之款，不由户部承追，而由军机处查催交内务府，是自行议罪银两，实为内务府特别收入之一项。又册中所记自行议罪文件后，有‘前件交密记处存’或‘前件交密记处领迄’，是当日尚有此专为经理自行议罪银两文书之组织。”② 此后，经专家学者深入研究，罚议罪银作为一种逐渐成形的制度越发清晰了③。不过，有关议罪银制度仍有一些重要问题尚待澄清。如论者认为“这种自行议罪罚银作法，极可能是和珅乾隆四十五年任户部尚书后，替弘历策划出来的，也就从那个时候实行起来”④，或以为“虽然尚不能确认议罪银制度就是产生于乾隆四十五年，或许应该比这更早

---

① 梁章钜：《退庵随笔》卷六。

② 《文献丛编》第二五辑《密记档》。

③ 参见牟润孙的《论乾隆时期的贪污》（《大公报在港复刊卅周年纪念文集》下卷）、林新奇的《论乾隆时期议罪银制度与罚俸制度的区别》（《故宫博物院院刊》1986 年第 3 期）。

④ 《论乾隆时期议罪银制度与罚俸制度的区别》。

一些，但是说它与和珅有关，则是毋庸置疑的”①。其实，罚议罪银之例至迟在乾隆二十八年（1763 年）已见诸《宫中档》了。这一年揭发出果亲王弘瞻“妄托织造及税务监督购买蟒袍、朝衣、优伶”一事，《清高宗实录》载乾隆谕“此次施恩不究”②，《宫中档》则有如下记载：“乾隆二十八年六月十七日接到军机大臣传谕，乾隆二十八年六月初十日奉上谕：萨载（税务监督）代贝勒弘瞻购办刻丝朝衣等件，并垫借置买戏子银两，匿不奏闻，甚属徇私无耻，已降旨来京候旨……其萨载应作何自拟罪之处，并着高恒传旨代为陈奏。据萨载跪称：自愿纳赎银一万两，仰乞圣恩宽限，匀作二年交全。”③ 除用词不如日后规范外，乾隆帝命萨载“自拟赎罪”、萨载遵旨“自愿纳赎银”，已具备了议罪银的基本特征。督抚中似乎高晋第一个奉旨罚议罪银。乾隆三十三年（1768 年）两淮提引案中，高晋以其弟高恒之故自请交部严加治罪，奉朱批：“交部议罪，不过革职留任，汝自议来！”④ 高晋遵旨覆奏：“惟阙廷伏地，仰求皇上准奴才捐银二万两，以赎奴才之罪……只以奴才之产计值不过二万两，一时变卖又恐不能得价，查以前奴才承审段成功之案，办理舛谬，叨蒙皇恩，准奴才将赎罪银分四年完缴在案，今次赎罪银两并恳圣主天恩，俯准奴才照段成功赎罪之案，每年于养廉银内扣解银五千两，分作四年完缴。”⑤ 按段成功案在乾隆三十一年（1766 年），据此，督抚罚议罪银当不迟于此时。从乾隆三十年左右至四十五年，档案、

① 《论乾隆时期议罪银制度与罚俸制度的区别》。

② 《清高宗实录》卷六八九。

③ 《宫中档乾隆朝奏折》第一八辑，第 279 页。

④ 《宫中档乾隆朝奏折》第三一辑，第 281 页。

⑤ 同上书，第 537 页。

官书所载大员议罚银两之案不绝于书，仅乾隆四十三年（1778年）高朴私鬻官玉案，奉旨自行议罪的督抚、织造、税关监督等即有杨魁、舒文、萨载、寅著、高晋、勒尔锦、毕沅、西宁、巴延三、王亶望等多人①。由此可见，议罪银的发端，是乾隆帝独出心裁，与和珅无关。

罚议罪银作为一种制度，似不像有人估计的那样，是先经策划好了，再出台实行的；正如清代诸多独创的制度、机构一样，罚议罪银制度也有一个在实践中草创、逐渐发展，到最终完备的过程，大体到乾隆五十年（1785年）前后，由和珅接替福隆安主管此项替皇上敛财的机密事务后，它才称得上制度化了。此时，罚议罪银制度大体具备了如下重要内容：第一，议罚的对象以督抚、盐政、税关监督、织造为主，其他如司道级官员、土司长官、富商大贾亦间有奉旨议罚者。如原任苏松粮道章攀桂“情愿……缴银三万两以赎罪愆”；土田州知州岑宜栋“情愿自行议罚银十万两”；商人范清济“罚银八万两赎罪”；洋商潘文岩“情愿罚银十二万两”等等②。通观议罚人员，皆系“坐拥厚廉”或家业素封，可供乾隆帝一宰者。第二，议罚的原因多为溺职、徇庇之类的轻微过误，如因失察湖北孝感县民梅调元活埋多命一案，原任湖北臬司王廷燮“情愿缴银四万两”，原任藩司永兴“情愿缴银五万两”③；河南巡抚毕沅以“未能迅速搜获要犯”，措缴银两万两④；陕甘总督勒尔锦以失察客商私贩玉石自行议罪

① 俱见《乾隆朝惩办贪污档案选编》第一册，“叶尔羌办事大臣高朴私卖玉石案”。

② 分别见《宫中档乾隆朝奏折》第五五辑，第288页；第五六辑，第701页；第五九辑，第196页；《清高宗实录》卷一二一六。

③ 《宫中档乾隆朝奏折》第六三辑，第447页；第六四辑，第190页。

④ 《宫中档乾隆朝奏折》第六一辑，第823页。

缴银四万两[1]；河南巡抚江兰以“冒昧陈请陛见，实属不知事体轻重”，缴银三万两[2]……这些还勉强算得上罚出有名，也有的实在算不上什么过误，说出来实足以令人喷饭，如乾隆四十八年(1783年)河南巡抚何裕城，以“奏折沾污香灰，请罚银三万两”，奉旨：“加恩宽免银二万两，其余一万两着解交内务府”，何裕城仍觉“犬马赎罪微忱究未能稍伸万一”，又奏请“除臣遵旨先缴银一万两外，其余二万两合再仰恳鸿仁，准臣仍行陆续解交内务府充公”[3]。有时自请议罪的理由荒唐到乾隆都难以接受，上面提到的何裕城在江西巡抚任上，“不能防范觉察漕船失风，自请缴银二万两”，分作两次解交内务府充公，乾隆帝在他的折子上批谕：“不必。汝又无大过，不过不能开展办事耳。”[4] 第三，议罚的程序，一般为乾隆帝通过军机大臣或亲信内府奴才密谕有所谓过误者“令其自行议罪”，有“过误”者遵旨自行议罚银若干万两以稍赎罪愆，乾隆帝若以为“足以蔽辜”，即于奏折上批一“览”字，表示默许；否则令“再行切实议罪”，直至其满意为止。乾隆四十三年(1778年)苏州织造舒文涉入高朴私鬻官玉案，十月初七日接奉军机大臣福隆安、和珅寄信上谕：“舒文着革职，令其白身在苏州织造上效力行走，并令其自行议罪具奏”，舒文遵旨自请“缴银二万两稍赎罪愆”，乾隆于其折尾批谕：“可恨之至!”命再传旨舒文，“令其抚心自问，必如何始得稍赎前愆，另行切实议罪，迅速覆奏!”几经往覆，最后以舒文缴银5万两，并将每年织造养廉1万两“叩求恩准奴才按年扣

① 《乾隆朝惩办贪污档案选编》第一册，第565页。
② 《宫中档乾隆朝奏折》第六一辑，第691页。
③ 《宫中档乾隆朝奏折》第五七辑，第331页。
④ 同上。

存，恭缴内务府”才算了结[1]。不过，越到后来，未曾奉旨议罪而主动自请缴银以“稍赎罪愆”的事例，就越发多了起来，如乾隆四十六年（1781年）按察使袁鉴缘事降调，奉旨留江南候旨，袁鉴遂自请江督代奏：“外任十年以来……共计积存银三万两，不敢私留肥橐，情愿呈缴充公，以期借赎前愆。”[2] 乾隆四十八年（1783年）湖北巡抚姚成烈缘事应降调，奉旨“从宽免其革任”，姚成烈奏：“皇上逾格宽免革任，实为微臣梦想不到，感激涕零，百身莫赎，冒昧叩恳天恩，准臣罚缴银三万两，分限三年，解交内务府。”[3] 由奉旨自行议罚到主动自罚，表明罚议罪银有日益泛滥之势。第四，议罪银两以解交内务府为通例，奉旨留河工、海塘等处为特例。议罪银之初，何处收缴似无定制。乾隆四十三年（1778年）十二月，长芦盐政西宁议罚银一万五千两，奏称“系初次交纳，应交何处查收，理合恭折具奏”[4]。出身内务府世仆的西宁尚且不知底里，可见初无明文规定。不过随着议罪银事例的增多，不论内务府包衣官员还是正身旗员，也不论满官还是汉员，一般都明白应奏请“解交内务府以充公用”。第五，对议罪银两的管理，起初由尚书、军机大臣、总管内务府大臣额驸福隆安制定的办法是：“（内务府）广储司银库嗣后凡收盐政、织造、关钞等处并自行议罪解交银两，务必按月将有无收过日期，报明军机处以备查奏。”[5] 在和珅主管该项机密事务后，

---

① 《乾隆朝惩办贪污档案选编》第一册，第494－495、530、544、545、555、577页。

② 《宫中档乾隆朝奏折》第四八辑，第670页。

③ 《宫中档乾隆朝奏折》第五八辑，第368页。

④ 《宫中档乾隆朝奏折》第四六辑，第50页。

⑤ 《文献丛编》第二五辑《密记档》。

遵旨将“各关例应交纳并裁革陋规以及窝利等项银两”，从《密记档》中删去，而将自行议罪认罚各项“分晰缮写清单恭呈御览”①。从此，《密记档》开始成为军机处下“密记处”专门记录“自行议罪认罚”的绝密档案。同时，和珅又进一步制定细则：“所有密记银两交圆明园、广储司造办处银库，嗣后将收到何项银两、数目若干，并收到日期，按月呈报军机处以备查核汇奏。”② 这样，在乾隆帝亲自督责下，先由福隆安、继由和珅主管，并由“密记处”登记、整理文书档案的“自行议罪认罚”银两的管理制度，便逐渐严密和规范化了。

罚议罪银制度从乾隆中期草创，到乾隆帝去世，存在了三十几年光景。它与罚俸制度的区别，林新奇已有专文做过详尽的分析③，兹不赘述。与乾隆中期以后盛行的督抚等罚廉比较，二者在出发点上有相似之处，乾隆帝在为罚议罪银辩解时说：“殊不知朕之简用督抚，皆因一时无人，而又非犯侵贪、徇庇之过者，以爱惜人材起见，偶有过误，往往弃瑕录用，量予从宽，即或议缴罚项，皆留为地方工程公用，亦以督抚等禄入丰腴，而所获之咎尚非法所难宥，是以酌量议罚，用示薄惩。”④ 因而，罚议罪银与罚交养廉时有并行的案例。不过，罚议罪银较之罚廉随意性大得多，少则万两，最多达38.4万两［乾隆五十九年（1794年）罚两淮盐政全德］⑤，而且罚议罪银的对象也不限于封疆大吏，家业丰饶的内务府出差官员占了被罚议罪银者的相当一部分，无

① 《文献丛编》第二五辑《密记档》。

② 同上。

③ 《论乾隆时期议罪银制度与罚俸制度的区别》。

④ 《清高宗实录》卷一三六七。

⑤ 《文献丛编》第二六辑《密记档》。

廉俸的土司长官和富商大贾也间有被议罚者。

还应指出，罚议罪银与《大清律例》中赎刑的“纳赎”及“捐赎”性质不同。清承明制，赎刑分纳赎、收赎和赎罪，雍正三年（1725年）定例：“凡文武官革职有余罪，及革职后另有笞杖徒流杂犯死罪，俱照有力图内数目纳赎，不能纳赎者，照无力的决发落，其贪赃官役概不准纳赎。”[1] 可见允许纳赎的对象就文武官而言，是触犯了刑律，应照律拟罪量刑者；而被罚议罪银的无非是轻微之误。另律载纳赎、收赎、赎罪之外，现行例内尚有“捐赎”一项，适用于官民斩绞（非常赦所不原者）以下各罪，如三品以上官捐赎死罪需交银1.2万两，七品以下及进士、举人交银2 500两；其余流罪犯各减4/10[2]。乾隆四十七年（1782年）原任青州府知府李涛、曹州府知府叶敏于馈送国泰案内革职问徒，经各自亲属恳请，“四品官犯问徒捐赎例应缴银二千两，今情愿各措银四千两交收藩库”[3]。捐赎与纳赎相类，都是适用于触犯刑律而拟刑待发落的官民，显与无任何法律依据而随意重罚有所过误或根本谈不上过误者的罚议罪银不可同日而语。被罚议罪银的人多夸张“稍赎罪愆于万一”，仿佛真犯了弥天大罪似的，其实不过是向皇上表示认罪的诚恳而已。

在谈过罚扣养廉及罚议罪银这两项秕政之后，附带举几例无以名状的滥罚。江苏巡抚闵鹗元之弟同知闵鹓元在甘肃通省官员贪污大案中被查出侵帑至1.98万两之多，乾隆帝一气之下命闵鹗元“十倍罚出”，即罚19.8万两[4]。须知此项罚银既非罚议罪

---

① 光绪《大清会典事例》卷七二四。参见《大清律例通考校注》，第53-57页。

② 《大清律例通考校注》，第195-197页。

③ 《乾隆朝惩办贪污档案选编》第三册，第2485页。

④ 《宫中档乾隆朝奏折》第四九辑，第46-47页。

银（闵鹗元后来又以其弟鹓元之故，遵旨自行切实议罪，缴银 4 万两[①]），亦非罚廉（闵鹗元的巡抚养廉银后来也缘事永行停发了），实在难以归入某一罚项。再如乾隆四十七年（1782 年）闽浙总督陈辉祖抽换入官资财一案，李封、巴国柱、李承邺、周曰璜、王杲等司道府县官员因馈送过陈辉祖金子、金器，分别罚银 3 万两至 8 万两不等[②]。乾隆四十九年（1784 年）郝硕婪赃案内，该省各府州县 70 余员以馈送过郝硕银两，"经军机处照馈送银数分等倍罚"，共罚银近 17 万两[③]。

除罚廉、罚议罪银及其他种种滥罚外，令督抚等地方大员受累极重的还有赔补官项。

官项亏缺，难以一概而论。18 世纪中期以后，官项亏缺固然主要是监临主守官吏侵盗、挪移所致，但也有因不可抗拒的自然力，或因物价上涨等因素而造成官项不能归款，还有因战事失利以致武器、装备、粮秣等大量损失等等。按理本应区别不同情形，着落犯官或失职官员赔补，不该赔补者则量予开豁。但是，乾隆年间功令森严，凡亏缺官项，一律令官员赔补。

清制，赔补官项有独赔、分赔、代赔、著赔之制[④]。分赔有两种形式，一是本官侵冒、挪移，又力不能完，本管上司需依据责任大小分别赔补；一是河工、军需等项损失，由应负责任各官分别赔补。代赔即官项未完者已殁，由其亲属代为赔补。著赔则为勒限追赔，往往与议罪同时进行。

---

① 《宫中档乾隆朝奏折》第五〇辑，第 232-233 页。

② 《宫中档乾隆朝奏折》第五五辑，第 176、359、567 页；第五六辑，第 545 页；第五八辑，第 359 页等。

③ 《乾隆朝上谕档》第一二册，第 205 页；《宫中档乾隆朝奏折》第六三辑，第 44 页。

④ 光绪《大清会典事例》卷一七五。

黄河溃决后的合龙工程耗资巨万，乾隆四十八年（1783年）仅河南青龙冈引河坝工及改办南岸堤河坝工两项即用银320余万两，按“销六赔四”之例，河东总河以下与河防有关官员共分赔近130万两[①]。长期担任河东河道总督的姚立德，于祥符汛漫工全赔银7万余两、仪封及时和驿漫工分赔银约5万两、下南仪考两汛岁修工程分赔银约6万两，共计18万两[②]。河臣河员一旦分赔，往往终生难偿。乾隆晚年任南河总督的兰第锡身后遗产仅“值银一百四十余两”，未完河工赔项只得加恩宽免[③]。原任江南淮徐河道张宏运去世时仍有未完分赔张家马路漫工银6.7万余两，只好着落其子时任茂州知州张鉴名下追缴[④]。河工之外，军需损失赔项之巨也很惊人。第二次金川之役木果木大营被大小金川兵袭破，饷银、军粮、装备等合计损失银30余万两，先议定着落温福、刘秉恬二人名下追赔，后以其难以速完，又议定“原系何人定议多运多贮”，所谓办理不善的官员一体分赔[⑤]。已阵殁的温福应赔银5.6万余两着落其诸子代赔，至乾隆四十三年（1778年）仅赔交银1.5万余两，乾隆帝只得将其子勒保调剂担任安徽庐凤道兼管凤阳关税务这一肥缺，以图尽快缴完赔项[⑥]。赔军需银最多的莫过于福建提督黄仕简，台湾林爽文之役，该员以贻误军机“认罚军需银三十万两”[⑦]。再看日益严重的滇铜“厂欠”。乾隆四十三年清查出无着厂欠银27万余两，其中“有

① 《宫中档乾隆朝奏折》第五七辑，第847页。
② 《宫中档乾隆朝奏折》第五四辑，第837-838页。
③ 《清仁宗实录》卷三二。
④ 《宫中档乾隆朝奏折》第二七辑，第470-471页。
⑤ 《宫中档乾隆朝奏折》第三三辑，第838-841页。
⑥ 《宫中档乾隆朝奏折》第四二辑，第639-640页。
⑦ 《清高宗实录》卷一三三三。

经放厂员业经家产尽绝者”名下共约银 3.4 万两，遵旨邀免，其余 24 万余两由“现任云南及补官外省与丁忧、事故、回籍各员”，按其任内获铜丰啬与厂欠之多寡两相比较分赔①。乾隆四十五年（1780 年）又查出该省积欠盐课 32 万余两，原拟于通省养廉内摊扣，乾隆帝改命由历任督抚藩司分赔，并指定原任云南巡抚裴定锡除缴其他赔项之外，“再赔出十万两”，同时命将其业已封存的家产解京估变归款②。此外，榷关税不如额，则多由该关监督与管关地方官员分别赔补。乾隆末、嘉庆初，闽浙总督魁伦应赔短少关税赢余银竟达 18.6 万两，自请将住屋呈缴入官，不足之项在应得养廉内分半按年坐扣③。

上述事例，并非完全由渎职所造成的国家财产损失，一概强令主管官员分赔，甚或毫无干系的其他官员一并摊赔，是否合情合理且姑置不论，即以每年养廉银多则一两万少则数百两的地方官员而论，动辄赔数千上万，以至几万、十几万，则非倾家荡产不止。乾隆五十五年（1790 年），原任河南仪封勒休知县葛其英未完银两宽免一半后，尚有未完分赔银 4.5 万余两，经查封家产及坐扣其孙葛泰生闸官养廉、俸禄 185 两，不过杯水车薪，而葛其英以家产尽绝，势难按款追究，被问以杖徒，葛泰生一并革职，未完赔项仍由葛其英原主管上司“照数分别摊赔以清款项”④。对于督抚等大员来说，又往往赔项、扣廉、罚廉、议罪银等丛集一身，乾隆五十八年（1793 年），因勒派属员、侵用盐务陋规得罪的浙江巡抚福崧自供：“我蒙皇上重恩，由道员荐升巡

① 《宫中档乾隆朝奏折》第四六辑，第 255-262 页。
② 《宫中档乾隆朝奏折》第四九辑，第 47-49 页。
③ 《清仁宗实录》卷四〇。
④ 《宫中档乾隆朝奏折》第六六辑，第 50-51 页。

抚，外任多年，所得廉俸本最丰厚，但我于四十六年间因在兰州办理撒拉尔军需代赔滥支无着银十一万二千六百余两，系奉旨于养廉内每年摊扣五成；又督缉逃兵案内议罚养廉银一万四千两；又分赔陈辉祖漏报海塘字号及湖神庙工共银六千九百余两：又五十一年清查仓库分赔留抵银四万七百两零；又奉部着赔范公塘、石坝等工不准开销银四万九百余两；又赔南新关短少税银三千五百余两；又五十一年署理山西巡抚任内自行议罚银二万两；又五十四年失察抵换叶尔羌玉石案内议罚养廉一年银一万两；又开复处分等案应罚养廉银三万两；以上共罚赔银二十七万八千余两。所有应支养廉历年未敢支领，俱全数扣缴，并自行凑交，计前后共完过银约十四万两，尚未完银十三万八千余两。”[①] 督抚之中，像福崧这样罚赔数十万两以致涉于侵贪者并不罕见，巡抚闵鹗元仅两项罚银即达24万两，昭梿说他“初任皖时，以廉洁自重，布衣蔬食”，“及抚吴日，颇改前节，苞苴日进，动逾千万”，是不折不扣的假道学[②]，其实，这里面固有闵鹗元个人虚伪的一面，亦不可忽视“驱迫”他“不得不贪”的隐秘外因。

最后谈谈乾隆中期以后对政治腐败影响最严重的秕政——臣工贡献。

任土作贡，借以联君臣上下之情，备天子赏赉之用，自古而然，本无可厚非。清承唐明等朝通例，各直省每年或三贡，或二贡，所贡初不过本地方物，如川广药材、江浙绸缎、九江瓷器，以至徽墨、湖笔、笺纸、瓜果之类，数量虽大，但例有定额。对进贡人员的资格也有限制，各省只准督抚进贡方物，且不准动用

---

① 《乾隆朝惩办贪污档案选编》第四册，第3355—3356页。

② 《啸亭杂录》卷八《闵抚军》。

公帑而必须自出养廉制办，除此之外，盐政、关差、织造“向系动用公项制买”①。如能恪遵定例，此种贡献尚不会败坏吏治，扰累民生。

乾隆帝初政，律己较严，进贡问题并不严重。但从乾隆十六年（1751年）乾隆帝首次南巡及圣母皇太后六旬庆典开始，进贡方物旧制日渐变质，至乾隆中期以后，几乎成了败坏吏治的最大公害。臣工贡献从每年两三次，发展到万寿、元旦、冬至“三大节”外，端午、中秋、上元等节也进贡，甚至皇太后圣寿亦需备物进献。为献媚固宠，臣仆们投乾隆帝所好，夸多斗靡，争奇斗妍，纷纷以价值不赀的古玩、玉器、字画以及西洋奇珍充贡，其罗列之多，甚有以金品充饰者。进贡的方式除入阙朝贡外，新添所谓“路贡”，凡翠华巡幸，不仅沿途督抚、盐政等接驾贡献，而且远在广东、四川、湖广、云南的督抚也纷纷驰进贡物，甚至致仕在籍的耆旧老臣也趋往行在迎驾，进献珍品。二次南巡时，以礼部尚书衔在籍食俸的沈德潜一人就贡献了书画7件：董其昌行书两册、文徵明山水一卷、唐寅山水一卷、王鉴山水一轴、恽寿平花卉一轴、王翚山水一轴②。进贡人员也逐渐由地方督抚扩大到了在京王公大臣，以至以清贫著称的翰林，在外则藩臬两司亦多借机挤入进贡行列，其他如达赖喇嘛、班禅额尔德尼、章嘉呼土克图等宗教领袖，蒙古、青海、新疆王公贝勒伯克以及西南土司，在宫中当差的西洋人，亲贵的福晋，大臣的内眷等等亦列名恭进物品③。督抚等办贡所费不赀，由所谓“自行制办”发展

① 光绪《大清会典事例》卷四〇一。

② 万依：《乾隆时期宫中经济政治措置》，《故宫博物院院刊》1985年第3期。

③ 董建中：《清乾隆朝王公大臣官员进贡问题初探》，《清史研究》1996年第1期。

到下属帮助“购买物件”，名之曰“帮供”。云贵总督李侍尧打发人往苏州办贡，需银1.6万两，故向下属表示“要帮我一帮”，鲁甸通判素尔方阿因感激李侍尧令其回任管理厂务，出银3 000两“孝敬”①，可为“帮贡”的注脚。另外，过去所谓“动用公项”办贡的盐差、关差和织造们，则无不令盐商、洋商出资代办。而乾隆中期前后变化最大的还在于贡物本身，贡品中各地方物成了陪衬，而大宗的是价值巨万的金玉古玩及风靡一时的洋货。

内外大臣每逢年节、万寿，以办贡最费周折。乾隆帝雅好古玩字画、金玉器物、西洋钟表，审美意趣不同凡响，又有精审的鉴赏力，因此督抚们选择贡品时，为投其所好而费尽心机。最上乘者，应该是寓意吉祥，体面大方，新颖别致而不流入奇技淫巧，富丽堂皇又未落入俗套。这类贡品出自南方，尤以苏州、广州两地为督抚等采办奇珍的必去之地。贡物“必备九数”②，“一九则九物，至九九而止”③，办一次贡的开销可想而知。当时臣工每向皇帝进献的数十种贡品中，总以“如意”居首，盖取其吉祥如意之义。一柄整玉如意竟值银4 000两，已令乾隆帝不胜惊骇④，若在玉如意上再镶嵌真珠为饰，按当时广东珠价计算，重4分的珠子约值银四五千两，重5分的则需六七千金，如像龙眼果那样重3钱的大珠竟值银2万两⑤。要想博取皇上一笑，仅如意一种恐怕督抚倾全年廉俸也置办不起。当然，这是就最上乘的

① 《乾隆朝惩办贪污档案选编》第一册，第1024页。
② 《朝鲜李朝实录中的中国史料》下编卷一一。
③ 吴振棫：《养吉斋丛录》卷二四。
④ 《乾隆朝惩办贪污档案选编》第一册，第637页。
⑤ 《簷曝杂记》卷四《广东珠价》。

如意极而言之，一般贡品的价值可参看浙江盐道柴桢帮巡抚福崧所办各物的价银："珊瑚朝珠一盘价银五千六百两""洋金线一分价银一千二百五十两""各色宝石十八子手串九挂价银四千七百两""白玉炉瓶三事一份价银五千八百两""都盛盘内旧玉九件价银一千五百两""五百罗汉手卷一件价银六百四十两""一百二十花甲重周宋砚一方价银六百两""脂玉吉庆一件价银一千四百两""脂玉三镶如意二对价银一千六百五十两""脂玉如意五枝价银二千八百两""白玉大炉瓶三事一分价银八千二百两""霁红太白坛一件价银八百七十两""白玉大梅瓶一件价银八千二百两""脂玉刀靶三件价银一千九百两""脂玉插牌合锦一件价银六千六百两""八音洋钟一对价银一千六百两""洋錾渡金七珍八宝炉瓶五事全分价银二千八百两""蜜腊朝珠一盘二千两"①。另贡品中常见的龙袍一项，据在苏州为李侍尧办贡的云南河西县典史顾廷煊供述："到苏制办龙袍褂九套计工价银二千零十两"，细账如下：洋金龙袍褂 3 套计银 1 090 两、顾绣龙袍褂 3 套计银 480 两、伴龙袍褂 3 套计银 450 两②。

督抚中王亶望办贡并不出色，但他贡范金如意，贡镶珠金如意，贡金、珠镶嵌玉如意不知动了多少脑筋，开销又几何。乾隆帝公开提到"优于办贡"的是李侍尧和国泰，李侍尧任上究竟进献了多少珍品已无法统计，下面略举一二以窥全豹：乾隆三十六年（1771 年）十一月初八日，身任粤督的李侍尧一次所进贡品多达 90 种：

> 镶洋表金万年如意一柄，金无量寿佛一尊，珊瑚朝珠一

① 《乾隆朝惩办贪污档案选编》第四册，第 3317-3318 页，参见第 3335-3336 页。
② 《乾隆朝惩办贪污档案选编》第一册，第 993-995 页。

盘，蜜蜡朝珠一盘，脂玉万年有庆一件，白玉福禄寿三星一件，白玉长春壶一件，白玉蟠桃九熟一件，白玉保合太和一件，白玉长春花洗一件，白玉寿星一件，白玉如意仙一件，白玉香盘一件，汉玉佛手一件，汉玉花囊一件，汉玉拱璧一件，白玉云纹铎一件，白玉元洗一件，汉玉炉瓶一事一分，汉玉飞熊叶瑞一件，白玉印池一件，宋磁霁红花囊一件，定窑洗一件，嘉窑一统尊一件，成窑五彩瓶一件，定窑福禄尊一件，宣窑梅瓶一件，宋磁霁红瓶成件，定窑宝月瓶一件，哥窑笔洗一件，青绿三代尊一件，青绿提梁卣一件，青绿凫尊一件，明黄刻丝万福万寿龙袍一件，天青刻丝八团立水龙褂一件，明黄缎绣万福万寿龙袍一件，天青缎绣八团立水龙褂一件，真紫缎绣三色金诸仙祝寿龙袍一件，天青缎绣三色金八团立水龙褂一件，绿缎绣万寿长春龙袍一件，天青缎绣八团立水龙褂一件，香色宁绸绣六合同春龙袍一件，天青宁绸绣八团立水龙褂一件，酱色宁绸绣江山万代龙袍一件，天青宁绸绣八团立水龙褂一件，绿实地纱绣四季呈祥龙袍一件，天青实地纱绣八团立水龙褂一件，香色实地纱绣八仙庆寿龙袍一件，天青实地纱绣八团立水龙褂一件，酱色实地纱绣吉祥九如龙袍一件，天青实地纱绣八团立水龙褂一件，洋锦缎二十匹，洋花绒二十匹，大红鸳鸯绒十版，大红羽缎十版，洋绣帕一百方，洋绣小帕一百方，紫檀雕花宝座一尊，紫檀镶玻璃衣镜一对，紫檀雕花书隔一对，紫檀雕花方凳八张，紫檀镶面玻璃横披一对，珐琅镶玻璃五屏风妆镜九座，珐琅镶玻璃手镜九对，紫檀镶玻璃福禄式小持镜九对，东洋漆炕桌一对，东洋漆香盒五件，鸾翎宫扇一对，孔雀宫扇一对，洋镶钻石自行人物风琴乐钟一对，红玛瑙钻石珠花瓶式乐钟一对，洋镶钻石蟠桃推钟一对，洋镶钻石蟠桃表一对，洋玻璃金鱼缸一对，仿景泰珐琅瓶一对，珐琅福禄瓶一对，镶玻璃小佩镜二十七面，蜜蜡鼻烟壶二匣，洋金银线二百支，珐琅手盆九对，珐琅唾盂九对，翠顶花三十匣，翠花五十匣，天然沉香瓶一件，洋油画小挂屏一对①。

乾隆四十五年（1780年），李侍尧与和珅互相倾轧，被和珅抓到把柄，乾隆帝命治罪籍家，结果从李府抄出“黄金佛三座，真珠葡萄一架，珊瑚树四尺者三株”，据说这是李侍尧“进贡物件而给还者也”②，所谓“给还”，即乾隆帝未“赏收”而“驳出”的。当时来中国的朝鲜使臣风闻，“大抵侍尧贪赃中，五之三入于进贡”③。时人有这样的评论：“（侍尧）善纳贡献，物皆精巧，是以天下封疆大吏从风而靡。”④ 这固是实情，不过，内外大臣花样翻新，竞相攀比之风日盛，推波助澜者并非李侍尧一人，和珅所进“金佛一座长可数尺许”⑤，福康安进奉之机械人玩艺巧夺天工，令人叹为观止⑥。

督抚等不胜进贡之累，遂以此为口实向属员勒索，故而乾隆年间特别是中期以后，侵贪大案多与进贡有关，除上面提到的李侍尧、福崧之外，还可以举出阿思哈、卢焯、恒文、良卿、方世俊、钱度、高朴、彰宝、王亶望、勒尔锦、国泰、陈辉祖、郝

① 转引自《清乾隆朝王公大臣官员进贡问题初探》。
② 《朝鲜李朝实录中的中国史料》下编卷一一。
③ 同上。
④ 《啸亭杂录》卷四《李昭信相公》。
⑤ 《朝鲜李朝实录中的中国史料》下编卷一一。
⑥ 李岳瑞：《春冰室野乘》卷上。

砺、伍拉纳、浦霖等案。乾隆二十二年（1757 年），云贵总督恒文勒买属员黄金一案，是直接由进贡而发的较早的大案，据云南巡抚郭一裕供述："上年六月总督恒文到任后，八月间曾问过郭一裕，云南进贡是何物件？一裕说历年所进方物系普洱、茯苓等类，恒文说此不过方物，并非贵重东西，你到云南一年，自然筹算尚有何物可进。一裕说，年贡土物不过如此，若说贵重，永金亦系云南土产，或者造佛一尊，或手炉十余个，我拟于将来奏请陛见之时恭进，恒文随云，造佛不好；不如打造手炉为妥。"① 就这样，恒文为向乾隆帝表示"区区恋主私情"②，遂四出伸手向属员低价买金 390 两，打造金手炉 12 个，同各项贡物一起送京进献。乾隆四十七年（1782 年），闽浙总督陈辉祖侵盗王亶望入官财物一案，查出陈辉祖私换金两及李承邺等馈送陈辉祖金子、金器违法情节，究竟为什么陈辉祖竟需要数千两黄金？全案结束时，乾隆帝还是多少承担了部分责任，他在明发谕旨中说："前因班禅额尔德尼来京庆祝，于热河建造扎什伦布庙，有需用金两及金如意等件以备颁赏，其时各督抚即有呈进备赏金器者，以作加赏班禅之用，因量为赏收——此系朕失检点处。"③ 乾隆四十九年（1784 年）江西巡抚郝硕勒索属员案主要罪款之一是因进京陛见缺少盘费，向下属勒派白银 4 万两，而据郝硕自供，为准备进京，于闰三月遣人运送备进贡物檀香炕屏、挂屏、桌屏由水路北上，旋又遣人运送备进贡物嵌玉如意、玉无量寿佛、玉瓶、玉盆、珠手串、伽南碧霞玺手串、伽南珊瑚朝珠、大呢雨

---

① 《乾隆朝惩办贪污档案选编》第一册，第 16 页。

② 同上书，第 7 页。

③ 《乾隆朝惩办贪污档案选编》第三册，第 2824 页。

缎、洋缎等物从旱路进京。郝硕本人赴京前又将金围屏、金笔筒、金图书、金山、金鼎、金帽架、金方瓶、金胆瓶、金香盘、金桌屏、金盒子熔成金锭 230 余个，带走其中 140 余个及金银首饰一匣、珍珠手串一挂、红圆宝石一件、金如意一柄、碧霞玺朝珠一盘、珊瑚朝珠一盘，此外还有朝珠、手串、玉器多件①。如此“陛见”，宜乎郝硕向属员伸手告帮。郝硕有如此之多的金器也可印证乾隆四十六年（1781 年）前督抚等进贡黄金之盛，而郝硕之所以将现成金器销熔为金锭，盖因陈辉祖案件结案时乾隆帝“不许呈进金器”，谕旨甫经颁布②，故而不得不有所收敛。乾隆六十年（1795 年）查办闽浙总督伍拉纳婪赃受贿案时，从他在京寓所抄出如意一项，多至一百余柄，乾隆帝谕称：“此与唐元载查籍家财胡椒至八百斛何异?”③ 胡椒至八百斛的确不可思议，但总督伍拉纳京内备有如意百余柄，实在不值得乾隆大惊小怪，此前江苏方面已截获伍拉纳辎重船两艘，抄出嵌玉如意 112 柄④。同案福建巡抚浦霖原家中抄出三镶玉如意 157 柄（另有朝珠 108 盘、玉器 273 件）⑤。还可举出同案总督长麟京中寓所抄出玉如意、玉三镶如意 71 柄⑥，臬司钱受椿原籍家中抄出镶玉如意 82 柄（另有玉器 93 件、沉香山一座上有小金人 120 个）⑦。此外，前述总督陈辉祖任所抄出珠宝镶嵌如意两柄、各色如意

① 《乾隆朝惩办贪污档案选编》第四册，第 2861 页。
② 《乾隆朝惩办贪污档案选编》第三册，第 2824 页。
③ 《乾隆朝惩办贪污档案选编》第四册，第 3531 页。
④ 同上书，第 3480 页。
⑤ 同上书，第 3491、3493-3494 页。
⑥ 同上书，第 3543 页。
⑦ 同上书，第 3562 页。

169柄（另有各色朝珠103盘、大小玉器1 401件、自鸣钟表64件）[①]。由此可见，家有百数十柄如意者，在督抚大吏中比比皆是，即巡抚国泰之弟、侍卫国霖抄没家产中，亦有淡金如意、玉如意、嵌玉如意26柄（另有各色朝珠22盘、玉器百余件）[②]，这样的事例不胜枚举。当然，大臣官员们家中的如意等并非都是备贡的，但如意多到了足令乾隆帝不能不表示惊讶的地步，也可见贡献影响之深且广。嘉庆帝亲政之始，首罢督抚贡献，并在谕旨中称："大抵进奉一节，最为吏治之害！"[③] 进贡累及吏治民生，此可谓一语中的。

乾隆季年秕政还有频繁举行的巡幸、庆典及征伐等，但就败坏吏治而言，则以臣工贡献、罚议罪银、罚扣养廉和赔补官项为最。乾隆帝"外仁义而内多欲"，他对严惩贪污腐败的重要性有比较清醒的认识，曾多次明谕："朕之严于待墨吏，乃所以安民也"[④]，"此等劣员，多留一日，则民多受一日之残，国多受一日之蠹"[⑤]，并郑重申谕："干犯法纪之人，莫如悖逆、贪污二者，于法断无可纵！"[⑥] 他执法也未尝不严，乾隆年间封疆大臣以侵贪立案查处者多达30余起，其中明正典刑或赐令自尽的有20余人，平均一两年即有一名省级军政大员因侵贪或徇庇侵贪而正法，这是前代所罕见的，也是有清一代所仅见的。然而，在乾隆帝的内心深处却有着强烈的、不可遏制的聚敛欲望：为最大限度

① 《乾隆朝惩办贪污档案选编》第三册，第2803页。
② 同上书，第2491-2493页。
③ 《清仁宗实录》卷五〇。
④ 《清高宗实录》卷六七〇。
⑤ 《清高宗实录》卷三五一。
⑥ 《清高宗实录》卷五七六。

充实内务府银库，他不惜滥罚臣工；为满足其对古玩字画、西洋奇珍的无厌追求而放纵贡献之风愈演愈烈。如此种种“驱迫”大小臣工不得不贪，和珅固不得辞其咎，但平心而论，乾隆帝应负更大的责任。乾隆帝所为诚如时人郑苏年所讽刺的那样：“(官吏）事出于不可奈何而复欲以法绳之，是何异于坐之鲍臭之肆而讥其熏染之不馨，登之部色之场而责其嚬笑之已苟乎?”①

揭示乾隆季年秕政与贪风大炽、吏治败坏的关系，无疑是了解当时政治的真实状况所必不可少的；但如果仅仅停留于追究乾隆帝个人应负的责任，仅仅从乾隆帝个人的品德寻找原因，则显然不能深刻认识问题的实质。

即以进贡一节而言，乾隆帝对进贡的危害并非漠然置之，而是三令五申加以禁止。嘉庆亲政之始，申禁贡献的谕旨中提及：“朕躬阅皇考朱笔，有严禁内外大臣呈进贡物谕旨二道，圣训煌煌，垂诫至为明切”②。从表面上看，嘉庆帝的话是有充分根据的。现在能见到的乾隆帝申饬进呈贡物的谕旨不下数十道之多，不少谕旨恳恳千数百言，如说自己“常时所用悉系朴素木器，不尚奢华，督抚等若惟夸多斗靡，妄费呈献，朕非特不以为喜，转觉其可惜，督抚等又何必为此耗费物力而不能见好之事乎?”又说：“宫中服御，不用珠绣，又如象牙织簟……远不及寻常茵席之安适。”对进贡之危害吏治民生，乾隆帝亦有透彻的认识，乾隆四十七年（1782 年）七月其就李侍尧、国泰进贡事降旨说：“督抚若专以进献为能事，已非大臣公忠体国之道，况又借名以为肥身之计，督抚取之属员，属员必取之百姓，层层朘剥，闾阎

① 《退庵随笔》卷六。

② 《清仁宗实录》卷三七。

生计尚可问乎？”至于申禁贡献的谕旨更是数不胜数，从乾隆二十二年（1757年）就云贵总督恒文进呈金炉一事降旨“嗣后各省督抚除食品外，概不得丝毫贡献，违者以违制论”开始，禁止呈进金珠镶嵌器玩、禁止呈进和田整玉如意及大件玉器、禁止以金器配充贡物，以至禁贡灯、禁贡皮张、禁贡金塔寺瓜……谕旨连篇累牍，不绝于书①，偶尔乾隆帝还“掷还”几件如“雕漆镶嵌真珠花卉壁屏”之类的摆设②，以示禁贡之诚意。

对皇帝“圣德”之失负有规谏之责的科道言官也没有完全沉默，谏止进贡者至少可以举出御史钱沣和郑澂二人。钱沣具折揭露东省亏空、巡抚国泰勒派属员，“且言嗣后愿皇上勿受贡物，俾天下督抚无以借口”③。郑澂则以陈辉祖案乾隆谕禁呈进金器为由奏称：“各省督抚养廉至为优厚，果其出资献纳，何至派累侵挪？不意近如王亶望、国泰、陈辉祖之流，巧滋诈伪，曲遂侵渔，物物指为贡函，时时饱其私橐，求索无厌，贿赂公行，以致属库多亏而无能问。今蒙皇上洞烛其奸，禁呈金器。臣愚以为，兼金之价，不过二十换一上下而止，有无过费，其数易稽也。他如珠玉宝玩之类，为价无定，均宜假托营私，不可不一体饬禁，严定厥罚。倘有配入贡品者，论以违制之罪，则勒派所属者无所借口，似于国宪官方不无少裨。”对这件奏折，乾隆帝批谕：“着照所请。该部知道。”④ 按常理推断，在进贡问题上乾隆帝既严于自律，言官又能正常行使监督权力，进贡之风总该有所收敛了

---

① 见光绪《大清会典事例》卷四〇一所汇集的部分禁贡谕旨，另见《清高宗实录》卷五四〇，卷一〇七〇，卷一〇九六，卷一一四三，卷一一六十，卷一一七〇等。

② 《清高宗实录》卷一二七九，卷一二八五。

③ 《履园丛话·丛话五·景贤·书南园先生事》。

④ 《宫中档乾隆朝奏折》第五四辑，第457-458页。

吧？其实不然。

乾隆四十七年（1782 年）七月，山东巡抚国泰“赐令自尽”，乾隆四十八年（1783 年）二月，闽浙总督陈辉祖“赐令自尽”，乾隆四十九年（1784 年）七月，江西巡抚郝硕“赐令自尽”，这三名督抚获罪都与进贡有关，而与此同时，乾隆帝屡屡降旨申诫督抚不得“专以进献为能事”，不得借进贡之名“以为肥身之计”。国泰等前车未远，煌煌圣训音犹在耳，陈辉祖、郝硕即以身试法，自取死路，连乾隆帝也不胜感慨，他在颁布处死郝硕的上谕中说：“不料其恣意贪婪竟至于此！且伊托词敛费即系国泰在山东败露之时，是其明知故蹈，肆无顾忌。”① 如果说这不过是个别极端的事例，那么还可以举乾隆五十九年（1794 年），即禅位给嘉庆帝前一年全国进贡总的情况来说明。这一年是没有大庆典的寻常一年，董建中据中国第一历史档案馆藏《宫中进单》查得共有大臣官员 339 人次进贡，几乎每月乾隆帝都能收到贡品，而以七八月间万寿节贡物最为精彩纷呈，进贡人计有湖北巡抚惠龄之母（玉器等 8 种）、江南总河兰第锡（玉器等 20 种）、闽浙总督伍拉纳（玉器、朝珠等 28 种）、河南巡抚穆和蔺（玉器、朝珠等 27 种）、两广总督长麟（玉器、佛塔、报刻八音乐钟等 26 种）、山东巡抚福宁（玉器等 28 种）、山西巡抚蒋兆奎（玉器等 28 种）、广东巡抚朱珪（玉器、佛塔等 40 种）、凤阳关监督刁玉成（玉器等 19 种）、湖南巡抚姜晟（玉器等 27 种）、湖北巡抚惠龄（玉器、无量寿佛等 19 种）、护云南巡抚费淳（玉器、朝珠等 24 种）、江西巡抚陈淮（玉器、古玩等 28 种）、漕运总督管幹珍（玉器、紫檀壁屏等 44 种）、云贵总督富纲（玉器、

① 《乾隆朝惩办贪污档案选编》第四册，第 2868 页。

朝珠、象牙等42种)、江苏巡抚奇丰额(玉器、古玩等24种)、陕甘总督勒保(玉器、佛塔等30种)、浙江巡抚吉庆(玉器、宝塔等30种)、署贵州巡抚冯光熊(玉器、念珠、象牙等31种)、广西巡抚陈用敷(玉器、洋玻璃桌屏等22种)、福州将军魁伦(玉器、洋八音乐钟等27种)、护理安徽巡抚周樽(玉器、端砚等26种)、陕西巡抚秦承恩(玉器、珐琅七珍八宝五供等27种)、山东总河李奉翰(玉器等36种)、福建巡抚浦霖(玉器、贵重皮张等29种)、长芦盐政徵端(玉器、龙袍等44种)、直隶总督梁肯堂(玉器等36种)、湖广总督毕沅(玉器、宋版书籍24种)、署广西巡抚姚棻(玉器、朝珠等32种)、和郡王(玉器、无量寿佛等10种)、两浙盐政兼杭州织造(玉器、龙袍等43种)。此外,进万寿贡的还有阿桂、庆成、绵佐、胡季堂、纪昀、永保、刘朴、松筠、布延达赖、蒋锡棨、庆桂、刘峨、尚安、福康安、金简、江兰、盛住、汪承霈、窦光鼐、成德、景安、五德、苏楞额等内外大臣官员。上述进贡人员在七八月间进两三次贡的也并不罕见①。

督抚等内外臣工之所以在屡奉饬谕之后还敢于如此竞相借贡争宠,是因为他们早已摸透了乾隆帝贪求宝货的心理——事实上他们揣摩得一点也不错。乾隆帝有时会对亲信的旗员和内务府包衣奴讲一点无须遮遮掩掩的私房话,如乾隆二十二年(1757年)十二月传旨署两广总督李侍尧及粤海关监督李永标说:"此次所进镀金洋景表亭一座甚好,嗣后似此样好看者多觅几件;再有大而好者,亦觅几件,不必惜价。如觅得时,于端阳进贡几件

① 董建中潜心研究清代进贡问题,为此长期在档案馆搜集有关档案,承蒙他将乾隆五十九年(1794年)《宫中进单》抄件借阅,以上内容全部以此为据,特此说明。

来。”[1] 乾隆帝的确“驳出”许多贡品拒收，那多是因为宫中积贮过多，或贡品不够典雅、不合口味，或是赝品，如乾隆三十八年（1773年）冬，内务府包衣官员寅著不知从哪里弄到了几片米芾字迹，于是具折进献皇上，且看这件不可多得的朱批奏折：“奴才寅著跪奏：今得米氏画片二十二幅，看其题识，颇似旧物，但奴才愚蠢，是否的系米笔，未能深辨……进呈御览。”在折尾乾隆帝批谕：“是假的。不收！”[2] 乾隆帝这种贪求古玩玉器的心理，是很难为那些冠冕堂皇的禁贡谕旨所能完全遮饰得了的。上述御史郑澂祈求皇上在明禁贡金之外，将珠玉宝玩一体饬禁，乾隆很勉强地做了“着照所请”的批示，但下一句却批“该部知道”，这实在令人百思不得其解。众所周知，臣工的贡品概由宫中奏事处接收、呈递，而与礼部毫不相干。明眼人一看便可洞悉乾隆帝搪塞敷衍之意。不过，其对不识时务的御史郑澂还算客气。乾隆三十七年（1772年），刑部侍郎袁守侗奉旨会同云贵总督彰宝等查审云南布政使钱度贪婪玩法案，在贵州截获了钱度送京进贡箱笼4只，“内贮金器大小八件，称重四百两零，玉器十一件”，袁守侗等遂讯问钱度“金玉器件价值，何处置买，何处打造”，乾隆帝得知大怒，严旨责问该侍郎等“将以此为能问事乎，抑别有意见乎？”并不顾天子之尊哓哓置辩：“上年恭逢圣母万寿，各省藩臬职分原不当贡祝，业已通谕饬禁，嗣因福建藩司钱琦代母进贡，曾酌留香锦一二事，然因其列有金器，即降旨申饬，并因督抚中有以金器为贡者，亦明降谕旨，严切申禁，乃中外所共知。至钱度上年亦因其代母恭进，准留如意、藏香等五件

① 杨伯达：《清乾隆五十九年广东贡物一瞥》，《故宫博物院院刊》1986年第3期。
② 《宫中档乾隆朝奏折》第三三辑，第561页。

以备慈览，余俱发还，其贡单现在，收存之件有圈可考，并着发去令伊等阅看，不知该侍郎等沾沾以此为首务，是诚何心?”为此，乾隆帝令袁守侗、彰宝等明白回奏，并令“各议奏罚来!”结果彰宝竟因过问了钱度贡品价值及来源而被罚了议罪银一万两[①]。总之，进贡是个关系“圣德”的十分敏感的问题，乾隆帝就此做多少次自责，或怎样自责，那是皇上自己的事，臣子绝不能说三道四，个别一两个不小心，或不识事体轻重，触及了贡献禁区，轻则把你的意见搁置起来，重则严旨申饬、各自议罚。内外臣工对乾隆帝的好恶洞若观火，而皇帝又掌握着臣子生杀予夺的大权，所以，不仅督抚们为固宠而竞相以贡品表示“恋主之情”，而且位高权重如阿桂、耿直如窦光鼐、博学如纪晓岚、明智如朱珪等人，也群相贡献，不甘落后。从乾隆五十九年（1794年）的进贡盛况来看，内外臣工已不是进贡不进贡的问题，而是个个唯恐贡品不如同僚而失去圣眷了。因此，进贡的泛滥，说到底不能完全归罪于乾隆帝个人的品质，而是由专制主义的政治体制所决定的。

滥罚议罪银终乾隆之世不能停止，可能会更有力地证明政治体制才是根本问题。乾隆五十五年（1790年）十一月，内阁学士尹壮图奏请永停罚议罪银，略言“近有严罚示惩而反令宽纵者，如督抚自蹈愆尤，不即罢斥，罚银数万以充公用，因有督抚等自请认罚若干万两者。在桀骜之督抚借口以快饕餮之私，即清廉自矢者，不得不望属员做助，日后遇有亏空营私，不容不曲为庇护，是罚项虽严，不惟无以动其愧惧之心，且潜生其玩易之

① 《乾隆朝惩办贪污档案选编》第一册，第263、277、309页。

念，请永停罚银之例”①。这是自创行罚议罪银以来，乾隆帝第一次听到对这一秕政的批评，他除通行晓谕为自己百般辩解外，竟然命尹壮图将折中“所指之督抚何人、逢迎上司者何人、借端勒派致有亏空库项者何人”指实参奏②。尹壮图无奈，只得笼统回奏称“各督抚声名狼籍，吏治废弛，经过各省地方，体察官吏贤否，商民半皆蹙额兴叹，各省风气大抵皆然。若问勒派逢迎之人，彼上司属员授受时，外人岂能得见？徒以道路风闻，漫形奏牍，断不敢作此孟浪之行”③。他非但没有明白回奏，还对“盛世”信口雌黄，这可惹恼了乾隆帝，是以随即发布的谕旨词气极为严厉：“(尹壮图）折内所称，伊经过之直隶、山东、河南、湖广、江浙、广西、贵州、云南等省，商民半皆蹙额兴叹之语，竟似居今之世，民不堪命矣。朕临御五十五年，子惠元元，恩施优渥，普免天下钱粮四次，普免各省漕粮二次，为数何啻万万？”“朕自御极以来，迄今已五十五年，寿跻八秩，综览万几，自谓勤政爱民，可告无愧于天下，而天下万民，亦断无泯良怨朕者”。并命尹壮图“将所奏直隶等省亏空者何处？商民兴叹究系何人？月选官议论某缺亏空若干，又系闻自何人传说？逐一指实覆奏……不可徒以空言无实，自蹈欺罔之咎也!”④ 尹壮图至此已知触犯逆鳞，遂“自认措词失当，不能指出确据，奏请治罪”，但乾隆帝仍不依不饶，严旨斥骂其“摇惑人心”，“莠言乱政”，“自外生成，独非大清之民”⑤。为彻底教训这个敢于挺身极谏的

① 《清高宗实录》卷一三六七。
② 同上。
③ 同上。
④ 同上。
⑤ 同上。

“乱臣贼子”，乾隆帝又命侍郎庆成带同尹壮图亲往直隶等省仓库“切实盘查”①。结果自然是钦差等未到，各省早已挪掩完毕，尹壮图到山西省城太原即奏陈“仓库整齐，并无亏缺，业已倾心怗服，可否恳恩即令回京待罪”，乾隆帝不顾他的哀求，仍令庆成带其前往山东、江南“详悉盘查”②。尹壮图往返数千里，最后只得违心承认“经过各州县地方，百姓俱极安帖”，“所过淮、扬、常、镇，以及苏州省会，正当新年庆贺之时，溢巷摩肩，携豚沽酒，童叟怡然自乐，并未闻有官吏滋扰之事”，“各省库项丰盈，仓储充足，并无丝毫短缺……商贾士民安居乐业，共享升平，实无地方官滋扰之事”③。至乾隆五十六年（1791年）正月，乾隆帝以惩一儆百的目的已圆满实现，遂借尹壮图七旬老母留在原籍云南，降旨称“尹壮图不但无君，而且无亲，人伦尽丧，岂可忝居朝列，玷辱缙绅。尹壮图着革职，交与庆成，押带来京，交刑部治罪”④。旋大学士、九卿会同法司照“挟诈欺公、妄生异议律”论斩⑤，乾隆帝虽饶他一命，但在处理这轰动一时、影响深远的大案中，专制帝王钳制人口、愚弄天下的淫威，以及暮年君主喜谀恶谏、恃气虚骄的心态已暴露无遗。在这样的政治氛围中，还有谁敢非难那个实已千疮百孔、却又被君臣粉饰得“即上溯三代，下迄宋元，亦复罕有伦比”⑥ 的所谓“盛世”呢？

2. 封疆大臣权力过度膨胀

下面换一个角度，从18世纪地方督抚权力的膨胀来探讨官

---

① 《清高宗实录》卷一三六七。
② 《清高宗实录》卷一三六八。
③ 《清高宗实录》卷一三六九，卷一三七一，卷一三七二。
④ 《清高宗实录》卷一三七〇。
⑤ 《清高宗实录》卷一三七二。
⑥ 《清高宗实录》卷一三六七。

场腐败与政治体制的关系。

雍正至乾隆中期半个世纪中皇权的不断加强和政治的相对清明，确实得益于康雍乾三帝对专制政体苦心孤诣的设计与重构。即使乾隆中期以后，政治迅速腐败，也可以历数一些贪污、贿赂大案是由于监察机制发挥作用而开始查办的。如乾隆二十二年（1757 年）云贵总督恒文婪索属员案，系由与恒文同城的云南巡抚郭一裕密折参奏而揭发的[①]；乾隆四十五年（1780 年）云贵总督李侍尧贪纵营私诸罪款，则是由原任云南粮储道海宁举发而败露的[②]；乾隆三十七年（1772 年）云南布政使钱度贪婪玩法案，是由管理义都铜厂的宜良县知县朱一深揭报署云南巡抚诺穆亲而被举发的[③]；乾隆三十四年（1769 年）贵州巡抚良卿、湖南巡抚方世俊侵贪案，也是因贵州粮道永泰、威宁州知州刘标的揭报而开始查办的[④]；乾隆五十一年（1786 年）两广总督富勒浑贪婪不法诸罪款，是由粤海关监督穆腾额举发而败露的[⑤]；乾隆六十年（1795 年）闽浙总督伍拉纳、福建巡抚浦霖贪婪案的查办，始于福州将军魁伦密奏福建仓库亏空[⑥]。然而，乾隆中期以后，普遍存在的却是在官官相护之习掩护下政治腐败的迅速蔓延，而最高统治者处心积虑设计的重重监督机制则普遍失灵。甘肃通省官员冒赈贪污历时六七年之久，最后要乾隆皇帝亲自摘发，才揭开了盖子，也许最能说明官官相护之风是多么牢不可破。

这一集团性贪污大案情节并不复杂。乾隆三十九年（1774

---

① 《乾隆朝惩办贪污档案选编》第四册，第 3380 页。

② 《乾隆朝惩办贪污档案选编》第一册，第 986 页。

③ 同上书，第 209 页。

④ 同上书，第 167 页。

⑤ 《乾隆朝惩办贪污档案选编》第四册，第 2883 页。

⑥ 《史料旬刊》第三一册，地 79。

年）陕甘总督勒尔锦奏准甘肃恢复捐监旧例，新任藩司王亶望倚任“心腹”兰州首府蒋全迪，串通舞弊，各州县报灾之轻重及发给折捐银两之多寡，俱由王亶望、蒋全迪在省上商定，凡贿送银两多的州县便多开灾分，少送银子的便令少开灾分，于是各州县纷纷捏灾冒赈，侵吞赈银，以至甘肃通省几无一好官。这种几乎是通省上下公开舞弊的腐败窝案，只要监察系统某一环节能及时做出反应，便不难揭发出来，然而事实却不然。

先看有相互纠察之责的督抚。乾隆中定制，陕甘总督管辖陕西、甘肃两省，驻兰州府，兼甘肃巡抚事，故甘肃省不另设巡抚，陕西设巡抚一员，驻西安。是以甘肃包括捐监在内的一切行政事务，皆由甘肃藩司主政，而同城的陕甘总督、邻封的陕西巡抚俱有监察之责。总督勒尔锦在折捐冒赈上与王亶望沆瀣一气，自不必论；而抚陕 8 年，且作为两署督篆的毕沅也未据实参奏。诚如御史钱沣于案发后参劾所言：“陕西巡抚毕沅前署督篆时，于该省折捐冒赈诸弊，瞻徇前政，畏避怨嫌，明知积弊之深，不欲抉之自我。”①

再看与藩司同级的臬司福宁的供述：“各属折色银两并未见买补归仓，多系放银抵粮，盘查既属具文，按季出结亦系虚应故事。通省如此，我一人亦断不能从中梗阻。”②

上司与同官既不能正常履行监察之责，藩司王亶望与州县狼狈为奸、通同作弊就只能指望负有“访察属吏”之“专责”③ 的方面大员道府了。道员与知府，是各省承上启下的地方权力机

① 《乾隆朝惩办贪污档案选编》第二册，第 1757 页。

② 同上书，第 1221 页。

③ 同上书，第 1887 页。

构，雍正帝训谕道员说："凡府州县之廉洁贪污，俱宜细加察访，不时密详督抚，以凭举劾"①，训谕知府则说："知府一官，分寄督抚监司之耳目"，"盘查仓库，必须核实，不可视为故事"，"督抚举劾州县，必由尔之详揭，务须秉公持正"②。如果上述谕旨的精神能够得到贯彻的话，甘肃通省官员上下串通，借折捐冒赈，大肆贪污，最有力的制约手段当来自道府的监察，因为违例改捐折色，势必无本色监粮，负责盘查仓粮的道府若不出结，骗局自然不攻自破；州县报灾，皆由灾民呈诉，地方官勘报后，须经府道等逐层查勘，才能具报成灾分数，若无道府加结，捏报灾分便无从谈起；发放赈银、赈粮，也需道府监督核查，道府若不加结，州县谁敢冒赈？但六七年间，竟无一道府挺身而出，将此中积弊详揭督抚或直揭部科。且听获罪道府们的供述——驿传道熊启谟供："办理赈务，各州县径详藩司，灾之轻重、赈之多寡，皆王亶望主持议定，亦不俟我查勘，惟于具奏后，补取道结备案。我见通省都是如此相沿出结，我一人实不能拗阻。"③ 安肃道陈之铨供："诸事由藩司主政，道府不能与藩司抗衡，州县视道府为不足轻重"④，"遇有灾赈浮冒之外，其实散之数，多系放银抵粮，本管道府无从过问，通省已成积弊，一切文册皆由司核定，饬发州县照造，其道府应行盘查、奏销之印结，按期索取，道府亦遂依样率转"⑤。肃州直隶州（相当于知府）知州王汝地供："在灾赈内捏增分数、浮开户口，上司原是知情，至道府加

① 《清世宗实录》卷三。

② 同上。

③ 《乾隆朝惩办贪污档案选编》第二册，第1618页。

④ 同上书，第1468页。

⑤ 同上。

结、委员监散，这都是虚应故事。”① 总之，钦差审案大臣阿桂所称“道、府、直隶州于所属收捐折色时既出结于前，捏灾冒赈时又结报于后”②，可作为甘肃通省道府监察机制全部失灵的概括。对王亶望一案，乾隆帝曾无奈地说：“甘省王亶望侵冒监粮诸弊无人不知，而事未败露，竟无一人首先发觉，可见外省官官相护，牢不可破，实可寒心!”③ 他对以密折为核心的监察机制是何等失望!

应该说，各省督抚藩臬道府州县上下串通一气，通同作弊，并非甘肃一省而已。山东巡抚国泰操守不佳，乾隆帝早有风闻，特于乾隆四十六年（1781年）初令山东藩司于易简来京陛见，亲自询问，于易简坚称“国泰并无别项款迹，惟驭下过严，遇有办理案件未协及询问不能登答者，每加训饬，是以属员畏惧，致有后言”④。一年后，国泰贪纵营私案发，乾隆对于易简“竟敢于朕前饰词容隐，朋比袒护”，怒不可遏，特谕曰：“外省藩臬两司俱有奏事之责，遇有督抚不公不法之事，原准飞章上达，况经朕之睹面询问乎？若外省尽如于易简之欺罔，则督抚藩臬上下联为一气，又将何事而不为?”⑤ 国泰操守不谨、山东州县亏空之事，身任长芦盐政、每年前往山东稽查运库钱粮的尹龄阿亦早有所闻，但其同样没有据实入告⑥。更令人费解的是，秉持中枢的廷臣也曲意包容国泰，据案发后乾隆帝讲：“国泰性情乖张，朕

① 《乾隆朝惩办贪污档案选编》第二册，第1671页。
② 同上书，第1327页。
③ 《乾隆朝惩办贪污档案选编》第三册，第2548页。
④ 同上书，第2395页。
⑤ 同上书，第2444页。
⑥ 同上书，第2399页。

从前早有风闻，并据军机大臣阿桂、福隆安、和珅等密为陈奏，欲以京员调用消弭其事”[1]，可见“官官相护”不仅为外省恶习，而且弥漫于整个官场。福建的事例也很有典型性。藩司伊辙布于乾隆五十三年（1788 年）到任后，查出全省亏空仓粮 64 万石、库银 105 万余两，遂开列清折禀明总督伍拉纳，伍拉纳命将亏缺库银少报 70 万两，伊辙布遂以“我是他的属员，不敢不从”，照所定之数上报[2]；伍拉纳则对“伊辙布串通库吏侵亏帑项，（臬司）钱受椿延案勒贿、拖弊多命，种种营私舞弊”，“竟若罔闻，一任肆行无忌，加之信任”[3]。为此，乾隆帝一再降旨严饬：“福建地方近年以来，自督抚司道以及各府州县通同一气，分肥饱橐，玩法营私，以致通省仓库钱粮亏空累累，盗风日炽，甚至人命重案藐法徇情，殊出情理之外！”[4] 与福建毗邻的浙江似乎风气更糟，乾隆四十六年（1781 年）查办闽浙总督陈辉祖侵盗原浙江巡抚王亶望入官财产一案，自布政使国栋，以至盐道陈淮、嘉兴知府杨仁誉、衢州知府王士瀚等 10 余员全都程度不同地卷入陈辉祖抽换隐匿玉器、朝珠、古玩、字画的违法活动之中，且于查办此案时，上下串通，掩盖混供。乾隆帝谕称“此案抽换抵兑，竟系陈辉祖与司道府县上下通同一气，营私舞弊，实出情理之外”[5]，可见其愤慨之情。此案还查出奉旨查抄王亶望家资的总督陈辉祖竟然对犯官王亶望格外关照，给予皮衣 16 件等情节，更使乾隆帝震怒不已，特谕曰：“以众所共弃之人而犹瞻顾情面，

---

① 《乾隆朝惩办贪污档案选编》第三册，第 2443 页。
② 《乾隆朝惩办贪污档案选编》第四册，第 3431 页。
③ 同上书，第 3538 页。
④ 同上书，第 3606、3538 页。
⑤ 《乾隆朝惩办贪污档案选编》第三册，第 2542-2543 页。

公为欺罔，试思此时岂可复听情面，推此又何事不可为？外省官官相护恶习至于此极！”①

官官相护之习严重腐蚀了对各级权力机构的监督制约，这种牢不可破的官场痼习，可谓是对贪污贿赂、以权营私等腐败行为的无所不在的保护伞。既然如此，就有必要进一步探讨官官相护之习，何以如此牢不可破。

从表面上看，为官者即具有共同利益，特别是自督抚藩臬以至道府州县，上下百数十余名官员组成的一省官僚集团，更具有特殊的利害关系。为了维护共同的利益，官员之间自然会相互容隐，彼此袒护。以集团性大贪污案甘省官员折捐冒赈案为例，首犯王亶望入己百余万两白银，固然分得了赃银的最大份额，而贪污2万至10余万两的州县官即有近30人，2万两以下、数百两以上者又有80余人，侵冒或捏结受贿的道府大员又有10余人②。王亶望被正法前自供：“我贪心重了，想上下合为一气，各自分肥，又令该道府等出结存案，希冀可以蒙混，况有散赈可以借端掩饰，不至败露出来，所以大胆就做了这昧尽天良的事。”③ 可见，王亶望是有意识地使下属分润一些赃银，以此固结成一个庞大的贪污集团，期望案情不致败露。这可视为以贪墨上司为主导，上司下属层层利害攸关，是以扶同徇隐、终无一人举发的典型事件。对此，章学诚曾痛切指出：“州县为贪墨督抚累者十八九。”④

在当时的官场中，还经常会看到下属以行贿手段挟制上司的

---

① 《乾隆朝惩办贪污档案选编》第三册，第2686页。

② 《乾隆朝甘肃冒赈案惩处官员一览表》，《历史档案》1996年第2期。

③ 《乾隆朝惩办贪污档案选编》第二册，第1345页。

④ 《章学诚遗书》卷二九《上执政论时务书》《三上韩城相公书》。

事例。嘉庆初，御史张鹏展条奏《清厘吏治五事疏》中，提到督抚不敢参办州县亏空原因有四，其一便是“恐牵连上司，或受过属员之馈送供给，所以不敢办”①。章学诚也说：“州县以多亏为挟制督抚之计，总缘督抚不能无染指也。”② 乾隆五十一年（1786年）浙江平阳知县黄梅勒派入己案，是为震惊朝野一大事件，平阳县亏空数万，而知县黄梅有恃无恐，及钦差至浙，各州县畏罪竭力补凑，黄梅犹恃上官保护之力，以幸脱免。何以如此？学政窦光鼐分析道：“夫督抚不肯参亏空，所以亏空滋多也；道府不肯揭勒派，所以勒派滋甚也——此各省习气。上官非尽姑息，亦由各有所染以致。”③ 道光时张集馨署理四川藩篆，曾遇到一件下属挟制上司的棘手案件：“犍为县朱在东因案撤任，经后任查出亏短正杂款项九万余金。朱在东扬言，欲赴京具控，以历任将军院司道府俱有馈送，渠署有印簿可据”，川督琦善以案情牵涉大员，感到无从下手，朱在东越发趾高气扬，盐道吴珩曾受朱在东例外馈送，及事决裂，舆马往拜朱在东，朱“头戴绣花白毡帽，身着绿油皮袍，偃蹇榻上”，吴珩莫可如何。诸上司害怕朱在东铤而走险，在张集馨的调停下，受贿的将军以下知府以上各出资数千两，将犍为县亏空私下弥补以结案④。张集馨提到本有察吏专责的道府，因收受州县节寿陋规而被挟制时，曾以“猫鼠同眠”喻之⑤，真可谓深刻而绝妙的讽刺！

如果从监督机制存在的缺陷这一角度来看，则不能不说官官

① 《清经世文编》卷二〇《清厘吏治五事疏》。
② 《章学诚遗书》卷二九《三上韩城相公书》。
③ 《乾隆朝惩办贪污档案选编》第四册，第3190页。
④ 《道咸宦海见闻录》，第103－104页。
⑤ 同上书，第127页。

相护之习牢不可破，与督抚权力的过度膨胀不无关系。

自明以迄清初，中央派出巡按、巡方、巡察御史，以监督、制约督抚等封疆大吏的权力，监察权是相对独立的，而雍乾以来，为加强统一集权，刻意削弱和限制上述监察权力，并从地方官员上下左右互相纠察的思路出发，另创设新的监察系统，实际上是使督抚集军政、举劾调补属吏及监察权力于一身。其优胜之处在事权统一，而随之而来的弊端——督抚专权之下监察机制的失灵——亦日益暴露出来。雍正初，翰林院检讨李兰即奏言："近来督抚提镇其权亦太盛矣，挟赫赫炎炎之势，令人敢怒不敢言，即有过举，谁能参究？"他建议恢复往昔"可以白简从事之按臣"，则"不惟小臣能廉而大臣亦能法也"①。雍正帝在提到督抚权势过重、体统过尊时也说过："督抚提镇俱系朝廷简用之大臣，其因公晋接，自有一定之礼仪，不应过卑过亢，以违制度。乃间有不肖督抚倨傲妄行，而不肖提督等遂卑躬屈节以为谄媚者，如年羹尧当日视提镇等如同奴隶，每令其披执进见迎送；常鼐在江南时，自坐于中而令两司侍立于傍。"② 至乾隆年间，特别是乾隆中期以后，督抚权势益盛。袁枚在《上两江制府黄太保（廷桂）书》有云："督抚之威，有雷霆万钧之势，从空而下"，"南面而临，能荐人，能劾人"③。在其所辖地方，督抚之威慑力甚至超过皇帝，是以袁枚又说："尝闻天子有诤臣而不闻督抚有诤吏"，盖"忤督抚意，督抚不能以忤意罪之，必摭别事方登白简，虽得罪而所以被罪之故，天下不知，好名之士，亦不肯为"④。嘉庆亲

---

① 《雍正朝汉文朱批奏折汇编》第一册，第38页。

② 《雍正朝起居注册》第一册，第712页。

③ 《清经世文编》卷二〇《上两江制府黄太保书》。

④ 同上。

政初，章学诚讲得更直截了当："州县之畏督抚，过于畏皇法。"① 何以如此？程含章说："今日督抚之权不为不重矣，生杀予夺、钱谷兵刑皆其职掌。"② 督抚既有此重权，故刁难蹂躏下属肆无忌惮。湖南藩司郑源璹"凡选授州县官到省，伊即谕以现有某人署理，暂不必去，俟有好缺以尔署之。有守候半年、十月者，资斧告匮，衣食不供。闻有缺出，该员请示，伊始面允，而委牍仍然不下。细询其故，需用多金，名为买缺。以缺之高下定价之低昂，大抵总在万金内外"③。福建臬司钱受椿则善于利用手中覆审之权婪索下属，长泰知县顾掞审讯械斗命案，尚未成招，即奉提解省，听候审办，然而钱受椿有意延搁不审，顾掞明白"是有心要借案勒索我的意思，我屡次具禀恳求审办此案，俱被钱臬司严批痛骂，我无奈于年底备购金叶三十两并大呢、羽毛等物，约共值银一千余元，差家人陈政于本年正月初间送省交钱臬司门上收受，原想完结此案，不料家人回漳说钱臬司尚不满意"④。

如果说，督抚大吏凭借权威凌践下属，是乾隆中期以后带有普遍性的问题，那么，旗员督抚的专横跋扈则显得更为突出。清初以来，督抚大吏便多以满人为主，康熙时储方庆曾直言其弊："今自三公九卿为陛下之凝承辅弼者，莫不并列满汉之名，督抚大臣则多寄于满人，而汉人十无二三焉。其意不过谓国家受命之地，其人皆与国休戚，非若汉人强附以取功名者，故信满人之心常胜于信汉人……陛下既为天下主，即当收天下才，供天下用，一有偏重于其间，臣恐汉人有所顾忌而不敢尽忠于朝廷，满人又

① 《章学诚遗书》卷二九《三上韩城相公书》。
② 《清经世文编》卷一二《复林若洲言时务书》。
③ 《竹叶亭杂记》卷二。
④ 《乾隆朝惩办贪污档案选编》第四册，第3486页。

有所凭借而无以取信于天下矣。”[①] 督抚多用旗员的格局在乾隆年间又有进一步发展，乾隆八年（1743 年），翰林杭世骏说：“意见不可先设，畛域不可太分。满洲才贤虽多，较之汉人仅十之三四，天下巡抚尚满汉参半，总督则汉人无一焉，何内满而外汉也?”[②] 这一番话触犯了清帝猜忌、防范汉人的大忌讳，杭世骏竟因此被革职。此后，“天下巡抚尚满汉参半，总督则汉人无一焉”的状况基本没有改变。旗员督抚深得皇帝倚信，其中贪酷者不仅视下属如草芥，即便是汉人同官也全然不放在眼里。云贵总督恒文“每见属员先示以风厉”，“以致属员畏其威势”[③]。浙江巡抚福崧“性情偏执，意气凌人，迹似近于刚愎”[④]。江西巡抚郝硕“秉性急躁，遇事猜忌，喜怒无常，以致各属咸怀疑惧”[⑤]，“属员谒见之下，时恐呵斥，是以公事之外并不敢轻有议论”[⑥]。闽浙总督伍拉纳“素性躁急”，“性急苛刻”[⑦]。历任总督数十年的李侍尧“素性傲戾，不讲情理”，“属员畏之如虎”，“若不依从，便有祸患”，不仅属员“惟总督之命之听”，且“公事一手把持，向来巡抚不得过问”[⑧]。山东巡抚国泰“情性恣睢，恃才自用”，“属员因国泰任性吹求，轻喜易怒，皆以为意在婪索，欲使人知畏惧”[⑨]，不仅下属因国泰“乖戾刻薄”，“无不畏惧”[⑩]，作为方面大员的藩司于易

① 《清经世文编》卷七《殿试策》。
② 《清高宗实录》卷一八四。
③ 《乾隆朝惩办贪污档案选编》第一册，第 24 页。
④ 《乾隆朝惩办贪污档案选编》第四册，第 3372 页。
⑤ 同上书，第 2851 页。
⑥ 同上书，第 2870 页。
⑦ 同上书，第 3422、3602 页。
⑧ 《乾隆朝惩办贪污档案选编》第一册，第 966-967、1053 页。
⑨ 《乾隆朝惩办贪污档案选编》第三册，第 2404 页。
⑩ 同上书，第 2414 页。

简也“向国泰长跪回话”①。两广总督富勒浑“性情刚愎”,“暴戾乖张”②,以至广东巡抚孙士毅奉旨查讯其家人婪索滋事时,竟然“索取廷寄”及孙士毅“覆奏折稿”,被婉拒后,即“疑怒交作”③,对孙士毅等“衔恨入骨”,并扬言“我若去官,必使人人获罪”④。上述所举以贪酷著称的满洲督抚,对下属飞扬跋扈、刚愎专横,是造成政治黑暗腐败的一个不可忽视的原因。他们共通的暴戾之气,当然不能用民族的性格加以解释,而只能说明作为统治民族的成员,一旦掌握一方生杀予夺大权时,会养成一种何等恶劣、何等专横的政治品格!

18世纪以来,督抚统驭下属权力逐渐强化,与此相应,制约督抚权力的重重监察系统的权力则日渐削弱,以致到乾隆后期,在相当多的省份,监督机制普遍失灵,官官相护恶习牢不可破,上下通同舞弊,政治黑暗腐败。这种局面的出现绝不是清最高统治者所期望的,平心而论,他们设计一整套地方行政、监督权力系统的初衷,恰恰在于制约督抚的滥用权力。既然如此,事态发展为什么又走到了其初衷的反面了呢?

先来看雍正就皇帝-督抚-司道府县关系对总督的训谕:“朕视天下如一家,视臣邻如一体。尔等亦宜深体此意,以一家之心视两省,以一体之心视属吏,本之至公,用之至当,则上司之任使下僚如身之使臂,臂之使指”⑤。在训谕司道府等官时又说:“督抚经理地方,必任用司道知府,犹朕统御天下,必任用在廷诸大

① 《乾隆朝惩办贪污档案选编》第三册,第2405页。
② 《乾隆朝惩办贪污档案选编》第四册,第2936、3097页。
③ 同上书,第2899页。
④ 同上书,第2915页。
⑤ 《清世宗实录》卷三。

臣……顾为督抚者势不能不于所属之司道府寄耳目、委腹心，必将遴选其能任事者而委任焉。”① 上述发自雍正帝肺腑的言论表明，他所关注和期望的是建立一整套如“身之使臂，臂之使指”那样得心应手、运转灵活的皇帝-各直省权力系统，而督抚在其中的地位至关重要，他们对下属的关系，犹如皇帝对督抚、廷臣的关系。但从雍正帝的谆谆训谕中也暴露出他所构想的政治方案的严重缺陷，即督抚必须“本之至公，用之至当”，而何谓“公”，何谓“当”，其本身就是一个难以把握的道德问题，这里缺少的正是一个“相对稳定的、非人格化的和非政治性的规范与规程的体系这种意义上的法律概念”②。正是在这样的非法制的专制主义中央集权政治体制下，督抚用心行事的出发点，不在于促进本地区的公共利益，而是对皇帝负责；道府州县用心行事的出发点，也不在于本地区的社会经济发展，而是对督抚负责。诚如嘉庆初御史贾允升指出的那样：“府州县官，为国养民者也，而今守令患在知有上司而不知有民。”③ 亦诚如乾隆初御史曹一士所言：“今之督抚明作有功之意多，而惇大成裕之道少；损下益上之事多，而损上益下之义少。”④ 王亚南论及西欧各国专制君主政体的痼弊时说：官僚或官吏“不是对国家或人民负责，而只是对国王负责。国王的语言，变为他们的法律，国王的好恶，决定了他们的命运（官运和生命）、结局，他们只要把对国王的关系弄好了，或者就下级官吏而论，只要把他们对上级官吏的关系弄好了，他们就可以为所欲为地不顾国家和人民的利益，而一

---

① 《清世宗实录》卷五七。

② 戴维·比瑟姆：《马克斯·韦伯与现代政治理论》，第 139 页。

③ 《清经世文编》卷一六《请除外省积弊六事疏》。

④ 《清经世文编》卷一九《请分别贤能疏》。

味图其私利了"①。把这一段精彩的论述，移诸对中国18世纪专制主义中央集权体制下官僚政治种种弊端的分析，不是再恰当不过了吗？总而言之，18世纪督抚对下属权力的强化、官官相护之习更其牢不可破所导致的政治黑暗腐败是体制性的痼疾，企图通过建立一套完备而理想的监督制约系统，以从根本上加以救治，只不过是不切实际的政治幻想。明清之际的设巡按、推官，雍乾以来欲以督抚与同官、下属连环纠察，统统以失败告终，就是明证。

二　立法与执法的失误

在探讨过皇权高度强化、督抚权力膨胀等政治体制的痼弊之后，下面转入从法律角度进一步检讨18世纪后期中国政治体制存在的问题。

立法方面，前文已肯定乾隆帝严于惩贪的主要方面，但其重大失误之处亦不容忽略。

第一，为惩治贿赂罪而制定的"与受同科"条例，恰恰构成查办贿赂案的障碍。

"与受同科"是《大清律例·刑律·受赃》"有事以财请求"律文之后的附例，该条例的主要内容是："凡有以财行求及说事过钱者，审实，皆计所与之赃，与受财人同科。"② 此例系康熙三十七年（1698年）颁行旧例，雍正三年（1725年）、乾隆五年（1740年）两次增修，基本内容未变③。所谓"以财行求"，即行

① 王亚南：《中国官僚政治研究》，第22页。
② 《大清律例通考校注》，第916页。
③ 《读例存疑》卷四一。参见光绪《大清会典事例》卷八二一；《大清律例通考校注》，第916页。

贿；所谓“说事过钱”，即居间介绍贿赂。从法理角度分析，“与受同科”的谬误是显而易见的。晚清律学家薛允升首先指出“与受同科”条例较之“官吏受财”律更严：“官吏受财，分别枉法、不枉法科罪，说事过钱者得减一等、二等；与财者，坐赃论。律文本有分别。此例改为一体同科，较律加严。”如此一来，“设如受不枉法赃一百二十两以上，受者自应论死，与者及说事过钱之人一体论死，自古以来，无此情法”。他对为何定此条例表示难以理解：“受财，有受财之罪；行求，有出钱之罪；一体同科，古无此法。究系因何纂为定例，并无按语可考。”①

“与受同科”在法理上固无法解释，更严重的是，在司法实践中，由于行贿者、介绍行贿者与受贿者同科，因此，行贿之人及介绍贿赂之人不到万不得已绝不会据实揭发。“与受同科”例，看似从严从重惩治贿赂罪，实际上却起着保护索贿、受贿的墨吏的消极作用。路振扬早在雍正初即已对此例提出批评，他说：“此等营私之徒，彼此容隐，其事不易败露，即或有人告发，犹必互相掩饰。”为此，他奏请新定“营私自首之例”：“如与者于事后能据实自首，则照原赃倍追给主，免其应得之罪，止罪受者及说事过钱之人；若说事过钱之人能据实尽首，除免赃给赏例内分别已详外，亦免其应得之罪，止罪与受之人”，路振扬以为，此亦“除贪之一法也”②。经议准，上述“营私自首”被定为“有事以财请求”律的附例③。但虽经此番修正，“与受同科”例仍为赃吏所依恃，特别是案发之后，受贿索贿者往往有恃无恐，挺

① 《读例存疑》卷四一。
② 《清经世文编》卷一六《请定营私自首之例疏》。
③ 光绪《大清会典事例》卷八二一。

身不承婪赃之罪。乾隆中后期，贪污大案多不能搞得水落石出，固然有乾隆帝怕有伤“国体”的缘故在内，但“与受同科”使行贿及介绍行贿之人惧罪而不肯首发，亦是不容忽略的原因。

乾隆六十年（1795 年），闽浙总督伍拉纳、福建巡抚浦霖婪赃受贿案发，乾隆帝即命新署闽浙总督长麟会同福州将军魁伦查办。从当年五月初一日至八月下旬，仅查出伍拉纳、浦霖收受盐务陋规等轻微罪款，而其婪索属员、收受馈送等案中重大情节却毫无进展。乾隆帝料定伍、浦二人若不听情受贿，绝不会为下属亏空钱粮讳饰隐瞒，故而屡降严旨命长麟等务必查出实在情节，“毋得稍有瞻徇，致干重咎”[①]。经长麟等逐一严追，只有被参革收禁的原厦门同知黄奠邦供出每年致送伍拉纳、浦霖银各 4 600 两，在任两年共送过伍、浦银各 9 200 两，其他提审各员“佥称福建州县多系苦缺……实无余力馈送营求”[②]。军机大臣据黄奠邦所供质之已革职解京的伍拉纳和浦霖，伍拉纳对收受黄奠邦之银两无可推卸，但一口咬定除此之外“实未得过别项银两”，军机大臣再四严诘，仍“坚供不移”。浦霖心虚胆怯，承认收受黄奠邦贿银后，又供出得过知府石永福、署知县史恒岱二人各花边钱一二千圆不等，至于其他贿送之事，浦霖不敢封口，供称“此外州县也还有送过我的，我实一时记忆不清了”[③]。此时已是当年十月上旬了，归政大典在即，乾隆帝只得命军机处将浦霖供词封寄署福建督抚魁伦等，“严切究讯”石永福、史恒岱“逢迎行贿”之罪。同时又谕示：“此外通省州县伍拉纳、浦霖在任时，

---

① 《乾隆朝惩办贪污档案选编》第四册，第 3436、3476 页等。

② 同上书，第 3483 页。

③ 同上书，第 3528—3529 页。

想夤缘馈送者亦复不少，即讯问谅亦不肯吐实，不必辗转根究”[①]。为什么不再根究？在同日颁布的明发上谕中，乾隆帝说得十分清楚：“此外属员中私行馈送者自不乏人，但与受同罪，本人必不肯再行供出，若辗转根究，不无波及，竟可无庸再行查办。俟石永福、史恒岱二人查讯明确后，此案即可完结”[②]。

伍拉纳、浦霖婪赃受贿案是乾隆帝归政前亲自处理的最后一桩贪污大案，说他有心包庇伍、浦二人，不愿彻底揭开福建一隅政治腐败的黑幕，似欠公允；说长麟、魁伦亦深染外省“官官相护”习气，不肯实力严切讯究，也不够公平。但经过持续近半年的反复严鞫，只不过查出了伍拉纳、浦霖婪赃受贿的枝叶而已，其原因无他，就在于“与受同科”条例实际上已构成了彻查此类贿赂案的不可逾越的障碍。如果说乾隆帝亲自过问、严旨督责的钦案尚且如此，其他贿赂案（须知督抚大员侵贪案中多是勒派需索属员的贿赂案）之难以彻底查清则更可想而知了。

对“与受同科”条例在查办贿赂案件中的消极作用，乾隆帝早有认识，在乾隆四十六年（1781年）山东巡抚国泰勒索属员贿赂一案中，乾隆特谕钦差大臣和珅等：“折内（按：指御史钱沣参折）所称仓库亏空多至八九万两不等，和珅等到彼时迅速逐一比对盘查，自无难水落石出，此事尚属易办。至各属以贿营求，思得美缺一节，不特受贿者不肯吐露实情，即行贿各劣员明知与受同罪，亦岂肯和盘托出？即或密为访查，尚恐通省相习成风，不肯首先举发”[③]。伍拉纳、浦霖案查办受阻时，乾隆帝也

---

① 《乾隆朝惩办贪污档案选编》第四册，第3530页。

② 同上书，第3531页。

③ 《乾隆朝上谕档》第一一册，第111-112页。

指出症结在于“与受同罪”。对于这样只有清律独有，法理上令人难以索解，而在审案实践中弊病显见的荒诞条例，竟听任其保存于《大清律例》之中，不予删改，不能不说是惩贪立法上的重大疏失。

第二，“陋规”罪与非罪的界限模糊不清。

清律中没有何谓“陋规”的定义，惩治收受属于陋规之类的违法行为的条例，散见于刑律、户律之下，如《刑律·受赃·官吏受财》附例：“凡上司经过，属员呈送下程及供应夫马车辆一切陋规，俱行革除。如属员仍有供应，上司仍有勒索者，俱革职提问”，“其上司随役家人私自索取，本官不知情者，照例议处。如知情故纵，罪坐本官，照求索所部财物律治罪”①。再如《刑律·受赃·在官求索借贷人财物》本律：“若接受所部内馈送土宜礼物，受者，笞四十，与者减一等。若因事（原注‘在官’）而受者，计赃，以不枉法论”②。该律还附有条例：“凡出差巡察之员所到州县地方，如有收受门包，与者照钻营请托例治罪，受者照婪赃纳贿例治罪”③。又如《户律·仓库·多收税粮斛面》本律：“若仓官、斗级不令纳户行概，踢斛淋尖，多收斛面者，杖六十。若以（原注‘所多收之’）附余粮数，计赃重（原注‘于六十杖’）者，坐赃论”④。由此可见，与受法律例所定之陋规，俱照不同情节坐以应得之罪。准此，收受陋规应视为犯罪行为。

然而，作为具有最高立法权的皇帝，对陋规是否概属犯罪，

① 《大清律例通考校注》，第910页。
② 同上书，第917页。
③ 同上书，第918页。
④ 同上书，第463页。

态度却极为暧昧。康熙帝明言不赞成尽革当时最大一项陋规——火耗，理由一是“尽行禁革，恐不肖官吏又生他弊”①；二是火耗由“上司规礼”转为督抚手中的特别进项，用“以鼓励兵丁，临事用时方能致命效死”②。雍正也容许督抚掌握一笔数目可观的陋规收入，云南巡抚杨名时奏陈将巡抚衙门相沿规例革除后尚留5万余两，雍正批谕：“凡直省督抚此等之奏，朕不但不谕，而且不览。凡所取与，任尔等为之，是要还朕个是好二字来。朕并非看你们穷苦了方称朕意也，况督抚之进路岂法可绳而科可限者也，只要你们取出良心来……凡如此等事，皆在尔等相机度理而行之，是与不是，难逃朕之鉴察也。”③ 雍正甚至认为羡余陋规，或地方有公用，或资赏犒之需，原是督抚等“当得之物”④。乾隆帝与其父祖一脉相承，当事涉陋规时，多次表示：事后收受属员馈赠“与因事纳贿者尚属有间”；两淮盐政衙门的所谓“外支闲款”，“与向来外省各衙门陋规相同，不败露则苟免，既败露则应问，较之婪赃，究为有间”；漕帮陋规“究系相沿陋规，与营私纳贿者有间”；“福建厦门洋行陋规一案，因系旧日相沿，事与婪索败检者不同”⑤。收受陋规在情节较轻以及用于公事时固然与贪婪有别，但此类法外征索与收受贿赂，毕竟不存在明确界限。在乾隆帝的心目中，始终横亘着收受陋规与婪赃纳贿究属有间的定见，因此，乾隆一朝六十年，尽管陋规有日益泛滥之势，国家却未能从根本上完善处置陋规的立法，也就不难理

---

① 《康熙起居注》第三册，第2328页。

② 同上书，第2224页。

③ 《雍正朝汉文朱批奏折汇编》第一册，第625页。

④ 同上书，第920页。

⑤ 《清高宗实录》卷一二五，卷三四一，卷四一七，卷七二四。

解了。

由于陋规的罪与非罪界限不清，因而在司法实践中只能如乾隆帝所言："不败露则苟免，既败露则应问"，但问罪时又缺乏可以援引的律例，故乾隆年间审理的涉及陋规的大案畸轻畸重。乾隆十六年（1751年），法司以巡抚严瑞龙侵用"余平"银赃至4 800两拟斩，乾隆帝却认为"侵用余平一项亦系各省藩司相沿陋习，况伊在任多年，所积数止于此，是其操持尚知谨慎"，不准以此定其罪案[①]；乾隆三十七年（1772年），云南藩司钱度刻克平余银数万两，钦差大臣袁守侗拟罪时援照"若监临主守将增出钱粮瞒官作弊者，计赃以监守自盗"律例拟斩[②]，后改重即行正法。乾隆二十六年（1761年），河东盐道衙门收受盐商公费一案，历任道府厅县官员朱若东、邓锡礼、张任华拟斩，当年秋审入于情实处决[③]；而乾隆五十九年（1794年），两淮盐政全德收受盐商"供应银"19.2万两，却命"自行议罪"，奉旨允准加倍罚出38.4万两了结[④]。法司在审判收受陋规案时，难以依法定罪量刑，因而往往揣摩皇帝意旨。乾隆五十三年（1788年）台湾海口武弁收受船户陋规银一案，承审的闽浙总督李侍尧从重拟罪：从乾隆三十一年（1766年）至乾隆五十一年（1786年）历任总兵杨瑞等15员，均应杖一百、流三千里，从重发往伊犁充当苦差，所得陋规全数追缴；历任淡水同知段阶等22员以枉法赃论，均应拟绞监候[⑤]。李侍尧如此重判，在很大程度上是欲坐

① 《清高宗实录》卷三八八。

② 《乾隆朝惩办贪污档案选编》第一册，第256页。

③ 《清高宗实录》卷六四六。

④ 《文献丛编》第六辑。

⑤ 《宫中档乾隆朝奏折》第六八辑，第805-808页。

实总兵柴大纪钦定的“玩法营私”“贪黩侵渔”的罪案。

诚然，陋规是一个十分复杂的社会现象，如何加以禁止，在立法上有相当大的难度。乾隆中期以后，大小官吏凭借自己的政治权力，肆无忌惮地索受商民士子陋规，其中虽有可以理解的社会原因，但就其性质而论，大多应按“枉法赃”、“不枉法赃”、“准枉法赃”或“坐赃”坐罪。此外，某些名目的陋规虽一时难以尽革，但官吏胥役借端营私肥己，也助长了侵贪犯罪。乾隆帝未能从业已变化的新形势出发，及时从立法上对形形色色的陋规，做出罪与非罪的明确界限，完善惩治与受陋规的立法，反而有意无意地为陋规网开一面，其结果只能是纵容一切陋规的恶性发展，同时给法司处理此类案件带来混乱，对官场中普遍存在的陋规合理的论调也只能起到推波助澜的作用。乾隆中期以后，与受陋规作为一种政治腐败的突出现象已到了泛滥成灾的地步，其中固然有深刻的社会原因，但立法上的疏漏也的确是一个值得检讨的重要方面。

同样，在执法方面，既应肯定乾隆帝严于惩贪的主要方面，也必须指出其重大失误之处。

第一，从处理不同类型的贪污案件看，乾隆帝在执法力度上多有轻重失衡之处。

察吏安民，惩贪除弊，大致有部院、督抚、州县、吏役四处关节，而四者又彼此渗透，密切相关，故当时人讲：“郡县有一不肖吏，则郡县之民无宁居者矣；督抚有一黩货之人，则所属之郡县无一休息者矣；部院诸大臣不能奉公守法，则天下之督抚无一廉者矣。”① 乾隆帝惩贪，对州县牧令、书吏胥役毫不假借，

① 《清经世文编》卷七《殿试策》。

可谓严矣；对督抚藩臬，亦不能说不严。甘肃通省官员折捐冒赈案五六十员墨吏伏法，这是前代所罕见的，也是清代所仅见的。首犯王亶望、王廷赞等之子革职、发往伊犁充为苦差，其幼子俟年及12岁再行陆续发往，婪赃4万两以上的犯官18员，业经亡故而免究的犯官5员亦照此办理，此后遂成定例。这种法外苛法不仅前代罕见，即有清一代也仅此一见。当然，对督抚侵贪，乾隆帝也间有故纵之处。乾隆二十五年（1760年），江西巡抚阿思哈婪贿派累，钦差大臣刘统勋按律拟绞，翌年奉旨免罪，给三品顶戴，往新疆效力赎罪。乾隆二十九年（1764年）闽浙总督杨廷璋勒派属员垫买物件已查出实据，乾隆帝却压制钦差大臣舒赫德、裘曰修不得吹求，结案时以“朕念杨廷璋年齿就衰，平时尚能悉心任事”，从宽授以散秩大臣，保护起来。最让人诟病的是李侍尧案。李侍尧在云贵总督任上，勒索属员银两、收受银厂陋规一事败露，钦差大臣和珅定拟斩候，经大学士、九卿核议，改重为立决，乾隆帝曲意保全李侍尧，遂破例将此案核拟原折“发交各督抚阅看，将和珅照例原拟之斩候，及大学士、九卿从重改拟斩决之处酌理准情，各抒已见，定拟具题，毋得游移两可”①，但绝大多数督抚覆奏同意从重立决，仅闵鹗元一二大吏揣摩准了“酌理准情”的话外之音，奏请援“议勤”“议能”之律，“稍宽一线，不立予处决”②，这才给了乾隆帝一个借口，将立决改为“应斩监候，秋后处决”。自然，秋审也未处决，翌年王亶望案发，李侍尧又被赏给三品顶戴，出任署理陕甘总督，主持审办这件贪污大案了。当时朝鲜来华使臣说“大抵侍尧贪赃中，五之三

---

① 《乾隆朝惩办贪污档案选编》第一册，第1067页。

② 同上书，第1092页。

入于进贡，故皇帝心欲宥之”[①]，似乎反映了京师的舆论；礼亲王昭梿记录了一则吴人谚语，也饶有趣味：“议贵议功一言活，昭信中堂（侍尧以先祖功追封昭信伯，授大学士，故名昭信中堂）难逃青史。”[②] 上述事例表明，在处理督抚大吏侵贪案时，乾隆帝在执法上存在毋庸讳言的随意性，不过掌握最高司法权的皇帝欲将“斩决”扳回“斩候”，竟如此大费周折，亦可见贪官污吏一旦被推进司法程序，援律坐罪拟刑，则回旋余地毕竟有限，况且，乾隆年间定罪量刑总的趋向是从重，奉旨查办侵贪案件的钦差或督抚，不仅不敢徇情枉法，而且按律拟罪之后，往往还要声明“从重”量刑。说到底，这也是乾隆惩贪从严执法所决定的。

令人费解的倒是，乾隆帝整肃吏治的决心如此之大，何以对关系全局，特别是关系督抚清贪的京中权要营私玩法竟采取姑息纵容的态度。下面先看乾隆帝何以待甘肃冒赈大案“祸首”于敏中。赵翼说乾隆中期以前秉持中枢者多洁身自爱，大致可信[③]。到乾隆三十九年（1774 年）顷，由于傅恒、尹继善、刘统勋等老臣相继凋零，而乾隆帝着力培养的勋戚福隆安尚未经历练，于敏中遂以文华殿大学士兼任首席军机大臣并管户部，他的玩法弄权、交接外吏似从此时始。昭梿评论政府风气转变时指出：于敏中承汪由敦衣钵“入调金鼎，初尚矫廉能以蒙上眷，继则广接外吏，颇有簠簋不饰之议，再者当时傅文忠（恒）、刘文正（统勋）诸公相继谢世，秉钧轴者惟公一人，故风气为之一变，其后和相（珅）继之，政府之事益坏，皆由公一人作俑，识者讥之”[④]。甘

---

① 《朝鲜李朝实录中的中国史料》下编卷一一。

② 《啸亭杂录》卷八《闵抚军》。

③ 《簷曝杂记》卷一《军机不与外臣交接》。

④ 《啸亭杂录》卷七《于文襄之敏》。

肃通省官员贪污大案败露之前，乾隆帝无意中查出于敏中遗有来源不明的巨额家资，对其“廉直”已不敢深信①，迨至查办该案，乾隆帝即明谕“王亶望恃有于敏中为之庇护”。此后十数年间，他又一再提及此事，说“于敏中拥有厚资，亦必系王亶望贿求赂谢”，并断定于敏中实为“酿此大案”的祸首。乾隆帝掌握审办王亶望案全过程，他的判断当有充分的证据，却不愿向全国臣民彻底揭开以于敏中为首的中央部院大臣如何收受贪墨大吏馈赠贿赂，如何假公济私、擅权玩法，如何内外勾结、朋比为奸的重重黑幕。甘肃贪污大案仅至匆匆处决王亶望、勒尔锦而中止向上根究，真正的祸首于敏中却以“宣力年久，且以身故”，不忍追治其罪为词②，轻描淡写地遮掩了过去。纵观乾隆对于敏中的处理，不能说他对从地方到中央整个贪污贿赂网络相互扭结的奥秘缺乏了解，只是面对政府中枢业已溃烂、地方政府正在迅速烂掉的部位，他已失去勇气，也没有魄力进行一次彻底的手术了。问题的严重性恰恰在这里，正当乾隆四十六年（1781 年）顷于敏中与王亶望等上下勾结、通同作弊的黑幕被掀开一角又很快捂严之日，正是贪名昭著的和珅权势炙手可热之时，而于敏中与和珅相比，一生贪黩所聚敛的财货不过是后者的零头而已，就对吏治的败坏而言，二人亦不可同日而语。然而，乾隆帝对和珅的庇护却远远超过了于敏中。乾隆五十一年（1786 年），当和珅秽声远播海外，举朝无人敢撄其锋时，御史曹锡宝具折参劾和珅家奴刘全恃势营私，衣服、车马、居室逾制，其意不过是借此旁敲侧击，波及和珅。乾隆帝在处理这件朝野瞩目的弹劾案时，对曹锡

① 《朝鲜李朝实录中的中国史料》下编卷一一。

② 《清高宗实录》卷一一六七。

宝无端指责，百般刁难，甚至一再降旨为一介家奴置辩不休，最后部议曹锡宝降二级调任，乾隆帝虽从宽改为革职留任，却又诬蔑曹锡宝之所以参奏刘全“盖今年为乡试之年，伊不过欲因进折，或记其名而出差耳，所见甚鄙”。并借此侈谈什么“我朝纲纪肃清，大臣中亦无揽权借势、窃弄威福之人”。直到嘉庆亲政，究治和珅，查抄刘全家产竟至20余万两，才为曹锡宝恢复名誉①。参劾和珅之下贱家奴尚且如此艰难，故而终乾隆之世，和珅之勒索外吏、贪婪聚敛，尽管世人皆知，但并未受到丝毫的触动。

乾隆帝刻意包容朝中权要的做法，似乎也可追溯到其祖父康熙。康熙二十七年（1688年），因贪黩劾罢之湖广巡抚张汧供出曾赍银赴京行贿侍值南书房之少詹事高士奇，康熙允准高士奇原官解任，仍管修书事宜。翌年九月，左都御史郭琇疏参“高士奇出身微贱，其始也徒步来京，觅馆为生”，嗣后办事南书房，声名赫奕，与王鸿绪、何楷等结为死党，“凡督、抚、藩、臬、道、府、厅、县，以及在内之大小卿员，皆王鸿绪、何楷等为之居停哄骗，而夤缘照管者，馈至成千累万，即不属党护者，亦有常例，名之曰‘平安钱’。然而人之肯为贿赂者，盖士奇供奉日久，势焰日张，人皆谓之曰‘门路真’，而士奇遂自忘乎其为撞骗，亦居之不疑，曰‘我之门路真’”。康熙不欲深究，遂命高士奇等致仕回籍②。据说，有高士奇政敌曾于御前谮之云：“士奇肩幞被入都，今但问其家资若干，即可得其招权纳贿状。”康熙一日

① 曹锡宝案参见《清高宗实录》卷一二五六，卷一二五七，卷一二五九有关记载；《清代碑传全集·碑传集》卷五六《特赠副都御史掌陕西道监察御史曹公锡宝墓志铭》；《清史稿》卷三二二《曹锡宝传》；《史料旬刊》第七册，天237。

② 《清史列传》卷一〇《高士奇传》。

问之，士奇以实对，谓："督抚诸臣以臣蒙主眷，故有馈遗，丝毫皆恩遇中来也。"康熙"笑颔之"①。这段记载不见于官书，而出于熟悉朝中掌故的赵翼笔下，不宜以无稽之野史视之。"笑颔之"三字最传神，康熙之不愿究治高士奇及其死党，盖为皇权强固沾沾自喜。高士奇之流招权纳贿固有妨吏治，但较之皇权旁落不可同日而语。雍正初，隆科多声势烜赫，揽权婪贿，是圣眷正隆的廷臣婪索督抚的显例，但隆科多日后被治罪全不在此，实因他构成了对皇权的威胁，才牵连出了他的贪婪之罪 16 款②。总之，皇帝所宠幸的京中权要，只要俯首听命而不涉入"奸党"，即贪赎聚敛如和珅也会包容到底的。这种与严惩州县以至督抚地方官员适成鲜明对照的"家法"，对乾隆季年政治腐败的影响既深且广。督抚大吏不畏刑诛，相继以贪婪败亡，驱迫其"不得不贪"的原因，除上述乾隆帝应负的主要责任外，和珅、于敏中之流京中权要的无厌贪婪也不容忽视。乾隆帝对督抚等侵贪执法诚然严厉，却因不整肃中枢的腐败，其实际效果被大大抵消了。

第二，从处理同一侵贪大案要案的全过程看，在执法力度上也有前后失衡之处。

先严后宽，虎头蛇尾，可谓乾隆办案的特色。最典型的事例莫过于乾隆四十六年（1781 年）甘肃通省官员贪污大案的审办，案发之初，乾隆帝决心极大，表示要"根求到底，令其水落石出"，及至钦差大臣阿桂依律侵蚀银千两以上者 66 员拟斩请旨

① 《簷曝杂记》卷二《高士奇》。另参见《康熙起居注》第三册，第 2135 页，康熙谓大学士等曰："人当做秀才时，负笈徒步。一第以后，赠遗不乏，服用稍充。及成进士，登仕版，服用饶裕，从者数人，乘马肩舆而行。岂得究之曰：此皆从何而来耶？"

② 《东华录》卷二九。

时，却以“朕心有所不忍”，命将侵蚀 2 万两以上 22 犯人于本年秋审处决，其余犯官留待明年秋审。嗣后因陆续查出甘肃犯官新的罪款，依律拟死者逾百人以上，乾隆帝又命在监各犯自陈劳绩，意图“于万无可宽中，求其一线生路”，结果将应斩罪犯 40 余名勉强改为“免死发遣”。此案处理到最后，连乾隆帝也承认“实不免失之姑息，引以为愧”①。

在立法和执法方面，导致乾隆惩贪的种种严重失误的原因是多方面的。“与受同科”条例和陋规罪与非罪的界限不清这类立法上未能及时解决的问题，既有立法者的认识落后于商品经济迅速发展的新形势，未能通过不断完善旧的法律体系，及时制定新的条例的主观方面的原因，也有诸如陋规之类在立法上确有相当难度的原因。至于从严惩贪未能一以贯之，处理不同类型案件，以及同一案件全过程在执法力度上畸轻畸重等执法方面的问题，则主要应通过追究乾隆帝个人应负的责任，来深入探讨制度上存在的深层次原因。上面已经提到，乾隆帝对严惩侵贪的重要性有比较清醒的认识，对吏治的清浊，闾阎的苦乐，以至官场中的种种情弊，通过密折制度、引见垂询、御门听政及巡幸时省方问俗，还是比较清楚的。乾隆帝又是一位有高度政治责任感的帝王，从维护清帝国的根本利益、长远利益出发，也不容贪官污吏毁掉国家的根基。但出于政治方面的考虑，用乾隆帝的话，即为维护“国体”和顾全“朕的颜面”，又牵制了从严惩贪方针的全面贯彻。国体，指整个国家的形象，它关系到清朝统治的合法性、合理性，关系到清朝统治集团在广大子民心

① 参见《清高宗实录》卷一一三四，卷一一四〇，卷一一六一，卷一一六七有关部分。

目中的地位；“颜面”云云，盖指乾隆帝本人的形象，即圣主的权威与尊严。乾隆帝并不十分情愿彻底揭开政治腐败、贿赂公行的盖子，甘肃通省官员贪污大案败露之后，他一再承认“此案未经发觉之先，朕已早有风闻，因案情重大，徘徊迟疑者已阅数年”①；在查办此案过程中，乾隆帝又再三向天下臣民表白，“甘省收捐监粮一事，地方官私收折色，任意侵欺，捏灾冒赈，酿成不得不办之大案，实非朕所喜也”②，“查办此案实出于不得已”③，“实因吏治民生，关系重大，不得不办之苦心”④。办过这样的大案后，乾隆帝不禁心虚胆怯，从严惩贪的勇气顿减，乾隆四十七年（1782 年）御史钱沣参奏山东巡抚国泰贪纵营私，乾隆帝预计通省官员皆不可免，遂密谕前往查办的钦差大臣和珅：“此事业经举发，不得不办，然上年甘省一案甫经严办示惩，而东省又复如此，朕实不忍似甘省之复兴大狱”⑤。乾隆帝的内心的确是很矛盾的：听任贪贿之风蔓延下去，将从根本上动摇帝国的统治基础；而彻底根究，又难免把政治的黑暗、官场的腐败暴露于光天化日之下。特别是到了晚年，乾隆帝暮气渐深，他更多考虑的是如何粉饰四海宁晏、天下升平的盛世幻影，维护自己“千古第一全人”⑥ 的虚假形象。

整个乾隆朝，特别是乾隆中期以后，在惩贪立法执法中暴露出来的种种问题，归根到底是由独自掌握着最高立法司法大权的乾隆帝的随意性决定的。乾隆帝晚年在不受任何权力制约的政治

---

① 《乾隆朝惩办贪污档案选编》第二册，第 1836、1728 页。
② 同上书，第 1433 页。
③ 同上书，第 1502 页。
④ 同上书，第 1576 页。
⑤ 《乾隆朝惩办贪污档案选编》第三册，第 2398 页。
⑥ 《清高宗（乾隆）御制诗文全集·御制文余集》卷二。

体制下，完全凭个人对形势的判断、由个人权衡利弊得失，而决定宽严力度的调剂和打击重点的选择。因此，乾隆中期以后惩贪执法中的严重失误，再次有力地证明了政治体制较之个人作用毕竟更具有决定性和根本性。

三　滋生政治腐败的社会温床

在结束了对乾隆中期以后政治腐败与政治体制关系的探讨后，再从另一个角度考察一下政治腐败、贪风大炽的社会原因。

首先是养廉银不足以养廉。乾隆年间，地方文职官员固定的、合法的经济来源，除微不足道的俸银之外，唯所谓“养廉银”而已。养廉银，顾名思义，至少能养成和保全官员的廉洁，然而，自雍正初创行养廉银制度之始，就有人尖锐地指出：“是养廉者，其名；而养不廉者，其实也。”① 此后，乾嘉道三代皇帝虽一再讲“国家厚给养廉”，但养廉不敷日用，办公正常的、必要的开销却愈来愈大，以至晚清时冯桂芬以为养廉足“而后吏治始可讲也”②。养廉不足是涉及面很广的重大社会问题之一，为深入探讨乾隆中期以后贪风大炽、贿赂公行、权钱交易、以权营私等种种政治腐败现象，以下就从当时官吏的薪给制度切入。

清承明制，内外文武官员赖以为日用之资的俸禄极其微薄。文武京官的俸禄，自正、从一品俸银180两、禄米180斛以下，按品递减银25两、米25斛，至正、从五品俸银80两、米80斛，以下正、从六品俸银60两、米60斛，正、从七品俸银45两、米45斛，正、从八品俸银40两、米40斛，正九品俸银33两余、

① 《清经世文编》卷一七《吏治因地制宜三事疏》。

② 《校邠庐抗议》卷上《厚养廉议》。

米 33 斛余，从九品俸银 31 两余、米 31 斛余，未入流与从九品同[①]。地方文官与京官一例按品级颁发俸银，但不支禄米，武弁比同品文官俸银较低，但增给薪银[②]。当时，此项菲薄收入对官员的浩繁开支来讲，无异于杯水车薪，内外文武官员皆另有生财之道，而最高统治者皇帝则予以默许姑息。

雍正初年，清廷对固有的薪给制度做了根本性的改革，地方文职官员除俸银外，加给养廉银。养廉高于俸银数十倍至百数十倍，如总督兼尚书衔为从一品，不兼者为正二品，其养廉最多的川陕总督 3 万两，最少的直隶总督亦有 1.2 万两，巡抚从二品，其养廉最多为西安巡抚 2 万两，最少的广西巡抚 8 400 两。乾隆十二年（1747 年）对督抚养廉裁多补少，加以调剂，总督大体在 1.5 万至 2.5 万两，巡抚约 1 万至 1.2 万两[③]。知县官七品，最高达 2 000 两，少亦五六百两，一般在千两上下。布按两司、道员、知府则自 2 000 至 9 000 两不等[④]。这次薪给制度改革，地方文职官员至少表面上得到了巨大的实惠，不过，如此一来，却使中央文官与地方文官、武职官员与文职官员之间合法收入的差距急剧拉大了，结果必然导致固有矛盾更加突出。

雍正初增给地方文官养廉的前提是耗羡归公，因而并未增加国家财政支出。尽管如此，雍正能够正视俸银不足以资办公、日用之需，且不避加赋之嫌，毅然定火耗、加养廉，确也难能可贵。然而，雍正未能由地方推及中央，由文员推及武职，大幅度地提高中央政府官员及武弁的俸禄，这是这次官员薪给制度改革

---

① 光绪《大清会典事例》卷二四九。
② 光绪《大清会典事例》卷二三一。
③ 《清高宗实录》卷二九〇。
④ 光绪《大清会典事例》卷二六一。

的不彻底之处。揆其原因，盖州县向有火耗羡余，增给养廉，财政上不成问题，而京官、武职若比照外吏，每年数百万两白银断难筹措。有鉴于此，雍正曾设法补苴，除增给旗员养廉，又拨“饭银”9万余两，“为户部养廉之用”①。迨至乾隆帝即位，又增给在京八旗大臣养廉，发给京官双俸，并陆续赏给户部之外其他中央政府部门养廉，但这些所谓的养廉银比起督抚大吏，不过区区小数，富冠六部②的户部饭银最多，而满汉六堂官饭银总共不过17 200余两，官居极品的领侍卫内大臣养廉银900两，相当于简缺州县，军机处司员们每年饭银也只有2 000两③，堂堂军机大臣因系兼差，竟丝毫养廉也不给。一般来说，外吏体统较尊，加以延幕友、赏吏役，开销数倍于京官，增给数倍于俸银的养廉本不为过，一旦陡增百倍上下，京官更有理由视外吏为金穴银窟，“专以咀嚼外官为事”④。乾隆中期以后，和珅声势熏灼，督抚大吏竞相奔走门下，京官分润外吏聚敛搜括所得，更到了骇人听闻的地步。推究其原因，由于京官俸入甚微而形成的皇帝默许、舆论宽容的社会环境，实在是不可忽视的一个因素。

至于武职官员相形之下俸入过低的直接后果，与京官俸薄相仿，一方面是形形色色的陋规层出不穷，商民受到沉重盘剥；另一方面则是国家默许各级将弁吃虚额空粮。乾隆四十六年（1781年）始将此项额粮明令归入武弁养廉，最高者提督每员2 000两，至千把总每员仅18两而已⑤。

---

① 光绪《大清会典事例》卷二六〇。

② 清代有以“富贵贫贱威武”六字巧喻“户吏礼工刑兵”六部之俗谚。

③ 光绪《大清会典事例》卷二六〇。

④ 《道咸宦海见闻录》，第270页。

⑤ 光绪《大清会典事例》卷二六二。

在雍正初定火耗、加养廉的改革中，督抚以下地方文职官员名义上受益最大，其实，从暗中私征的耗羡到公开发给养廉，就总额而论，不是增加了，而是降低了，且降低了很多。雍乾之际历任部院大臣、地方大吏的孙嘉淦就说过养廉尚不及火耗之“少半”①，乾隆初，钱陈群说得更清楚：“康熙六十余年州县官额征钱粮，大州上县每正赋一两收耗羡银一钱及一钱五分、二钱不等，其或偏州僻邑赋额少至一二百两者，税轻耗重，数倍于正额者有之，不特州县官资为日用，自府厅以上，若道若司若督抚，按季收受节礼，所入视今之养廉倍之”②。准此，地广粮多的大州上县，耗羡亦在额征地丁银的10%～20%，而雍正初年火耗归公，“各省文职养廉二百八十余万两”③，其时岁入地丁银大体在2 600万至2 900万两之间④，养廉只占地丁正项的10%，即康熙年间州县火耗最低者。据此可证孙嘉淦、钱陈群的估计确是实情。当然，以上仅就总额而言，实际上归公前的火耗“大州上县”与“偏州僻邑”不同，即使同一州县，牧令清贪亦大相悬殊，是以很难比较某一州县长官在养廉确定前后收入的增减。地方文职官员自领取养廉后，私征耗羡被视为非法行为，而从总额看，火耗又大于养廉，因此，从总体比较，地方文官尽管表面上薪给猛增百倍上下，而实际上并没有得到什么实惠，甚至反不如暗中私征火耗尽入私囊之昔日。此外，地方各级文官在这次薪给制度改革中的利害也不尽相同。雍乾之际，陶正靖对此曾有如下

① 《清经世文编》卷二七《办理耗羡疏》。

② 《清经世文编》卷二七《条陈耗羡疏》。

③ 《清史稿》卷一二一《食货二》。

④ 《清史稿》卷一二五《食货六》。参见《中国历代户口、田地、田赋统计》，第393页，乙表72。另据《清世宗实录》载，雍正元年至五年岁征银均在3 000万两上下。

评述："两司以上之养廉不无稍厚，而州县以下未免犹薄。剧如江浙，瘠如川黔，虽多寡悬殊，其不足于用则一"，他认为之所以州县与督抚藩臬苦乐不均，盖"原督抚定议之初……拘于本省耗羡之常数，欲多留赢余归公耳"①。如陶正靖所言属实，那么，所谓"亲民"之官牧令等就更说不上受益了，这给日后的吏治不能不说留下了很大隐患。

就当时的物价水平来说，地方文官养廉又不可谓不优厚。大约白银一两能买大米160斤，或鸡鸭蛋四五十斤②，督抚以至州县的养廉均可称巨数。不过，地方文官正常的、必要的开销极其可观，大致可分为延请幕友，赡养家小和周济亲属，同年、同官、故旧、上司之间的应酬，以及官员本人舆马、衣裘、饮馔、仆从之需这几大项，其中尤以延请幕友为最。据陶正靖讲，"凡州县之费，莫费于延幕宾，若江浙诸剧邑，非七八人不足分办，而就中所尤倚重者，非二三百金不能延至，统而计之，已至千金之外，养廉之资罄矣！"③ 赡养亲眷也是沉重负担，凡州县莅任，官亲家仆数百人群相随附，日用花销全部仰给于一官④。仅此必不可少的办公与日用两大项，养廉已属不敷，是以乾隆初即位就说过："自酌定养廉，各有定数，多者千金，少者数百金（按：此处乾隆指州县），仅足为养赡家口、延致幕客之资"⑤。可见雍乾之际"厚给养廉"云云，并未给地方文官留有多大"养廉"的余地，若非官员精打细算，勤俭度日，仅靠廉俸断然难以为继，

① 《清经世文编》卷一七《吏治因地制宜三事疏》。

② 《清代物价考略》，载黄冕堂：《清史治要》。

③ 《清经世文编》卷一七《吏治因地制宜三事疏》。

④ 《清高宗实录》乾隆七年（1742年）四月庚寅策试天下贡士："凡州县莅任，其亲戚仆从仰给于一官者，不下数百人。"

⑤ 《清高宗实录》卷三二。

而绝大多数官员又断难如此，通过各种名色的陋规津贴日用办公，则有必然之势。阁学尹壮图描述乾隆三十年（1765 年）以前“州县俱有为官之乐，闾阎咸享乐利之福，良由风气淳朴，州县于廉俸之外，各有陋规，尽足敷公私应酬之用”，这恰是养廉银定制初期百物皆贱，风气淳朴，吏治较为清明的“乾隆盛世”时官场的真实写照。

乾隆中期以后，物价持续上涨成为严重的社会问题，举凡经济、财政、金融、政治等各方面无不受其深刻影响，而作为国家公职人员，靠固定收入的官员感受最大的则是，本已不敷办公日用之资的养廉银，随着物价的上升而日渐贬值。

清人比较系统地对物价持续上涨这种通货膨胀现象做出宏观描述的首推觉罗桂芳，他在嘉庆十九年（1814 年）所撰《御制致变之源说恭跋》一文中指出：“康熙、雍正以及乾隆之初，民间百物之估，按之于今，大率一益而三，是今之币轻已甚矣”①。照此说法，从 18 世纪前期至 19 世纪初大约一百年间，价格总水平上涨了 300%。桂芳长期主持政府财政工作，并一度入值军机处，他的印象式结论不仅与乾嘉时期某些片断的记录基本一致，而且为现代经济史专家的研究所证实②。

在一般情况下，百物皆贱，特别是粮价过低，是经济不发达的表象，乾隆年间米价上涨到 2 至 4 倍，从一个侧面正反映出经济迅速发展以至达到繁荣的程度。但不容忽视的是，粮食关系国计民生至重，粮价上涨势必带动百物翔贵，推动价格总水平上

① 《清经世文编》卷九《御制致变之源说恭跋》。

② 18 世纪中国物价问题详见拙文《18 世纪中国物价问题和政府对策》，《清史研究》1996 年第 1 期。

扬。如果说乾隆初江浙剧邑得力幕宾需二三百金方能延至，那么，到乾隆末则非千金不可，即或边远地区，州县幕友亦需银三四百两[①]。官员用于日用、应酬等项开支，自然也随着物价上涨而日益浩繁。然而，与此同时，国家公职人员的廉俸却没有与物价上涨同步提高，官员的廉俸在一百多年间并没有丝毫的调整，地方文职官员养廉这一项经费总额一直维持在岁出300万两的水平上[②]。物价持续上涨与廉俸的固定不变，势必使各级官吏日渐陷入捉襟见肘的困窘境地。

第一个注意到物价、官俸、吏治之间关系的外国人，似乎是英国人乔治·斯当东。乾隆五十八年（1793年）他作为英国首次正式访华使团（即马戛尔尼使团）的副使，在中国短暂逗留期间，曾做了全面而细致的考察。斯当东说："最近一个世纪以来，大量白银从欧洲流入中国，因此中国物价显著提高。物价提高了，但官员们的薪金仍然是固定的，这就使他们的收入同应有的开支比例失调"，"中国官吏的薪金不高，使他们容易接受礼物的引诱"，"据说大部分衙门里都还有贪污，中国官吏薪俸很低，但许多贪官污吏可以弄到巨大家产"[③]。一个来华的外国人的皮相观察尚已触及问题的症结，则无论如何不能说身在其中的中国君臣未曾洞悉个中奥秘。乾隆帝通过晴雨粮价奏报制度，以及地方关于河工、海塘、铜本例价不敷的陈奏，对物价上涨幅度以及给

---

① 乾嘉之际的御史张鹏展说："福建之漳浦、侯官，广东之番禺、南海等缺，每缺须用幕友四五人，每人束修至千五六百、千八九百不等，一缺之束修已近巨万，即小缺亦不下数千。"（《清经世文编》卷二〇《请厘吏治五事疏》）。另乾隆四十二年（1777年）浙江人卢培元在甘肃漳县作幕，每年约得银250两，后充乌鲁木齐迪化州知州幕宾，每年得银400两（《乾隆朝上谕档》第一一册，第311页）。

② 《清史稿》卷一二五《食货六》。参见《大清会典事例》卷二六一。

③ 乔治·斯当东：《英使谒见乾隆纪实》，第481、505页。

吏治带来的影响应当说是了若指掌的，但他并没有采取相应的对策，并未大幅度地提高官员廉俸，以与社会经济环境中物价持续上涨的新形势相适应。推究其原因，盖受制于僵化的国家财政经制。

太平军兴以前，政府以地丁、盐课、关税为最大的三项财政收入，岁出则恒以兵饷、百官廉俸为大宗。18 世纪以至 19 世纪中叶，清政府每年大体恪守岁入银四千数百万两、岁出银三四千万两这一格局，这指的是预算内开支①。因为各项经费收支有大体固定的额数，所以乾隆初期户部侍郎梁诗正称之为“经制有常”②。在岁入经费四千数百万两中，地丁银，即田赋一项由于清帝世守“永不加赋”为大训，所以长期稳定在两千八九百万两上下③，约占经费总收入的十分之六七。在“量入制出”④ 的财政原则之下，占如此重要地位的田赋岁入相对固定，就必然制约正常的、合理的、能量型的财政支出的扩大。就百官养廉而言，不管长期通货膨胀的积累效应如何严重，亦不能突破岁出 300 万两的“经制”。国家经费收支有常，从创意上讲，未尝没有减轻农民负担、藏富于民的善良愿望。中国古代素以轻徭薄赋为圣王美政，清朝惩前明加赋而亡的覆辙，更凛然恪守“永不加赋”的家法。因此，表面上清代田赋极轻，实际上却因最高统治者默许

---

① 《清史稿》卷一二五《食货六》。除大致固定的经费收支外，遇有军需、河患、灾赈、赔款等不时之需，则靠开事例大捐、盐商富贾捐输报效、修河工料摊征等非常规收入加以弥补。

② 嘉庆初程含章在《论理财书》中说“国家出入有经，用度有制”（《清经世文编》卷二六《论理财书》）准确地揭示出了“经制有常”的含义。

③ 据《中国历代户口、田地、田赋统计》第 393、394、396、398、405、415 页各表。

④ 乾隆六年（1741 年）谕旨称“制国用量入为出”（《清高宗实录》卷一四四），即“量入制出”之意，这系指预算内经费收支而言。

大小官吏以数倍于正供的陋规，暗补廉俸之不足，使广大商民遭到不堪忍受的掠夺。晚清冯桂芬论及养廉与吏治关系时，曾愤慨地质问："（官吏）非本性之贪，国家迫之，使不得不贪也……朝廷果不知耶，抑知之而故纵邪？"①

巴林顿·摩尔认为，在"前工业社会"如何解决官僚薪饷与社会能提供的资金之间的矛盾，是一个世界性的难题。这位当代美国著名学者在《民主与专制的社会起源》一书中指出："在前工业社会，建立大规模官僚机构的努力不久就会陷入困境，因为要想从居民中榨取足够的资金来发薪饷几乎是办不到的，因而这就使得官员会完全依赖他的上级。而统治者力图要解决这个难题的话，那将严重地撼动整个社会的结构。法国解决这个问题的出路是官职可以买卖；而在俄国，由于地域辽阔，所以就建立起农奴制庄园使沙皇手下的官员受益；而在中国，则靠允许官员或多或少地公开受贿来解决问题。马克斯·韦伯曾举例道，官员非正常收入的总额，大约是他正常薪俸的 4 倍。现代的一位调查者提供的数字显示，受贿数多达正常收入的 16 到 19 倍。精确的数字大概将成为历史的秘密，但我们对以上的估计也大可以满足了。"② 从冯桂芬情感激愤地质问包括乾隆在内的清朝皇帝对臣下贪赃"知之而故纵"，到巴林顿·摩尔理智地分析包括中国在内的处于"前工业社会"的国家官僚薪俸开支社会难以承受，尽管着眼点迥然有别，但对探索 18 世纪中期以后，中国贪风大炽、政治腐败的深层次的原因，无疑极富启发意义。

与经济繁荣、物价上涨并行的另一社会现象——风俗日趋奢

---

① 《校邠庐抗议》，第 28 页。

② 巴林顿·摩尔：《民主与专制的社会起源》，第 135-136 页。

靡——则对政治腐败起到了风助火势、火上浇油的作用。

风俗奢靡，不自乾隆年间始。康熙十六年（1677 年），给事中徐旭龄即在奏疏中说过：“试观今日之池馆园亭、歌舞宴会，视顺治初年不止十倍。”[①] 唐甄也说：“今之为吏者，一袭之裘值二三百金，其他锦绣视此矣；优人之饰，必数千金，其他玩物视此矣；金盏银罍、珠玉珊瑚，奇巧之器不可胜计。”[②] 不过，奢靡成为比较严格意义上的风尚，似乎是从乾隆中期开始的。上文曾提及尹壮图论吏治清浊转移的一段论述，他认为，乾隆三十年（1765 年）以前“风气淳朴”，而近年（按：指乾隆后期）“风气日趋浮华”。再看当时几位有代表性人物的看法。龚炜说“吴俗奢靡为天下最……予少时，见士人仅仅穿裘，今则里巷妇孺皆裘矣；大红线顶十得一二，今则十八九矣；家无担石之储，耻穿布素矣；团龙立龙之饰，泥金剪金之衣，编户僭之矣；饮馔则席费千钱而不为丰，长夜流酒不知醉矣”[③]。龚炜是江苏昆山人，康熙四十三年（1704 年）生，至乾隆三十四年（1769 年）66 岁时犹在世。他讲的“为天下最”的吴中风俗奢靡，是从康熙后期到乾隆中大约半个世纪的时间演变成的。一身经雍、乾、嘉三朝，且周历官幕的汪辉祖在《病榻梦痕录》中自述一生经历，说他年轻时“幕风朴素，重裘尚少，即衣表亦未尝有红青色也。己卯、庚辰（乾隆二十四、二十五年）间，或衣反裘马褂，群耳目之……迨乙未（乾隆四十年）则无不反裘也”，他接着指出：“官途服饰之华亦始于戊子、己丑（乾隆三十三、三十四年）。”汪辉

① 《清经世文编》卷五四《力行节俭疏》。
② 《清经世文编》卷七《富民》。
③ 《巢林笔谈》卷五《吴俗奢靡日甚》。

祖是浙江萧山人，他还提及故乡民俗之变："吾乡素号简质，二十年来亦俱绚烂，今则宾朋燕集，冬皆反裘，夏皆纱罗，以嵌皮、羊皮为不足齿数，葛不经见，妇人女子十有六七亦衣裘、衣羽毛缎矣。"① 以上汪辉祖所说的士人、士大夫风气之变，应该说有一定的普遍性，而其家乡至乾嘉之际才渐至浮华，则反映了浙东一隅的状况。而江苏无锡的变化，据生于乾隆二十四年（1759年）的钱泳讲："余五六岁时，吾乡风俗尚朴素，不论官宦贫富人家子弟，通称某官，有功名乃称相公，中过乡榜者亦称相公，许着绸缎衣服。今隔五十余年，则不论富贵贫贱，在乡在城，男人俱是轻裘，女人俱是锦绣"，他还说："时际升平，四方安乐，故士大夫俱尚豪华，而尤喜狭邪之游。"② 以上谈的多是三吴两浙的风俗，下面对北方略窥一斑。据朝鲜来华使臣于乾隆四十六年（1781年）所记："视三十年前大不同，人心少淳实之风"③；于乾隆五十一年（1786年）又记："闾巷侈靡，任其逾制。老商曰：'十数年前，我辈所服，不过大布，而近则人人饰缎，虽欲不着，被人鄙贱，不得不尔云。'"④ 中国地域辽阔，不同地区文化背景亦有很大差异，在当时人看来，"北人好惰，南人好奢"，而即使同为南方，滇黔以贫瘠称，湖广则"风俗胜于三吴"，即便是经济比较发达的江浙，亦有"吴俗尚奢，越俗尚俭"的概论。不过，从上述所引的零星记载来看，是不是可以说，在社会经济呈现繁荣、商品流通迅速发展的地区和城镇，俗尚奢华，靡然成风，大致是从乾隆中期日渐显著的。其特征是以

---

① 汪辉祖：《病榻梦痕录》。

② 《履园丛话》之《丛话七·臆论·骄奢》《丛话七·臆论·醉乡》。

③ 《朝鲜李朝实录中的中国史料》下编卷一一。

④ 同上。

皇帝、士大夫、富商大贾的追求超高消费，以至挥金如土、暴殄天物的侈靡之风渐渐浸淫于士农工商，流风所及，即倡优皂隶亦所不免。

值得注意的是，乾隆中期以后，达官贵人的奢华已不满足于“居处之雕镂，服御之文绣，器用之华美”了。追求时髦，崇尚洋货，一时蔚为风气。洋货中最常见的是自鸣钟、时辰表，昭梿记述：“近日泰西氏所造自鸣钟表，制造奇邪，来自粤东，士大夫争购，家置一座以为玩具。”[①] 贵戚傅恒之辈不仅“家所在有钟表”，而且家下奴仆也“无不各悬一表于身”[②]。乾嘉时，梁章钜概述当时“以外洋之物是尚”的风气说：“如房屋、舟舆，无不用玻璃，衣服帷幕，无不用呢羽，甚至什物器具曰洋铜、曰洋磁、曰洋漆、曰洋锦、曰洋布、曰洋青、曰洋红、曰洋貂、曰洋獭、曰洋画、曰洋扇，遽数之，不能终其物。”[③] 上层社会崇洋之风如是，其挥霍铺张，夸多斗靡更令人叹为观止。和珅、福康安、王亶望且不论，乾隆年间漏网、嘉庆亲政始伏法的藩司郑源璹，“在署家属四百余人外，养戏班两班，争奇斗巧，昼夜不息……因婚嫁将家眷一分送回，用大船十二只，旌旗耀彩，辉映河干”[④]。乾隆末，查抄福建臬司钱受椿家产，房田银钱之外，有“镶玉如意八十二柄，料石雕漆等如意七柄，沉香山一座（上有金人一百二十个共重三百五十八两四钱一分，又金玉翠亭三个、珠一粒），玉器大小九十三件，珊瑚、翡翠、琥珀、蜜腊、晶玉朝珠二十一盘，香料料石、象牙朝珠十盘，自鸣钟表十二

① 《啸亭杂录·续录》卷三《自鸣钟》。
② 《簷曝杂记》卷二《钟表》。
③ 《退庵随笔》卷七。
④ 《竹叶亭杂记》卷二。

架，紫檀嵌玉玻璃挂屏三对，嵌玉、珊瑚、雕漆、洋漆、水晶、玻璃、铜石、磁料各项玩器共三百九十一件，蟒袍补子绣衣料共一百九十三件，洋锦、漳绒、绸缎、纱罗衣料共一千五百二十件，大呢羽毛共三十九版零十八段，呢毯、绣毯三十七条，漳绒铺垫料一百十七件，乌云豹、白狐等皮统十五件，洋灰鼠等皮一千四百三十四张……”[①] 而这些珍贵财物与在江西被截获的钱受椿行李船上的金银、珠玉、朝珠、如意、绸缎、纱绢、皮张等比较不过是二流货色而已[②]。墨吏如是，未罹法的督抚奢靡亦如是。觉罗长麟“性好奢华，置私宅数千厦，毗连街巷，有人规谏，此公曰：‘吾久历外任，亦知置宅过多，但日后使此巷人知有长制府之名足矣’”[③]。毕沅未发迹时，即在京师与梨园中色艺双绝者李桂官相狎[④]，及督陕，“家蓄梨园一部，公余之暇，便令演唱”，钱泳其时为毕幕，“一日同坐观剧，谓先生曰：‘公得毋奢乎?’先生笑曰：‘吾尝题文文山（文山系文天祥之号）遗像，有云“自有文章留正气，何曾声妓累忠忱?”所谓大德不逾闲，小德出入可也’”[⑤]。其实毕沅小德固不可问，即大德，也由嘉庆帝做了“结交馈送，玩法营私，莫此为甚”的结论[⑥]。文官如此，武弁更甚。川陕楚白莲教之役，军营靡费无度，建昌道石作瑞侵蚀军需银至50万两，“延诸将帅会饮，多在深箐荒麓间、人迹之所罕至者，其蟹鱼珍羞之属，每品皆用五六两，一席多至三四十品，而赏赐优伶、犒赉仆从之费不与焉”，时人

---

① 《乾隆朝惩办贪污档案选编》第四册，第3565页。

② 同上书，第3550—3556页。

③ 《啸亭杂录·续录》卷三《牧庵相国》。

④ 《箐曝杂记》卷二《梨园色艺》。

⑤ 《履园丛话·丛话六·耆旧·秋帆尚书》。

⑥ 《清史列传》卷三〇《毕沅传》。

慨叹："军中奢靡之风，实古今所未有也！"① 军营腐败、风气糜烂亦发生在乾隆中期以后，昭梿有感于川陕楚军营奢靡，说乾隆三十年（1765年）乌什之役"军中大帅，惟有肉一觳盐酪数品而已。其事未逾数十年，而其风变易至此，其作俑者可胜诛乎！"②

奢靡与侵贪，犹如一对孪生的怪胎，此中道理彰彰甚明。牛运震认为，"俭"乃是"不亏空、不婪赃之本"③，谢振定则说，禁外官奢侈方能"祛贪污、杜亏空"④，汪辉祖亦指出："侈靡之为害也，取之百姓不已，必至侵及官帑"。他通过自身丰富的阅历，详述了"不节必贪"的潜移默化的过程："贪人即不自爱，未有甘以墨败者。资用既绌，左右效忠之辈，进献利策，多在可以无取、可以取之间，意谓伤廉尚小，不妨姑试。利径一开，万难再窒，情移势逼，欲罢不能。"⑤ 然而，在奢靡成风的社会环境中，自奉节俭又谈何容易？康熙年间唐甄即尖锐地指出，服饰器用奢靡之官，"谓之能吏，市人慕之，乡党尊之，教子弟者劝之；有为吏而廉者，出无舆，食无肉，衣无裘，谓之无能，市人贱之，乡党笑之，教子弟者戒之"⑥。

由此可见，风气奢靡不仅直接刺激大小官吏贪污婪索，更严重的是，它会助长反传统的唯利是趋的价值取向，迅速冲垮士大夫本已十分脆弱的道德堤防。

---

① 《啸亭杂录》卷八《军营之奢》。
② 同上。
③ 《清经世文编》卷二一《寄董大兄书》。
④ 《清经世文编》卷二〇《察吏八则》。
⑤ 《清经世文编》卷二一《学治臆说·论用财》。
⑥ 《朝鲜李朝实录中的中国史料》下编卷一一。

四　士大夫道德自律堤防的溃决

乾隆中期以后，人们议论为官者的精神境界，多以“重货利”“嗜利”概括之，以至朝鲜使节竟愤激地说：“大抵为官长者，廉耻都丧，货利是趋”①。当时同官中鲜有以节操相砥砺者，清廉之吏如凤毛麟角，连乾隆帝都承认“各省督抚中洁己自爱者，不过十之二三”②。整个官场弥漫着“千里作官只为财”的浓厚铜臭气。洪亮吉曾讲过自己的亲身体验：“吾未成童侍大父及父时，见里中有为守令者，戚友慰勉之，必代为之虑曰：‘此缺繁，此缺简，此缺号不易治’，未闻及其他也。及弱冠之后，未入仕之前（约当乾隆三十年前后），二三十年之中风俗趋向顿改，见里中有为守令者，戚友慰勉之，亦必代为虑曰：‘此缺出息若干，此缺应酬若干，此缺一岁之可入己者若干’，而所谓民生吏治者，不复挂之齿颊矣！于是为守令者，其心思知虑亲戚、朋友、妻子、兄弟、奴仆、媪保，于得缺之时，又各揣其肥瘠及相率抵任矣。守令之心思不在民也，必先问一岁之陋规若何，属员之馈遗若何，钱粮、税务之赢余若何。而所谓妻子、兄弟、亲戚、朋友、奴仆、媪保者，又各挟溪壑难满之欲，助之以谋利。于是不幸一岁而守令数易，而部内之属员，辖下之富商大贾以迄小民已重困矣”③。更令人忧虑的是，洁身守道者反不能见容于上司和同僚，洪亮吉就说过：“即有稍知自爱及实能为民计者，十不能一二也，此一二人者又常被七八人者笑以为迂，以为拙，

① 《朝鲜李朝实录中的中国史料》下编卷一一。

② 《清高宗实录》卷一四八四。

③ 洪亮吉：《卷施阁文甲集》卷一。

以为不善自为谋，而大吏之视一二人者，亦觉其不合时宜，不中程度，不幸而有公过则去之，亦惟虑不速”[①]。善良正直的人不得不变成邪恶的人，克己奉公的官不得不变成唯利是图的官，这可能是最坏，也是最不可救药的社会机制。

在这样的氛围中，清官无法为，亦不能为。清廉者稍有作为，便群指为刻薄苛皦，甚至诬为欺世盗名，而被同僚誉为良吏者，不过取予有节而已。以廉直著称的尹壮图也不赞成遽革陋规，他在嘉庆亲政初奏请“以乾隆三十年前旧有者存之，乾隆三十年以后续加者去之”[②]。汪辉祖甚至说：“陋规之目，各处不同，惟吏役所供，万无受理。他若平余、津贴之类，可就各地方情形，斟酌调剂，去其太甚而已，不宜轻言革除，至署篆之员，详革陋规，是谓慷他人之慨，心不可问，君子耻之！”[③] 上文曾提及道咸时颇知操守的张集馨，他对引为“知己”的琦善有如下一段评论：“及膺外吏而至兼圻也，未尝不徇情，然必于理不悖，始肯顺水推舟，断不为人择地，贻害地方；未尝不要钱，然必审度其人，实是可以造就，公事结实可靠，方肯收受。从未曾借事恐吓，以贿完结，更不肯卖缺取财，择肥而嗜”[④]。这虽是稍后的事例，但足以证明，其时奇贪巨墨固为士大夫所不齿，却绝少以昔日汤斌这样的清官为楷模而自励者。“重义轻利”之类的圣贤古训，在物欲横流的冲击下显得苍白无力，士大夫们洁身自好，大半并非实践“修齐治平”的入仕初衷，而是多惑于善恶因果，以至州县官署联语竟有“最防官折儿孙福，难副人称父母

---

① 洪亮吉：《卷施阁文甲集》卷一。

② 《竹叶亭杂记》卷二。

③ 《清经世文编》卷二一《学治臆说·论用财》。

④ 《道咸宦海见闻录》，第 154 页。

名”之类警句①。牧令小吏如此，达官贵人更甚。洪亮吉在嘉庆初讲到士大夫廉耻丧尽时说：“幸有矫矫自好者，类皆惑于因果，遁入虚无，以蔬食为家规，以谈禅为国政。一二人倡于前，千百人和于后，甚有出则官服，入则僧衣，惑智惊愚，骇人观听。亮吉前在内廷，执事曾告之曰：‘某等亲王十人，施斋戒杀者已十居六七，羊豕鹅鸭皆不入门’。及此回入都，而士大夫持斋戒杀又十居六七矣。”② 这种经济繁荣而道德沦丧的病态世相，实在应当引起人们深长思之。

道德自律的松弛固与经济发展、城镇繁华、风尚浮靡这一大的社会背景下，唯利是趋的反传统价值取向泛滥密切相关；同时，也不应忽略居最高之位的皇帝并非有意的误导所起的作用。

论者常谓圣祖康熙好善乐道，提倡理学，褒扬清官，保护善类③，并常常举出他对张伯行的悉心呵护这一著名事例。应该说，这是有一定根据的；不过，康熙还有鄙薄清官、重才轻守的另一面，而这一面恰恰是他内心深处的真实情感，对其后世子孙的影响也极其深远。

康熙五十六年（1717年）二月，康熙在畅春园听政，他在与大学士等论及顺天府尹余正健时说：“余正健居官虽清，全不能办事。顺天府府尹事务俱坏，即如木雕草束之人。”大学士萧永藻为余正健辩护道：“余正健办事虽迟顿，人还正气。”康熙大不以为然，即言“不能办事，虽正亦无用。不要钱即算好官，如

① 《冷庐杂识》卷四《民之父母》。

② 《清史稿》卷三五六《洪亮吉传》。

③ 孟森先生说过：“康熙朝之达官，几有北宋士大夫之风，而道学之一脉，历雍、乾两朝，名臣迭出，以《学案小识》所载，考其渊源，皆自康熙理学诸臣所传播种子。盖圣祖种其因，而后代收其果。”（《明清史讲义》下册，第447页）

九卿会议处，将泥塑木雕之人列于满座，不饮不食，即以此为正，可乎？此言甚错”，遂将余正健调回，“仍于翰林修书处行走”[1]。应该说，上述才胜于守的看法是康熙一贯的、不可移易的定见。对张伯行的品评、鉴衡和使用，更集中地反映了康熙的思想。

康熙五十一年（1712年），两江总督噶礼与江苏巡抚张伯行互参案是当时震惊朝野的重大事件，最后以噶礼革职、张伯行革职留任结案，嗣后又将张伯行内调京中大臣。此事甚为世人所称美，据说旨既下，“吴中士民欢声如雷，榜于门曰：‘天子圣明，还我天下第一清官’，焚香结彩，齐赴龙亭叩首谢皇恩呼万岁者数万人”[2]。其实，康熙对张伯行总的评价并不高，他屡屡对臣下说：“张伯行操守虽清，为人糊涂，无办事之才”[3]，“张伯行操守虽好，而办事多糊涂执拗之处”[4]，“（张）操守虽清，总因不能办事，衙门案件堆积，连年未结，以致拖累多人，经时羁候，不得归田耕种，民皆怨之。纵不爱钱，于地方何益？今怀挟私仇，妄称海洋有贼……”，“张伯行向曾奏称，臣无以图报，惟期风移俗易，家给人足。乃抚吴数载，风俗未见移易，近闻苏州百姓生意渐至消耗，米价初只七钱，今长至一两六七钱，民食维艰，所云家给人足者何在？巡抚乃封疆大吏，当诚心为朝廷效力，俾地方有益，不当无其实而出大言，以欺世盗名。汤斌为江宁巡抚时，所出告内云，爱民有心，救民无术。此岂大臣所宜言？”[5] 康

① 《康熙起居注》第三册，第2360页。

② 《清代碑传全集·碑传集》卷一七《诰授光禄大夫礼部尚书加二级赠太子太保谥清恪敬庵张先生行状》。

③ 《康熙起居注》第三册，第2134页。

④ 同上书，第2136页。

⑤ 同上书，第2146-2147页。

熙在论及为当世所重的清官如汤斌、张伯行等时还说过："大臣则自有大臣之体，当行有益于地方民生之事，非徒尚操守而已。即使操守平常，民犹谅之。未若自恃廉洁，贻累地方之为甚。譬如木偶泥人，纵勺水不入口，安所用之？朕屡为借口操守者欺。"① 他曾泛论过清官的毛病："清官多刻，刻则下属难堪。"② 在另一场合，他还举另一清官赵申乔为例说："赵申乔任浙江巡抚时，民多怨之，后任湖南巡抚，大小官员无不被参，岂一省之内无一好官耶？"③ 总之，康熙对张伯行、汤斌、赵申乔，以至余正健、施世纶等为世所公认的清官，是充分肯定其操守清廉的一面的，并期望通过扶植、保护、褒扬此类清官而倡导一种廉洁的官场风气；但在康熙心目中，他们不是理想的大臣，尤其不是理想的封疆大臣，因为此类人短于理事且又难免拘泥偏执、猜忌刻薄、为人糊涂、虚伪好名。从君主用人的"有猷有守有才"的全面标准来衡量，张伯行等充其量只能内调中央，作为百官表率而已。

当然，康熙的鄙薄所谓清官，重才轻守，并没有走到另一极端。就操守而论，他希望内外大臣能好自为之，掌握中庸这个度。浙江巡抚朱轼具折奏陈："浙税二道正项之外，余银八千余两。皇上如将此项赐臣以养家口，臣必尽职料理地方。"对这种不虚伪、有节制、实事求是的坦诚态度，康熙极为赞赏，说："似此等事，奏得最是。"又说："总之，作地方官自有余银以养家口，但要知足耳。"④ 批评清官偏执、刻薄之类的毛病时，康

---

① 《康熙起居注》第三册，第 2215—2216 页。
② 同上书，第 2135 页。
③ 《清圣祖实录》卷二四五。
④ 《康熙起居注》第三册，第 2459 页。

熙也说："天下凡事当中道而行，何以偏执至此极也！"[1] "治天下之道，以宽为本。若吹毛求疵，天下人安得全无过失者。"[2]

雍正帝的思想是与其父一脉相通的。他在雍正四年（1726年）七月全面论及清官的一篇谕旨中讲了以下几点：一是"居官立身之道，自以操守廉洁为本"，但"操守者，不过居官之一节耳"。二是"安民察吏，兴利除弊，其道多端，傥但恃其操守，博取名誉，而悠悠忽忽，于地方事务不能整饬经理，苟且塞责，姑息养奸，贻害甚大。盖此等清官，无所取于民而善良者感之，不能禁民之为非而豪强者颂之，故百姓之贤不肖皆称之；无所取于属员而亦不能禁属员之不法，故属员之贤不肖者皆安之；大臣之子弟、亲戚犯法则姑容而不行参革，地方之强绅劣衿生事则宽待而不加约束，故大臣绅衿皆言其和平而望其久留；甚至胥吏作奸而不能惩，盗贼肆行而不能察，故自胥吏至于盗贼，皆乐其安静而不欲其去任。及至事务废弛，朝廷访闻，加以谴责罢斥，而地方官民人等群然叹息，以为去一清廉上司，为之称屈，此则平日模棱悦众、违道干誉之所致也"。三是"操守平常者，其心既不敢自恃，心怀畏惧，颇能整顿经理……一有不善，即加惩戒，而在朝之官员及伊属下之官吏绅衿人等，皆伺察其过，不肯为之隐讳，是以此等之人，贻累于地方者尚轻"。四是"若操守既更胜于他人，而又能实心任事，整饬官民，不避嫌怨，因而遂不满众人之意，或谤其苛刻，或议其偏执，或讥其骄傲，故意吹索，加以评论。此风若不悛改，必至封疆大吏，皆以实心任事、整理

① 此为康熙帝训诫云南巡抚施世纶，谓其"百姓告秀才，百姓必胜；秀才告官，秀才必胜，所行不度事理"（《康熙起居注》第三册，第2136页）。

② 《清圣祖实录》卷二四五。

地方为嫌，相率而为苟且之计，吏治何所倚赖乎？”① 总之，在雍正看来，封疆大吏最上者为操守既好又能实心任事、不避嫌怨者，其次则操守平常但能整顿地方之辈，最下亦最可痛恨者，乃是沽己邀誉的巧宦。至于如何分辨，雍正的要诀是不要相信舆论，或者反听舆论②。在这一点上，他似乎比康熙走得远。

大学士鄂尔泰服膺雍正鉴衡用人的“宝训”，在《论用人疏》中说：“忠厚老成而略无材具者，可信而不可用；聪明才智而动出范围者，可用而不可信。朝廷设官分职，原以济事，非为众人藏身地。但能济事，俱属可用，虽小人亦当惜之教之；但不能济事，俱属无用，即善人亦当移之置之。臣尝对属僚言，贪官之弊易除，清官之弊难除，实缘贪官坏事，人皆怨恨，乐于改正；清官误事，人犹信重，碍即更张也。但有守有才者，实难多得，而有才无守之人，驾驭稍疏，即不用于正。惟能动其良心，制其邪心，使彼熟知利害，渐爱身名，然后可以济事。”③ 在用人思想上，鄂尔泰不出康雍二帝之范围，这是不言而喻的；只不过康雍二帝以之用以鉴衡、使用督抚布按所谓封疆大臣，而鄂尔泰则以之推广及于道府州县而已。从某种意义上讲，康雍两朝满汉臣工的居官立身之道，正是以这种思想为指导而日渐塑造成形的。

乾隆帝御极之初，在检讨反思康雍以来，特别是雍正年间，用人行政利弊得失的氛围中，御史曹一士对以往用人方面的流弊提出了尖锐的批评。在《请分别贤能疏》中，他首先针对重才轻守的用人倾向提出应分别贤员与能员：“自大吏以至小吏皆有贤

① 《清世宗实录》卷四六。

② 雍正在阿克敦密折上曾有如下批谕：“舆论全不可信，勿得做好好先生。”（《雍正朝汉文朱批奏折汇编》第八册，第796页）

③ 《清经世文编》卷一五《论用人疏》。

员有能员。贤能兼者，上也；贤而不足于能者，次之；能有余而贤不足者，又其次也。何谓贤？务持大体、与民休息者，是也；何谓能？趋事赴功、综核名实者，是也。天下能吏多而贤吏少，则吏治必有不得其平者，不可不亟加甄别也。"[①] 曹一士明确反对重用能吏，理由令人不能不信服："臣查督抚之保题守令，其辞约有数端，曰'年力富强'也，'为人明白'也，'办事勤慎'也，其实迹则'钱粮无欠'也，'开垦多方'也，'善捕盗贼'也。果如其言，洵所谓能吏也。乃未几而或以赃污亏空闻，或以草菅民命劾，所谓贪吏、酷吏者无一不出于能吏之中，彼诚有才焉以济其恶耳。"督抚既不能鉴别真正的能吏，自然会把贤吏视为无能，对此，曹一士亦有犀利的论析："若夫吏之贤者则不然，恻怛爱人而已，悃愊无华而已，方于事上不为诡随而已，吏人同声谓之不烦而已，此数者，皆督抚所视为无能者也，然而贤者则必出于其中"[②]。他由此而进一步推究其原因："毋亦重视能而轻视贤之故邪？抑亦狃于积习以能吏即为贤吏邪？"[③] 曹一士以提问的方式实际上已揭示出了问题的实质：用人的流弊乃以往数十年间所形成的"重视能而轻视贤"的"积习"所致。

纵观乾隆六十年间的用人实践，并未因初政时汉人御史曹一士的异议而改变自康雍二帝以来的既定人才观。督抚大吏，特别是具有举足轻重作用的总督，大多遴选旗员中的能吏。史称李侍尧"短小精敏，过目成诵。见属僚，数语即辨其才否。拥几高坐，语所治肥瘠利害，或及其阴事，若亲见"[④]，连乾隆帝也公

① 《清经世文编》卷一九《请分别贤能疏》。
② 同上。
③ 同上。
④ 《清史稿》卷三二三《李侍尧传》。

开称誉“李侍尧历任封疆，在总督中最为出色”[1]。即巡抚中的旗员能吏，可举“治事明决，御属吏有法度”的福崧[2]为例；就是国泰，不仅下属称其“才识过人，甚能办事”[3]，乾隆帝也说他“小有才情”[4]。乾隆帝不仅强化了康雍以来重才轻守的倾向，而且不褒奖清官廉吏，反而专以芟夷士大夫的气节为能，且巧于借反“假道学”惩创、攻击、嘲弄以道学自励者。因此，乾隆朝清官不称于世，而大吏中的能员往往因侵贪身败名裂，诚如曹一士所言：“所谓贪吏、酷吏者，无一不出于能吏之中。”

在中国古代政治传统中，强调甄别贤与能，使贤者在位而能者在职。在大小官吏的任用上，实际上是遵循重品德操守、轻才能识见的用人路线。康雍乾三帝从满族务实的传统出发，奋力振刷传统居官立身之道的流弊，大胆起用为主效忠且有干才识见之能吏，因而政治上生气勃勃，建树颇多。是以清帝用人路线的初衷及实效不宜一笔抹杀。但其重才轻守倾向的发展，又滋生了新的流弊，大小官吏以人主好尚为归趋，纷纷以能吏为表率而廉耻渐至不可问，贪风日甚而终成积重难返之势。更为严重的是，思想上是非标准的混乱：官场中并非真能而谓之“能”，真正的贤反而被世人所贬抑讥讽。正如曹一士所说：“督抚所谓能者，非真能也。以趋走便利而谓之能，则老成者为迟钝矣；以应对捷给而谓之能，则木讷者为迂疏矣；以逞才喜事而谓之能，则镇静者为怠缓矣；且或以武健严酷、不恤人言而谓之能，则劳于抚字、

---

① 《乾隆朝惩办贪污档案选编》第一册，第1067页。

② 《清史稿》卷三三八《福崧传》。

③ 《乾隆朝惩办贪污档案选编》第三册，第2404页。

④ 《乾隆朝惩办贪污档案选编》第四册，第2867页。

拙于锻炼者谓之沽名钓誉、才力不及，而掇拾细故以劾罢之矣。”[1] 这里，曹一士说的是督抚对属吏的品评和任用，由此而推及皇帝对督抚的鉴衡和遴选，又何尝不如是？所以，曹一士又说：“愚以为今之督抚，明作有功之意多，而惇大成裕之道少；损下益上之事多，而损上益下之义少。”[2] 说到底，一代官吏的趋止，一代官场的风气，与最高统治者的导向有很大关系。所谓“好尚一乖，取舍顿异”[3]，可见转移之机，不可不慎。康雍乾三帝强调封疆大吏要具有能事的干才，从当时的政治需要来看，无疑是适时的、正确的，但同时却有意无意地贬抑了品德操守的重要性，终至产生了为他们所始料不及的后果。乾隆中期以后，导致士大夫道德自律松弛的原因固然很多，而追本溯源，自康熙开始的持续百年之久的误导，也应负一定的责任。

18 世纪中国社会内部的矛盾运动，已使这个古老的东方大国蹒跚地迈进了由传统通向现代的门槛。早已僵化了的政治、经济、财政体制，面临着人口膨胀引起的空前压力。旧的躯壳不再能容纳体内新生的活力，整个社会正经历着蜕变前痛苦的折磨。一方面，以侵贪为表征的政治腐败作为高度集权政治体制下官僚制度的痼疾，像癌细胞一样，迅速地吞噬着国家的肌体脏腑，以致康乾盛世的帷幕尚未落下，清朝统治者便已散发出浓重的腐败气味，加速向自己的坟墓走去。另一方面，有识之士对吏治、漕运、盐政、钱法等宿疾开始予以重新审视，而人口、物价、货币

---

① 《清经世文编》卷一九《请分别贤能疏》。
② 同上。
③ 同上。

贬值等新添症候也日益引起关注，他们在黑暗中艰难探索，渴望找到疗救中国的药方。

下一个世纪中国历史的主题无疑只能是变革，只不过是主动变革，抑或被动变革罢了。

第四章

千秋功罪——从英国首次访华使团对中国政治的观感谈起

当即将结束对 18 世纪中国政治极其简略而肤浅的叙述时，如何评价这一百年的中国政治，已不可回避地摆在了我们面前。

两三个世纪以来，有多少史学家、哲学家和政治家都曾试图解答这一现实感十分强烈的历史难题，几乎所有接触这一历史领域，并做出价值判断的人，都真诚地相信自己完全基于客观的立场，是不带有任何民族的或阶级的或个人的偏见的。但如果加以认真的梳理和比较的话，就会轻易地发现，如同对任何重要历史现象和历史事件的解说一样，对 18 世纪中国政治的评价也无不打上了个人经验、意识形态，甚至民族国家利益的或轻或重的烙印。

18 世纪末，马戛尔尼率领英国首次访华使团对中国进行了历时半年之久的全面而细致的考察，他们深入宫廷，觐见了乾隆皇帝，并与权倾一时的大臣和珅、福康安，以至负责接待的钦差、总督及其他地方官员有过频繁的接触。公正地说，这些来自西方、崇尚自由的有识之士并没有完全否定中国古老文明及其社会政治制度，但他们在各自的访华报告或私人日记、旅行记中，却对中国的政治颇有微词。诸如中国“这样多的人口，在这样广袤的地面上，遵守着一个统一的政治制度和法律，有共同的语言文字和生活方式，俯首帖耳于君主一人的绝对统治之下。他们同世界其余的人在许多方面有很大悬殊，他们闭关自守，同其余世界无争，但也不愿同其余世界有任何往来”；“中国政治制度上没有代议性质的机构来帮助、限制或监督皇权”；“在中国的政治、伦理和历史的文献中找不到任何自由色彩的理论，他们认为这种理论最后一定导致犯上作乱”①；“中国数千年来都闭关自守，少与外间接触，故不知世界一般情形”② 之类对中国专制政体和封闭保守的批评随处可见。他们认为，自明清以后，“中国文化即停滞不前，而欧洲文明，无论是技术知识和礼貌，都日新月异”③；政治制度也是如此：“在中国，政治制度经过革命的破坏而仍维持不变。一个王朝可以被推翻，皇帝全家可以被杀害，但人民的生活方式和国家的政治情况却始终维持如一”④。透过紧张的民族关系和阶级对立的种种迹象，英国使节敏锐地觉察出中国正处于发生剧烈政治动乱的前夜，马戛尔尼甚至做出预判：“这种叛乱或瓦解即使于我死前出现，亦不足为奇”，但他忧虑发动暴乱的奴隶们将遭到满洲统治者残酷镇压而致使其处境更加恶劣，因而这位英国勋爵断言：“如不引导中国人以渐进方式，而是使之狂热地追求解放，则是愚蠢的，只能使他们陷于周期性的发作中，从而与法国人、黑人一样，都不能享有自由。”⑤ 马戛

① 《英使谒见乾隆纪实》，第504–505、327、395页。

② 乔治·马戛尔尼：《英使谒见乾隆记实》，第231页。

③ 《英使谒见乾隆纪实》，第489页。

④ 同上书，第396–397页。

⑤ 以上马戛尔尼关于中国政治前途的论述，转引自信夫清三郎《日本政治史》第1卷，第99–100页。

尔尼不赞成1789年法国大革命，所以认为法国人没有享受自由的资格；他所谓通向自由的渐进道路，不过是英国式的通过代表贵族的国王与资产阶级取得政治妥协的君主立宪之路。

现代研究者普遍认为，马戛尔尼及其同行者对中国的观感改变了西方对中国的看法。中国学者许明龙指出，马戛尔尼使华前，欧洲对中国的了解，主要依靠大陆国家尤其是法国在华传教士的通信和著译。马戛尔尼使团成员们的访华纪实，则将描述的重点放在中国现实的阴暗面上。这些著作直接取材于作者在中国的亲身经历和见闻，因而具有较高的可信程度。而当时在欧洲持续了百余年之久的“中国热”恰逢退潮之势，随着启蒙思想的传播和欧洲科学技术的巨大进步，人们对中国的关注逐渐从历史转向现实，从宗教、哲学转向政治，1789年法国大革命的爆发表明，曾受伏尔泰和魁奈等人热烈颂扬的中国专制主义，并非欧洲国家仿效的典范。正是在这一大的历史背景之下，马戛尔尼使团成员访华纪实的发表（乔治·斯当东的《英使谒见乾隆纪实》发表于18世纪末），最终使欧洲的“中国热”画上了句号，中国在欧洲的形象从此由较好变为丑陋。许明龙还特别引证艾田卜新著《中国之欧洲》中的观点，称这位法国汉学泰斗“将马戛尔尼使华列为促使欧洲人由颂华转变为贬华的第二个重要原因”①。

著名哲学家黑格尔显然也受到马戛尔尼等人的中国观的影响，在他的《历史哲学》一书中他曾提到了以下一段细节：“英国使臣马卡特尼见清朝皇帝时，皇帝已经六十八岁了，可是他每

① 参见许明龙在中英通使二百周年国际学术讨论会上所作的题为《马戛尔尼使华与欧洲“中国热”退潮》一文的摘要。

天还步行到他的母亲那里去请安，行孝敬之礼”①。但黑格尔毕竟是一个思想深邃的哲学家，他对中国文化和政治的兴趣，并没有停留在对以家族关系为基础的专制政体如何泯灭人性、如何阻碍了中国社会的演进，中国历史如何是没有任何“进展”可言的“非历史的历史”② 的描述上，而是从哲学的高度概括了包括中国历史在内的世界历史的进程：世界历史从东方到西方，因为欧洲绝对地是历史的终点，亚洲是起点。东方人（包括中国、波斯、埃及、巴比伦等）不知道“精神”——人之所以为人的本质——是自由的，因为他们不知道，所以他们不自由。他们只知道一个人是自由的，这个人就是专制君主。“自由”的意识首先出现在希腊人和罗马人中间，因为他们蓄有奴隶，所以只知道少数人是自由的。各日耳曼民族在基督教影响之下，首先取得了自我意识，知道人类之所以为人类是因为其是自由的；知道“精神”的自由造就了它最特殊的本性；因而日耳曼世界全体是自由的。中国处于东方世界的最东端，是人类历史最幼稚的时期，希腊和罗马是人类历史的青壮年时期，日耳曼世界则是人类历史的“老年”的、也是最辉煌的高峰③。如果说马戛尔尼使华开始改变了欧洲对中国的好感，那么，黑格尔的历史哲学以及对中国文化和政治的评价则深深地影响了一代又一代西方的思想家、哲学家、史学家和政治家。

当代法国著名学者阿兰·佩雷菲特自述早年“对于 18 世纪的中国，我几乎一无所知，除了耶稣会士、莱布尼兹和伏尔泰曾

① 黑格尔：《历史哲学》，第 166 页。这里姑且不去深究这段细节的准确性。

② 同上书，第 150-151、170-171、174 等页。

③ 同上书，第 56-57、148-149 页。

经说过的：这是一个神奇的帝国，由一个欧洲人应该羡慕的‘开明君主’极好地统治着”[①]。1954 年，他从一个波兰没落贵族手里购买了一套珍贵藏书，佩雷菲特说：“在所有这些记叙中，最吸引我的是跟随马戛尔尼勋爵的使团在中国与鞑靼的旅行纪实。其中一篇为使团的第二号人物乔治·斯当东所著；另一篇的作者是使团的总管，曾经叙述过‘邦蒂号兵变’故事的那位约翰·巴罗。我承认，这 12 卷书对我来说完全是新发现”[②]。这些“新发现”改变了佩氏以往模糊而不准确的中国观，他欣喜地对他的读者们说：“您是否知道，正值法国大革命之际，英国人却派遣了一个浩大的使团前往中国，以使它对英国开放？……您是否知道他们的使节发现的是一个完全不同于在启蒙时期被理想化了的中国？您是否知道他们曾竭尽全力彻底摧毁这个神话，并指责天主教传教士的书信为欺骗？您是否知道这个‘不可超越的榜样’开始在礼仪上显得僵化，并因虚荣而显得做作？”[③]

1993 年秋天，改革开放在神州大地已进行了十几个年头，“中英通使二百周年国际学术讨论会”在承德避暑山庄举行，佩雷菲特向大会提交了题为《中国的保护主义与英国的自由贸易》的论文，这篇论文的结尾，再一次把人们关注的目光从历史引向现实：“乾隆和马戛尔尼没有死；他们的精神仍然存在，各忠于自己的信念：后者致力于广阔的大海，把大海混同于未来；前者则将全心全意注视着自己的领土，在他看来，领土完整是其稳定

---

① 阿兰·佩雷菲特：《停滞的帝国——两个世界的撞击》，第 3 页。
② 同上书，第 2-3 页。
③ 同上书，第 3 页。

的主要保证。”上述观点在佩雷菲特的《停滞的帝国——两个世界的撞击》[①] 中有更详尽的阐发，而该书扉页黑格尔的一段话格外引人注目：“中华帝国是一个神权政治专制国家。家长制政体是其基础；为首的是父亲，他也控制着个人的思想。这个暴君通过许多等级领导着一个组织成系统的政府……个人在精神上没有个性。中国的历史从本质上看是没有历史的；它只是君主覆灭的一再重复而已。任何进步都不可能从中产生。”看来佩氏十分欣赏黑格尔上面的一段话，为强化它的不容置疑性，又在其下推出了另一位名叫艾蒂安·巴拉兹的先生的话：“要批驳黑格尔关于中国处于停滞不变的观点很容易……然而，黑格尔是对的。”

有趣的是，马戛尔尼的以下警语也被佩雷菲特所引用，而且赫然置于上述黑格尔语录之上：“以我们欧洲人的准则来判断中国，没有比这更能使人犯错误的了。”这句话说得何其好啊！但从 18 世纪法国启蒙主义思想家伏尔泰、孟德斯鸠，到英国使臣马戛尔尼、斯当东，再到 19 世纪德国哲学家黑格尔，直到 20 世纪的法国学者佩雷菲特，哪一个“欧洲人”不是以“欧洲人的准则”来判断中国的呢？哪一个“欧洲人”是以中国为中心、脚踏实地站在中国立场判断中国的文明和社会政治制度的呢？

同样生活在法国专制君主统治下的伏尔泰和孟德斯鸠，对英国的议会制度、民主精神以及自由观念同样向往，但伏尔泰希望走一条“开明专制”的改革道路，并幻想借助国王的力量实现这一政治目标，在华耶稣会士正好传递来了中国皇帝如何贤明、中国传统政治如何有序的信息，于是有意无意地美化了他并不真正

---

① 据该书译者介绍，《停滞的帝国》出版于 1989 年 5 月，一出版就进入畅销书行列，半年内就售出 20 万册（该书《译者的话》）。

了解的中国，而孟德斯鸠则宁肯相信来自商人及另外一些传教士关于当时中国政治“黑暗面”的描述，加之他对法国的专制主义又怀有比较强烈的反对意向，因此，对当时的中国政治没有像伏尔泰等人那样的好感，中国被他列入了按“恐怖”原则统治的“专制政体”，是十分自然的[①]。伏尔泰也好，孟德斯鸠也好，都把中国政治幻化了，他们只能像雾里看花那样观察中国，其未能得出准确结论固无足深责；但他们的意识形态、政治理念，即所谓“欧洲人的准则”，最终决定了其各自对中国政治的褒贬，则是确定无疑的。

马戛尔尼和斯当东有着与伏尔泰和孟德斯鸠大致相同的意识形态和政治理念，但他们作为英王派遣的首次访华使臣，还肩负着从英国的利益出发、最大限度地打开中国市场的外交使命。因此，为欧洲国家遵循的、植根于欧洲的近代国际政治经济关系准则——主权国家平等和贸易自由——就经常成为他们贬抑乾隆时代中国最冠冕堂皇的理论根据。面对这些“欧洲人的准则”，接待英国特使的清朝大臣们大多被描写成一群愚昧无知、顽固不化、狂妄自大、猜忌多疑，自外于欧洲文明社会的小丑，而代表英国的外交使节则处处表现出彬彬有礼、通情达变的绅士风度。但是，就在他们侃侃而谈，教训中国人应该遵守主权国家平等原则时，其竟可以毫不赧颜地向中方提出“准许他们把舟山附近一个独立的、非军事区的小岛给英国商人使用，以便英国商船到该处可以停泊，存放货物，并当作他们居留地来管理”[②] 之类侵犯

---

① 孟德斯鸠：《论法的精神》，第 127－129 页。

② 参见《英使谒见乾隆记实》，第 230－231 页；《东印度公司对华贸易编年史》第 1 册，第 542－543 页。

中国领土主权的要求。试想，乾隆皇帝如果以“欧洲人”发明的对等原则，向英方提出把泰晤士河口某个海岛割让给中国的话，马戛尔尼将如何对答呢？“贸易自由”原则听起来似乎也十分动人，但当时中国如果真的彻底打开国门，让实力雄厚的英国商人毫无限制地自由贸易，那么，中国民族经济的发展还有丝毫希望吗？当代美国学者艾尔曼等说得好：“不少英国历史学家坚信不疑地将鸦片战争解释为‘自由贸易’之战，而非对中国主权的冒犯。很明显，一个一方迫使另一方参加的贸易有何‘自由’可言？”①

要求人们在诠释历史时做到绝对公正、绝对客观是不现实的，也是不可能的。欧洲人，以至整个西方在观察、研究中国历史时，站在西方民族国家的立场、以近代西方文明系统的意识形态和价值观念，做出自己的判断，本来是无可厚非的。尽管带有种种偏见，还是应该承认，许多西方人对中国抱有善良的愿望，希望中国通过他们规划的改革与开放之路，进入现代社会；他们对中国观察之细腻，眼光之敏锐，视角之独特，往往为我们所不及；他们对中国的批评，特别是在诸如天下以中国为中心的盲目虚骄和自我封闭，因循保守、拒绝改革，让变化了的现实去适应儒家神圣教条等关键之处的批评，往往具有发人深省的震撼力量，令人不免掩卷长思。我们也必须承认，近代西方文明在社会政治理论，以及思想自由、社会民主与政治体制等方面，有许多值得我们学习借鉴之处，但是，像黑格尔那样以欧洲为中心、以日耳曼种族优越论为基础构建的历史哲学，则是我们无论如何不能接受的；我们不能承认资本主义工业化、代议制民主和资产阶

① 艾尔曼、胡志德：《马嘎尔尼使团、后现代主义与近代中国史：评周锡瑞对何伟亚著作的批评》，《二十一世纪》1997 年 12 月号。

级自由主义思想体系这一使西方成功地达到现代化目标的道路，是全人类必须凛然遵循的唯一之路；我们不能承认前近代以来，中国文明、中国社会长期停滞不前，只有靠西方冲击才能发生由传统向现代转变的外力论观点；我们也必须揭露在“主权国家平等”“贸易自由”之类漂亮口号掩盖下的强权政治的实质、民族国家的一己私利，以及令人厌恶的双重价值标准。只有如此，在评价 18 世纪中国政治时，才能保持清醒的头脑，不为某些西方作品中的偏见所蛊惑。值得欣喜的是，西方中心主义的中国历史观在美国学者中已受到批评，而中国中心观在美国史学界正逐渐兴起①，就是在黑格尔的故乡德国，情形也在悄悄地发生变化②。

在评价 18 世纪中国的政治时，特别是在进行中西比较时，人们又往往不自觉地走入另一种似是而非的模式。有这样一种观点，认为 18 世纪以至 19 世纪 40 年代的中国，正处于封建社会晚期，停滞不前，腐朽落后，与同时期欣欣向荣、日新月异的西方资本主义社会比较，落后了整整一个历史发展阶段。这一观点表面上有些道理，但似乎经不起推敲。如果说当时的中国在经济和科技发展水平以及由此而决定的军事实力方面，逐渐落后于西方，的确是不争的事实。我们经常说的“落后就要挨打”，确切地说，即应指此而言。然而，是不是说中国一切都落后了呢？是不是说把西方的成功模式全部移植过来，对“落后”的中国的政治体制、经济制度、社会结构加以彻底改造，就可以使封建中国衰老的躯体焕发生机呢？一百多年以来的历史实践昭示人们，这条道路在中国走不通（推而广之，在一切不具备西方文明特质的

① 柯文：《在中国发现历史——中国中心观在美国的兴起》。

② 麦劲生：《德国汉学家的清代社会研究的演变》，《清史研究》1998 年第 3 期。

国家和民族也都是走不通的[①])，这里不仅有“先生”不让“学生”走的问题，从根本上讲，中国的变革与发展，只能植根于中国这块有别于西方的历史土壤。像中国这样一个具有自己悠久文明的东方大国，这样一个幅员辽阔而各地区经济文化发展很不平衡的国家，这样一个人口居世界之首而以农业人口为主体的国家，这样一个自然经济、半自然经济占很大比重的经济落后的国家，这样一个由众多民族组成的国家，这样一个国情与西方迥然有别的国家，要想实现由传统向现代的变革，只能参照世界各国的历史经验，探索出一条适合中国国情的道路，而绝不能全盘照搬西方现成的经验。

在比较近代前后的中国与西方时，是否只有唯一一个以西方为中心的坐标系呢？显然不可能有，也不应该有任何一个唯一的坐标系。我们应当科学地、严谨地论证由世界各国、各民族历史文明多元性而决定的由传统向现代变革中的道路的多样性，西方民主和资本主义工业化的道路，尽管有诸多可供全人类学习与借鉴之处，但现代化不是，也不可能都是西化。与西方道路比较，还有多种多样的带有本民族文明特色的，与本国国情相适应的政治体制、经济制度、社会结构和思想体系合理地存在。随着现代化的发展和深入，将不会是世界普遍的西方化，而是人们更加关注本国本民族文化的复兴。

就政治体制而论，世界各国的政治体制，从来都具有千差万

---

① 关于西方文明的特质，“文明冲突论”的提倡者亨廷顿也认为，西方文明包括继承古代文化遗产、基督教、欧洲语言、精神和世俗权威分离、法治、社会多元与公民社会、代议制以及个体主义等八个方面，并由之构成了自身不可替代的特性。正是在这个意义上，西方文明是不可照搬的。参见载于1998年1月17日《人民日报》上的《从文明的冲突到文明的忧患——评亨廷顿“文明冲突论”的最新演变》一文。

别的多样性，而各种政治体制之间也从来没有优劣高下之分。判断一个国家在一定历史时期政治体制是先进或者落后，首先应该着眼于它是否适应本国的国情，具体地讲，凡是能够维护国家主权、领土完整和政治独立，能够维持整个社会基本稳定，能够维护各民族之间比较和谐的关系，能够与生产力发展水平基本适应，能够促进经济社会发展和人民生活改善的，就有它存在的合理性，否则，就是落后的，势必要为新的、适应本国国情的政治体制所替代。当然，一种政治体制往往包含着优长和短缺两个方面，二者互相依存，你中有我，我中有你，构成了既对立又统一的不可分割的有机整体。不能说一种政治体制绝对的好或绝对的坏。还应该看到，在漫漫历史长河中，优长和短缺这两个方面都不是一成不变的，而往往会互相转化。当矛盾的主要方面从优长转化为短缺时，这种政治体制也就日益暴露出它的腐朽性和反动性，而与本国国情严重背离，最终导致革命的爆发。

基于上述观点，对 18 世纪中国的政治应做出怎样的评价呢？

首先，18 世纪中国极端专制政治的最后完成具有自身历史发展的内在逻辑。

自公元前 3 世纪秦帝国确立专制主义中央集权政体以来，两千年间，尽管王朝更迭，政治变幻，但皇权渐次强化的大概趋向则是清晰可辨的①。而明洪武废相，已开独裁政治替代传统开明专制的先河，此后虽因内阁权力复振，皇权强化的大势出现反

① 章太炎早就指出：“大保、大宰诸名，承闲置于魏、晋；丞相，江左不以处异姓，独有王导而！三贵实秉国钧。唐、宋三省至尊，渐更屏置，置同中书门下平章事以摄焉。比明更省中书不用，始以翰林直阁。清世内阁至第一品，即复与寄禄同流，令军机处跖而居上，亦见人主之狎近幸，而憎尊望者之逼己也。”（《章太炎全集》第 3 册，《检论》卷七《官统下》）

复，但清初诸帝恰可乘晚明以来朝野上下呼唤强化皇权的潮流，将专制皇权推向巅峰。18 世纪中国极端专制政治的最后完成，固然要高度重视、深入研究满族文化传统、价值观念和历史意识在改造传统开明专制，以及儒家政治价值观方面所起的决定性作用，但通观中国古代政治发展史，只能认为两千年来皇权强化的漫长历程延绵不断，而最终由清雍、乾二帝画上了句号。

其次，中国极端专制政体之所以在 18 世纪被推上历史舞台，与这一百年间种种新现象、新趋势的出现有着密切的关系。

这一百年间，人口剧增，白银内流，物价持续上涨，加剧了社会动荡不安，并渐渐地动摇和瓦解着传统社会赖以存在的基础；海外贸易的长足发展、商品经济的空前活跃，开始改变传统农业、手工业、商业的产业结构和传统的阶级关系，并导致东部与西部、内地与边疆经济文化发展不平衡的加剧；国家必须对以清口为重点的黄、淮、运水利系统工程及浙东海塘加以规划、投资与管理；经常的大规模的赈灾和救荒；满汉民族矛盾和固有的阶级矛盾已明显地呈现出日趋紧张之势，秘密教门和秘密会党的广泛传布，像火山爆发前地下涌动的岩浆一样，正蓄势寻隙而发；满族八旗制度下诸王贝勒的传统权力、汉族官僚政治下的朋党固结，特别是二者互相纠结而造成的对皇权的严重威胁；疆域的拓展，边疆民族地区的种种特殊性，对强化专制皇权和中央集权提出需要，驿传的发达，则为实现这一目标提供了可能；战争频发，既有完成祖国统一、维护国家领土主权的正义之战，也有镇压边疆少数民族和内地汉人反清起义或反清起事的不义之战，甚至也有干涉附属国内政的穷兵黩武之举；西方国家对中国主权和领土完整威胁日益严重的现实，清帝对西洋人与汉人暗中勾结以颠覆清廷的臆想——所有这些亘古未闻或昔日罕见的新现象、新趋势在18世纪纷至沓来，这固然是在中国自身经济社会高度发展的大背景下出现的，但无疑也带有15世纪世界航海时代开始以来的某些全球性特征。极端专制政体的强化和完备出现在18世纪绝非偶然，它正是适应这一百年间新形势挑战的产物。

再次，18世纪极端专制政体的强化和完备具有其合理性，这一百年之所以成为中国历史上最强盛的时期之一，与国家最高权力的高度集中是密不可分的。

16世纪中叶以后的明朝统治下的中国，曾不同程度地出现过上述某些新现象和新趋势，不幸的是，晚明君主专制政体正处于统治力量极端涣散的严重危机之中，根本无力面对、也就谈不上解决种种新的或固有的矛盾，它的覆亡绝不是偶然的。代明而兴的清王朝成功地进行了自明太祖开始的、以“事皆朝廷总之”为目标的政治改革，从而结束了明朝的腐朽统治。雍正和乾隆皇帝在政治上将康熙晚年业已显现的专制趋势推向极致。他们丝毫没有回避18世纪远比晚明时要严重得多、也棘手得多的种种政治、经济、社会难题，而是高举批判晚明国家最高权力涣散不振的旗帜，决心对传统政治体制和政治理念进行一番彻底改造。至于将来的政治体制如何结构，雍乾二帝并没有成竹在胸。他们的可贵之处在于一切从现实需要出发的务实精神。为了防范和应付突发的政治和社会危机，为了强化对八旗强藩和整个官僚系统的监控，雍正帝接过康熙帝首创的密折而将之大力推行为奏折制度，奏折的推行不期然而然地又将军机处推到了国家中枢地位。自此，清朝皇帝手里真正掌握了历代帝王无法比拟的专制权力。他们通过奏折、巡幸及官员引见制度等渠道，及时得到了空前大量的信息，这些信息的细致入微和相对真实程度，在昔日是无法想象的；通过军机处和严密的驿传制度，皇帝可以迅速而及时地处置包括叛乱、民变以至战争等等重大紧急事件，尽管国家疆域辽阔，但已不存在任何一处君王鞭长莫及的死角；地方重要官员，从中央大臣、官员到地方大吏，从内地的督抚藩臬提镇，到边疆地区的驻防将军、大臣，直到内府出差官员盐政、织造、关差等，他们的忠君倾向、官官相护的痼习、供职的勤勉怠惰，以至个人阴私……都在皇帝无所不在的伺察之下，因而无时不处于恐惧之中；皇帝可以根据不断变化的新形势，按照自己的意志，随时对国家方针、政策和法律做出调整，并以谕旨形式迅速地传达到全国每一个最基层的社会单位。从康熙晚年到乾隆内禅、18世纪即将落下帷幕，这一百年间，清代最有作为的三位帝王试图对传统政治实行大刀阔斧的改革，主要通过军机处和奏折制度将国家权力最大限度地集中起来，并使这种权力发挥出最高的政治效能。正是由于国家最高权力的集中和效能的提高，清代帝王才能有力地应付种种从某种程度上说是前所未遇的严峻挑战。其取得的丰功伟绩是为天下后世所公认的：持续百余年之久的海内宁晏，社会大体稳定；人口倍增，耕地垦辟，物阜民丰，库帑充盈，传统农业手工业和商业发展到一个新的水平；名家辈出，名著如林，传统文化学术进入整理总结的成熟时期；边疆地区少数民族经济发展、社会进步，对中央向心力增强；武功强盛，疆域拓展，最后奠定了中国今天统一的多民族国家版图的基础；面对西方强国咄咄逼人的攻势，清代帝王维护了国家主权、领土完整和政治独立。中国传统社会以“康乾盛世”为标志，发展到了顶峰。当代美国史学家魏斐德对清前期中国政治积极方面有过高度评价。他认为，以满汉政治家联盟为核心所推动的政治改革运动，使17世纪的中国重建了帝国秩序，旧的统治体制得以在新时期继续存在下去。在清朝统治下，中国比其他任何国家都更快地摆脱了17世纪全球性经济危机。魏斐德说："令欧洲君主羡慕的是，在多尔衮、顺治帝和康熙帝奠定的牢固基础上，清朝统治者建起了一个疆域辽阔、文化灿烂的强大帝国。在此后的近两个世纪中，中国的版图几乎比明朝的领土扩大了一倍。因而无论国内还是国外，都再没有真正的对手能够向清朝的统治挑战。"①

最后，极端专制的政治体制并不能将传统的中国引入现代社会，国家最高权力的过度膨胀，最终不仅导致中国传统社会的发展陷于停滞，而且严重阻滞了中国由传统向现代的变革之路，加以国际大势剧变，中华民族已濒于被西方列强宰割的绝境。

15世纪世界航海时代开始以来，中国与世界主要国家和民族一起，开始或先或后地由传统迈向现代的门槛。17世纪那场发端于地中海世界的经济危机将中国也席卷了进去。中国传统政治架构和政治理念陷入了难以适应的窘境，明王朝的崩溃或许可以证明这一点。按魏斐德的观点，中国在清初帝王的整饬下，虽说最先从经济危机中恢复过来，但"中国战乱后的复苏并未真正解决其整体性的缺陷"②。这一看法无疑是十分深刻的。经过康、雍、乾三帝整饬和改造的传统的政治架构和政治理念，以皇权至上为特征，实质则是最大限度地将最高权力集中起来，从而提高国家统治效能。由此而取得的为中外所瞩目的历史成就，固然显示出传统政治仍没有完全失去适应现实的应变能力，这种应变能

① 魏斐德：《洪业——清朝开国史》，第20-21、1020-1021页。

② 同上书，第1-9、20-21、21（注释2）页。

力甚至使传统政治也带上了某些近代性色彩①，但归根结底，也未能脱出传统型专制政治的框架。极端专制与开明专制之差不过五十步与百步之遥，二者并没有质的不同。唐太宗鉴于隋朝二世而亡的教训，成功地以开明专制造就了为史家所艳称的“贞观之治”，并奠定了日后“开元盛世”的基础；面临着由传统向现代转变进程中出现的种种严峻局面，清初帝王只能从传统政治武库中，搬出极端专制的武器加以精心磨砺，除此之外他们别无选择。在17世纪中至18世纪中大约一百年间，国家最高权力高度集中的长处，得到了淋漓尽致的发挥，但即使是在清朝历史中这一最辉煌的阶段，极端专制的种种弊端也并非消失尽净，只是被盛世的光辉表象暂时掩盖下来，或是因为皇位更替、政策调整而有所缓解，专制政治的“整体性的缺陷”并没有真正解决，当盛世极于巅峰、圣主被天下臣民当作神一样崇拜的时候，国家最高权力高度集中的负面影响就日益暴露出来。这主要表现为：第一，不受任何制约和监督的皇权，以及作为皇权在各地区代表的封疆大吏、驻防将军大臣的权力过度膨胀（他们生杀予夺的大权是由皇上授予、对其属下部民行使的，而绝不可能养成其尾大不掉的叛逆性），成为18世纪中期以后全国性政治腐败的主要原因，其结果不仅大大激化了阶段矛盾和民族矛盾，动摇了清帝国

① 孟森早就指出，定火耗、加养廉使“前代以来，漫无稽考之赡官吏，办差徭，作一结束。虽未能进入预算决算财政公开轨道，而较之前代，则清之雍乾可谓尽心吏治矣”（《明清史讲义》下册，第486页）。魏斐德引用齐林《火耗归公》一文也说：“雍正时期的财政改革却没能坚持几年，这些改革本来也许会为清政府提供日后在同西方的斗争中为更有效地征收人头税所需要的财政手段。”（《洪业——清朝开国史》，第1023页）“某些近代性色彩”至少还可以举出皇帝决策时所依据的信息来源之广和信息之相对准确程度，国家政治之划分为秘密政治与公开政治，分别由军机处、内阁处理，国家户口统计制度由计丁向计口的转变等方面的变革。

的统治基础，而且阻碍了经济发展，特别是阻碍甚至窒息了对国家未来最有希望的海外贸易与工商业的进一步发展。第二，随着皇帝绝对权威的树立和个人崇拜之风的弥漫，“出一言而盈廷称圣，发一令而四海讴歌”①，成为天下臣民习焉不察的理想政治，结果只能是“上愈智则下愈愚，上愈能则下愈畏”②，皇权提高的同时，却付出了举朝臣工丧失了政治主动性和创造精神的巨大代价；随着专制主义中央集权趋势的发展和各省督抚竞相以奴才身份对皇帝表示效忠，各地区特殊经济利益越来越受到漠视，全国经济最发达的东南沿海地区自身发展的内在主动性、积极性越来越受到压抑。第三，挟带血雨腥风的文化专制，禁锢了中国人的思想，正当人类由传统走向现代，最需要睁开眼睛看世界，学习借鉴西方近代文明优长之处的时候，主导中国未来的传统意识形态和价值观念体系，却如一潭死水般的沉寂，这与同时期日本人以兰学为代表的对西方文化的态度，形成了鲜明的对照。第四，极端专制政治决定了最高决策系统无法实现民主化、法制化和科学化，在事关中国社会发展面临的两大主题——改革与开放——的重大问题时，最高决策往往与时代发展潮流相背离。如何由传统走向现代化，如何走出一条适合中国国情的改革开放之路，也许要经过几代乃至十几代中国人的探索。我们无意苛求二三百年前的古人，只想在总结这一至关重要的一百年的历史经验时强调指出，只有国家最高决策系统实现了民主化、法制化和科学化，才有希望将古老的东方大国由传统引向现代化的彼岸。

总而言之，评价 18 世纪中国与世界的政治，应从中国的国

① 《清经世文编》卷九《三习一弊疏》。

② 同上。

情和中国国家的根本利益出发，采取历史的分析的态度。既要看到极端专制所体现的国家最高权力的高度集中曾发挥过积极的历史作用，18 世纪中国的政治并非一团漆黑、一无是处，又不能因此而无视中国传统政治以至传统文化内在的缺陷和历史局限性，特别是当传统社会向现代社会转变的时候，这些缺陷和局限的严重消极作用，更值得认真加以研究。既要强调像中国这样一个古老的东方大国的现代化不能照搬西方的政治体制，不能走西方的道路，又不能因此而拒绝学习与借鉴近代西方文明中诸如自由、民主、平等、法治、分权学说及工业化等精华，而应立足于中国的国情，采取“他山之石，可以攻玉”的态度，大胆拿来，为我所用。东西方两种异质文明经过数百年的撞击和冲突，今天已到了互相宽容、互相学习、兼容互补、彼此共存，共同推动人类社会向前发展的时候了！

参考书目

中国第一历史档案馆藏《宫中档·朱批奏折》。

中国第一历史档案馆藏《军机处·录副奏折》。

中国第一历史档案馆编《康熙朝汉文朱批奏折汇编》，档案出版社，1984。

中国第一历史档案馆编《康熙朝满文朱批奏折全译》，中国社会科学出版社，1996。

中国第一历史档案馆整理《康熙起居注》，中华书局，1984。

中国第一历史档案馆编《雍正朝汉文朱批奏折汇编》，江苏古籍出版社，1989—1991。

台北故宫博物院藏《宫中档奏折——雍正朝》。

中国第一历史档案馆整理《雍正朝起居注册》，中华书局，1993。

台北“故宫博物院”编辑委员会编《宫中档乾隆朝奏折》，台北“故宫博物院”，1983。

中国第一历史档案馆编《乾隆朝上谕档》，档案出版社，1991。

中国第一历史档案馆藏《（乾隆朝）汉文起居注》。

中国第一历史档案馆编《乾隆朝惩办贪污档案选编》，中华书局，1994。

中国第一历史档案馆编《英使马戛尔尼访华档案史料汇编》，国际文化出版社公司，1996。

原北平故宫博物院文献馆编《清代文字狱档》（上、下），上海书店，1986。

原北平故宫博物院文献馆编《多尔衮摄政日记》。

原北平故宫博物院文献馆编《掌故丛编》，原北平故宫博物院，1928—1929。

原北平故宫博物院文献馆编《文献丛编》，原北平故宫博物院，1930—1943。

原北平故宫博物院文献馆编《史料旬刊》，京华印书局，1930—1931。

中央研究院历史语言研究所编《明清史料》(甲）（乙）（丙）(丁)，商务印书馆，1930—1951。

台湾中研院史语所编《明清史料》（戊）（己）（庚）（辛）(壬)(癸)，台湾“中研院”史语所。

张伟仁主编《明清档案》，台湾“中研院”史语所，1986。

中国第一历史档案馆编《清代档案史料丛编》，中华书局，1978—1990。

故宫博物院明清档案部编《关于江宁织造曹家档案史料》，中华书局，1975。

故宫博物院明清档案部编《李煦奏折》，中华书局，1976。

中国人民大学清史研究所、中国人民大学档案系中国政治制度史教研室合编《康雍乾时期城乡人民反抗斗争资料》（上、下），中华书局，1979。

中国人民大学清史研究所、中国人民大学档案系中国政治制度史教研室合编《清代的矿业》，中华书局，1983。

《大清太宗文皇帝实录》，中华书局影印本。

《大清世祖章皇帝（顺治）实录》，中华书局影印本。

《大清圣祖仁皇帝（康熙）实录》，中华书局影印本。

《大清世宗宪皇帝（雍正）实录》，中华书局影印本。

《大清高宗纯皇帝（乾隆）实录》，中华书局影印本。

《大清仁宗睿皇帝（嘉庆）实录》，中华书局影印本。

《圣祖仁皇帝御制文集》，《文渊阁四库全书》影印本。

《世宗宪皇帝御制文集》，《文渊阁四库全书》影印本。

《清高宗（乾隆）御制诗文全集》，中国人民大学出版社，1993。

蒋良骐辑《东华录》，中华书局，1980。

《明实录》，江苏国学图书馆传钞本。

万历《大明会典》，中华书局，1989。

光绪《大清会典》，台湾新文丰出版社公司，光绪二十五年版影印本。

光绪《大清会典事例》，台湾新文丰出版社公司，光绪二十五年版影印本。

《清朝文献通考》，商务印书馆万有文库本，1936。

《清朝通典》，商务印书馆万有文库本，1935。

《清朝通志》，商务印书馆万有文库本，1935。

《清史列传》，中华书局，1987。

马建石、杨育棠校注《大清律例通考校注》，中国政法大学出版社，1992。

吴晗辑《朝鲜李朝实录中的中国史料》，中华书局，1980。

《黄宗羲全集》第一册，浙江古籍出版社，1985。

顾炎武：《顾亭林诗文集》，华忱之点校，第2版，中华书局，1983。

蓝鼎元：《鹿洲全集》，厦门大学出版社，1995。

张廷玉：《澄怀园文存》，载《近代中国史料丛刊》，台湾文海出版社，1970。

方苞：《方望溪（苞）先生全集》，载《近代中国史料丛刊》，台湾文海出版社，1966。

朱筠：《笥河文集》，嘉庆十八年刊本。

蔡新：《缉斋文集》，乾隆间刻本。

孙嘉淦：《孙文定公奏疏》，乾嘉间敦和堂刻本。

袁枚：《小仓山房文集》，载《近代中国史料丛刊》，台湾文海出版社，1981。

《龚自珍全集》，中华书局，1959。

《章学诚遗书》，文物出版社，1985。

冯桂芬：《校邠庐抗议》，载《近代中国史料丛刊》，台湾文海出版社，1971。

《章太炎全集》第3册，上海人民出版社，1984 。

陈子龙等选辑《明经世文编》，中华书局，1962。

贺长龄、魏源编《清经世文编》，中华书局，1992。

《清代碑传全集》(全二册),上海古籍出版社,1987。

李元度:《国朝先正事略》,岳麓书社,1991。

席裕福:《皇朝政典类纂》,台北成文出版社影印本,1962。

张廷玉:《澄怀主人自订年谱》,载《近代中国史料丛刊》,台湾文海出版社,【出版年份不详】。

梁章钜辑《国朝臣工言行记》,台北明文书局,1986。

仁和琴川居士编:《皇清奏议》,台湾文海出版社影印本,【出版年份不详】。

李清:《三垣笔记》,中华书局,1982。

陈洪谟:《治世余闻》,中华书局,1985。

黄佐:《翰林记》,台湾商务印书馆,1936。

孙承泽:《春明梦余录》,台湾大立出版社,1980。

查继佐:《罪惟录》,浙江古籍出版社,1986。

谈迁:《北游录》,汪北平点校,中华书局,1960。

萧奭:《永宪录》,朱南铣点校,中华书局,1959。

叶凤毛:《内阁小志》,中华书局,1985。

席吴鏊:《内阁志》,中华书局,1985。

王士祯:《池北偶谈》,勒斯仁点校,中华书局,1982。

赵翼:《簷曝杂记》,中华书局,1982。

赵翼:《陔余丛考》,中华书局,1963。

昭梿:《啸亭杂录》,何英芳点校,中华书局,1980。

钱泳:《履园丛话》,张伟点校,中华书局,1979。

姚元之:《竹叶亭杂记》,李解民点校,中华书局,1982。

吴振棫:《养吉斋丛录》,北京古籍出版社,1983。

陆以湉:《冷庐杂识》,崔凡芝点校,中华书局,1984。

王庆云：《石渠余纪》，北京古籍出版社，1985。

英和：《恩福堂笔记》，上海古籍出版社，1985。

张集馨：《道咸宦海见闻录》，杜春和、张秀清整理，中华书局，1981。

梁章钜：《枢垣记略》，何英芳点校，中华书局，1982。

朱彭寿：《旧典备征》，何双生点校，中华书局，1982。

陈康祺：《郎潜纪闻》，中华书局，1984 年。

李岳瑞：《春冰室野乘》，台湾文海出版社，1967。

薛福成：《庸庵笔记》，江苏人民出版社，1983。

刘禺生：《世载堂杂忆》，中华书局，1960。

王锡祺辑《小方壶斋舆地丛钞》，杭州古籍书店，1985。

徐珂：《清稗类钞》，中华书局，1984—1986。

《中国野史集成（清）》，巴蜀书社，1993。

赵翼：《廿二史札记》，中华书局，1984。

王夫之：《读通鉴论》，中华书局，1975。

王夫之：《黄书 噩梦》，中华书局，1956。

薛允升：《读例存疑》，清刻本。

孙尔准、陈寿祺纂《道光重纂福建通志》，同治年间刻本。

印光任、张汝霖：《澳门纪略》，广东高等教育出版社，1988。

《史记》，上海古籍出版社，上海书店《二十五史》本。

《汉书》，上海古籍出版社，上海书店《二十五史》本。

《后汉书》，上海古籍出版社，上海书店《二十五史》本。

《隋书》，上海古籍出版社，上海书店《二十五史》本。

《新唐书》，上海古籍出版社，上海书店《二十五史》本。

《宋史》，上海古籍出版社，上海书店《二十五史》本。
《元史》，上海古籍出版社，上海书店《二十五史》本。
《明史》，上海古籍出版社，上海书店《二十五史》本。
《清史稿》，中华书局，1976。

《论语》，中国书店，《四书五经》本。
《孟子》，中国书店，《四书五经》本。
《荀子》，上海古籍出版社，1989。
贾谊：《新书》，上海古籍书店，1989。
王肃注《孔子家语》，上海古籍出版社，1990。
《贞观政要》，上海古籍出版社，1978。
《柳河东集》，商务印书馆，1958。
《司马光奏议》，山西人民出版社，1986。
《司马文正公传家集》，《文渊阁四库全书》影印本。
程颢、程颐：《二程集》，中华书局，1981。
《陆九渊集》，中华书局，1980。
《增批历代通鉴辑览》，台北生生印书馆，1985。
《历代职官表》，《文渊阁四库全书》影印本。
《四库全书总目》，中华书局，1965。

冯特君、宋新宁主编《国际政治概论》，中国人民大学出版社，1992。
息曙光：《世界大格局》，四川人民出版社，1992。
周道济：《中国宰相制度研究》，台湾华冈出版部，1974。
萧公权：《中国政治思想史》，台湾联经出版事业公司，1982。

萨孟武：《中国政治思想史》，台湾三民书局，1979。

张金鉴：《西洋政治思想史》，台湾三民书局，1976。

张国刚：《唐代官制》，三秦出版社，1987。

王其榘：《明代内阁制度史》，中华书局，1989。

关文发、颜广文：《明代政治制度研究》，第二版，中国社会科学出版社，1996 。

孟森：《明清史讲义》，中华书局，1981。

孟森：《明清史论著集刊》，中华书局，1959。

孟森：《明清史论著集刊续编》，中华书局，1986。

黄彰健：《明清史研究丛稿》，台湾商务印书馆，1977。

谢国桢：《明清之际党社运动考》，中华书局，1982。

大陆杂志社编《明清史研究论集》，台湾大陆杂志社，1967。

戴逸主编《简明清史》（一），人民出版社，1982。

戴逸主编《简明清史》（二），人民出版社，1989。

王戎笙主编《清代全史》第四卷，辽宁人民出版社，1991。

韦庆远、叶显恩主编《清代全史》第五卷，辽宁人民出版社，1991。

萧一山：《清代通史》，中华书局，1986。

黄冕堂：《清史治要》，齐鲁书社，1990。

李鹏年、朱先华、秦国经等：《清代中央国家机关概述》，黑龙江人民出版社，1983。

张德泽：《清代国家机关考略》，中国人民大学出版社，1981。

杨树藩：《清代中央政治制度》，台湾商务印书馆，1978。

庄吉发：《清代奏折制度》，台北故宫博物院，1979。

许大龄：《清代捐纳制度》，燕京大学哈佛燕京学社，1950。

马敏：《官商之间——社会剧变中的近代绅商》，天津人民出版社，1995。

郭成康、林铁钧：《清朝文字狱》，群众出版社，1990。

刘子扬：《清代地方官制考》，紫禁城出版社，1988。

钱实甫编《清代职官年表》，中华书局，1980。

梁启超：《清代学术概论》，中华书局，1954。

牛平汉主编《清代政史沿革综表》，中国地图出版社，1990。

张晋藩、郭成康：《清入关前国家法律制度史》，辽宁人民出版社，1988。

魏斐德：《洪业——清朝开国史》，江苏人民出版社，1995。

杨启樵：《雍正帝及其密折制度研究》，广东人民出版社，1983。

戴逸：《乾隆帝及其时代》，中国人民大学出版社，1992。

刘鉴唐、张力编著《中英关系系年要录》，四川省社会科学院出版社，1989。

朱雍：《不愿打开的中国大门——乾隆时期的中英关系》，江西人民出版社，1989。

瞿林东：《历史·现实·人生——史学的沉思》，浙江人民出版社，1994。

戴维·比瑟姆：《马克斯·韦伯与现代政治理论》，徐鸿宾、徐京辉、康立伟译，浙江人民出版社，1989。

伏尔泰：《哲学通信》，高达观、徐仲年、王燕生等译，上海人民出版社，1961。

孟德斯鸠：《论法的精神》，张雁深译，商务印书馆，1961。

黑格尔：《历史哲学》，王造时译，商务印书馆，1963。

罗伯特·夏克尔顿：《孟德斯鸠评传》，刘明臣、沈永兴、许明龙译，谷德昭、荣欣校，中国社会科学出版社，1991。

帕金森：《帕金森定律——组织病态之研究》，中华企业管理发展中心，1981。

信夫清三郎：《日本政治史》，周启乾译，上海译文出版社，1982。

保罗·肯尼迪：《大国的兴衰——1500—2000年的经济变迁与军事冲突》，王保存、陈景彪、王章辉等译，求实出版社，1988。

郝思悌：《国际政治分析架构》，李伟成、谭溯澄合译，台湾幼狮文化事业公司，1988。

李约瑟：《四海之内：东方和西方的对话》，劳陇译，三联书店，1987。

费尔南·布罗代尔：《15至18世纪的物质文明、经济与资本主义》，顾良、施康强译，三联书店，1992。

巴林顿·摩尔：《民主与专制的社会起源》，拓夫、张东东、杨念群等译，华夏出版社，1987。

马戛尔尼：《英使谒见乾隆记实》，台湾文海出版社，1973。

乔治·斯当东：《英使谒见乾隆纪实》，台湾文海出版社，1973。

阿兰·佩雷菲特：《停滞的帝国——两个世界的撞击》，王国卿、毛凤支、谷炘等译，三联书店，1987。

柯文：《在中国发现历史——中国中心观在美国的兴起》，林同奇译，中华书局，1989。

尼古拉·班特什-卡缅斯基：《俄中两国外交文献汇编：1619—1792年》，中国人民大学俄语教研室译，商务印书馆，1982。

约·弗·巴德利：《俄国·蒙古·中国》，吴持哲、吴有刚译，商务印书馆，1981。

伊兹勃兰特·伊台斯、亚当·勃兰德：《俄国使团使华笔记（1692—1695）》，北京师范学院俄语翻译组译，商务印书馆，1980。

巴巴拉·杰拉维奇：《俄国外交政策的一世纪：1814—1914》，福建师范大学外语系编译室译，商务印书馆，1978。

乔治·亚历山大·伦森：《俄国向东方的扩张》，杨诗浩译，严四光校，商务印书馆，1978。

普·季·雅科夫列娃：《1689年第一个俄中条约》，贝璋衡译，商务印书馆，1973。

林天佑：《三宝垄历史》，李学民、陈巽华合译，暨南大学华侨研究所，1984。

朱静编译《洋教士看中国朝廷》，上海人民出版社，1995。

图书在版编目（CIP）数据

十八世纪的中国政治/郭成康著. --北京：中国人民大学出版社，2021.8
（清史研究丛书新编）
ISBN 978-7-300-29626-5

Ⅰ.①十… Ⅱ.①郭… Ⅲ.①政治制度-研究-中国-清代 Ⅳ.①D691.21

中国版本图书馆CIP数据核字（2021）第140271号

清史研究丛书新编
十八世纪的中国政治
郭成康　著
Shiba Shiji De Zhongguo Zhengzhi

出版发行	中国人民大学出版社		
社　　址	北京中关村大街31号	**邮政编码**	100080
电　　话	010－62511242（总编室）		010－62511770（质管部）
	010－82501766（邮购部）		010－62514148（门市部）
	010－62515195（发行公司）		010－62515275（盗版举报）
网　　址	http://www.crup.com.cn		
经　　销	新华书店		
印　　刷	涿州市星河印刷有限公司		
规　　格	160 mm×230 mm　16开本	**版　　次**	2021年8月第1版
印　　张	29.5 插页3	**印　　次**	2021年8月第1次印刷
字　　数	328 000	**定　　价**	109.00元